21世纪工商管理类专业主干课系列教材

Series Textbooks of Speciality Core Courses in
Business Administration for 21th Century

Logistics
and Supply Chain
Management

物流与供应链管理

（第六版）

夏春玉 主编

东北财经大学出版社
Dongbei University of Finance & Economics Press

·大连·

图书在版编目（CIP）数据

物流与供应链管理/夏春玉主编. —6版. —大连：东北财经大学出版社，2020.3（2022.5重印）

（21世纪工商管理类专业主干课系列教材）

ISBN 978-7-5654-3744-1

Ⅰ.物⋯　Ⅱ.夏⋯　Ⅲ.①物流管理-高等学校-教材②供应链管理-高等学校-教材　Ⅳ.F252.1

中国版本图书馆CIP数据核字（2020）第016101号

东北财经大学出版社出版

（大连市黑石礁尖山街217号　邮政编码　116025）

网　　址：http：//www.dufep.cn

读者信箱：dufep@dufe.edu.cn

大连永发彩色广告印刷有限公司印刷　东北财经大学出版社发行

幅面尺寸：170mm×240mm　字数：418千字　印张：19.25　插页：2

2020年3月第6版　　　　　　　　2022年5月第3次印刷

责任编辑：朱　艳　　　　　　　　责任校对：赵　楠

封面设计：沈　冰　　　　　　　　版式设计：钟福建

定价：42.00元

序　言

　　1980年，我在大学的课堂里曾有幸聆听过一位叫林周二的日本学者关于日本流通问题的学术报告。这次报告竟成了我与"物流"这一用语的首次邂逅。由于我的第一外语是日语，又是日本学者作报告，且所讲内容亦与所学专业（我在大学时代学的是物资经济管理专业）有关，因此，这次报告给我留下了深深的记忆，对物流与物流管理的概念有了一个初步了解，也算是对我从事物流研究的一次启蒙了。

　　1983年留校工作后，因受那次学术报告的影响，也是出于教学与提高日语能力的需要，我阅读并翻译了两部日文著作，一部是汤浅和夫的《物流管理入门》，一部是西泽修的《物流会计》。当时，我曾将这两本书的中译稿试投过几家出版社，但由于专业与日语水平还不过关，几次投稿均被谢绝。尽管如此，我仍没有放弃对物流知识的学习与研究，且不断向周边的同事输出"物流"概念，争取了几个年轻同事与我一起学习、研究物流，并将当时翻译的这些书稿编译成系列文章投给了《上海物资经济》杂志。该杂志于1988—1989年连续两年将这些文章予以连载。这算是我有关物流研究的最初成果。后来，我和几位年轻同事一起合作，准备编写三本物流读物，即《物流管理会计》（合作者是刘明辉、栾甫贵）、《物流成本管理》（合作者是刘明辉）、《企业物流管理》（合作者是王玉霞、周连胜）。三本书的书稿均已完成，有的甚至已出清样，但几经周折，至今只有《物流管理会计》由东北财经大学出版社于1990年出版了，其他两部书稿均已散失。

　　1991年，我以访问学者的身份东渡日本，到北九州大学研修，受指导教授晴山英夫先生的影响，又转而学起了管理史（日本称经营史）与管理思想史（日本称经营思想史）。在两年多的时间里，我阅读了这两个领域的近百部日文著作，搜集了大量的文献资料。当然，在学习管理史与管理思想史的同时，我仍然没有忘记对日本流通与物流问题研究的关注，这时我才知道，早在1962年林周二教授就因出版《流通革命》这一名著而成为大名鼎鼎的流通问题专家，西泽修、汤浅和夫等人也是极有知名度的物流专家，从而为自己早年能亲耳聆听这些物流名家的报告或拜读他们的大作而窃喜。但是，1993年回国后，出于教学的急需，除继续从事流通理论的教学与研究外，凭借在日本的两年学习积累，我又为研究生临时开设了"日本企业经营管理"与"中外管理思想史"两门课程，因此，一段时期内又将学习与研究重点转向了这两个领域。

　　1995—1998年，我师从陕西财经学院（现西安交通大学经济与金融学院）的闵宗陶教授，专攻流通理论与政策。博士研究生毕业后，又以高级访问学者的身份再次东渡日本，在一桥大学进行了半年多的合作研究。这期间主要从事流通、商业、营销与物流管理方面的学习与研究，阅读了20世纪90年代以来有关上述方面的主要日文文献，写下了60余万字的研究笔记，也发表了一些阶段性研究成果。1999年回国后，我为博士研究生开设了"流通理论与营销管理"课程，并于2001年招收流通与物流管理方向的博士研究生。2002年，应日本北九州市立大学的邀请，我到该大学任一年的客座教授，讲授"流通理论与中国流通经济"。

事实上，进入20世纪90年代末期，我已经感受到了国内的物流热，有关物流方面的研究成果大量涌现，新人、名家辈出。看到这种物流研究环境的变化，我既欣喜、兴奋，同时也有一种落伍甚至被这个学术圈子淘汰出局的感觉。然而，凭借旧情与依稀可见的记忆，中国物资出版社、首都经济贸易大学出版社、东北财经大学出版社纷纷在2002年前后向我发出了编写物流管理系列教材的邀请。于是，我在日本讲学期间和国内的两位青年教师一起为首都经济贸易大学出版社撰写了《现代物流概论》，承蒙中国物流学界的前辈王之泰教授的指导，该书于2004年1月出版。这本书的出版是意味着我对早年物流研究的回归与延续，还是对自己当年"生不逢时"的物流研究的补偿？我自己亦不得而知。但有一点是肯定的，即这本书的出版并没有让我感到惬意与欣喜。虽然我接触物流知识并不算晚，但由于十几年来没有专心地研究物流，从而使自己的作品尚存诸多有待改进之处。这本书出版之后，面对国内林林总总的物流出版物，我曾决意不再编写难免拾人牙慧的物流书。可是，出于对出版社十几年前为我出版那本《物流管理会计》的感念，我还是接受了东北财经大学出版社的邀请，与几位青年学者（大多为讲师或副教授）一起编写了这本《物流与供应链管理》。

首先向同行声明的是，我主编的这本《物流与供应链管理》，不论是书名还是内容，都不是什么创新之作，不过是根据我们的理解和研究积累，对同行们的现有研究成果重新进行梳理、概括、提炼和整合的一部很普通的物流"新作"。尽管如此，本书终究不是对同类作品的完全克隆，因而也具有一些特色，现陈述如下：

1.结构严谨，体系完整。本书由10章组成，第1章为导论，后续各章分别就物流战略管理，运输与配送管理，仓储和物料管理，装卸搬运、包装与流通加工管理，物流信息管理，物流成本管理，物流服务管理，物流组织与人力资源管理，供应链管理进行了论述，涵盖了现代物流管理最基本、最核心的内容。因此，通过本书的学习，读者可以基本掌握现代物流管理的基本知识、基本理论与基本方法，并可以方便地应用于实践。

2.有取有舍，详略得当。近年来，有关物流与供应链管理方面的研究成果浩如烟海，对研究者而言，这是一件好事，然而，对一般读者尤其是实际应用者而言，却也面临着一种选择之痛。因此，站在一般读者与应用者的角度，如何从这些繁杂的文献中选择出可读性、操作性、实用性强的现代物流管理知识、理论与方法，也着实是一件很有价值却也有难度的工作。本书在广泛研读、参考现有研究成果的基础上，本着可读性、操作性、实用性的原则并依据我们的理解，对大量的现代物流管理知识、理论与方法重新进行了梳理、取舍与整合，并力求建立一个完整、简明、实用而又不失"现代性"的物流管理知识体系。这也是本书的自慰之处。

3.言简意赅，文字流畅。本书除注重结构严谨与内容实用外，还十分重视概念准确、语言简练、通俗易懂，以方便读者的学习与理解。

4.资料翔实，论证充分。本书在阐述问题与观点时，十分重视各种文献与实证资料的占有与使用，力求观点明确、论据充分，以提高观点、结论的可信度。

5.理论联系实际，便于教学。本书每章都配有学习目标、本章小结、本章案例和复习思考题，从而既有利于读者自学，掌握各章的重点内容，也有利于教师讲授。

本书的框架结构、内容体系与编写原则由我确定，除序言和第1章由我撰写外，其余9章的初稿分别由9位青年学者撰写，最后由我对全部书稿进行修改、调整或补写。具体编写分工如下：

夏春玉：序言、第1章 导论；

李桂艳：第2章 物流战略管理；

李健生：第3章 运输与配送管理；

杨宜苗：第4章 仓储和物料管理；

李文静：第5章 装卸搬运、包装与流通加工管理；

李孟涛：第6章 物流信息管理；

卫丽华：第7章 物流成本管理；

任博华：第8章 物流服务管理；

张 闯：第9章 物流组织与人力资源管理；

汪旭晖：第10章 供应链管理。

感谢各位撰稿者在本次修订过程中所付出的辛苦劳动，为了尽可能地写好这本书，这些青年学者们阅读了大量文献与参考书，并对有关内容进行消化、理解、取舍与调整，同时也融入了自己的学习与研究成果。不过，本书的全部学术责任当由我来承担。

最后，我还要感谢被我们大量参考、引用的研究成果的诸位作者们。可以肯定地说，没有诸位的研究积累，就不可能有我们这本书！欢迎各位同行专家提出宝贵意见。

2020年1月

目　录

第 1 章

导 论

　　通过本章的学习，使读者全面理解物流的概念与构成要素，深刻理解物流在国民经济与企业经营中的地位与作用；了解物流管理的历史沿革与发展趋势。

1.1　物流的概念、分类与构成要素

1.1.1　物流概念的产生

我国于 20 世纪 80 年代初从日本引进了"物流"概念，当时，将"物流"解释为"物资资料或商品的实体运动过程"，是与商品的价值运动过程（简称"商流"）相对应的概念。这种定义或解释在我国理论界与实业界沿袭很长一段时间，大多数人在物资或商品的实体流通意义上使用"物流"概念，在物资或商品的价值流通意义上使用"商流"概念。

而日本的"物流"概念是从美国引进的。1956 年 10 月至 11 月，日本生产性本部派出"流通技术考察团"前往美国进行考察，考察团回国后提出了《关于美国流通技术的考察报告》。在该报告中首次使用了"physical distribution"一词，并将其译成日文"物的流通"。但是，"物的流通"被社会广泛认知并接受，大约是在 1964 年以后。其重要标志是，1964 年日本在"通产省产业结构审议会"中设立了"物的流通委员会"，并在 1965 年 1 月日本内阁制订的中期经济发展计划中提出了"物的流通现代化"的内容，同时，1965 年日本运输省还以"现代化过程中的物的流通"为副标题发表了《运输白皮书》，进一步强调了"物的流通"的重要性。从此以后，"物的流通"问题引起了日本社会各界的广泛关注，"物的流通"用语也广为流传。后来，"物的流通"被简称为"物流"，成为各界普遍接受的用语。①

但是，日本并非是物流概念的发源地。学术界一般认为，美国营销学者萧（A.W.Shaw）是世界上第一个使用物流概念的人。1915 年，萧在其题为《Some Problems in Market Distribution》的论文中首次使用了物流概念。后来，美国另一位营销学者克拉克（F.E.Clerk）于 1924 年在其《Principle of Marketing》的营销学著作中也使用了物流概念。②

1.1.2　物流的定义：传统物流（physical distribution）

1）美国的物流概念

从萧与克拉克提出物流概念以后，美国学者与研究机构对物流概念进行了各种定义，其中最有代表性的是康伯斯、阿罗特、斯马耶克与拉罗蒂等学者的定义，以及美国市场营销协会、美国物流管理协会的定义。

康伯斯认为，物流是指商品或服务由生产领域向消费领域的物理性移动过程。

阿罗特认为，物流是指根据营销策略将生产资料或消费品由生产或储存地向顾客需要地转移的订发货过程。

斯马耶克与拉罗蒂认为，物流是指为使生产目标与销售目标相一致而进行的各种必要的支援活动，也就是说，以适当的价格将适当数量的商品供应到适当场所的过

---

① 菊池康也. 物流管理理论［M］. 东京：税务经理协会，1997：1-2.
② 谷本谷一. 物流、Logistics 的理论与实态［M］. 东京：白桃书房，2000：12-14.

程，为此，需要实现仓库选址、运输方法、储存方法及信息流通等的最佳组合。①

美国市场营销协会的定义是，物流是指对商品从生产时点到消费或使用时点转移、分类、保管过程的管理与控制。

美国供应链管理专业协会（Council of Supply Chain Management Professionals，CSCMP）②在不同时期对物流进行了不同的定义。如1963年做出的定义是：为了计划、执行和控制原材料、在制品库存及制成品从起源地到消费地的有效率的流动而进行的两种或多种活动的集成。这些活动可能包括但不仅限于顾客服务、需求预测、交通、库存控制、物料搬运、订货处理、零件及服务支持、工厂及仓库选址、采购、包装、退货处理、废弃物回收、运输、仓储管理。在1986年，将定义修改为：对货物、服务及相关信息从起源地到消费地的有效率、有效益的流动和储存进行计划、执行和控制，以满足顾客要求的过程。该过程包括进向（inbound）、去向（outbound）、内部和外部的移动以及以环境保护为目的的物料回收。2002年又给出了新的物流定义：是供应链过程的一部分，是对货物、服务及相关信息从起源地到消费地的有效率、有效益的正向和反向流动和储存进行计划、执行和控制，以满足顾客的要求。紧接着2003年又修改了物流定义：物流管理是供应链管理的一部分，是对货物、服务及相关信息从起源地到消费地有效率、有效益的正向和反向流动和储存进行的计划、执行和控制，以满足顾客要求。

由此可见，美国学者与专业协会对物流概念的定义是不同的。前者的定义是"中性"的，即多侧重于对物流活动的客观性描述，并不涉及物流活动的目标或有效性问题；相反，美国两个专业协会对物流概念的定义则更强调物流活动的有效性，也就是说，将物流与物流管理未作区分，物流即物流管理，物流管理也就是物流。这一点是特别需要我国读者注意的。

2）日本的物流概念

日本自20世纪50年代从美国引进物流概念以后，学者、研究机构及政府部门对物流概念进行了各种定义。在此，我们主要介绍几种较有代表性的定义。

日本流通问题专家东京大学教授林周二、早稻田大学教授阿保荣司认为，物流是指有形或无形商品及废弃物克服时空矛盾、连接供给者与需求者的物理性经济活动。它具体包括运输、保管、包装、装卸等物的流通活动及与此有关的信息活动。

日通综合研究所对物流的定义是：物流是指商品由供应者向需求者的物理性转移，从而创造时间与空间价值的经济活动，包括包装、装卸、保管、库存管理、流通加工、运输、配送等各种活动。③

日本统计审议会流通统计分会将物流定义为：物流是指有关"物"的物理性流动的所有经济活动，这些活动主要包括运输、通信活动。同时，这里所说的"物"，既包括有形物，也包括无形物，其中的无形物主要是指信息。

日本产业结构审议会流通分会的定义是：物流是指有形及无形商品由供给者向需

---

① 菊池康也. 物流管理论［M］. 东京：税务经理协会，1997：6.
② 该协会的前身是美国物资配送管理协会（National Council of Physical Distribution Management，NCPDM）及美国物流管理协会（Council of Logistics Management，CLM），2005年1月1日改为现名。
③ 菊池康也. 物流管理论［M］. 东京：税务经理协会，1997：6.

求者的实体流动过程，具体包括包装、装卸、运输、保管及信息等。①

由上可知，日本各界对物流概念的定义多属"中性"，即主要侧重于描述物流是一系列有关有形与无形商品从供给者到需求者的实体转移过程，并不涉及这一过程是否是有效的。因此，日本是将物流与物流管理相区别的，物流与物流管理具有不同的定义。

3）我国的物流概念

由于我国是从日本引进物流概念的，因此，长期以来，我国各界一直沿用日本的物流定义，虽然版本不同，但差别不大。同时，我国也很少有组织或机构对物流概念进行定义或规范，因此，关于物流概念的定义主要以研究者个人的定义为主。2001年8月1日，我国首次颁布并实施了《物流术语》国家标准。从此，我国开始出现了机构对物流概念的定义，进而提高了物流定义的权威性。

在《物流术语》国家标准中将物流定义为：物品从供应地向接收地的实体流动中，根据实际需要，将运输、储存、装卸、搬运、包装、流通加工、配送、信息处理等基本功能有机结合来实现用户要求的过程。②我们认为，这个定义基本上是"中性"的，既没有强调物流的"有效性"，也没有涉及对物流活动的"计划、执行或控制"，因此，该定义预示着物流与物流管理的定义是不同的。事实也的确如此，在《物流术语》国家标准中，除物流的定义外，还另外规定了物流管理的定义。

综上所述，本书将传统物流概念整理为：物流是指伴随物品由供应地向需求地的转移而发生的运输、装卸、储存、包装、流通加工、配送及与上述活动相关的信息活动的集合系统。为了准确理解物流的定义，应把握以下几点：

第一，物流是一个系统，是各种物流构成要素的集成，运输、装卸、储存、包装、流通加工、配送、物流信息是物流的基本构成要素，而不是完整的物流。

第二，定义中的"物品"不只是指最终产品，还包括生产所用原材料、零部件、半成品和伴随商品销售的包装容器、包装材料，以及生产和消费过程中所产生的废弃物。

第三，这里所说的"需求者"，除一般意义上的消费者外，还包括制造商、供应商、批发商、零售商等"中间需求者"。

第四，物流不是传统的"物资流通"的简称。在我国，长期使用"物资流通"用语，这一用语是指传统的生产资料流通，主要是指生产资料从生产领域到消费领域的转移过程，虽然也包括物流活动，但更强调生产资料的所有权转移，即物资（生产资料的约定俗成用语）的"商流"。③

1.1.3　现代物流（logistics）

随着经济的发展，特别是经济全球化及企业竞争战略的变化，物流在企业经营乃至整个国民经济中的地位与作用越来越重要，物流概念的内涵与外延也随之发生了变

① 谷本谷一. 物流、Logistics 的理论与实态 [M]. 东京：白桃书房，2000：13.
② 《物流术语》国家标准，2001 年 8 月 1 日.
③ 夏春玉. 流通概论 [M]. 北京：中央广播电视大学出版社，2002：250.

化，物流用语也由"physical distribution"转变为"logistics"。其主要标志是，美国物流管理协会于 1985 年率先用"logistics"取代了"physical distribution"，美国物流管理协会的名称也由"NCPDM"改为"NCLM"。在此之后，日本也于 1992 年将"物的流通"改称为"logistics"，日本物流管理协会也改称为"Japanese Council Logistics Management"，简称 JCLM。同时，日本没有将"logistics"译成相对应的日文，而直接使用"logistics"的日语读音"ロジスティクス"。值得注意的是，日本虽然出现了"ロジスティクス"一词，而且使用频率很高，但是至今并没有完全取代"物流"用语，"物流"与"ロジスティクス"同时并用，使用者们却对这两个用语赋予了不同的内涵，前者多指"传统物流"，后者则指"现代物流"。

我国物流概念引进较晚，而且长期以来对物流没有足够重视，直到最近几年全社会才逐渐产生并增强了物流意识，物流也才被社会各界所重视。从这个意义上讲，我国还没有来得及对物流概念进行严格的研讨，也没有"时间"发生物流概念的转变，全社会对物流概念的认识还基本停留在美日等发达国家传统物流概念的阶段，包括 2001 年发布的《物流术语》国家标准中的物流定义也基本上是传统物流的概念。

1）现代物流的含义[①]

"logistics"来源于法语的"logistique"，即"宿营"，是有关军队移动、供应、宿营的军事用语，其含义是指军队的后勤保障。在第二次世界大战期间，美国军队极为重视"logistics"，并从各部门选拔出一流的人才充实到"logistics"部门。美国军队的"logistics"部门在第二次世界大战期间发挥了重要作用，是取得战争胜利的重要因素。

第二次世界大战后，特别是 20 世纪 60 年代，美国企业界进入了重视"经营战略"及"营销战略"的时代，"logistics"开始被引进到企业界，出现了"商业 logistics""营销 logistics"等概念。尤其是第二次世界大战中的一些军队 logistics 专家转入企业界以后，对"logistics"概念在企业经营中的应用、推广发挥了很大作用。"logistics"由军事用语转变为经济用语后，其含义也发生了一些变化，存在着多种定义。

美国哈佛大学商学院教授 J.L.赫斯凯特的定义是：现代物流（logistics）是指对支持物品移动的各种活动进行的管理，以及通过创造物品的时间与空间价值以调节供给与需求。

R.H.巴尔教授的定义是：现代物流是指为向顾客提供适当的服务，而对原材料及产品从供应地到最终消费地的移动、保管及有关的信息进行计划与控制。

P.科特勒教授的定义是：现代物流是指有关产品生产及向消费者手中转移过程所必需的物品、服务与信息流通的决策过程。

日本管理评论家小林裕的定义是：现代物流是指对从原材料的供应到产品转移到顾客手中的所有"物品流动"过程的综合管理。

---

① 为了研究问题的方便，本书将反复使用"物流"与"现代物流"的概念，而且也将并用这两个概念，除特别说明外，本书所指的"物流"，多指"现代物流"。但是，本书将对"传统物流"与"现代物流"做出严格的区分，即传统物流是指英文的"physical distribution"，现代物流是指英文的"logistics"。

日本物流专家汤浅和夫将现代物流定义为：为使库存适应市场销售的变化，通过库存的有效调整从而保证顾客对商品或服务的可得性，同时避免缺货、过剩、积压等现象的发生而进行的有利于销售支援与总成本降低的一系列管理活动。[①]

然而，最有代表性的定义是美国物流管理协会的定义。美国物流管理协会将现代物流定义为：以满足顾客需求为目的的，对原材料、半成品、成品以及与此相关的信息由产出地到消费地的有效且成本效果最佳的流动与保管进行计划、执行与控制。

从上述各种对现代物流的定义来看，现代物流具有以下特点：

（1）将向顾客提供的物流服务目标体现在现代物流的定义中，强调了物流顾客服务的重要性。

（2）现代物流的活动范围极其广泛，既包括原材料采购与供应阶段的物流，也包括生产阶段的物流、销售阶段的物流、退货阶段的物流及废弃物处理阶段的物流等整个生产、流通、消费过程的全部物流活动。

（3）现代物流不仅重视效率，更重视效果，即强调物流过程中的投入（成本）与产出（增加销售额或利润）之间的对比关系。

（4）现代物流不仅强调物流各构成要素的整体最佳，而且还强调物流活动与其他生产经营活动之间的整体最佳。

（5）现代物流更强调库存的一体化管理、信息管理及按需生产。

（6）现代物流强调生产、销售、物流是企业经营的三大支柱，并将物流视为与生产、销售并列的企业经营战略之一。

但是，不论美国还是日本，对现代物流的定义都强调了物流活动的"有效性"，以及对物流活动的"计划、执行与控制"。按照我们的理解，这种定义实际上是对物流管理的定义，而不是对物流本身的定义。因此，根据各国对现代物流的定义，并结合我国的语言习惯，我们有必要尝试一种新的定义。

我们认为，现代物流是指基于满足顾客需求，以及成本与效益的考虑而进行的涉及生产、销售、消费全过程的物品及其信息的系统流动过程。

2）传统物流与现代物流的区别

通过以上论述，我们可以对现代物流的含义有一个基本的了解，但是，为了进一步准确理解现代物流的概念，我们再来整理一下传统物流与现代物流的区别（见表1-1）。

（1）传统物流强调物流是由运输、储存、包装、装卸、流通加工、配送、物流信息等要素构成的系统，因此，谋求物流构成要素的"系统最佳"是传统物流管理追求的重要目标；但是，现代物流不仅强调物流系统本身的最佳，而且更强调物流系统与生产、销售等整个经营系统的协调与最佳。

（2）传统物流虽然也认为物流活动领域包括原材料供应物流、生产物流、销售物流、退货与废弃物物流，但是更强调销售物流与生产物流；而现代物流则进一步强化了"大物流"的理念。

---

① 菊池康也. 最新物流入门［M］. 东京：税务经理协会，1996：5.

表1-1 传统物流与现代物流的区别

区别项目	传统物流（physical distribution）	现代物流（logistics）
范围与边界	重视销售物流与生产物流	强调供应、生产、销售、消费等全过程的"大物流"
系统概念	重视运输、储存、包装、装卸、流通加工、信息等构成要素的系统最佳	强调物流系统与其他经营系统的"大系统"最佳
性质与地位	企业或组织体的"后勤"，"内部事务"；成本支出项目	企业或组织体的"先锋"，"外部事务"；价值创造事业
目标与理念	效率与成本的均衡	效率、成本、服务与效益的均衡
服务对象	企业或组织体内部	企业或组织体外部顾客
功能定位	节约成本的"手段"与"策略"	扩大销售、增加利润的"战略"

（3）传统物流概念强调的是效率与成本观念，认为物流只是提高效率、节约成本的手段，因此，物流成本最小化是组织传统物流的重要目标，甚至是唯一目标；而现代物流概念则强调的是效率、成本与效益的均衡，物流成本最小化不是组织物流的重要目标。

（4）传统物流认为物流是"内部事务"，只对组织体内部产生影响，其服务对象是组织内部的生产或销售部门；现代物流认为物流是"外部事务"，其服务对象是组织体外的顾客，从而把满足顾客对物流的服务需求作为组织物流的首要目标。

（5）传统物流认为物流是企业等组织体的"后勤"，即从属于生产与销售，是后发的，从而是成本支出项目，因此，如何组织物流是节约成本的"手段"与"策略"；现代物流则认为物流是企业等组织体的"先锋"，是决定生产与销售的价值创造事业，因此，如何组织物流不仅是节约成本的"手段"与"策略"，更是扩大销售、增加利润的"战略"。

1.1.4 物流的分类

物流概念虽然产生于20世纪初，至今也不过百年的历史，但是，作为企业与国民经济重要组成部分的物流活动却是与人类共生的。而且，以"物的流动"为本质特征的物流活动存在于各个领域，具有不同的表现形式，也有不同的种类与层次。因此，为了全面认识物流，有必要对存在于各个领域的不同层次、不同表现形式的物流进行分类，这也是进行物流研究的基本前提。通常，可以按以下五种方法进行分类（见表1-2）：

1）空间范围别分类

空间范围别分类，就是按物流活动的空间范围对物流进行分类。按这种方法分类，可将物流划分为国际物流、国内物流或国民经济物流、区域物流、城市物流、企业物流等。国际物流是指跨越国境的物流，即国与国之间的物流；国内物流或国民经济物流是指发生在一国之内的物流，是存在于一国国民经济各个领域的物流；区域物

表 1-2　　　　　　　　　　　　　　　　　　物流的种类

分类标准或方法	物流种类或名称	其他名称
空间范围	国际物流、国内物流、区域物流、城市物流、企业物流	—
物流主体	生产企业物流、流通企业物流、专业化物流、消费者物流	制造商物流、批发商物流、零售商物流、第三方物流、第四方物流
物流业种	铁路物流、公路物流、航运物流、航空物流、邮政物流	行业物流
物流阶段	供应物流、生产物流、销售物流、退货物流、回收物流、废弃物流	采购物流、厂内物流、供应链物流
物流客体	生产资料物流、消费品物流、散装货物流、包装货物流	—
其他	宏观物流、中观物流、微观物流	电商物流、智慧物流

流是指在一国之内的一定地理区域内所发生的物流，如东北区域物流、长江三角洲区域物流、珠江三角洲区域物流、沿海区域物流、内陆区域物流、东部或西部区域物流等；城市物流是指在一个城市之内所发生的物流，如上海市物流、北京市物流、大连市物流等；企业物流是指发生在一个企业内部或者由企业组织的物流。

2）物流主体别分类

物流主体别分类，就是按物流活动的实施主体对物流进行分类，但一般是针对微观主体进行的分类。按这种分类方法可将物流划分为制造商物流、中间商物流、专业化物流、消费者物流。制造商物流是指由制造企业实施的物流，也称生产企业物流；中间商物流是指由批发商或零售商组织实施的物流，也叫流通企业物流；专业化物流是指由专业化物流组织或企业实施的物流，也叫第三方物流或第四方物流；消费者物流是指发生在消费者与消费者之间、消费者与生产或流通企业之间的物流，如消费者因搬家或邮寄包裹而发生的物流，以及消费者因退货或废旧物资的回收利用而发生的物流等。

3）物流业种别分类

物流业种别分类，就是按专业化物流事业者的行业不同对物流进行分类。这里所说的"业种"是指行业的种类，如铁路运输行业、公路运输行业、水上运输行业等。按这种分类方法可将物流划分为铁路物流、公路物流、航运物流、航空物流、邮政物流等。

4）物流阶段别分类

物流阶段别分类，就是按物流在生产经营过程中所处的阶段不同而进行的分类。按这种分类方法可将物流划分为供应物流、生产物流、销售物流、退货物流、回收物流、废弃物物流等。供应物流或采购物流（supply logistics），是指企业采购的原材料、零部件由供应商到厂内的物流；生产物流或厂内物流（production logistics），是指企业采购的原材料、零部件，以及企业生产的半成品、成品在企业内部的物流；销售物流（distribution logistics）是指企业将生产的产品由厂内（仓库或物流中心等）到需求者（用户）的物流；退货物流（rejection logistics）是指因退货而产生的物流；回收物流（returned logistics）是指企业在生产经营过程中产生的包装容器或包装材料的物流；废弃物物流（waste material logistics）是指企业在生产经营过程中产生的废弃物的物流。供应链物流（supply chain logistics）是指发生在供应链企业之间的物流。

5）物流客体别分类

物流客体别分类，就是按物流的对象即物品不同而进行的分类。按这种分类方法可将物流划分为生产资料物流与消费品物流、散装货物流或包装货物流等。根据需要也可做进一步的分类，如将生产资料物流进一步划分为金属材料物流、机电产品物流、化工产品物流、危险品物流等；将消费品物流进一步划分为加工食品物流、生鲜食品物流、纺织品物流、家电产品物流等。

此外，出于研究与实践的需要，有时也从宏观、中观与微观的角度对物流进行分类，从而将物流划分为宏观物流、中观物流与微观物流。宏观物流主要是指国际物流与国民经济物流；中观物流主要指区域物流与城市物流；微观物流一般指企业物流或法人组织物流。随着电子商务的兴起及智能化设备的应用，又出现了电商物流、智慧物流的概念。

1.1.5　物流的构成要素

由前述的定义可知，物流是由各种要素构成的系统，这些要素可分为两大类：一类是基础要素；一类是活动（功能）要素。

1）基础要素

基础要素是维系物流活动得以运行的基本条件，没有这些基本条件，物流就无法发生，也无法运行。这些基础要素就是与物流活动有关的"人、财、物"三要素。

（1）"人"的要素。"人"的要素是指与物流活动相关的人力资源，包括物流作业人员与物流管理人员。物流活动的开展首先要有一定的物流人力资源为保障，物流人力资源的状况决定物流活动效率的高低。

（2）"财"的要素。"财"的要素是指与物流活动相关的资金。物流活动的开展需要相应的资金投入，因此，一定的资金投入是物流活动得以正常运行的必要条件。

（3）"物"的要素。"物"的要素是指与物流活动相关的设施、设备与工具。例如，必要的运输、储存、包装、装卸设施、设备与工具等都是开展物流作业活动的必要条件。

2）活动（功能）要素

活动（功能）要素是指与物流有关的各种作业活动（功能），包括运输、储存、包装、装卸、流通加工、配送及信息等。

（1）运输（transport）。运输是利用设备或工具，在不同地域范围内（如两个城市、两个工厂之间），完成以改变人和物的空间位移为目的的物流活动。运输是物流的主要功能之一，也是物流的基本活动要素。运输承担了改变物品空间状态的主要任务，是改变物品空间状态的主要活动。

（2）储存（storing）。储存即对物品（商品、货物、零部件等）的保存与管理，具体来说，是在保证物品的品质和数量的前提下，依据一定的管理规则，在一定期间内把物品存放在一定的场所的活动。[①]在物流系统中，储存起着缓冲、调节和平衡的作用，是物流的一个中心环节。

（3）包装（packaging）。包装是物流系统的构成要素之一，是指在物流过程中保护产品，方便储运，促进销售，按一定技术方法采用容器、材料及辅助物等将物品包封并予以适当的装封标志的工作总称。在现代物流中，包装与物流的关系，比之与生产的关系要密切得多，其作为物流始点的意义比之作为生产终点的意义要大得多。

（4）装卸（loading and unloading）。所谓装卸是指随物品运输和保管而附带发生的作业。具体来说，它是指在物流过程中对物品进行装运卸货、搬运移送、堆垛拆垛、旋转取出、分拣配货等作业活动。装卸是物流系统的一个重要构成要素。运输能产生空间上的效用，保管能产生时间上的效用，而装卸本身并不产生新的效用和价值。但是，装卸作业质量的好坏和效率的高低不仅影响物流成本，还与物品在装卸过程中的损坏、污染等造成的损失成本及保护物品的包装成本相关，并与是否能及时满足顾客的服务要求相关联。

（5）流通加工（distribution processing）。流通加工是指在流通阶段进行的不以改变商品的物理化学性能为目的的简单加工、组装、再包装、按订单做的调整等作业活动。比如，遵照顾客的订单要求，将食肉、鲜鱼分割或把量分得小一些，家具的喷涂、调整，家用电器的组装，衣料布品陈列前挂牌、上架，礼品的拼装等。简言之，在流通过程中辅助性的加工活动都称为流通加工。

（6）配送（delivery）。在中国《物流术语》国家标准中，将配送定义为：在经济合理区域范围内，根据用户要求，对物品进行拣选、加工、包装、分割、组配等作业，并按时送达指定地点的物流活动。配送处于现代物流的末端，是现代物流的一个重要构成要素，并且在企业的物流系统中占有重要地位。配送的实质是送货，但不是简单地送货。从配送的实施过程上看，配送包括两个方面的活动："配"是对货物进行集中、拣选、包装、加工、组配、配备和配置；"送"是以各种不同的方式将货物送达指定地点或用户手中。可见，现代意义上的配送不同于一般性的运送或运输，是建立在备货和配货基础上满足客户灵活需要的送货活动，是一种以社会分工为基础的、综合的、现代化的送货活动。

（7）信息（information）。信息是能反映事物内在本质的外在表现，如图像、声音、文件、语言等，是事物内容、形式和发展变化的反映。物流信息就是物流活动的内容、形式、过程及发展变化的反映。物流信息是物流活动的前提，也是物流管理的基础，只有掌握信息，才能进行有效的物流活动。因此，物流信息是重要的物流活动要素。

---

①　宋华，等. 现代物流与供应链管理［M］. 北京：经济管理出版社，2000：214.

1.2 物流的地位与作用

1.2.1 物流与企业经营

1）企业的价值创造过程

企业是一个价值创造过程，也是一个开发并满足顾客需求的过程。这个过程的完成体现为企业将自己的产品或服务最终提供给消费者，消费者通过对企业提供的产品或服务的消费而获得满足。如果消费者从A企业获得的满足优于或大于从B企业获得的满足，那么，A企业可以在竞争中战胜B企业。但是，企业的价值创造过程是由生产、营销、物流三个过程共同构成的（见图1-1）。

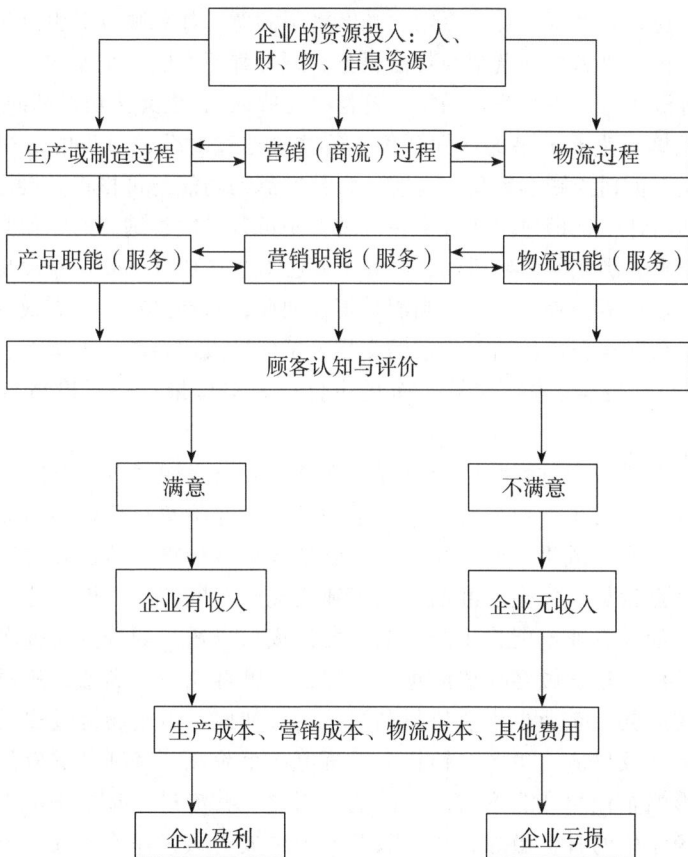

```
              ┌──────────────────────────┐
              │ 企业的资源投入：人、      │
              │ 财、物、信息资源          │
              └──────────────────────────┘

┌──────────────┐   ┌──────────────────┐   ┌──────────────┐
│ 生产或制造过程│←→│ 营销（商流）过程  │←→│ 物流过程     │
└──────────────┘   └──────────────────┘   └──────────────┘

┌────────────────┐ ┌──────────────────┐ ┌────────────────┐
│ 产品职能（服务）│←→│ 营销职能（服务）  │←→│ 物流职能（服务）│
└────────────────┘ └──────────────────┘ └────────────────┘

              ┌──────────────────────────┐
              │     顾客认知与评价        │
              └──────────────────────────┘

       ┌──────────┐              ┌──────────┐
       │  满意     │              │  不满意   │
       └──────────┘              └──────────┘

       ┌──────────┐              ┌──────────┐
       │ 企业有收入│              │ 企业无收入│
       └──────────┘              └──────────┘

       ┌──────────────────────────────────────┐
       │ 生产成本、营销成本、物流成本、其他费用 │
       └──────────────────────────────────────┘

       ┌──────────┐              ┌──────────┐
       │ 企业盈利  │              │ 企业亏损  │
       └──────────┘              └──────────┘
```

图1-1 企业的价值创造过程（顾客满足的创造过程）

生产过程的输出（成果）是产品，即以更低的成本生产更高质量的产品是生产过程的主要功能或任务。投入生产过程的各种资源体现为生产成本。

营销过程的输出（成果）是营销服务。这种服务的功能是开发、维持企业与市场之间的适当关系，即发现市场的潜在需求，并向用户或消费者宣传已开发或生产的产品，将产品销售给用户或消费者，稳定并发展企业与消费者之间进行长期交易的信用关系。

物流过程的输出（成果）是向顾客提供物流服务，即通过从原材料的采购供应到产品到达消费者手中的整个物流过程的统一管理，使顾客最经济地获得所需要的商品。

无论是生产过程还是营销与物流过程都要投入一定的资源，从而形成企业的生产成本、营销成本与物流成本，除此之外，企业还要投入其他基础费用，这些成本与费用共同构成企业的经营总成本。企业的目的就是通过顾客对上述三个过程成果的认知、评价、回报，以补偿企业的投入并获得剩余。企业能否获得补偿与剩余，主要取决于顾客对上述三项服务是否满意。

首先，顾客根据以往的经验或企业的宣传信息、销售人员的说明及其他方面的信息，对企业提供产品的功能形成预期，并对预期与实际进行比较。如果实际功能高于或等于预期功能，顾客则满意；否则，顾客将不满意。如果顾客对生产过程的成果评价不满意，不论提供怎样的营销与物流服务，顾客都不会购买企业的产品，从而使企业投入的所有资源（成本）都无法得到补偿（无收入），更无法获得利润。

然而，顾客对生产成果的认知评价，往往是通过对营销过程的认知评价来进行的，也就是说，如何向顾客表现、说明、宣传产品的功能与价格将直接影响顾客对生产成果的认知与评价，即便生产成果在客观上是可以使顾客满意的，但是，如果不能进行有效而令顾客满意的营销活动，顾客也不会对生产成果满意，从而也不会购买企业的产品，企业也不会获得收入与利润。不仅如此，营销过程是否有效并令顾客满意还直接影响到顾客与企业长期而稳定的交易关系的形成。显然，顾客对企业的营销过程满意，不仅可以持续进行交易，而且还会扩大交易量，从而提高企业获利的可能性。

但是，顾客对生产过程与营销过程的满意，并不是顾客对企业的最终评价或最终满意。顾客即使对生产成果与营销成果满意，也并不意味着顾客的最终满意。因为如何使满意的生产成果（产品功能）与营销成果（价格、销售方式等）在顾客期望的时间、地点批量且安全、准确、经济地变成顾客的实际可得，还要取决于有效的物流服务。如果企业不能将生产成果与营销成果以适当的数量与批次，及时、准确、安全、经济地送达顾客期望的场所，那么，顾客就不会满意，从而就不会购买企业的产品或服务，企业也不会获得利润。不仅如此，由于物流过程不限于销售物流阶段，而是涉及供应、生产、销售、退货等各个阶段，特别是供应与生产阶段的物流将直接影响企业生产成本与产品功能，因此，物流过程甚至决定生产过程。同时，随着市场竞争的日益激烈，物流服务越来越成为顾客评价、选择企业的重要标准，因此，物流过程还直接影响营销过程及其成果，不仅是促进销售的手段，也是维护交易关系的手段。

2）物流在企业经营过程中的职能

（1）价值实现职能。物流的价值实现职能意味着企业的生产与营销成果要通过物流过程来实现。没有有效的物流过程，生产与营销成果就无法让顾客获得，生产与营销成果有时为零甚至为负值。有效物流是指将生产与营销成果以适当的数量与批次，及时、准确、安全、经济地送达顾客期望的地点。物流的价值实现功能主要体现在企业的销售物流阶段。

（2）成本节约职能。物流成本是产品与服务成本的重要组成部分。一般来说，即使在发达国家，物流成本占产品最终价格的比重也在20%以上[①]，因此物流领域具有很大的降低成本的空间与潜力，而且物流成本的节约可以直接导致企业利润的增加，是企业的"第三个利润源"。物流成本节约的职能体现在物流的各个阶段。

（3）销售促进职能。随着市场竞争的日益激烈，企业的销售业绩不仅取决于产品、价格、营销渠道与营销方式，更取决于企业向顾客提供的物流服务，即取决于企业向顾客提供的可得性。顾客越来越重视企业的物流服务，物流成为顾客选择企业、维持交易关系的重要条件，因此，也是企业扩大销售的重要手段。物流的销售促进职能主要体现在销售物流阶段。

（4）竞争战略职能。在经济全球化、快速化以及消费需求多样化的今天，企业面临范围更大、速度更快、种类更多的生产要素组合与产品组合。特别是一些大型企业或跨国公司，不仅产品与服务的销售范围是全球化的，而且生产或原材料供应也是全球化的，这就要求企业必须在更大的范围内组织供应、生产、销售等阶段的物流，以获得产品、价格、服务等竞争优势，因此，物流已不仅是实现价值、降低成本、促进销售的手段，而且直接决定产品、价格与销售，从而直接参与价值创造过程，是决定企业经营成败的战略问题。物流的战略职能体现在物流的各个阶段。

1.2.2 物流与国民经济发展

1）物流与国民经济成长

一般认为，物流需求是国民经济的派生需求，既随着国民经济的增长而增长，也随着国民经济的负增长而萧条，与国民经济发展具有很高的相关度。此外，物流规模与发展速度也直接制约着国民经济的发展速度。这一结论得到了国内外经济发展实践的充分证明。我国在20世纪80年代，物流业，特别是运输业制约国民经济发展的事实更为明显。

物流对国民经济的影响与作用包括两个方面：一是外部经济的，即对国民经济发展的正面影响或积极影响，具体体现为物流规模、速度、效率与质量直接影响甚至决定国民经济发展的规模、速度、效率与质量；二是外部不经济的，即对国民经济发展的负面影响或消极影响，具体体现在物流所产生的交通拥挤、噪声等环境污染方面。

2）商品价格构成与物流成本

所谓物流成本是指为组织、管理物流活动所产生的各种费用及其物资消耗的货币表现。由于物流活动不仅存在于商品销售领域，而且也存在于原材料的采购、生产制造领域，因此，在生产经营的各个阶段都存在着大量的物流活动，消耗大量的物流资源，形成规模可观的物流成本，从而使物流成本成为影响商品价格高低的重要因素。

当然，商品不同，其物流活动的规模与难易程度也不同，进而所消耗的物流资

[①]　阿保荣司. Logistics［M］. 东京：中央经济社，1992：7.

源、产生的物流成本也不同，但是，从总体上看，物流成本无疑是商品价格构成的重要组成部分。有关研究成果表明，假设商品的零售价格为100元，那么，制造成本（包括厂商的平均毛利）大约为50元，流通费用（包括中间商的平均毛利）大约为50元，其中，物流费用为20元～30元。也就是说，在商品的零售价格中，有20%～30%为物流成本。显然，不论对经营者还是对消费者来说，物流成本都具有重要意义。

从整个社会来看，物流成本也是国民经济总成本的重要组成部分，进而对国民经济运行绩效产生重大影响。当然，经济发展水平不同，物流成本占GDP的比重也不同。一般来说，经济发展水平越高，全社会的物流管理水平也就越高和越有效率，全社会的物流成本占GDP的比重也就越低，从而意味着物流活动所消费的资源也就越节约，国民经济运行绩效也就越高；反之亦然。从世界范围来看，不同国家的物流成本占GDP的比重不尽相同，即发达国家的物流成本占GDP的比重低于发展中国家的物流成本占GDP的比重；同一国家或地区在不同时期，其物流成本占GDP的比重也不同，即随着经济发展水平的提高，物流成本占GDP的比重不断降低。欧洲、日本等发达国家和地区的物流成本占GDP的比重为8%~10%。从动态上看，物流成本占GDP的比重是不断降低的，2000年我国的物流成本大约占GDP的18%，[①]近年来下降到14%左右。

3）物流与居民生活

物流不仅对企业经营与国民经济发展具有重要作用，而且对居民生活质量的提高也有重要贡献。一方面，物流技术水平的提高和物流方式的创新，大大降低了消费者的成本负担，增加了消费者的福利；另一方面，还极大地满足了消费者对物流准时、便利的需求，从而提高了消费者的生活质量，如电商物流。

4）物流与外部经济

随着物流规模的扩大，物流服务水平的提高，特别是准时、快捷式物流方式的普及，物流对交通、环境等的负面影响日益增大，不仅是经济上的"黑暗大陆"，也是环境上的"黑暗大陆"。人们不仅十分关注物流的经济功能，而且更关心物流的环境效应。因此，重视物流、改善物流，不仅是出于经营与经济方面的考虑，更是出于环境保护与可持续发展的需要。许多国家分别从环境保护与可持续发展的高度来关注物流、发展物流，认为物流领域在缓解交通拥挤、减少污染、改善与保护环境方面具有巨大的潜力。物流对环境的外部性主要体现在以下几个方面：

（1）交通拥挤。物流的发展，特别是公路物流的发展，对城市交通的压力越来越大，道路堵塞、拥挤、事故频发等，成为困扰世界各国的主要难题。

（2）噪声与大气污染。随着汽车保有量的增加，特别是伴随着小批量、多批次物流方式的普及，汽车流量大大增加，噪声与大气污染日益严重。

（3）物流网点密度不断增大，一方面，对城市建设、人文景观产生了越来越大的负面影响；另一方面，物流网点的增加，也促使地价上涨，从而增加了消费者的空间成本，挤占了消费者的生活空间。

（4）物流设施与设备的能源消耗，对人类的可持续发展构成了威胁。

1.2.3　物流与国际经济

1）物流与国际贸易

物流与国际贸易是相互依存、相互促进的。国际贸易是指世界各国或地区之间的商品、服务、技术等的交换活动，包括出口与进口两个方面。从一个国家或地区来看，这种交换活动就是该国的对外贸易；从世界范围来看，各国对外贸易的总和则构成了国际贸易。[①]

由于国际分工的日益细化及比较利益的存在，任何国家都不能也没必要包揽所有的专业化分工，从事所有商品和服务的生产，而必须参与国际分工，从事国际贸易。伴随国际贸易的发生，国家之间的商品、服务的空间流动也就必然发生，从而形成国与国之间的物流活动，即国际物流。显然，国际物流随着国际贸易的产生而产生，并随着国际贸易的发展而发展，进而成为影响和制约国际贸易进一步发展的重要因素。也就是说，国际贸易是国际物流产生的前提，没有国际贸易就不会有国与国之间的物流，因此，国际贸易的规模、结构决定国际物流的规模与结构。同时，国际物流又是国际贸易的重要保障，没有国际物流，国际贸易也就无法最终实现。不仅如此，国际物流的速度、效率与质量将直接影响国际贸易的规模与效益，是开展与扩大国际贸易、发展国内经济的重要条件。

2）物流与经济全球化

互联网快速普及，电子商务迅速跨境发展，使得经济全球化席卷而来，经济全球化至少包括以下含义：

（1）国际贸易的全球化。这里所说的国际贸易是指国与国之间有关商品、服务、技术的进出口活动。本来，国际贸易就是指两个或两个以上国家进行的商品、服务或技术等的交换活动。因此，国际贸易本身就是两个以上国家或多国之间开展的交换活动，也可以说是多国籍的贸易活动。但是，随着国际分工的日益细化，特别是东西冷战的结束及传统社会主义国家的市场经济体制改革，大大扩大了国际贸易的国家范围，世界各国之间普遍开展了国际贸易，无论是国家还是企业，其贸易伙伴遍布全球，其商品与服务的市场范围也遍布全球，而不是少数国家或地区。

（2）资本输出（投资）的全球化。从历史上看，对外直接投资也是逐渐发展和扩大的。一般来说，在对外直接投资的初级阶段，主要是发达国家与发达国家之间的相互投资。在这一阶段，不论是投资地区还是投资领域都是十分有限的；在对外直接投资的中级阶段，除发达国家之间的相互投资外，还出现了发达国家对发展中国家的直接投资。在这一阶段，投资地区已扩大到发展中国家，投资领域也有所扩大，尤其是随着发展中国家对外开放的不断深化，以及国内产业的日益成熟，对外国投资的管制也日益放松，外国投资的领域则进一步扩大；在对外直接投资的高级阶段，除上述两个阶段的投资特征外，还出现了发展中国家之间的相互投资，甚至发展中国家对发达

① 金真，唐浩. 现代物流 [M]. 北京：中国物资出版社，2002：120.

国家的投资。总之，资本输出的全球化是21世纪世界经济的重要特征。

（3）产品生产与销售网络全球化。资本输出的重要载体是产品生产与销售网络的建立，因此，资本输出全球化的直接结果是产品生产与销售网络的全球化。一些跨国公司纷纷在世界范围内建立生产工厂和销售网络，从而导致商品生产与流通的全球化。

（4）原材料采购与供应全球化。随着商品生产与销售网络的全球化，以及国际分工的进一步细化，许多跨国公司纷纷在全球化范围内采购与供应原材料，建立了全球化的原材料采购系统，不仅商品销售物流是全球化的，原材料供应物流也是全球化的。

（5）人力资源组织与开发的全球化。人力资源组织与开发的全球化，不仅包括传统意义上的劳务出口与进口，而且还包括跨国公司的人才本地化战略，以及在全球范围内组织与开发人力资源。

经济全球化必然带来物流的全球化，因此，经济全球化是物流全球化的前提，同样，物流全球化又是经济全球化的保障，没有全球化的物流，也就无法实现经济的全球化。从这个意义上讲，经济全球化与物流全球化相伴而生，相互促进，共同发展。

1.3 国内外物流管理的发展

1.3.1 美国物流管理的发展

美国是世界上最早提出物流概念的国家，也是物流管理研究与实践最先进的国家。从美国物流管理发展的历史来看，大致可以分为以下四个阶段：

1）物流概念的产生与物流观念的启蒙阶段（1901—1949）

早在1901年，约翰·F.格鲁威尔（John F.Crowell）在美国政府《农产品流通产业委员会报告》中首次提出了农产品的物流问题；1915年，阿奇·萧（Arch Shaw）在《经营问题的对策》一书中论述了物流在经营战略中的作用；1929年，美国著名营销专家克拉克（F.E.Clark）在《市场营销原理》一书中，将物流纳入了市场营销的研究范畴之中。此外，1927年，拉尔夫·布索迪（Ralph Borsodi）在《流通时代》一书中，初次用"logistics"来称呼物流，为物流的概念化奠定了基础。总之，在这一时期，虽然人们对物流的重要性有所认识，但是，物流仍然被作为流通或营销的附属功能来看待。

从实践发展来看，第二次世界大战期间，美国军事后勤活动的开展为人们对综合物流的认识和发展提供了重要的实证依据，推动了战后对物流的研究以及实业界对物流的重视。1946年，美国正式成立了全美输送物流协会（American Society of Traffic Logistics），这是美国第一个对专业输送者进行考察和认证的组织。

2）物流理论体系的形成与实践推广阶段（1950—1977）

进入20世纪50年代以后，随着世界经济环境的变化，美国现代市场营销的观念逐步形成，顾客服务成为企业经营管理的核心内容，物流的顾客服务职能日益突出，从而促进了物流快速发展。1954年，美国波士顿工商会议所召开了第26次波士顿流通会议。在这次会议上，鲍尔·D.康伯斯提出，无论是学术界还是实业界都应该重视、研究物流，并从战略上来管理、发展物流。1956年，霍华德·T.莱维斯（Howard T.Lewis）等学者提出了物流成本的概念，主张从物流总成本的角度来评价各种运输手段的优缺点。1961年，爱德华·W.斯马凯伊（Edward W.Smykay）、罗纳德·J.鲍尔索克斯（Ronald J.Bowersox）和弗兰克·H.莫斯曼（Frank H.Mossman）出版了《物流管理》一书，这是世界上第一部介绍物流管理的教科书。该书详细论述了物流系统及物流总成本的概念，为物流管理成为一门学科奠定了基础。

60年代初期，美国密歇根州立大学以及俄亥俄州立大学分别在大学本科和研究生院开设了物流课程，成为世界上最早把物流管理教育纳入大学教育体系的学校。此外，1960年，美国的Raytheon公司建立了最早的配送中心，结合航空运输系统为美国市场提供物流服务。1963年，美国成立了国家实物配送管理委员会（National Council of Physical Distribution Management）。

1962年，美国著名管理学家德鲁克在《财富》杂志上发表了题为《经济的黑暗大陆》一文，强调应当高度重视流通，以及流通过程中的物流，从而对实业界和理论界又产生了一次重大的影响。在此背景下，1963年成立了美国物流管理协会，该协会将各方面的物流专家集中起来，开展物流管理教育与培训活动。

总之，从50年代到70年代末，很多有关物流的论文、著作、杂志开始大量出现，有关物流管理研讨的会议也开始频繁召开，从而推动了物流理论的形成与物流实践的发展。

3）物流理论的成熟与物流管理现代化阶段（1978—1984）

20世纪70年代末，美国的物流政策及物流规模与结构发生了很大变化。例如，1977—1978年美国制定了《航空规制缓和法》，加速了航空产业的竞争，从而对货主和运输业产生了巨大影响；1980年通过了汽车运输法案与铁路运输法案；1984年通过了海运法案。这些法案进一步促进了运输市场的竞争，也扩大了物流服务供给者与需求者的选择空间，从而有利于全社会物流合理化的开展。

在物流管理理论上，随着各种先进的物流管理方法的开发与应用，人们逐渐认识到需要从企业经营的全过程来把握物流管理，而计算机技术的发展与普及，为物流管理提供了物质基础和手段。1984年，哥拉罕姆·西尔曼（Graham Scharmann）在《哈佛商业评论》上发表了题为《物流再认识》一文，指出现代物流对生产、营销和财务活动具有重大影响，因此，企业高层领导人应该从战略高度上来重视物流。

从实践上看，进入20世纪80年代，美国物流管理的内容已由企业内部延伸到企业外部，其重点已经转移到对物流的战略研究上，企业开始超越现有的组织结构界限而注重外部关系，将供应商、分销商以及用户等纳入管理的范围，利用物流管理建立和发展与供应商及用户稳定、良好、双赢、互助的合作伙伴关系，物流管理已经意味着企业应用先进的技术、站在更高的层次上管理这些关系。电子数据交换（EDI）、准时制生产（JIT）、配送计划，以及其他物流技术的不断涌现和应用，为物流管理提供了强有力的技术支持。

4）物流理论、实践的纵深化发展阶段（1985年以后）

20世纪80年代中期以后，随着人们对物流管理认识的提高，经济环境、产业结构和科学技术的发展与变化，物流理论和物流实践开始向纵深发展。在理论上，人们越来越清楚地认识到物流与营销、生产是支撑企业竞争力的三大支柱。1985年，威廉姆·哈里斯和斯托克·吉姆斯在密歇根州立大学发表了题为《市场营销与物流的再结合——历史与未来的展望》的演讲，他们认为，从历史上看，物流近代化的重要标志是商物分离，但是随着1965年以西蒙为代表的顾客服务研究的兴起，在近20年的顾客服务研究中，人们逐渐从理论和实践上认识到现代物流对创造需求的重要作用，因此，有必要强调营销与物流的再结合。这一主张揭示了现代物流的本质，也推动了物流顾客服务战略的研究。

从实践来看，进入20世纪90年代以来，电子计算机技术和物流软件的发展日益加快，从而进一步推动了现代物流的发展，特别是电子数据交换系统和专家系统的应用，对推动现代物流的发展发挥了重要作用，使美国的物流管理更加趋于智能化。此外，电子商务的发展，也促使现代物流上升到了前所未有的重要地位。电子商务是在互联网络开放环境下的一种基于网络的电子交易、在线电子支付的新型商业运营方式。电子商务带来的这种交易方式的变革，使物流向信息化并进一步向网络化方向发展。

1.3.2　欧洲物流管理的发展

1）传统物流阶段（1940—1959）

欧洲是引进"物流"概念较早的地区之一，而且也是较早将现代技术用于物流管理的先锋。早在20世纪中期，欧洲各国为了降低产品成本，便开始重视企业范围内物流过程的信息传递，对传统的物料搬运进行变革，对企业内的物流进行必要的规划，以寻求物流合理化的途径。当时制造业（工厂）还处于加工车间模式，工厂内的物资由厂内设置的仓库提供。企业为了实现客户当月供货的服务要求，在内部实现密切的流程管理。这一时期的管理技术还相对落后：信息交换通过邮件，产品跟踪采用贴标签的方式，信息处理的软硬件平台是纸带穿孔式的计算机及相应的软件。这一阶段储存与运输是分离的，各自独立经营，可以说是欧洲物流的初级阶段。

2）物流快速发展阶段（1960—1979）

20世纪70年代是欧洲经济快速发展时期。随着商品生产和销售的进一步扩大，多家企业联合的企业集团和大公司的出现，成组技术（GT）的广泛采用，物流需求的增多，客户期望实现当周供货或服务，工厂内部的物流已不能满足企业集团对物流的要求，因而形成了基于工厂集成的物流。仓库已不再是静止封闭的储存式设施，而是动态的物流配送中心。要求信息不只是凭订单，而主要是从配置中心的装运情况获取。这一时期信息交换采用电话方式，通过产品本身的标记（product tags）实现产品的跟踪，进行信息处理的硬件平台是小型计算机，企业（工厂）一般都使用自己开发的软件。

3）综合物流时代（1980 年以后）

随着经济和流通的发展，欧洲各国许多不同类型的企业（厂商、批发商、零售商）也在不断地进行物流变革，建立物流系统。由于流通渠道中各经济主体都拥有不同的物流系统，必然会在各连接点处产生矛盾。为了解决这个问题，20 世纪 80 年代欧洲开始探索一种新的联盟型或合作式的物流新体系，即综合物流管理。它的目的是实现最终消费者和最初供应商之间的物流与信息流的整合，即在商品流通过程中加强企业间的合作，改变原先各企业分散的物流管理方式，通过合作形式来实现原来不可能达到的物流效率，创造的成果由参与的企业共同分享。这一时期，欧洲的制造业已采用准时制生产（JIT），客户的物流服务需求已发展到当天供货或服务，因此，综合物流管理进一步得到加强，如组织好港、站、库的交叉与衔接，零售商管理控制总库存量，产品物流总量的分配，实现供应的合理化等。这一时期物流需求的信息直接从仓库出货获取，通过传真方式进行信息交换，产品跟踪采用条形码扫描，信息处理的软硬件平台是客户机/服务器模式和购买商品化的软件包。值得一提的是，这一时期欧洲第三方物流开始兴起。

进入 20 世纪 90 年代以来，欧洲一些跨国公司纷纷在国外，特别是在劳动力比较低廉的亚洲地区建立生产基地，故欧洲物流企业的需求信息直接从顾客消费地获取，采用在运输链上实现组装的方式，使库存量实现极小化。信息交换采用 EDI 系统，产品跟踪应用了射频标识技术（RF tags），信息处理广泛采用了互联网和物流服务商提供的软件。目前，基于互联网和电子商务的电子物流正在欧洲兴起，以满足客户越来越苛刻的物流需求。

1.3.3　日本物流管理的发展

日本自 20 世纪 50 年代末从美国引进物流概念以后，社会各界开始关注与重视物流，从而促进了物流的发展。迄今为止，日本物流经过了以下几个发展阶段。

1）物流概念产生以前的时代（20 世纪 50 年代）

日本在 1955 年以前还没有完整的物流概念，因此，1955 年以前的物流主要以运输为中心。之所以如此，是因为当时的日本经济正处于起飞期，市场需求旺盛，各产业的产出规模增长迅速，同时，由于分工的深化与市场范围不断扩大，无论是最终产品还是中间产品进入市场流通的规模与范围不断膨胀，进而扩大了对运输的需求。面对运输需求的迅速膨胀，运输供给能力一度满足不了需求，从而使运输成为制约企业经营与经济发展的一个重要瓶颈。在这种背景下，如何增加或保证运输能力是政府与企业所共同关注的重大课题。从政府的角度来看，通过制定积极的产业政策或直接投资以提高全社会的运输供给能力；从企业来说，为保证原材料与最终产品能够按计划运输，也积极地进行各种努力：自建运输系统或扩大库存以降低运力不足而产生的风险；从运输部门内部来说，也积极扩大投资，增加运输工具，改革运输方式，以提高运输供给能力。

总之，在整个 20 世纪 50 年代，运输是制约日本企业经营与社会经济发展的重要瓶颈，因此，重视运输，发展运输，"物流"就是运输，是这个时代的基本特征。

2）物流系统化时代（20世纪60年代）

1956年从美国引进物流概念以后，日本社会各界开始把物流作为一个系统来看待，也就是说，结束了物流即运输与保管的时代。人们认识到，物流构成要素之间存在着费用或效益上的"二律背反"关系，片面追求某一要素的费用最低或效益最高，往往会使其他物流要素的费用增加或效益降低，因此，必须综合考虑各种物流要素的成本与效益情况，实现各物流要素的总费用最低或总效益最大。

这一时期，日本政府出台了一系列物流系统化政策，企业也开始着手物流系统化工作。为了实现物流的系统化，这一时期开始整合物流机构，将与物流活动有关的各个部门进行合并，组建新的物流机构。这是实现物流系统化的组织手段，同时，也开始引进、开发新的物流工具与设备，以提高物流效率。但是，这一时期日本的物流系统化还侧重在组织、硬件设施与设备方面的系统化。

另外，这一时期进一步增强了物流成本意识，认为降低物流成本可以直接为企业增加效益，很多企业开始探讨物流成本核算与物流成本管理方法。

3）物流合理化时代（20世纪70年代）

随着经济的发展，市场竞争的日益激烈，特别是1973年第一次石油危机以后，日本经济进入低速成长期。在这种背景下，一方面，企业生产规模的扩大受到了市场需求的限制；另一方面，能源价格的上涨使企业对生产成本的控制越来越困难。因此，为了降低经营成本，提高效益，企业对物流活动寄予了更大的希望。如何实现物流的合理化是这一时代的主题。

物流合理化包括许多内容，既包括物流活动的合理化，也包括物流工具与设备的合理化。为了实现物流合理化，对运输、储存、包装、装卸、流通加工等各物流要素进行了各种技术革新，如各种运输方式的最佳组合、运输线路的合理规划、联合运输、共同运输，以及低温冷藏运输工具的开发、自动化仓库建设、新包装材料与包装方式的开发等物流技术的开发与应用在20世纪70年代十分旺盛，例如，1972年日本拥有立体自动化仓库达688座，是当时世界各国拥有自动化仓库最多的国家。同时，制造商也进入了由仓库向流通中心转变的时代，并在流通中心广泛采用了各种新的物流设备与工具。另外，一些大型批发与零售企业也开始建设功能完备的流通中心。①

为了推动全社会的物流合理化进程，日本政府积极制定并实施各种物流标准，完善物流基础设施，支持民间的各种物流合理化运动。例如，从1970年开始，日本政府与有关物流机关（日本铁路）制定了托盘及托盘化运输标准，并积极进行推广。1975年以后，托盘运输得到了普及。②

这一时期日本的物流合理化是在硬件与软件两个层面展开的。在硬件层面上，积极引进、开发新的物流技术与物流工具；在软件层面上，进一步建设与完善物流管理系统与物流信息系统。例如，作为物流管理系统重要组成部分的物流成本管理系统，在这一时期得到了进一步完善。1975年日本中小企业厅制定了《物流成本核算手

---

① 日经流通新闻. 流通现代史［M］. 东京：日本经济新闻社，1993：153.
② 日经流通新闻. 流通现代史［M］. 东京：日本经济新闻社，1993：156.

册》，1977年日本运输省制定了《物流成本核算统一标准》。[①]这两个标准对推进物流成本管理起到了很大作用。

从软件层面推进物流合理化的另一个重要方面就是改革物流组织，建立物流管理组织，成立物流管理公司，同时，进一步完善物流信息系统，将物流系统与生产、销售系统进行有效链接等。

4）物流高度化时代（20世纪80年代）

这里所说的高度化是针对消费高度化而言的，具体表现为消费的个性化与多样化。进入20世纪80年代以后，消费者的个性化与多样化需求日益突出，其主要标志是出现了适应这种需求变化的零售业态（便利店），而且发展迅速，成为流通领域新的增长点。便利店等零售业态以营业时间长（多为24小时营业）、品种丰富、更新周转快、库存少为特点，满足了消费者个性化与多样化的需求。消费需求的高度化，要求生产的多品种、小批量和软性化，这样就要求物流也必须是多品种、小批量、高频度的，即要求物流必须实现及时、准确的"准时制物流"，而可以满足这种需求的物流则是公路物流，这样，在整个80年代日本对公路物流的依存度不断提高，到1985年公路物流的市场占有率（吨公里）达到47.4%，到80年代末则超过了50%，因此导致交通堵塞、空气污染等物流外部不经济问题日益突出。不仅如此，随着公路物流规模的不断扩大，又出现了司机不足等物流劳动力短缺问题。例如，1989年日本共缺少卡车司机12.9万人，特别是6大城市的长途卡车运输司机，平均一台卡车只有0.86位司机。[②]

为了缓解环境压力与劳动力短缺等问题，日本政府发出了由公路物流向其他物流方式转换，以及由"小规模、分散化"物流向"集约化"物流转换的呼吁，并制定了相应的鼓励政策。1989年，日本制定并实施了《汽车货物运输事业法》及《货物运输代理事业法》。这两部法律虽然是针对运输业的，但对整个物流行业也产生了重大影响。[③]其基本精神是限制分散的、个别化的汽车货物运输业的盲目发展，同时鼓励向"集约化"物流转换。

5）现代物流或战略物流时代（20世纪90年代以后）

自20世纪90年代初日本受美国的影响，将物流概念由"physical distribution"转变为"logistics"以来，日本的物流观念与物流实践也发生了重大转变。从观念上来看，日本企业与物流行业主要发生了以下变化：

第一，物流不仅是降低成本的"手段"，更是扩大销售、增加利润的"竞争战略"。

第二，物流不是生产的"下游"，而是生产的"上游"，即物流不再是生产之后的"后勤"，而是生产之前的"先锋"。

第三，组织物流的目标不仅是提高效率与降低成本，而是要实现效率、成本、服务与效益的均衡。

① 日经流通新闻. 流通现代史 [M]. 东京：日本经济新闻社，1993：157.
② 国领英雄. 现代物流概论 [M]. 东京：成山堂书店，2002：20.
③ 日经流通新闻. 流通现代史 [M]. 东京：日本经济新闻社，1993：164.

第四，物流合理化不取决于某一个企业的物流合理化，而取决于所有交易者整体物流的合理化。

第五，不仅要实现物流活动要素的系统最佳，更要谋求物流系统与生产、销售等整个经营系统的最佳。

伴随物流观念的转变，日本各界特别是企业界开始积极构筑被称作"产销一体化"的物流体系，即建立供应商、厂商、流通企业、消费者相互协调与合作的物流体系。为此，日本积极推进物流信息化建设，开发与应用迅速、高效、开放、共享的物流信息系统。

另外，为了进一步提高物流的价值创造功能，许多企业纷纷将企业的物流业务全部或部分转包给专业化的物流公司，从而促进了物流产业的发展。日本政府也于1997年出台了一系列新的发展物流产业的政策措施。其基本目标是进一步完善物流基础设施，提高全社会的物流效率，降低物流成本，减轻环境压力。为此，日本政府提出了促进物流产业发展的三项基本原则，即物流事业者的"相互合作原则"、"促进竞争原则"和"满足多样化需求原则"。①

1.3.4   我国物流管理的发展

自中华人民共和国成立以来，我国物流管理的发展大致分为三个阶段：第一阶段是中华人民共和国成立以后至20世纪80年代以前；第二阶段是20世纪80年代至90年代；第三阶段是20世纪90年代以后。

1）物流概念产生以前的时代（20世纪80年代以前）

从新中国成立到1978年，中国一直实行高度集中的计划经济体制，生产企业的原材料供应、生产、销售，流通企业的采购与销售，仓储、运输企业的经营管理，都是在严密的计划之下进行的，与物流相关的采购、运输、仓储、包装等各环节也都是分别开展的，没有物流的概念，更没有系统管理物流活动的思想与机制。

1979年以后，中国实行改革开放政策以来，宏观经济环境发生了根本性变化。企业经营自主权逐步扩大，多种经济成分开始进入市场，商品流通体制、交通运输体制也发生了重大变化。政府逐步放开了对企业生产、物资、价格的管理，工业企业开始自主决定其原材料的采购和产品的生产与销售；商贸流通企业开展了商品物流配送中心的试点工作；运输企业突破传统的经营观念，扩大了业务范围；货运代理企业作为托运人与承运人之间的桥梁与纽带，开办了代理货物托运、取货送货、订舱配载、联运服务等多项业务。

2）物流概念的引进与试验（20世纪80年代至90年代）

20世纪70年代末，以国家物资总局为首，铁道部、交通部、国家经委综合运输研究所等单位共同组成的中国物资流通代表团参加了在日本举行的第三次国际物流会议，回国后撰写的考察报告中介绍了日本物流情况与大会内容。1981年，北京物资学院的王之泰教授在物资部的专业刊物《物资经济研究通讯》上发表了"物流浅谈"

---

① 国务院发展研究中心. 现代物流发展的国际趋势 [EB/OL]. [2002-09-09]. http://www.drcnet.com.cn.

一文，首次较为完整地将物流概念引入中国。此后，术语"物流"开始见诸国内文献，并作为"物的流通""物资流通"的简称而被广泛使用。

由于物流概念是由我国生产资料流通部门及其研究者引进的，因此，无论是理论研究还是实践应用，都是以生产资料流通领域的物流活动为主，而对其他领域的物流研究很少，也很少应用。不仅如此，这一时期的物流研究，以及物流理论的应用还主要侧重于宏观方面，很少对企业的微观物流进行研究与应用。同时，随着80年代中后期中国经济体制改革的深化与改革重点的转移，物流理论的研究与实践应用经过一段时间的试验后也逐渐由热转冷。

3）物流研究与实践应用的复兴与发展（20世纪90年代以后）

20世纪90年代中期，随着经济体制改革的深化与市场经济体制的初步确立，企业竞争日益激烈，物流再度成为人们关注的热点问题，不论是理论界还是实务界又重新开始研究与探讨物流问题。这一时期，我国物流发展的主要特点是：

（1）物流的功能与作用得到了全社会的普遍认同。随着国外物流理论不断发展，特别是跨国公司物流战略的全面实施，物流在企业经营管理中的战略地位日益明显，从而进一步推动了我国物流理论的研究，也影响了我国企业物流实践的开展。在这种背景下，一些大型制造企业与流通企业率先实施了物流管理战略，积极研究与应用现代物流管理理论，改革物流管理体制，并取得了明显的成效。受大企业物流研究与物流实践的影响，许多中小企业与社会各界开始接受了物流是"第三利润源"的理念，从而为普及并深化物流理论研究与物流实践应用创造了良好的社会环境。

（2）各级政府与行业组织十分重视物流产业的发展。进入20世纪90年代以来，我国各级政府部门比以往任何一个时期都重视物流产业的发展，积极研讨、制定物流产业的发展规划、政策，一些地方政府甚至将现代物流产业作为本地区的战略产业或支柱产业。铁路、交通、邮政、外贸、商业、物资等部门也十分重视物流产业的发展，在物流体制改革、物流资源整合、物流技术的引进与开发、物流设施与工具的建设与更新等方面取得了积极的进展。

（3）物流基础设施与物流网点建设步伐加快。由于物流的战略地位得到了普遍认识，因此，无论是政府还是民间都加大了对物流基础设施投资的力度，不仅中央政府积极进行物流基础设施的投资与建设，许多地方政府也对投资建设物流基础设施表现出了极大的热情。不仅如此，一些大型企业为了提高自身的物流效率，提升竞争能力，也积极进行物流网点的投资、建设，从而大大改善了我国物流网点严重不足的现状。特别是各类物流中心或配送中心的建设速度加快。

（4）专业化物流企业发展迅速。这一时期，我国物流发展的另一个重要特点是，专业化物流企业迅速崛起。从实际情况来看，我国专业化物流企业主要来源于制造企业、传统的流通企业、新兴的投资者、外资物流企业。但是，我国专业化物流企业的规模普遍较小，物流服务水平还不高，难以满足用户的物流服务需求。此外，由于体制、经营习惯等方面的原因，我国的很多企业对专业化物流企业的依赖度还不高，多数企业仍以自我物流服务的方式为主。因此，从总体上看，我国的专业化物流企业还处于起步阶段，专业化物流服务市场的规模十分有限。

（5）物流研究与物流教育发展迅速。进入20世纪90年代后期，我国的物流研究与物流教育得到了较快发展，研究者队伍迅速扩大，研究成果也十分丰富，有关物流的各种研究文献数量增长迅速，物流教育得到恢复并持续升温，各类教育与培训体系正在形成，物流人才需求档次也不断提高。

（6）物流标准化、信息化步伐加快。实现物流标准化、信息化是提高全社会物流效率的基础与前提。这一时期，我国在物流标准化与信息化方面也取得了很大进步，政府与有关行业组织积极制定、推行各类物流标准，积极开发与应用各种物流信息技术；一些企业也十分重视物流信息技术的开发与应用。一些生产制造企业和电商企业开始引进智能物流设备。

本章小结

物流概念起源于美国，20世纪80年代初，我国从日本引进了物流概念。本章对传统物流与现代物流进行了概念区分。传统物流（physical distribution）是指伴随物品由供应地向需求地的转移而发生的运输、装卸、储存、包装、流通加工、配送及其与上述活动相关的信息活动的集合系统；现代物流（logistics）是指基于满足顾客需求及成本与效益的考虑而进行的涉及生产、销售、消费全过程的物品及其信息的系统流动过程。传统物流与现代物流在范围与边界、性质与地位、目标与理念等方面存在着明显区别。

物流的种类很多，可以按空间范围、物流主体、物流业种、物流阶段、物流客体等分类标准对物流进行分类。物流由基础要素与活动（功能）要素构成。基础要素包括人、财、物；活动（功能）要素包括运输、储存、包装、装卸、流通加工、配送、信息。物流对企业经营、国民经济及国际经济的发展具有十分重要的作用。

不同国家的物流管理经历了不同的发展阶段，具有不同的发展特点。我国的物流管理起步较晚，美国、欧洲、日本的物流管理发展历史可以为我国的物流管理提供有益的经验。

本章案例

"一带一路"：从基建硬驱动迈向跨境电商软驱动

2018年3月5日，李克强总理在政府工作报告中指出，"推进'一带一路'国际合作，重在坚持共商、共建、共享，落实'一带一路'国际合作高峰论坛成果。要推动国际大通道建设，深化沿线大通关合作"。回顾"一带一路"合作倡议提出的五年时间，"一带一路"建设正经历了从顶层设计到政策落地再到多点开花、全面落实等阶段演进。而新一年的政府工作报告为下一阶段"一带一路"如何更好发展指明了前进的方向。从以往基础设施先行先试到今年政府工作报告中推动"大通道"建设的提出，两相比较，这意味着随着信息技术、贸易技术、物流技术的进步，"一带一路"的推进将呈现出与时俱进的新面貌，将更加依赖代表先进生产力水平的新动力。

1）基础设施建设稳步推进，市场对接成为新增长点

2017年，"一带一路"建设继续稳步推进，成为最受欢迎的全球公共产品和前景最好的国际合作平台。在顶层设计、政策沟通、项目落地、合作创新等领域取得了一系列积极成就。

在顶层设计方面，2017年开年之际，习近平主席在联合国日内瓦总部发表《共同构建人类命运共同体》的主旨演讲，高瞻远瞩地提出构建人类命运共同体的重要思想，为促进世界和平与发展、解决人类社会共同面临的问题贡献了中国智慧和中国方案。

2017年10月，中国共产党第十九次全国代表大会在北京举行，"一带一路"建设等内容正式写入党章。这体现了中国共产党高度重视"一带一路"建设、坚定推进"一带一路"国际合作的决心和信心。

在政策沟通方面，2017年5月，"一带一路"国际合作高峰论坛在北京成功举办。一年来，以高峰论坛的成功举办为引导，中国的"一带一路"朋友圈持续扩大，2017年新加坡、蒙古、巴基斯坦、摩洛哥、巴拿马、新西兰等国与我国签署政府间"一带一路"合作谅解备忘录或其他形式政府间合作文件，格鲁吉亚、马尔代夫与我国签订了自由贸易协定，亚洲基础设施投资银行三次扩容后成员数达到84个，海上合作构想等一系列新合作构想顺利推进，政策沟通成果斐然。

在项目落地方面，2017年有多个具有指标性意义的重大项目取得阶段性进展。使用中国技术、中国标准、中国装备、中国运营管理的国际干线铁路——肯尼亚蒙内铁路顺利交付使用，号称"巴基斯坦电力建设史上的奇迹"的萨希瓦尔电站正式投产，全球最大的北极LNG（液化天然气）项目——中俄亚马尔液化天然气项目年底实现首条生产线投产。

在合作创新方面，2017年"一带一路"建设的参与者们不再仅仅只是大型国有企业，越来越多的民营企业、中小企业在共商、共赢中参与到了"一带一路"建设之中，市场对接成为新的增长点。

在第四届世界互联网大会上，中国、老挝、沙特、塞尔维亚、泰国、土耳其、阿联酋等国家相关部门共同发起《"一带一路"数字经济国际合作倡议》，致力于实现互联互通的"数字丝绸之路"，这标志着"一带一路"数字经济合作开启了新篇章。

回顾2017年"一带一路"建设取得的成就，一个突出的特点是，伴随着共商、共建、共享理念逐步深入人心，建设"一带一路"正在从中国的全力推动逐步转向为各方合力，从官方的政策对接到广泛的市场对接。在顶层设计持续推进、基础设施建设取得突出成就的背景下，越来越多的新合作模式在逐步酝酿与付诸实践。

2）跨境电商弯道超车，新商业模式成果突出

2018年1月，商务部公布了过去一年中国对外贸易的总体情况。在巩固美国、欧盟、日本等传统市场的同时，对巴西、印度、俄罗斯、南非、马来西亚等"金砖国家"和"一带一路"沿线国家出口实现快速增长，跨境电子商务、市场采购贸易等新业态快速增长，成为外贸增长的新亮点，新动力培育成效显著。2017年1—11月，跨境电子商务综合试验区进出口增长1倍以上，市场采购贸易出口增长超过三成。一大批外贸企业持续创新，从供给侧发力，转型升级，不断提升国际竞争力。

在诸多推进"一带一路"的新动力当中，跨境电子商务尤其是跨境电子商务平台的进化与升级，无疑将是最为重要的组成部分。在全球贸易增长面临各种阻力的大环境下，中国电商的国际化战略取得了惊人的逆势突破，以天猫平台为例，从2015年到2017年，天猫国际消费人数增长了3倍，且购买频次不断上升。这对于目前处于"全球化逆潮"中的全球贸易无疑是极为重要的增长点。据海关总署统计，2017年通过海关跨境电商管理平台零售进出口总额达902.4亿元，同比增长80.6%，跨境电商贸易体系已经在全世界开花，中国人足不出户就可以做到"买全球、卖全球"。

此外，以阿里巴巴为代表的跨境电子商务平台，已经成为全球贸易的模式提供者、规则推动者。中国的跨境电商起步较晚，但发展迅速。尤其是党的十八大以来，我国先后在郑州等10个城市开展跨境电商试点工作，并积极推动杭州等13个跨境电子商务综合试验区建设，面向全球开创了"直购进口、网购保税进口、一般出口、特殊区域出口"4种新型监管模式，跨境电商的发展堪称奇迹。2018年2月，首届世界海关跨境电商大会在北京顺利召开，完善了全球第一个跨境电商行业标准《跨境电商标准框架》，并发布了《北京宣言》，确立了世界海关跨境电商大会机制，标志着世界贸易正式进入了"中国电商时代"，以天猫国际为代表的跨境电商已经在把全世界的需求和供给快速地连接起来，将世界推向一个新贸易时代。轻点键盘，消费者和中小微企业就能直接参与到全球供应链发展中。

相比传统贸易中更多地依靠大型跨国企业、垄断企业，以跨境电商为核心推动力的新型全球贸易体系，是一条建立在互联网基础上的"空中贸易通道"。它以中小微企业为主角，通过全球物流要素等链接为全世界消费者提供更为细致、精准、个性化的产品和服务。这对于许多"一带一路"沿线国家的小企业、小商家更是福音。比如在天猫，通过跨境电商，一顶看似普通的冬帽，定价4美元，一个普通的小商家有时候一天就能卖3万~5万单，一年能赚几百万美元。对于许多"一带一路"中小国家的商家，天猫国际商城当中的中国青年消费者的数量甚至比其全国的客户都要多出几倍。

得益于跨境电商的迅速发展，中国产品迅速走出国门、走向世界，同时，中国品牌的整体形象在逐步提升。数据显示，2017年中国的谷歌搜索指数同比增长了6%，中国品牌的品牌力得分提升了5%；中国品牌跟国际品牌的搜索指数差距在逐年递减，相比2013年缩小了29%。

3）跨境电商有望成为推动"一带一路"市场对接的新动力

跨境电商的跨越式发展为"一带一路"建设注入了新的发展动力，这一方面源自"一带一路"伟大倡议的前期实践，在政策沟通、设施联通、贸易畅通、资金融通与民心相通的五大发展方向之下凝聚的坚实成果，为跨境电商的蓬勃发展提供了现实条件；另一方面，跨境电商本身意味着一种全新的商业模式，暗含着在全球化进程频频遭遇逆流之下，源自中国受益全球化并反哺全球化之下的一种新合作模式与新增长理念。这种开创性意义，是跨境电商未来助力"一带一路"持续稳步推进的内生性因素，也是跨境电商有望成为推动"一带一路"市场对接新动力的根本原因。

中国的跨境电商是生长于新时代，更是服务于新时代的。习近平主席创造性地提出"一带一路"伟大倡议，成为新型全球化进程中，实现全球贸易互通共享最重要的新通道：中国发起的"一带一路"全球贸易之路，绝不是西方式的单向输出，而是双向共赢的贸易体系，其最终目的是构建人类命运共同体。中国的跨境电商充分契合了"共商、共建、共享"的中国思路。这种"共商、共建、共享"不仅仅意味着国家间的贸易平衡，而且也意味着中小企业与大企业在全球化中的平衡。跨境电商的主体更多的是中小企业，产品可以囊括各种生活和生产资料甚至服务，通过移动互联网，实现销售的全球化和普惠化。

对于有意加入"一带一路"倡议的国家，链接中国跨境电商网络，已经成为进入"一带一路"的快捷方式。2016年，马云首次提出 e-WTP（电子世界贸易平台）倡议，立志打造"数字自由贸易区"，致力于实现电子商务的全球化和普惠化。目前，e-WTP 已经不局限于中国周边的亚洲国家以及部分欧美国家，去年9月，墨西哥总统佩尼亚·涅托造访阿里巴巴集团杭州总部，并同马云一起见证了双方战略合作协议签署仪式。这标志着远离六大走廊的拉美地区通过中国的电商网络，成功地对接了21世纪的海上丝绸之路。

人类的历史早已证明，技术的革命最终将改变权力的格局与利益的分配。源自中国的创新力量，正在让今天的全球化呈现出不同于西方中心式全球化的特征。事实表明，依靠互联网、物联网打破地理隔绝，消解欠发达地区经济地理区位的致命弱势，已经成为解决全球发展不平衡的不二法门，而电子商务也正在为发展中国家、年轻人和中小企业带来前所未有的发展机会。可以预见的是，未来的全球经济格局，将会是更加平等和扁平的网络结构。在这一历史进程中，中国将扮演越来越重要的角色，肩负起引领构建新型全球化的历史责任和人类使命。正如英国《金融时报》在报道2018年达沃斯论坛时曾表示的那样，如果现在大家在想自己应该走哪条路，未来在哪里，那么请大家看一看中国。

资料来源 佚名."一带一路"：从基建硬驱动迈向跨境电商软驱动［EB/OL］.［2018-04-17］. http://www.chinawuliu.com.cn/zixun/201804/17/330327.shtml.

复习思考题

1.什么是物流？传统物流与现代物流的主要区别是什么？

2.简述现代物流的含义与特点。

3.简述物流的构成要素及分类。

4.结合实际谈谈现代物流在企业经营中的地位与作用。

5.试述国内外物流管理的发展历史。

第 2 章

物流战略管理

学习目标

通过本章的学习，使读者正确理解物流战略的概念及地位；了解物流战略环境分析的内容及其新变化；掌握物流战略管理的过程与物流战略规划的基本内容；理解物流战略实施的制约因素；熟悉物流战略控制的步骤及方法。

2.1　物流战略管理概述

2.1.1　物流战略的概念与地位

1）物流战略的概念

"战略"一词，原为军事用语，其本义是对战争全局的谋划和指导。随着人类社会的发展，"战略"这个术语又被广泛地应用到社会经济领域。特别是20世纪50年代以后，社会经济活动日益复杂，对全局性的、长远的发展方向和指导思想的研究显得越来越重要，因而，社会经济发展战略也逐步引起人们的重视。到了20世纪60年代以后，西方开始将"战略"一词用于企业。总之，第二次世界大战之后，"战略"一词已经从传统的和狭义的军事领域扩展到社会其他领域，世界战略、国家战略、地区战略、政治战略、外交战略、经济战略、能源战略、教育战略、企业战略等用语和概念开始普遍使用。战略也就演变为"泛指重大的、带有全局性或决定全局的谋划"。相应的，"战略"一词与物流联系起来就形成了物流战略，但"物流战略"被广泛使用是2000年以后的事情了。

所谓物流战略（logistics strategy）是指企业或其他组织为了适应未来环境的变化，谋求物流的可持续发展，就物流发展目标以及达到目标的途径与手段而制定的长远性、全局性的规划与谋略。

2）物流战略的地位

对一些企业而言，物流战略是其总体战略的重要组成部分。换句话说，将物流上升到战略层级来考虑的企业，其所制定的物流战略至少与生产、营销和财务等职能战略并列，成为企业总体战略的重要支撑点，甚至在有些企业，物流战略地位还要高于其他职能战略。

随着经济全球化的发展，在信息技术革命及电子商务的推动下，企业的经营环境包括物流环境发生了深刻变化。物流活动的有效开展，不仅解决了企业日常经营的效率问题，而且还决定了企业的竞争能力，尤其在"物联网"时代，衡量企业的竞争实力的标准发生了变化，客户越来越认同企业快捷反应而带来的增值服务。即便那些服务型的企业，虽然实体物流活动较少，但仍有服务流、信息流等需要改进流程，加快反应速度，提高服务后勤的效率。因此，物流战略也相当于企业的运营战略，其在企业中的地位越来越重要。

3）制定物流战略的必要性

物流是企业的"第三利润源泉"。现代企业的竞争，更多地表现在基于时间的快捷反应上，运营效率的提升是挖掘企业"第三利润源泉"的重要突破点。在企业的日常基础三大流即商流、物流和信息流中，只有物流是"实体的空间位移"，对时间造成的阻滞影响最大，如果物流的问题解决了，在信息流支撑下其他问题就会迎刃而解，企业的运营效率就会提高。

此外，物流不是个别企业的业务，而是企业间的互动业务。因此，现代物流的革命快速推动了跨企业的合作与协同发展，以至于现代企业的竞争已经由单个企业的竞争转变为企业集群之间的竞争，物流已经成为企业之间的一个重要衔接纽带。具体来说，制定一个好的物流战略，可以从以下几个方面对企业产生影响：

（1）降低系统成本。单个企业或企业集群都可以称之为"系统"，物流战略的着眼点不一定是企业局部成本最低，而是系统成本最低，实现这一目标需要系统成员共同努力，并分享系统效率提升带来的成果。

（2）加快反应速度。通过跨企业的协同反应，加快供应链上各种流（如资金流、物流、信息流、工作流等）的运行速度，一方面可以实现用供应链反应上的"时间"去消灭库存上的"空间"；另一方面可以为顾客提供准时的服务。

（3）创造增值服务。系统成本的降低，直接为各系统成员创造了利润源泉，除了快捷反应的时间价值外，成本降低还可以帮助企业面向顾客提供更多的增值服务。

2.1.2　物流战略管理

1）物流战略管理的定义

物流战略管理（logistics strategy management）是对企业的物流活动实行的总体性管理，是企业制定、实施、控制和评价物流战略的一系列管理决策与行动，其核心问题是使企业的物流活动与环境相适应，以实现物流的长期、可持续发展。

物流战略管理是一个动态的管理过程，它是一种崭新的管理思想和管理方式。物流战略管理的重点是制定战略和实施战略，而制定战略和实施战略的关键是对企业外部环境的变化进行分析，对企业物流资源、条件进行审核，并以此为前提确定企业的物流战略目标，使三者达成动态平衡。物流战略管理的任务，就在于通过战略制定、实施与控制，实现企业的物流战略目标。

2）物流战略管理的过程

物流战略管理的过程由物流战略制定、物流战略实施、物流战略控制与调整三个阶段构成。

（1）物流战略制定。战略制定就是企业在内外环境分析的基础上，按照一定的程序和办法，规定战略目标，划分战略阶段，明确战略重点，制定战略对策，从而提出企业的全局性总体谋划。物流战略制定是一项十分重要而又十分复杂的系统工程，需依照一定的程序和步骤，一般说来有以下几个互相衔接的环节：

①树立正确的战略思想。战略思想是指导战略制定和实施的基本思想，是整个战略的灵魂，它贯穿于物流战略管理的全过程，对战略目标、战略重点、战略对策起一个统帅作用。战略思想来自对战略理论、战略环境的客观分析以及企业领导层的战略风格。一个企业的战略思想主要应该包括：竞争观念、市场营销观念、服务观念、创新观念和效益观念等。

②进行战略环境分析。这是制定战略的基础和前提，如果对组织内外环境没有全面而准确的认识，就无法制定出切合实际的战略规划。

③确定物流战略目标。物流战略目标是指企业在完成基本物流服务过程中所追求的最终结果。它是由战略决策者根据企业的物流目标而确定的。物流战略目标为企业

物流活动的运行指明了方向,为企业物流评估提供了标准,为其资源配置提供了依据。利用物流战略目标可以对企业全部物流服务活动进行有效管理。

④确定战略阶段和战略重点。战略阶段是指战略的制定和实施在全过程中要划分为若干个阶段,一步一步地达到预定的战略目标。一个较长期的战略,如5年、10年的战略,往往是逐步推进与实现的,因此就要划分为若干个阶段。战略阶段的划分,或者叫作战略步骤的划分,实际上是对战略目标和战略周期的分割。这种划分和分割,要求明确各战略阶段的起止时间以及在这段时间内所达到的具体目标。这些具体目标和阶段的总和就构成了总的战略目标和战略周期。战略重点是指对战略目标的实现有决定意义和重大影响的关键部位、环节和部门。抓住关键部位,突破薄弱环节,便于带动全局,实现战略目标。

⑤制定战略对策。战略对策是指为实现战略指导思想和战略目标而采取的重要措施和手段。根据组织内外环境情况及变动趋向,拟定多种战略对策及应变措施,以保证战略目标的实现。

⑥战略评价和选择。战略评价是一个战略制定阶段的最后环节。如果评价后战略方案被否定,就要按照上述程序重新拟订;如果评价后战略规划获得肯定,则结束战略制定而进入战略的具体实施阶段。

(2)物流战略实施。物流战略实施就是将战略转化为行动,主要涉及以下一些问题:企业如何建立年度物流目标、制定物流政策、配置物流资源,以便使企业制定的物流战略能够得到落实;为了实现既定的战略目标,还需要获得哪些外部资源以及如何使用;需要对组织结构做哪些调整;如何处理可能出现的利益再分配与企业文化的适应问题,如何进行企业文化管理,以保证企业物流战略的成功实施等。

物流战略实施是战略管理过程中难度最大的阶段,战略实施的成功与否,是整个战略管理能否实现战略目标的关键。

(3)物流战略控制与调整。物流战略控制,是物流战略管理的最后阶段。物流战略控制可分为三个步骤:制定控制标准,根据标准衡量执行情况,纠正偏差。战略控制的方法主要有:事前控制、事中控制和事后控制。

物流战略调整就是根据企业情况的发展变化,即参照实际的经营事实、变化的经营环境、新的思维和机遇,及时对所制定的战略进行调整,以保证战略对企业物流管理进行指导的有效性,包括调整企业的长期物流发展方向、企业的物流目标体系、企业物流战略的执行等内容。

物流战略制定固然重要,但物流战略实施与控制同样重要。一个良好的物流战略仅是物流战略管理成功的前提,有效的物流战略实施、控制才是物流战略目标顺利实现的保证。

2.2 物流战略环境分析

物流战略环境分析是企业物流战略决策的前提和基础。企业物流战略环境分析主要是对企业物流外部环境和内部条件的分析。外部环境分析的目的是趋利避害,即通过分析，抓住机会，避免威胁；内部条件分析的目的是扬长避短，即通过分析，发扬优势，克服劣势。

2.2.1 企业物流外部环境分析

所谓企业物流的外部环境，是指存在于企业之外，对企业物流活动的开展产生决定性影响的各种因素的总和。企业物流外部环境主要由一般环境因素和行业环境因素构成。企业物流外部环境对企业物流活动来讲，是不可控因素，企业无法改变外部环境，外部环境的存在与变化是不会以企业的意志为转移的。但企业可以通过对外部环境的分析，寻找自己发展物流的机遇和空间，从而确定自己的物流发展战略。

1）一般环境（宏观环境）

（1）政治法律环境。政治法律环境是指制约或影响企业经营活动的政策、法律、法规等因素。政治环境主要包括政治制度、政党制度、政府治国的重大方针政策、政治性社团组织等。政治环境是影响一国政局稳定的最根本因素，而国内政局是否稳定，必将影响企业的发展。法律环境包括国家制定的法律、法规、法令，地方制定的各种规章制度以及国家的执法机构等因素。

（2）经济环境。经济环境是指国民经济发展水平，国家经济政策和社会经济发展的战略制定及实施情况，国内外经济形势及其发展趋势等。在经济环境中，关键性的战略因素有：国民经济发展状况及其发展规律，国民生产总值及其变动趋势，人均收入及其变动趋势，利率水平高低，货币供给松紧，失业人员的比例，通胀的程度及变动趋势，国民收入分配及再分配的过程中的积累与消费，投资与储蓄的比例状况以及工资与物价的控制状况，资源供应与成本，市场机制的完善程度等。

（3）社会文化环境。社会文化环境是指社会文化发展水平的概况，包括社会结构、社会风俗习惯、文化底蕴、文化发展、价值观念、伦理道德与人口统计因素。

（4）技术环境。技术环境是指社会科学技术的发展水平与发展趋势。其中关键战略因素有：国家科学技术政策、措施、经费，企业所处产业的研究与开发投入情况，技术创新体制及其奖励政策、知识产权及专利的保护，科学技术产业化动态以及信息与电子技术发展可能带来生产率提高的前景等。

2）产业环境

企业产业环境分析，亦称特殊环境分析，是企业的直接环境因素。产业环境分析一般包括产业因素分析。产业因素包括行业的发展阶段、规模和趋势，进入该产业的障碍，产业中供应商的数量和集中度，产业中消费者的基本特征，产业竞争结构分析。

根据生命周期理论，一个产业的发展需要经历四个阶段，即开发阶段、成长阶段、成熟阶段和衰退阶段。企业可以通过分析其所在产业的发展水平确定该产业所处的发展阶段，按照发展阶段不同制定不同的物流战略。如果企业所在行业处于开发阶段，那也就意味着该产业还是一个新兴的产业，它的发展潜力和发展空间比较大，市场中的竞争者比较少，企业可以采用发展战略，企业物流系统的建设可以高于企业物流的现实要求，即进行超前建设，为将来的发展打好基础；如果企业所在产业处于成长阶段，产品的种类减少，生产标准化程度增加，客户需求和市场竞争者的数量同时增加，企业也可采用发展战略，但物流系统应该加强配送功能的建设，保证现有销售渠道的畅通，减少缺货情况的发生；如果企业所在产业发展到成熟阶段，产品的开发和研究投入开始减少，社会对企业产品的需求下降，企业可以采用适当紧缩战略，企业的物流设备、设施投资应适当减少，部分设施也将退出使用；如果企业所在产业发展到了衰退阶段，企业物流战略继续采用紧缩战略，物流支出将继续下降，应该以维持基本服务水平为主，不应该进行新设施的投资。

2.2.2　企业物流内部条件分析

企业物流内部条件是相对于外部环境而言的，是指企业物流发展的内部因素。相对于企业外部环境来说，企业内部条件是可控因素，是企业物流发展的基础。企业从事物流活动的能力，取决于企业内部条件中诸因素之间的联系和比例关系。同时，企业内部条件也是一个动态的概念，并不是一成不变的。

战略分析要了解企业自身所处的相对地位，具有哪些物流资源与物流能力；还需要了解与企业有关的利益和相关者的利益期望，在战略制定、评价和实施过程中，这些利益相关者会有哪些反应，这些反应又会对企业物流产生怎样的影响和制约。企业内部条件分析主要包括以下两个方面：企业物流资源和企业物流能力分析。

1）企业物流资源分析

企业开展物流活动必须具备一定的基础条件，其主要内容是企业的物流资源，以及在物流资源基础上组合起来的物流能力。

企业的物流实力首先反映在企业的物流资源基础上。企业的物流资源，指贯穿于整个企业物流各环节的一切物质与非物质形态的要素。其主要内容分为两类：

（1）有形资源。企业的有形物流资源，主要是物质形态的资源，如各种物流设施、设备、物流网点及物流工具等。另外，企业的财务资源，如现金、债权、股权、融资渠道和手段等，也可归于有形资源一类。有形资源是企业开展物流活动的硬件要素。

（2）无形资源。企业无形资源的种类很多，主要包括以下一些内容：

①人力资源。这是指企业内有关物流技术和管理人员的类型，以及他们的知识、经验、适应性、预见能力和学习能力。

②组织资源。这是指企业内部的物流组织结构，各部门间沟通、协调的效率，以及用户规模、物流服务网络。

③技术资源。这是指企业现有物流技术状况、技术储备等。

④企业文化和企业形象。这是指企业的价值观、企业精神、企业经营理念，以及企业在社会公众、顾客、利益相关者中的形象等。

企业物流资源分析的目的，是为企业物流资源配置提供必要的依据，从而更好地发挥企业的物流优势。对企业来讲，有些资源可能是短缺的，甚至处于"瓶颈"状态，因而以短缺资源或"瓶颈资源"作为资源配置的基点，也是企业必须考虑的。

2）企业物流能力分析

企业物流能力是与企业物流资源密切联系的。所谓企业物流能力，就是能够把企业的物流资源加以统筹整合以完成预期的任务和目标的技能。企业物流能力主要体现为对物流资源的利用与管理能力，没有这种能力，资源就很难发挥作用，也难以增值。

企业既要分析物流资源状况，更要分析物流能力水平。企业物流能力只有在物流活动中才会逐步显现出来，任何企业都不可能具备无所不能的物流能力。资源在投入使用前比较容易衡量其价值，而能力在发挥前往往是难以评价的，资源需要通过能力去实现增值，能力只有通过使用资源才得以体现。在经济全球化不断推进的条件下，资源可以突破区域、国家的界限，但对资源的使用能力只有靠企业自己不断地增强。

2.2.3 物流环境的新变化

伴随着经济全球化的兴起，近年来一些新的环境要素推动了物流产业发展和物流地位的提升。这些要素主要有：

1）信息技术的不断革新

信息技术是推动现代物流发展的原动力，近些年，其不断革新推动了物流发展，使其迈上了更高台阶。随着射频技术以及相关智能软件的开发与应用，以高速、宽带、综合、智能、安全、可靠的数字技术、网络技术为基础的信息化是现代物流技术的主要特征，社会开始由互联网阶段走向"物联网"阶段，并给人们的工作、生活方式带来天翻地覆的变化。同样，企业的物流也会因为"联网"而变得比过去更加快捷和智能。

2）竞争理念的不断升级

总体上，竞争的重心已经从产量竞争、质量竞争、成本竞争、服务竞争发展到速度和柔性化竞争。现代物流以其快速反应和柔性化的适应能力，推动并适应了市场竞争重心的转移。企业的竞争开始围绕"TQCSFSR"来展开，即：时间（time）、质量（quality）、成本（cost）、服务（service）、柔性（flexibility）、安全性（safety）和可靠性（reliability）。面向未来，企业的物流系统越来越具有全球化、信息化、数字化、网络化、自动化、智能化、柔性化、敏捷化、可视化、节能化、绿色化、集约化和微型化等特征。

3）环境和谐的绿色物流

物流虽然促进了经济的发展，但是物流的发展同时也会给城市环境带来不利的影响，如运输工具的噪声、污染排放、对交通的阻塞等，以及生产及生活中的废弃物的不当处理所造成的对环境的影响。为此，21世纪对物流提出了新的要求，即发展节能减排、环境和谐的绿色物流。绿色物流包括两方面：一是对物流系统污染进行控制，即在物流系统和物流活动的规划与决策中尽量采用对环境污染小的方案，如采用排放量小的货车车型，近距离配送，夜间运货（减轻交通阻塞，节省燃料和减少排放）等；二是建立工业和生活废料处理的物流系统。

4）兴起中的智能物流和智慧物流

智能物流是利用集成智能化技术，使物流系统能模仿人的智能，具有思维、感知、学习、推理判断和自行解决物流中某些问题的能力。智能物流的未来发展将会体现出四个特点：智能化、一体化和层次化、柔性化、社会化。具体为：在物流作业过程中的大量运筹与决策的智能化；以物流管理为核心，实现物流过程中运输、存储、包装、装卸等环节的一体化和智能物流系统的层次化；智能物流的发展会更加突出"以顾客为中心"的理念，根据消费者需求变化来灵活调节生产工艺，实现柔性化；智能物流的发展将会促进区域经济的发展和世界资源优化配置，实现社会化。

智慧物流是IBM公司于2009年提出的，旨在建立一个面向未来的具有先进、互联和智能三大特征的供应链，通过感应器、RFID标签、制动器、GPS和其他设备及系统生成实时信息的"智慧供应链"概念。智慧物流将物联网、传感网与现有的互联网整合起来，通过精细、动态、科学的管理，实现物流的自动化、可视化、可控化、智能化、网络化，从而提高资源利用率和生产力水平。

上述环境的变化，要求企业必须从全局和长期的角度，设计企业物流组织，改善业务流程，定位物流目标，开发物流技术，优化物流方案，即实施物流战略管理。这样，才能实现物流合理化，提高企业的竞争力。

2.3 物流战略的制定

随着经济全球化及科学技术的迅速发展，企业经营环境瞬息万变。为了适应其外部环境的变化，相关企业必须基于未来发展的战略研究，制定物流战略。具体说来，包括确定企业物流战略目标，选择物流战略制定的方式，制订和选择物流战略方案。

2.3.1 物流战略目标

物流战略目标是由整个物流系统的使命所引导的，可在一定时期内实现的量化目标。它为整个物流系统设置了一个可见和可以达到的未来，为物流基本要点的设计和选择指明了方向，是物流战略规划中的各项策略制定的基本依据。企业物流战略的目标与企业战略的目标是一致的，即在保证物流服务水平的前提下实现物流成本的最低化。具体而言，可以通过以下目标的实现来达到：维持企业长期物流供应的稳定性、低成本、高效率；以企业的整体战略为目标追求与生产、销售系统良好的协调；对环境的变化为企业整体战略提供预警和功能范围内的应变力，最终为企业产品赢得竞争优势。具体来说企业物流战略目标主要有：

（1）降低物流成本。现代企业的经营核心是获取利润，在企业收益不变的情况下，如果企业降低成本支出，就可以实现企业利润增加的目标。

（2）改进服务质量，满足用户需求。随着生活水平的日益提高，人们的消费观念也在逐渐发生变化，从以前只重视价格开始转向关注产品或服务的质量。因此，满足用户需求、改进服务质量应该成为物流战略的目标。尽管提高物流服务水平将大幅度提高物流成本，但只要成本增加的幅度小于收益增加的幅度，企业改进服务的物流战略就有实施的可能性和必要性。

（3）加快反应速度。通过与供应链伙伴合作，引进准时供应（JIT）、同步流程、系统无缝对接等管理方式，实施企业间协同管理，加快企业的运营速度，提高客户即时需求的响应能力。

2.3.2 物流战略制定方式的选择

物流战略制定的方式，一般有以下几种：

（1）自上而下的方式。自上而下的方式是指先由企业物流部门的高级管理人员制定物流战略的框架或者全局性的战略，然后由物流部门的基层管理人员根据自身的实际情况将战略框架或全局性战略进行具体化，最终形成一个系统的战略方案。

（2）自下而上的方式。这种方式是指企业物流部门的高级管理人员对方案不发表任何的指导性意见，先直接由基层管理人员提供物流战略方案，然后由高级管理人员将各基层管理人员提交的战略方案进行综合和修改，最终形成物流战略方案。

（3）上下结合的方式。这是前两种方式的混合使用。企业物流部门的高级管理人员和基层管理人员共同讨论，双方同时进行两个层次的物流战略的制定，最终通过磋商的方式权衡管理人员提出的各种战略实施方法，制订出适合企业的战略方案。

（4）邀请外部专家或咨询机构制定。被委托的单位应是能负法律责任的、能严守企业机密的、具有权威的企业外部咨询单位或规划部门，受委托单位向企业领导人提供一个以上的可供选择的物流战略方案。

（5）企业与咨询单位合作进行。这种方式可以弥补上一种办法的不足，取长补短。

2.3.3 制订和选择物流战略方案

1）可供企业选择的物流战略类型

（1）外包战略，即企业的物流业务对企业自身而言不是特别重要，通过外包给专业化的第三方物流企业，不但可以降低物流成本，还可以提高运营效率。在这种情况下，企业对物流业务在战略上可以采取剥离外包方式。

（2）自营战略，即企业的物流业务对企业自身而言是核心业务，又涉及商业秘密，不适合外包给第三方物流企业，则企业可以采取自营战略。

（3）联营战略，即企业和同行业企业或上下游企业采取联合战略发展物流，在满足彼此物流业务需求的同时，也可以向社会提供共同化的物流服务。

2）企业物流战略的创新[①]

总体上，企业物流的革新与发展都是紧紧围绕产、销、物而开展的，其表现出来的战略主要有以下几方面：

（1）即时物流战略

自20世纪80年代中期以后，企业的经营管理逐步向精细化、柔性化方向发展，

---

① 宋华. 现代企业物流战略的创新与发展 [J]. 经济理论与经济管理，2001（1）.

其中即时制管理得到了广泛的重视和运用。即时制管理是即时生产、即时物流的整合体。即时化的物流战略又表现为以下两个方面：

①即时采购。即时采购是一种先进的采购模式或商品调达模式，其基本思想是在恰当的时间、恰当的地点，以恰当的数量、恰当的质量从上游厂商向企业提供恰当的产品。

要做到即时采购，一个很重要的方面是如何确立与上游供应商的关系。在传统的采购活动中，企业与供应商只是一种简单的买卖关系。在即时采购条件下，企业与少数供应商结成固定关系。

②即时销售。对于生产企业而言，物流管理的另一个重要机能就是销售物流。推行即时销售一个最明显的措施是实行厂商物流中心的集约化，即将原来分散在各分公司或中小型物流中心的库存集中到大型物流中心，通过数字化备货或计算机等现代技术实现进货、保管、在库管理、发货管理等物流活动的效率化、省力化和智能化。即时销售体制的建立除了通常所说的物流系统的构建外，信息系统的构筑也是必不可少的。如今很多企业一方面通过现代信息系统（如 POS 系统、数字库存管理系统等）提高企业内部的销售物流效率；另一方面也积极利用 EOS、EDI 等在生产企业同批发企业或零售企业之间实现订、发货自动化，真正做到销售的在线化、正确化和即时化。

（2）协同化或一体化物流战略

协同化物流是打破单个企业的绩效界限，通过相互协调和统一，创造出最适宜的物流运行结构。协同化或一体化物流战略是基于两方面的原因而产生的：一方面，社会产品的极大丰富，消费者的消费呈个性化、多样化的发展趋势，客观上要求企业在商品生产、经营和配送上必须充分对应消费者不断变化的趋势，这无疑大大推动了多品种、少批量、多频度的配送；另一方面，一些中小企业从经营成本和竞争压力以及技术等诸多因素考虑，由于自身规模较小，不具备商品即时配送的能力，也没有相应的物流系统，因此，难以适应如今多频度、少量配送的要求。即使有些企业具有这些能力，限于经济上的考虑，也要等到商品配送总和能达到企业配送规模经济要求时才能够开展，这又有悖于即时化物流的宗旨。面对上述问题，作为企业物流战略发展的新方向，旨在弥合流通渠道中企业间对立或企业规模与实需对应矛盾的协同化或一体化物流应运而生。

目前协同化的物流战略主要有三种形式：

①横向协同物流战略。所谓横向物流协同是指相同产业或不同产业的企业之间就物流管理达成协调、统一运营的机制。从实践上来看，产业内不同企业之间的物流协同，往往有两种形式：一是在承认并保留各企业原有的配送中心的前提下，实行商品的集中配送和处理；二是各企业放弃自建配送中心，通过建立共同配送中心，实现物流管理的效率性和集中化。不同产业之间的协同物流是将不同产业的企业生产经营的商品集中起来，通过物流或配送中心达成企业间物流管理的协调与规模效益性。这样既能保证物流集中处理的规模经济性，又能有效地维护各企业的利益以及经营战略的有效实施。

②纵向协同物流战略。纵向协同物流战略是流通渠道中不同阶段的企业相互协调，形成合作性、共同化的物流管理系统。纵向协同物流主要有批发商与生产商之间的物流协作以及零售商和批发商之间的物流协作等形式。

③通过第三方物流实现协同化。第三方物流是通过协调企业之间的物流运输和提供物流服务，把企业的物流业务外包给专门的物流管理部门来承担。它提供了一种集成物流作业模式，使供应链的小批量库存补给变得更经济，而且还能创造出比供方和需方采用自我物流服务系统运作更快捷、更安全、更高服务水准，且成本相当或更低廉的物流服务。从第三方物流协作的对象看，它既可以依托下游的零售商业企业，成为众多零售店铺的配送、加工中心，也可以依托上游的生产企业，成为生产企业特别是中小型生产企业的物流代理。

（3）高级物流战略

①全球化物流战略。当今，企业经营规模不断扩大，国际化经营不断延伸，出现了一大批立足于全球生产、全球经营和全球销售的大型全球性企业。这些企业的出现不仅使全世界都在经营、消费相同品牌的产品，而且产品的核心部件和主体部分也趋向于标准化。在这种状况下，全球性企业要想取得竞争优势，获取超额利润，就必须在全球范围内配置、利用资源，通过采购、生产、营销等方面的全球化实现资源的最佳利用，发挥最大的规模效益。企业在实施全球化物流时必须处理好集中化与分散化物流的关系，否则将无法确立全球化的竞争优势。从当今全球化物流的实践看，出现了三种发展趋势：第一，作为全球化的生产企业，在世界范围内寻找原材料、零部件来源，并选择一个适应全球分销的物流中心以及关键供应物资的集散仓库，在获得原材料以及分配新产品时使用当地现有的物流网络，并推广其先进的物流技术与方法。第二，生产企业与专业第三方物流企业的同步全球化，即随着生产企业全球化的进程，将以前所形成的完善的第三方物流网络也带入到全球市场。第三，国际运输企业之间的结盟。为了充分应对全球化的经营，国际运输企业之间开始形成了一种覆盖多条航线，相互之间以资源、经营的互补为纽带，面向长远利益的战略联盟。这不仅使全球物流能更便捷地进行，而且使全球范围内的物流设施得到了极大的利用，有效地降低了运输成本。

②电子物流战略。现代信息技术的发展，正在促使企业的商务方式发生改变。互联网具有公开标准、使用方便、成本低廉和标准图形用户界面等特点，这使得利用互联网的物流管理具有成本低、实时动态性和顾客推动的特征。电子物流战略表现在：一方面，通过互联网这种现代信息工具，进行网上采购和配销，简化了传统物流烦琐的环节和手续，使企业对消费者需要的把握更加准确和全面，从而推动产品生产的计划安排和最终实现基于顾客订货的生产方式（build-to-order，BTO），以便减少流通渠道各个环节的库存，避免出现产品过时或无效的现象；另一方面，企业利用互联网可以大幅度降低交流沟通成本和顾客支持成本，增强进一步开发现有市场的新销售渠道的能力。

③绿色物流战略。从经济可持续发展的角度看，伴随着大量生产、大量消费而产生的大量废弃物对经济社会产生了严重的消极影响，这不仅因为废弃物处理困难，而

且还表现在容易引发社会资源的枯竭和自然环境的恶化。所以，如何保证经济的可持续发展是所有企业在经营管理中必须考虑的重大问题，对于企业物流管理而言也是如此。具体来讲，要实现上述目标，从物流管理的角度看，不仅要在系统设计或物流网络的组织上充分考虑企业的经济利益（即实现最低的配送成本）和经营战略的需要，同时也要考虑商品消费后的循环物流，这包括及时、便捷地将废弃物从消费地转移到处理中心，以及在产品从供应商转移到最终消费者的过程中减少容易产生垃圾的商品的出现。除此之外，还应当考虑如何使企业现有的物流系统减少对环境所产生的负面影响（如拥挤的车辆、污染物排放等）。显然，要解决上述问题，需要企业在物流安排上有一个完善、全面的规划，诸如配送计划、物流标准化、运输方式等，特别是在制定物流管理体系时，企业不能仅仅考虑自身的物流效率，还必须与其他企业协同起来，从综合管理的角度，集中、合理地管理调达、生产和配送活动。

④智慧物流战略。当前，物联网、云计算、移动互联网等新一代信息技术的蓬勃发展，正推动着中国智慧物流的变革。可以说，智慧物流将是信息化物流的下一站。智慧物流标志着信息化在整合网络和管控流程中进入一个新的阶段，即达到一个动态的、实时进行选择和控制的管理水平。智慧物流能大大降低制造业、物流业等各行业的成本，实打实地提高企业的利润，生产商、批发商、零售商三方通过智慧物流相互协作，信息共享，物流企业便能更节省成本。物体标识及标识追踪、无线定位等新型信息技术的应用，能够有效实现物流的智能调度管理，整合物流核心业务流程，加强物流管理的合理化，降低物流消耗，从而降低物流成本，减少流通费用，增加利润。随着 RFID 技术与传感器网络的普及，物与物的互联互通，将给企业的物流系统、生产系统、采购系统与销售系统的智能融合打下基础，而网络的融合必将产生智慧生产与智慧供应链的融合，企业物流完全智慧地融入企业经营之中，打破工序、流程界限，打造智慧企业。智慧物流通过提供货物源头自助查询和跟踪等多种服务，尤其是对食品类货物的源头查询，能够让消费者买得放心，吃得放心，同时增加消费者的购买信心，促进消费，最终对整体市场产生良性影响。

2.4　物流战略实施与控制

2.4.1　物流战略实施

为了确保物流战略的实施，要了解物流战略实施的制约因素，搞好资源分配，加强组织领导和激励，制订具体的行动计划等。

1）物流战略实施的制约因素

物流战略实施的制约因素主要有三个方面：人员系统、组织结构系统和企业文化系统。

（1）人员系统。企业员工，特别是企业的物流工作者是物流战略管理过程的主体。这些人员具有各自不同的目标、价值观、行为方式和技能。他们既是实施物流战略的人，又是物流战略实施过程中需要改变行为方式的人。要使物流战略实施得到预期效果，必须做好以下两项工作：一是选择或培训能胜任物流战略实施的领导人；二是改变企业中所有人员的行为与习惯，使他们易于接受物流战略。

（2）组织结构系统。企业组织结构的调整是实施物流战略的一个重要环节，任何一项物流战略都需要有一个相适应的组织结构去完成。美国学者钱德勒等人对此作了深刻的研究，并提出了一个著名的结论：企业的组织结构要服从企业战略，组织结构是为战略服务的，企业战略规范着企业的组织结构。在物流战略实施过程中，如果组织结构与物流战略不相匹配，就会对物流战略的成功实施产生严重的阻碍；反之，如果组织结构与物流战略相匹配，就会对物流战略的成功实施产生巨大的保证作用。如果情况发生变化，企业的战略与原先的战略有较大的不同，则往往由于企业组织结构变革的滞后而无法成功。在这种情况下，企业面临的选择要么是放慢执行新战略的速度，要么是坚决实行组织结构的调整，以保证新战略的实施。总之，企业的组织结构应当根据企业的物流战略目标进行调整。

（3）企业文化系统。面对同样的环境，资源和能力相似企业的反应并不相同，有时甚至相差很大。这些不同是由于企业的战略决策人员具有不同的文化背景造成的。也就是说，物流战略的成功实施，不仅受外部环境和企业内部资源和能力的影响，而且也与企业文化有密切的联系。企业文化，简单地说是企业职工共有的价值观念和行为准则。企业文化系统是实施战略的保证。在物流战略实施过程中，积极的企业文化起支持作用。

2）资源分配

企业要实现物流战略目标必须有资源来保证。资源分配是根据物流战略的目标和要求分配所需的资源，包括人力、物力和财力的分配。企业在分配资源时，要注意处理好重点与非重点之间的关系，既要突出重点，又要使重点与非重点之间协调发展。如果不抓重点，平均使用资源，则必然事倍功半，造成资源浪费，影响物流战略的顺利实施。如果孤立地突出重点，忽视非重点，则也会破坏整个系统的综合平衡，往往会造成重点项目为非重点项目所牵制的局面，同样影响物流战略的顺利实施。

企业资源分配的好坏会极大地影响企业实现物流战略目标的程度，如果企业的资源贫乏或处于不利的情况，企业物流战略目标在时间和空间方面都会受到极大的限制。尤其是企业在外部环境发生较大变化，需要考虑采取相应的战略行动时，一般都会对已有的资源配置模式或大或小地进行调整和重新配置，以支持企业的总体战略目标的顺利执行。

3）加强组织领导和激励，制订具体的行动计划

把物流战略的内容和要求具体化，安排实施战略和行动计划的具体工作程序，把企业物流战略落到实处。

企业通过一定的行动来实现企业阶段目标任务，常常表现为一些具体项目的执行活动。一般来讲，在空间尺度上，具体的行动计划常常规定全局规划中某个局部的具体项目活动；在时间尺度上，具体的行动计划往往限定于某一时期内的行动。企业具体的行动计划在执行过程中，一方面要按计划认真完成，另一方面可根据实际情况，在企业阶段计划的指导下，加以调整和修正。企业的具体行动计划通常由企业的各个职能部门来贯彻和落实，因此，需要与各个职能部门的职能战略相互协调。

2.4.2　物流战略控制

物流战略控制是指把物流战略实施过程中所产生的实际效果与预定的目标和评价标准进行比较，评价工作业绩，发现偏差，采取措施，以达到预期的战略目标，实现战略规划。它是物流战略实施中保证物流战略实现的一个重要阶段。

1）物流战略控制的步骤

物流战略控制的步骤有确定物流战略控制标准、衡量实际绩效、纠正偏差。

（1）确定物流战略控制标准。这是指预定的战略目标或标准，是战略控制的依据，一般由定量和定性两个方面的评价标准所组成。定量评价标准一般可选用下列指标：物流效率、物流成本、投资收益、市场占有率、劳动生产率、实现利润、人均创利、物流设施利用率等。定性评价标准则一般从以下几个方面加以制定：战略与环境的一致性、战略中存在的风险性、战略与资源的配套性、战略执行的时间性、战略与物流组织机构的协调性、顾客服务水平等。

（2）衡量实际绩效。这是指依据标准检查工作的实际执行情况等，以便与预期的目标相比。这是控制工作的中间环节，是发现问题的过程。

衡量实际绩效的目的是给管理者提供有用的信息，为采取纠正措施提供依据。衡量实际绩效经常采用的方法有亲自观察、分析报表资料、召开会议和抽样调查等，这些方法各有其利弊和适用的情况，管理者应当根据需要采用合适的方法。

（3）纠正偏差。衡量实际绩效之后，应将衡量结果与标准进行比较，经过比较会出现三种情况：超过目标（或标准），出现正偏差；正好相等，没有偏差；实际成效低于目标（或标准），出现负偏差。若有偏差要分析其产生的原因，并采取相应的措施。在某些物流活动中，偏差是在所难免的，因此确定可以接受的偏差范围即容限是非常重要的。一般情况下，如果偏差在规定的容限之内，可以认为实际绩效与标准吻合，这时候不用采取特别的行动。如果偏差在规定的容限之外，则应引起管理者的注意，并根据偏差的大小和方向，分析偏差产生的原因。偏差产生的原因可能多种多样，但一般可以分为两大类：一类是执行过程中发生的；另一类是计划本身不符合客观实际或是情况变化造成的。管理者应针对具体情况采取相应的纠正措施。

如果偏差是由于绩效不足产生的，应采取的行动是改进实际绩效；如果是由于标准本身引起的，则应重新修订标准。通常纠偏行动可分为两种不同的措施：一是立即纠正措施；二是彻底纠正措施。立即纠正措施是指立即将出现问题的工作纠正到正确的轨道上；彻底纠正措施是指要分析偏差如何发生的和为什么会发生，然后从产生偏差的地方进行纠正行动。当有偏差出现时，管理者应首先采取立即纠正措施，避免造成更大的损失；然后应对偏差进行认真分析，采取彻底纠正措施，使类似的问题不再发生。

2）物流战略控制的方法

物流战略控制的主要方法有事前控制、事中控制、事后控制。

（1）事前控制，又称前馈控制，是在物流战略实施前，对物流战略行动的结果有可能出现的偏差进行预测，并将预测值与物流战略的控制标准进行比较，判断可能出现的偏差，从而提前采取纠正措施，使物流战略不偏离原来的计划，保证物流战略目标的实现。

（2）事中控制，又称行或不行的控制，是在物流战略实施过程中，按照控制标准验证物流战略执行的情况，确定正确与错误、行与不行。例如，在财务方面，对物流设施项目进行财务预算的控制，经过一段时间之后，要检查是否超出了财务预算，以决定是否继续将该项目进行下去。

（3）事后控制，又称后馈控制，是在物流战略推进过程中将行动的结果与期望的控制标准相比较，看是否符合控制标准，总结经验教训，并制定行动措施，以利于将来的行动。

本章小结

所谓物流战略是指企业或其他组织为了适应未来环境的变化，谋求物流的可持续发展，就物流发展目标以及达到目标的途径与手段而制定的长远性、全局性的规划与谋略。物流战略管理是对企业的物流活动实行的总体性管理，是企业制定、实施、控制和评价物流战略的一系列管理决策与行动，其核心问题是使企业的物流活动与环境相适应，以实现物流的长期、可持续发展。物流战略管理由三个阶段构成，即物流战略制定、物流战略实施、物流战略控制。

所谓企业物流的外部环境，是指存在于企业之外，对企业物流活动的开展产生决定性影响的各种因素的总和。

物流战略制定是企业确定物流目标、任务、方向，以及实现物流目标的各项政策和措施，包括确定企业物流战略目标，选择物流战略制定的方式，制订和选择物流战略方案。制定物流战略的方式一般有自上而下的方式、自下而上的方式、上下相结合的方式、邀请外部专家或咨询机构制定以及企业与咨询单位合作进行这五种方式。按照物流竞争态势不同，可供企业选择的物流战略类型有外包战略、自营战略和联营战略。

物流战略实施的制约因素主要有三个方面：人员系统、组织结构系统和企业文化系统。物流战略控制的步骤有：确定物流战略控制标准、衡量实际绩效、纠正偏差。物流战略控制的主要方法有：事前控制、事中控制、事后控制。

本章案例

京东物流国际化战略案例

1）海外自建商流+物流模式

印度尼西亚：2016年，京东在印度尼西亚自建电商平台JD.id上线，同时搭载一套完整的电商物流基础设施正式运营，将京东世界级先进的物流技术和供应链管理能力，赋能印度尼西亚的物流网络管理。京东在印度尼西亚迅速发展，商品已发展到19个品类、127个子品类，涵盖3C、家电、时尚、奢侈品等，SKU超过35万，服务超过2 000万用户，为印度尼西亚本地人才创造了超过2 000个就业岗位。通过搭建仓配一体化物流网络，京东在"万岛之国"的印度尼西亚配送服务覆盖7大岛屿、483个城市，将印度尼西亚本地配送时效从5～7天，缩短为85%的订单可1天内交付，并推出了印度尼西亚配送标准时效产品"210"服务，极大地提升了用户体验。此外，基于京东在印度尼西亚的布局，京东物流打通了中国出口至印度尼西亚，从国内揽货/入仓、清关至本地终端配送的全链路物流服务。中印专线为更多中国制造及沃尔玛等大型零售商进入印度尼西亚市场提供一站式端到端服务。

泰国：2017年11月，京东集团和泰国最大零售企业尚泰集团共同成立的合资公司正式启动，面向泰国和整个东南亚消费者推出一个全新的线上零售平台，借助这一平台，将推动中泰两国特色商品融入全球市场，也将京东最先进的物流技术带到泰国。继印度尼西亚的成功之后，京东将一整套物流体系继续复制到泰国，为泰国打造仓、配、客一体化的电商物流基础设施，将泰国电商物流时效带入当日达时代，并将泰国电商物流基础设施和服务提升到世界先进水平。在不断提升泰国本地的运营团队和仓储物流设施建设水平的同时，也为当地提供大量的就业机会，给两国贸易往来、企业合作带来更多机遇，给两国民众带来更多实惠，也将推动中泰各领域务实合作提质升级。

2）战略投资及合作

越南：2018年1月，京东战略投资越南电商平台Tiki。Tiki是越南近年来发展非常迅速的一家B2C电商平台，自成立以来，Tiki始终专注于为消费者提供一流的购物体验和惊人的快速交付服务。目前Tiki的业务涵盖了消费电子、生活方式、时尚以及图书等多个品类，提供4 500多个正品品牌的商品。过去7年间，Tiki一直保持着每年3位数的高增长，是同行业增速的3倍。京东未来将与Tiki分享在社交平台推动电子商务发展方面取得的经验，一起为越南消费者带来真正世界级的电商消费体验。目前，京东物流国际供应链已打通中国至越南出口专线，包括跨境运输、清关、配送等一站式服务，通过Tiki平台，将帮助更多中国品牌进入越南市场。

3）出海频道专区+跨境物流

美国。作为京东的重要合作伙伴，沃尔玛通过在京东电商平台开设全球购官方旗舰店的方式将更多商品卖给中国广大消费者。商品的物流配送业务全部交由京东跨境物流进行管理。在京东全球购平台上所售卖的商品均由京东跨境物流进行统一存储、调拨、分拣。沃尔玛投资的英国第三大连锁超市 ASDA 和山姆会员店分别入驻京东跨境物流开放平台。此外，京东也通过进驻沃尔玛美国电商平台，搭载京东物流国际供应链一站式出口通道，将更多中国商品卖至美国。目前，京东物流已开通美国本地备货+配送；整合国内大型品牌如海尔等在美国的门店及仓储，进行本地揽收+配送；从中国揽收/入仓、清关、落地配送等一站式服务。

京东与沃尔玛进行供应链深度合作，通过数据搜集和客户访谈，为沃尔玛提供了"爆品补货建议""商品临期下架预警""销售预测监督报表"，也会随着对方SKU的补充进行数据的迭代和更全面的供应链产品优化。通过"商流+物流"的结合及数字化供应链服务，不仅将中国商品运出去，而且将更多中国商品卖出去。

巴西。京东通过入驻南美洲最大的电子交易平台 Mercadolivre 及搭载京东物流国际供应链为中国商家提供境内揽收/仓储、分拣、打包等订单生产服务。未来，将通过与承运商的整合，进行全链路的运输、清关及本地派送服务，使更多中国商品进入南美市场。

日本。继日本最大电商平台乐天市场进驻京东全球购之后，京东也将入驻日本乐天市场，以"商流+物流"结合模式，借助日本乐天在当地的品牌优势及流量，帮助中国品牌出海。为此，京东物流为中日出口贸易开设了物流专线，基于京东物流国内、国际运输能力及日本海外仓的布局，从国内上门揽收到国际运输、清关再到日本落地配送，一站式的出口服务为中国商家提供打开日本电商市场，打通全链路物流的解决方案。开通出口专线之后，一些在国内使用京东物流服务的商家，可以不用再依靠传统的出海模式，在国内发货到集运仓再转运到海外。京东物流的国内仓系统与海外仓打通，解决了清关、落地配送等令商家头疼的问题，实现了"一仓发全球"，使中国品牌一站式出海。同时，海外消费者也可以更快速更放心地买到更多中国商品，体验优质的物流服务。此次开通的日本专线，是"商流+物流"这一出口模式的延续。未来借助这一模式，京东物流将在更多市场开设出口专线，把中国品牌打出去的同时，也将中国的物流服务体系和技术深入全球。

4）"一带一路"跨境物流

中欧专列。2018 年 5 月，一辆挂着京东物流标志，从德国汉堡始发的中欧班列，经过 16 天的行程，途径波兰、白罗斯、俄罗斯、哈萨克斯坦，从阿拉山口入境中国，到达目的地西安国际港务区铁路集装箱中心站。京东物流此次开通的汉堡—西安精品专列，亦是电商物流首个中欧专列，此外还将开设德国另一大港杜伊斯堡为起运地的中欧专列。在为满足电商多元化跨境链路的同时，也将西安打造成内陆跨境物流集散中心，发挥西安"丝绸之路经济带新起点"的作用，将更多优质进口商品送到全国各地。

中欧专列虽横穿欧亚，但运输成本只有空运的1/5，时间比海运缩短了一半以上，适合对时效性要求不强、重量大的商品运输，是一条安全、高效、便捷的跨境物流"直通车"。相比公共班列，京东物流开通的精品专列为商家提供了一站式"仓到仓"

的跨境物流解决方案，即直接将货物从产地仓送到铁轨上的"移动仓"——中欧专列，进入国门之后发往全国各地保税仓或区域中心仓，全程不需要分开转运、拼货/集货、长时间等待清关等，实现全程信息共享，可跟踪、可监控。通过前后延伸的服务链，从揽货到落地配送，京东物流为电商提供的是综合性的服务，以提升国际供应链的效益，为中国企业、消费者引进更多欧洲优质商品。

京东物流与哈萨克斯坦国家铁路公司达成战略合作。2018年6月8日，在中哈企业家委员会第五次会议上，京东物流CEO王振辉与哈萨克斯坦国家铁路公司（以下简称"哈铁"）CEO卡纳特·阿尔皮斯巴耶夫（Kanat Alpysbayev）签署战略合作协议。在中哈两国友好交往的背景下，双方将进一步紧抓"一带一路"契机，发挥各自优势，重点在跨境物流、供应链网络构建等领域展开全方位深度合作，同时也将在电商、互联网金融等维度探索合作机会。哈萨克斯坦互联网普及率达53%，网络用户达1 350万，今年第一季度电商市场同比增长42%，正处于高速发展阶段，具有强大的潜力和快速发展的需求。在此背景下，京东物流和哈铁将在物流、电商及互联网金融等领域展开深度合作，共同建设以跨境物流为载体的"一带一路"国际供应链网络。

根据协议，哈铁将提供包括铁运、空运、陆运、多式联运等运输方式，并结合优质资源提供仓库和堆场服务。双方将共同研究从"霍尔果斯-东方之门"经济特区向哈萨克斯坦及中亚其他国家乃至欧洲各国组织集装箱等运输方案，并共同努力构建跨境电商企业，建立供应链管理平台。哈铁将在"霍尔果斯-东方之门"经济特区为京东物流提供基础设施和相关配套服务，包括设立保税仓库、组建编组站和整合海关资源等。未来，京东物流将对哈输出经验和技术，通过物流规划与工程、物流信息系统、物流设备及技术解决方案、物流运营管理四大产品体系，推动当地物流基础网络建设和服务能力提升。

5）海外仓布局

与传统贸易不同，在跨境电商这一特殊属性下，对商品的搜集、储存、信息录入、上架销售、及时出货有了很高的要求。因此，在原产地设仓成为许多跨境电商走向海外的第一步。目前，京东物流国际供应链已在五大洲设立110多个海外仓，原产地覆盖达到100%。通过海外仓进行供应链前置，能够避免增加商品不必要的物流成本，在原产地即开启商品的溯源追踪，也为打击假货和用户的购物安全提供了保障。除全球各地的自营商品通过海外仓发送到消费者手上，京东物流海外仓也对外开放，帮助商家全球备货。以京东物流香港仓为例，沃尔玛、莎莎、屈臣氏等品牌先后入驻，各大品牌通过京东物流香港仓进行统一存储、调拨、分拣。

与传统仓储不同的是，跨境电商商品实时流动，需要对货物进行更快捷、准确、实时化的管理，需要通过更高水平的信息技术来实现。自去年京东物流提出对外开放以来，对海外仓进行了全面升级，即采用京东物流自主研发的"智慧"大脑WMS5.0海外版系统，对入库、在库、库存、出库、资料等进行管理。这也是目前国内最先进的仓储系统首次在全球范围内大规模使用，统一的语言、统一的操作、统一的算法，将全球海外仓信息链通，不管商家在哪里，都能便捷地管理全球商品的库存、分拣和配送，大大提高了国际供应链的管理效率，降低管理的成本。

此外，京东物流强大的电商属性，也赋予海外仓数据分析与挖掘、精准预测市场需求、智慧路由分配最优运输线路等功能，来提升海外仓备货、运货的效率。目前，京东物流依靠覆盖全球的海外仓、十余个保税仓及跨境口岸、近千条全球运输链路以及中国全境的配送网络、强大的信息系统，使海外直邮的进口商品平均时效提升至3.9 天，核心城市隔日达。而在"全球售"、中国品牌出口的大形势下，京东物流海外仓还将承担目的地最后 1 公里的仓配功能，形成一个辐射全球的仓储物流网络。

资料来源　佚名. 京东物流国际化战略案例［EB/OL］.［2018-06-19］. http：//www.sohu.com/a/236595973_100108004.

复习思考题

1. 简述物流战略的概念及地位。
2. 物流战略管理过程有哪些？
3. 物流环境有哪些新变化？
4. 按照物流竞争态势不同，可供企业选择的物流战略类型有哪些？
5. 简述企业物流战略的创新模式。
6. 简述物流战略实施的制约因素。
7. 简述物流战略控制的方法与步骤。

第 3 章

运输与配送管理

学习目标

通过本章的学习，读者应掌握影响运输方式
选择的因素、合理运输的基本条件，以及运输合
理化的主要手段；了解不合理运输的表现形式；
了解配送和配送中心的分类，掌握配送中心的作
业流程；掌握配送合理化的标准与措施。

3.1 运输及其方式选择

3.1.1 运输

1) 运输的概念与意义

运输是物体借助运力在空间上产生的位置移动。由于时间长、距离远，运输活动消耗的能源和动力较多，运输成本一般要占物流总成本的 50% 左右。因此，合理组织运输，无论是在企业物流的组织中，还是在国民经济中都占有举足轻重的地位。换句话说，由于运输活动费用节约余地大、发展潜力大，因此是整个物流领域挖掘"第三利润源泉"的重要环节。

一般来讲，运输需求可以通过三种方式来满足：一是使用自营的车队和设备；二是与专业运输公司签订运输合同；三是向提供以单独装运为条件的各种运输承运人预订服务。这三种运输形式就是所谓的私人运输、合同运输和公共运输。

以现代物流的视角来看运输，其发展的着眼点是减少运输数量，缩短运输距离，避免交叉迂回运输，提高运输效率，降低运输成本，从而安全、准确、及时、保质、保量地为客户提供服务。因此，高效的组织与管理对上述目标的实现至关重要。这主要取决于两个支撑条件：一是交通运输网络发达，各种运输方式有效衔接，货物中转站、集装箱货场、物流中心、卡车终端等各类运输枢纽、结点相互贯通，物流信息系统完备，运输管理体制协调，交通运输法规健全，物流基础设施先进，运输技术手段现代化；二是组织运输活动的企业在主观上充分认识到合理化运输对降低物流成本的重要意义，从而选择合理的运输方式，或者将业务外包给有实力的第三方物流企业，结合分销策略进行合理化的货物流向筹划，合理规划、布局货物中转站或区域配送中心，有效率地处理回收物流、废弃物流等逆向物流活动。

运输不仅实现了物品的空间位移，还可以创造"场所效应"，也就是说通过空间转换增加了物品的价值。同时，运输也是一种流动的库存或储存，代表了一种全新的"库存观"，实质上是物流管理"用时间消灭空间"的一种体现。

2) 运输成本、速度和一致性

构筑一个和谐一致的物流大系统，对整个社会经济的发展来讲是十分重要的，而运输系统作为一个物流子系统，在整个物流大系统中发挥着重要的基础性作用。就运输组织运作而言，有三个因素是十分重要的，即成本、速度和一致性。

（1）运输成本。运输成本是指为两个地理位置间的运输所支付的款项，以及与行政管理和维持运输中的存货有关的费用。在物流系统的设计时，应该充分利用能把系统总成本降到最低程度的运输方式，这意味着费用最低的运输方式并不总是能生成最低的物流总成本。

（2）运输速度。运输速度是指完成特定的运输所需的时间。运输速度和成本的关系，主要表现在以下两个方面：首先，能够提供更快速服务的运输提供商会收取更高的运费；其次，运输服务越快，运输中的存货越少，无法利用的运输间隔时间也就越短。因此，在选择运输方式时，至关重要的问题就是如何平衡运输服务的速度和成本。

（3）运输的一致性。运输的一致性是指在若干次运输中，履行某一特定运次所需的时间与原定时间或与前几次运输所需时间的一致性。运输一致性是运输可靠性的反映，是高质量运输最重要的特征。假如给定的一项运输服务第一次花费了两天时间，第二次则花费了六天时间，这种意想不到的变化就会产生严重的物流作业问题。如果运输缺乏一致性，就需要安全储备存货，以防预料不到的服务故障。因此，运输一致性会影响买卖双方承担的存货义务和有关风险，如果经常发生不一致，那么将运输能力融进物流系统中去的努力就有可能付诸东流。

随着控制和报告装运状况的信息新技术的应用，物流经理们找到了既快捷又能保持一致性的方法，而速度和一致性相结合，则是提高运输质量的必要条件。此外，了解运输履行质量对于那些对时间具有敏感性的作业具有何种程度的重要性，也是至关重要的。

在运输组织与管理中，必须精确地维持运输成本和服务质量之间的平衡。在某些情况下，低成本和慢运输是可以令人接受的，而在另外一些情况下，快速服务也许是实现作业目标的关键所在。因此，发掘并管理所期望的低成本、高质量的运输，是运输管理的一项最基本的职责。

通常的运输方式主要有公路运输、铁路运输、水运、航空运输和管道运输，基于成本、速度、频率、性价比及距离和规模等衡量要素，以上各种运输方式各有特点。企业在选择这些运输方式的时候，要根据各种运输方式的特征和自身的实际需求来决定，最大可能地实现运输合理化。

3.1.2 运输方式选择要点

企业在进行运输方式选择时，要对各种运输工具的运载能力、速度、频率、可靠性、可用性和成本等因素作综合考虑和合理筛选。虽然在运输市场上存在着不同的运输方式和众多的运输提供者，但是在运输方式选择时，企业还是要结合自身货物运输的实际情况，包括企业自身的经营特点和要求、货物特点、市场需求缓急程度等，进行慎之又慎的选择安排。一般来讲，运输方式的选择受运输物品的种类、运输量、运输路程、运输时间、运输成本五个方面因素影响，并且这些因素不是相互独立的，而是紧密相联、互为决定的。

1）运输物品的种类和数量

运输物品的种类和数量是由货物自身的性质及合同订单需求量决定的，是影响企业选择运输工具的重要因素。不同的商品、不同的运输量，有着不同的运输选择安排。一般来讲，粮食、煤炭等大宗货物适宜选择水路运输；水果、蔬菜、鲜花等商品，电子产品，宝石以及时令性商品等适宜选择公路或航空运输；石油、天然气、碎煤浆等适宜选择管道运输。

2）运输路程

运输路程是由运输的终始位置及路线选择决定的。运输路线包括起点、途经站点及终点。同样的运输终始位置，可能会有不同的运输路径或路线选择，相应也就有了不同的运输工具选择和运输里程。因此，在运输终始位置既定的情况下，选择正确的运输路线，其实质就是选择适用的运输工具，进行安全、迅速运输，从而最大限度地减少商品运输里程或缩短商品在途时间，降低运输费用。

3）运输时间和运输成本

运输时间和运输成本是不同运输方式相互竞争的重要内容，运输时间与运输成本的变化必然带来所选择的运输方式的改变。目前企业对缩短运输时间和降低运输成本的要求越来越强烈，这是因为在当今经营环境较为复杂、竞争不断激化的情况下，只有不断降低各方面的成本，加快商品周转，才能提高企业经营效率和竞争能力。不过，缩短运输时间与降低运输成本是一种此消彼长的关系，如何有效地协调这两者的关系，使其在符合企业发展战略要求的前提下保持一种均衡状态，是企业在选择运输方式时必须考虑的重要事情。特别是随着供应链管理的发展，在企业的物流系统中JIT生产方式在迅速普及和发展，降低成本的着眼点已经不仅仅局限于个别环节和个别企业，而是整个供应链条，为了保证整个供应链条上的物流响应速度，相对于运输成本而言，对运输的及时性要求开始变得越来越高。

除了上述因素，企业在选择运输方式时，从发展的角度来看，还要考虑以下几个方面的影响因素：

（1）运输的连贯性和一致性。除非是一次性的运输安排，否则企业在选择运输方式时还要考虑运输的连贯性和一致性。比如能否应付某一时期（销售旺季）的最大业务量，或者在特殊情况下，有没有替代选择的办法；所选择的运输工具是否具有一定的密度，进而能在班次上保证顾客的及时性要求和运输的一致性。

（2）企业经营活动的变化。物流需求是企业经济活动所派生的需求，随着企业发展壮大，企业所涉足的事业领域会不断增加，企业的市场范围和市场空间也会不断扩大，这便会促使企业的物流业务在流体、载体、流向、流量、流程和流速等方面发生变化。因此，在有些情况下，运输方式或第三方物流服务商的选择，已不仅仅是一个基于成本分析的对策问题，这一选择还要与企业发展战略、分销策略、服务策略等相协调，并且，在组织运营及管理方式上也会发生很大变化。

（3）现代物流发展趋势的变化。随着现代物流理论和实践的不断发展，新的管理思想和技术手段不断诞生并得以推广应用，使得企业在运输方式选择时应考虑的因素越来越多，如基于物流中心建设的运输与配送的协调组织与发展问题，面向下游市场的小批量、多品种的配送问题，对运输或配送准确性要求不断提高的问题，新的运输工具和技术手段的使用问题等，这些因素都会对企业运输方式的选择提出新的要求。

（4）物流制约条件的增加。经济与社会环境的变化，给包括运输在内的物流活动带来了一些新的发展制约，如能源短缺、劳动力成本上升、环境保护等。由于运输会带来噪声、空气污染、交通堵塞等影响，一些国家开始对配送中心的选址、建设及配送车辆使用加以严格限制。同样，为了树立良好的外部形象，一些企业选择了绿色发展战略，并开始在物流领域加以实施。这些主动或被动因素，都会或多或少地影响到企业运输方式的选择。

3.2　运输优化管理

3.2.1　合理运输"五要素"

运输是物流中最重要的功能要素之一，物流合理化在很大程度上依赖于运输合理化。因此，推进运输合理化，是强化运输管理的一个重要方面。运输合理化的影响因素很多，起决定性作用的有以下五个方面的因素，这五个因素通常被称作合理运输的五要素。

1）运输距离

在运输时，运输时间、运输货损、运费、车辆或船舶周转等若干技术经济指标都与运输距离有一定的关系，运距长短是运输合理与否的一个最基本的因素，并且缩短运输距离无论在宏观上还是在微观上都会带来好处。

2）运输环节

每增加一次运输，不但会增加起运的费用，而且还会增加诸如装卸、包装等运输的附属活动，这会导致运输的各项技术经济指标的下降。所以，减少运输环节，尤其是同类运输工具的环节，对合理运输有十分重要的促进作用。

3）运输工具

各种运输工具都有其使用的优势领域，对运输工具进行优化选择，按运输工具的特点进行运输作业，最大限度地发挥所用运输工具的作用，是运输合理化的一个重要环节。

4）运输时间

运输是物流过程中需要花费较多时间的环节，尤其是远程运输，在全部物流时间中，运输时间往往占绝大部分。所以，运输时间的缩短对整个流通时间的缩短有着决定性作用。并且，运输时间的缩短，不仅有利于运输工具的加速周转，进而充分发挥运力，而且有利于货主资金的周转，有利于运输线路通过能力的提高，对运输合理化有很大贡献。

5）运输费用

运输费用的高低，在很大程度上决定了整个物流系统的竞争能力。由于运费在全部物流费用中占很大比例，因此，运输费用的降低，无论对货主企业来讲，还是对物流经营企业来讲，都是运输合理化的一个重要目标。运费的判断，往往也是各种合理化措施是否行之有效的最终判断依据之一。

所有运输合理化改进，无不是从上述五方面加以考虑的，当然，不合理运输现象的存在，往往也表现在上述五个方面。

3.2.2　不合理运输的表现形式

所谓不合理运输，是指在现有条件下可以达到的运输水平却没能达到，从而造成了运力浪费、运输时间增加、运费超支等问题的运输形式。不合理运输主要有以下七种形式：

1）运输车辆的空驶

造成运输车辆返程或启程空驶的原因往往有以下几个方面：一是企业未能充分利用社会化的运输体系，依靠自备车送货提货；二是运输车辆过分专用，从而很难搭运返程货物；三是由于缺少周密运输组织计划或空车配货信息网络平台，导致运输车辆返程运力浪费等。

2）对流运输

对流运输亦称"相向运输"或"交错运输"，是指同一种货物或彼此间可以互相代用的货物，在同一线路上或平行线路上作相对方向的运送，而与对方运程的全部或一部分发生重叠交错的运输。在判断对流运输时需注意的是，有的对流运输是隐蔽性的对流运输，如不同时间的相向运输。

3）迂回运输

迂回运输是指舍近取远、绕道进行的一种运输，只有在计划不周、地理不熟、组织不当时才会发生这种不合理运输。但最短距离如果有交通阻塞、道路情况不好或有对噪声、排气等特殊限制而不能使用时发生的迂回，不能被称为不合理运输。

4）重复运输

重复运输有两种情况：一种是本来可以直接将货物运到目的地，但是在未达目的地或在目的地之外的其他场所将货卸下，再重复装运送达目的地；另一种是同品种货物在同一地点一面运进，一面又向外运出。重复运输增加了不必要的中间环节，从而延缓了流通速度，增加了运输费用甚至货损。

5）倒流运输

倒流运输是指货物从销地或中转地向产地或起运地回流的一种运输现象。倒流运输也可以看成隐蔽对流的一种特殊形式，除非是退货或者返厂重修而引发的倒流运输，否则倒流运输纯粹是一种运力的浪费，其不合理程度要高于对流运输。

6）过远运输

过远运输是指选择进货单位或调运物资时，可采取近程运输而未采取，舍近求远而造成的拉长货物运距的浪费现象。过远运输往往是由于厂商信息不对称造成的，或者是厂商供应端选择过于单一造成的。

7）运力或托运方式选择不当

运力选择不当是指未能充分地利用各种运输工具的优势而造成的不合理运输现象，如弃水走陆、铁路或大型船舶的过近运输、运输工具承载能力选择不当等。托运方式不当是指可以选择最好的托运方式而未选择，从而造成运力浪费及费用支出加大的一种不合理运输，如本应整车托运而未选择，反而采取零担托运等。

上述不合理运输形式的存在，都是在特定条件下产生的，在进行判断时必须注意其不合理的前提条件。就其成因来讲，有些是企业运输组织和选择的问题，有些则是整个社会物流系统的问题。再者，前面对不合理运输形式的描述，主要是就形式本身而言的，是从微观的角度观察得出的结论。在实践中，必须将其放在宏观层面或整个物流系统中做出综合判断。也就是说，有些情况下，在企业看来是合理的，而在宏观层面看来则是不合理的；反之亦然。这说明，只有从系统角度，综合进行判断才能有效避免"效益背反"现象，从而优化整个社会运输系统。就我国国情而言，由于目前整个社会的运输基础设施建设不足，缺少合理的布局规划，现有运输资源亟待整合，市场上能够提供专业化、直达化运输服务的第三方物流企业还不多，因此，一些企业在组织运输中所发生的一些"不合理安排"是很难避免的。

3.2.3   运输合理化措施

正如前文所述，事实上，造成不合理运输的原因很多，既有企业运输组织的因素，如运输线路和运输工具选择不当等；又有宏观层面运输布局规划不合理的因素，如物流节点建设的滞后等。可见，合理化运输取决于主客观两个方面的因素，在现有的运输网络和平台条件下，通过合理调动、整合各种要素资源，还是能够推动运输走向合理化的。

1）有效防止车辆空载

有效防止车辆空载的办法有：充分利用专业运输队伍，周密制订运输计划；有效运用相关信息，如货源信息、道路交通状况信息、天气预报、同行业运输状况信息等；企业本身不宜过多地储备专用车辆等。

2）提高运输工具的实载率

实载率是指车辆实际载重与运距之乘积和标定载重与行驶里程之乘积的比率。这一指标既可以用在单车统计上，也可以用在车船队的统计上，是作为判断装载合理与否的重要指标。通过配载运输来提高实载率的意义在于：充分利用运输工具的额定能力，减少车船空驶和不满载行驶的时间，减少浪费，从而求得运输的合理化。

3）推进中短距离运输的"公铁分流"

这一措施的要点是在公路运输经济里程范围内，尽量利用公路运输的方式。一是缓解比较紧张的铁路运输压力；二是充分利用公路在中短途运输中速度快且灵活机动的优势，实现铁路运输难以达到的"门到门"服务。

4）尽量发展"四就"直拨运输或直达运输

"四就"直拨运输是指由管理机构预先筹划，然后，就厂、就站（码头）、就库、就车（船）将货物分送给用户，而无须再入库，其目的是力求以最少的中转次数完成运输任务。而直达运输是指无须中转，一次性将货物运抵目的地，如果条件允许，直达运输可以减少运输环节，提高运输速度，省去装卸费用，降低中转货损；直达运输有利于建立稳定的产销关系和运输系统，也有利于提高运输的计划水平。

5）增加运输的科技含量

依靠科技进步是运输合理化的重要途径，例如，采用多式联合运输、一贯制托盘化运输、门到门运输、集装化运输等现代运输方式；发展智能化运输、全球卫星定位运输等特殊运输技术；使用滚装集装箱轮船、滚装汽车轮船、载驳船、水泥罐车、罐式集装箱、平板玻璃集装箱、台架式集装箱、带辊道卡车、带尾板升降机卡车、双层集装箱火车、翼形卡车等现代运输工具；积极开发和利用桶形物专用托盘、平板玻璃集装架、仓库笼、模块化包装等各种集装单元技术等。

6）通过流通加工促使运输合理化

有不少产品，由于产品本身的形态及特性问题，很难实现运输的合理化，如果进行必要的生产加工或流通加工，能在减少运输数量的同时提高运输的装载率。例如，将造纸材料在产地预先加工成干纸浆，然后压缩体积运输，就能解决造纸材料运输不满载的问题。

7）发展社会化的运输体系

发展社会化的运输体系是运输合理化的重要措施，通过各种联运体系的构筑，发展能够提供"一条龙"式专业化的运输服务队伍，打破一家一户自成运输体系的状况，有效避免一家一户自行运输容易出现的空驶、运力选择不当、不能满载等浪费现象。目前在我国，铁路运输和海洋运输的社会化运输体系已经较为完善，而公路运输的社会化运输体系还有待于进一步完善。

8）积极做好企业自身的物流计划

科学的物流计划是企业合理化组织运输的重要前提，因此，有必要将企业的原材料采购和产品销售等环节一并考虑，周密地进行运输系统设计，并根据企业的经营战略、销售政策决定企业的运输格局和运输网络，在此基础上统筹规划好企业的仓库、配送中心的布局，实现既能满足销售需要，又能有效降低运输成本的目标。

9）大力推广配送特别是共同配送[①]

配送，特别是共同配送，是运输合理化的重要途径。从配送发展历程来看，其解决的不仅仅是门到门的服务问题，还有集中采购和送货的经济性问题。因此，如何合理、高效地组织配送，是实现运输合理化的一个重要途径。而发展共同配送则是运输共同化的具体体现，是推动运输和配送资源合理化配置的一个重要途径，对企业和社会来讲是双赢的。

3.3　配送及配送中心

3.3.1　运输与配送

配送的英语原词是 delivery，是"送货"的意思，强调的是将货送达。日本对配送的权威解释应该是日本工业标准 JIS 的解释："将货物从物流节点送交收货人"，送货含义十分明确。可见，发达国家对配送的认识取得了一个共识，即配送就是送货。

那么，运输与配送有何区别呢？日本 1991 年版的《物流手册》是这样描述它们的范围的："与城市之间和物流据点之间的运输相对而言，将面向城市内和区域范围内需要者的运输，称之为配送。"这表明，日本人对配送的一个重要认识，就是配送局限在一个区域（城市）范围内，而且从性质上来看，配送是一种运输形式，关于这一点手册中又有进一步描述："生产厂到配送中心之间的物品空间移动叫'运输'，从配送中心到顾客之间的物品空间移动叫'配送'。"运输与配送的关系见图 3-1。

---

① 有关配送的详细内容将在本章后半部分进行论述。

区域内直接配送

| 厂家 | → 运输 → | 配送中心 | → 配送 → | 顾客 |

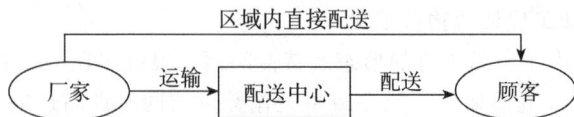

图 3-1 运输与配送关系示意图

可见，配送处于"二次运输"或者"末端运输"的地位，与运输相比，配送更直接面向并靠近用户，运输一般是干线输送和直达送货，批量大，品种相对单一；配送同运输的区别不仅仅表现在数量、种类、距离、复杂程度等方面，还表现在其需要现代技术和装备的支持方面。

如上所言，配送的实质是送货，但绝不是简单地送货。从配送的实施过程来看，配送包括两个方面的活动："配"是对货物进行集中、拣选、包装、加工、组配、配备和配置；"送"是以各种不同的方式将货物送达至指定地点或用户手中。可见，现代意义上的配送不同于一般性的运送或运输，是建立在备货和配货基础上的满足客户灵活需要的送货活动，是一种以社会分工为基础的、综合的、现代化的送货活动。

配送与运输、送货的区别见表 3-1。

表 3-1   配送与运输、送货的区别

项目	主要业务	一般特点
配送	分货、配货、送货、运输方式和工具选择、路线和行程确定、车辆调度	支线、市场末端、短距离、多品种、小批量、多批次、短周期的货物移动
运输	集货、送货、运输方式和工具选择、路线和行程确定、车辆调度	干线、中长距离、少品种、大批量、少批次、长周期的货物移动
送货	由生产企业承担，中转仓库的送货只是一项附带业务	简单的货物输送活动，技术装备简单

在我国《物流术语》国家标准中，配送被定义为：在经济合理区域范围内，根据用户要求，对物品进行拣选、加工、包装、分割、组配等作业，并按时送达指定地点的物流活动。

在发达国家配送的发展历程中，配送或者送货最初是被作为一种不得已的推销手段出现的，被看成"无法回避、令人讨厌、费力低效"的活动，甚至有碍企业的发展，而配送发展成以高科技手段为依托的业务，并上升到一些企业发展的战略层面，是近一二十年的事情。

特别是近年来，随着现代社会化物流的不断发展及新的信息技术手段的不断应用，同传统的配送相比较，现代配送的方式和手段发生了很大变化。

1）配送共同化趋势明显

共同配送始于 20 世纪 60 年代的日本，近年来的发展已上升到从更大范围考虑物流合理化，致力于推行整个城市和所有企业的共同配送。

2）配送区域不断扩大

近些年，配送已突破了一个城市范围，在更大范围内体现了优势。美国已开展了州际配送，日本不少配送更是在全国范围或较大区域范围进行的，我国的一些企业也

开始构筑区域性的物流配送系统。

3）直达配送日益增多

不经过物流基地中转，在有足够批量且不增加用户库存的情况下，配送在"直达"领域中也找到了优势，因而突破了"配送"原来的概念，有了新的发展。

4）信息化、智能化进展明显

这一进展突出表现在以下三个方面：一是信息传递与处理；二是计算机辅助决策，如辅助进货决策、辅助配货决策和辅助选址决策等；三是计算机与其他自动化装置的操作控制，如无人搬运车、配送中心的自动分拣系统等。

3.3.2 配送的类型[①]

1）依据主体和受体的不同及相互关系，配送可以分为三种类型

（1）企业内部配送。企业内部的配送大体有三种情况：一是大型企业内部配送，由于大企业原材料采购量大，为了控制成本，减少采购费用，有效地运用资金，由企业总部统一进货，统一库存，统一向各分厂或车间配送；二是企业在消费地建若干个配送中心，在配送中心集中的核心地区建物流基地，各生产工厂的产品先批量地运往物流基地，在物流基地经过大致分类后，再运给周围的配送中心，最后从配送中心配送至终端客户；三是连锁型企业内部配送，由连锁企业统一进货，加工后定点、定时、定量地向各连锁商店配送。

（2）企业之间的配送。企业对企业的配送一般有两种类型：一种是专业物流企业或第三方物流企业受生产企业的委托开展的配送，即将生产企业的产品或半成品配送给该生产企业指定的企业；另一种是生产企业的配套生产企业，按该生产企业的数量、品种、时间、地点等方面的要求，将自己的产品供给该生产企业的各分厂或车间生产线的配送。

（3）企业对消费者的配送。随着经济服务化以及企业直销的发展，向消费者直接展开的配送活动越来越多，如商品送货到门、报纸投递、净菜配送到家等。可以说，这种由生产企业或销售方直接将商品送至消费者手中的物流活动被称为末端物流，随着我国经济的快速发展，末端物流在我国有着极为广阔的发展空间。

2）依据配送起点的差异划分，配送可以分为四种类型

（1）配送中心配送。配送中心配送是指由配送中心作为组织者发起的配送。一般来讲，配送中心的设施、设备比较齐全，经营规模也比较大，组织的专业化、现代化程度比较高。目前在发达国家配送中心配送已经成为货物配送的主要形式，其发展代表了未来配送发展的方向，在现代物流中发挥了关键作用。

（2）仓库配送。仓库配送是一种以传统的仓库为据点实施的配送形式，正如前面所述，这种形式的配送是仓库业者拓展其物流功能的结果。这种配送往往是通过对原有设施进行技术改造来实现的，因此同配送中心配送相比，其配送能力、经营规模和服务范围等相对要差一些。不过，很多配送中心是由传统的仓库转型发展而来的，所

① 夏春玉. 现代物流概论［M］. 2版. 北京：首都经济贸易大学出版社，2006：87-91.

以，在物流体系发展起步阶段可以选择这种配送形式。

（3）商业门店配送。商业门店配送是以商店为起点组织的配送活动，往往指一些从事销售活动的商店为自己或外部的零售网点进行商品配送，以满足客户的零星需要；或者专门面向中小零售企业从事配送活动，即进行社会化的共同配送，在形式上代替了过去的批发市场的功能。之所以叫作商业门店配送，只不过其是以商店而不是配送中心的形态存在。

（4）厂矿企业配送。这种配送是以工矿企业成品库为起点开展的配送活动，其实施条件是生产企业产品的需求量较大，品种、规格和质量等要求相对稳定，同下游企业之间形成了协作配套关系。在此基础上，厂矿企业才有条件自行组织配送，并将其当作一种"利润源泉"开发方式。

3）依据种类和数量差异划分，配送可以分为三种类型

（1）单品种大批量配送。单品种大批量配送是指由于用户的需求是持续而大量的，单独一个品种或几个品种的货物就可以达到批量标准进行专业化配送，而不用同其他产品混装，如煤炭的配送。

（2）多品种小批量配送。多品种小批量配送是一种高水平、高标准的配送活动。在这种配送方式下，要按照用户的要求，将用户所需要的各种物品或商品选好、配齐，少量而多次地运抵客户指定的地点，如对连锁门店的商品配送。

（3）配套配送。配套配送是按照生产企业或建设单位的要求，将其所需要的多种物资（配套产品）配备齐全后直接运送到生产厂或建设工地的一种配送形式，如外部协作企业向某企业进行的零部件配送。这种配送有利于生产企业集中精力生产和加快工程进度。

4）依据配送组织形态进行划分，配送可以分为三种基本类型

（1）专业性独立配送。专业性独立配送是根据产品性质进行分类，并由各专业配送组织进行独立的配送，如生产资料配送、食品配送和服装配送等。这种配送可以充分发挥专业化配送组织的优势以满足客户的需求。

（2）综合性配送。综合性配送是指将许多种相关的产品汇集起来由专业配送组织进行配送。与专业性独立配送相比，综合性配送的品种多，可为用户提供比较全面的物流服务。

（3）共同配送。共同配送是指由一个或多个配送组织向若干个企业进行统一配送的形式，实施配送的组织或机构可以由这些企业联合建立或者向外寻求协作。共同配送是物流社会化、共同化发展的体现，发展这种形式的配送可以促进物流活动的分工与协作，推动物流结构的调整和物流资源的优化配置。

此外，按照时间和数量差别，可将配送业务分为定时配送、定量配送、定时与定量配送、即时配送、定时和定路线配送等。定时配送、定量配送、定时与定量配送都是按照事先与用户达成的协议，按照规定的时间或数量进行物品配送。即时配送是根据用户提出的时间、数量和品种要求，及时地进行配送的形式。定时与定路线配送则是按照规定的时间表和路线进行的配送。这几种配送形式各有其优劣势，在应用时要根据实际情况和用户的要求来确定。

3.3.3 配送中心及其分类

1）配送中心的含义

配送中心（distribution center）在我国《物流术语》国标中被定义为从事配送业务的物流场所或组织，应基本符合下列要求：主要为特定的用户服务；配送功能健全；完善的信息网络；辐射范围小；多品种、小批量；以配送为主，以储存为辅。

现代的配送中心与普通的仓库和传统的批发、储运企业相比，已经存在质的不同。仓库仅是储存商品，而配送中心绝不是被动地接受委托存放商品，它还起到集配作用，具有多样化功能。和传统的批发、储运企业相比，配送中心在服务内容上由商流、物流分离发展到商流、物流、信息流有机结合；在流通环节上由经过多个流通环节发展到由一个中心完成流通全过程；在经销方式上由层层买断发展到代理制；在工商关系上由临时的、随机的关系发展到长期的、固定化的关系。

2）配送中心的分类

（1）按功能多少可以把配送中心分为多功能配送中心与单功能配送中心。配送中心具有采购、加工、分拣、配组、仓储和运输等多种功能，但是，除了配送是任何配送中心都应具备的功能外，其他功能并非每一个配送中心都应具备。倘若配送中心各种功能都较齐全的话，我们则称之为多功能配送中心；反之，如果某一配送中心以某一种功能为主，兼有少量其他功能，我们则称之为单功能配送中心。按照核心功能的不同，单功能配送中心又分为转送型、储存型、分销型和加工型四种主要类型。

（2）按商品种类多少可以把配送中心分为综合型配送中心与专业型配送中心。所谓综合型配送中心，是指那些配送多种货物或商品的配送中心，比如配送的商品既有日常用工业品，又有鲜活食品、副食品的配送中心。所谓专业型配送中心则是指那些专门配送某一类商品的配送中心，比如水果配送中心、食品配送中心等。由此可见，前种配送中心的商品具有"全"的特点，而后种配送中心的商品则具有"专"的特点。

（3）按辐射范围大小可以把配送中心分为区域型配送中心与城市型配送中心。区域型配送中心是指辐射范围跨省、市甚至全国的配送中心，其配送规模较大，主要是向城市配送中心进行配送，很少向商店直接配送；而城市型配送中心则是以所在城市为配送范围的配送中心，一般直接配送至各个连锁店铺。

（4）按机能的不同，可以把配送中心分为转送模式、分销模式、储存模式和加工模式四种类型。转送模式的配送中心（通常被称为TC，transfer center）的主要功能是传送，不具备商品保管、在库管理等机能，主要进行商品的周转、分拣等作业。这种模式的配送中心一般与供货商关系密切，货源充足，商品在配送中心的储存时间较短，储存量亦很少。分销模式的配送中心（通常被称为DC，distribution center）拥有商品保管、在库管理等管理性机能，同时又进行商品周转、分拣和配送业务。这种模式的配送中心一般设立在口岸或中心城市，以便对腹地和周边进行分拨或分销。通常情况下，分销型配送中心遵循"勤进快出"的原则，大批量进货，然后分装或组配，及时地分送到各客户货位或直接装载，一般不具有长期储存商品的功能。储存模式的配送中心（通常被称为 SC，stock center）兼有储存和配送双重功能，以商品的储存、保管机能为主，商品在配送中心的储存时间比转送模式要长。这种模式的配送中心拥有较大规模的仓储设施，具有很强的储存功能，从而把零售店铺的商品储存时间和空间减至最低程度。加工模式的配送中心（通常被称为 PC，process center）将大批采购的半成品（多为生鲜食品）进行加工、解冻、分割、包装，然后分送至各分店或用户，此类配送中心的主要功能是对产品进行清洗、整理、包装、再生产，以保证其上市即可出售并消费。

（5）按组织模式及经营主体的不同，可以将配送中心分为自营型配送中心、代理型配送中心和共同配送型配送中心三种。自营型配送中心指企业通过独立组建自行经营的配送中心，实现对内部各部门、厂、店的物品配送。这种配送模式往往被一些大型连锁企业或企业集团所采用。代理型配送中心又叫中介型配送中心，是指从事配送业务的企业通过与上游厂商建立广泛的代理或买断关系，与下游企业或零售店铺形成稳定的配送关系，在此基础上开展广泛的社会化配送。一些企业的配送业务由该类配送中心代理，自身并不经营配送业务。共同配送型的配送中心则指多家企业共同组建或参与但只由一家公司所独立进行的配送作业，以互惠互利为原则，实现整体的配送合理化。

（6）按经营权限划分，配送中心可分为物流模式的配送中心、授权模式的配送中心和配销模式的配送中心三种。物流模式的配送中心只进行物流作业，商品经营决策或者说商流的任务由相关部门来完成，如实施自营配送的连锁企业，商流工作由连锁总部的商品部负责，配送中心只负责配送和相关物流作业。授权模式的配送中心指一些企业或连锁总部将商品采购权及定价权授予配送中心，企业或连锁总部则保留商品组合、批发销售以及业务监管的权力。配销模式的配送中心作为相对独立的利润中心，不仅负责商品采购及商品配送的作业，而且可以向用户直接批发销售商品。

3.3.4　配送中心的作业流程及其管理

一般来说，一个综合型的配送中心执行如下作业流程：从供应商进货-接货-验收-入库-存放-盘点-拣货-流通加工-包装-分类-盘整-制订配送计划-配装-配送至客户。与作业流程相对应，配送中心的作业管理主要有进货入库作业管理、在库保管作业管理、流通加工作业管理、理货作业管理和配货作业管理等内容。配送中心作业流程及管理如图 3-2 所示。

1）进货入库作业管理

进货入库作业主要包括收货、检验和入库三个流程。收货是指配送中心接收厂家按照进货指令送过来的货物。接货工作一定要慎之又慎，因为一旦商品入库，配送中心就要担负起保证商品完整的责任。一般来说，配送中心收货员应做好如下准备：及时掌握配送中心计划中或在途中的进货量、可用的库房空储仓位和装卸人力等情况，并及时与有关部门和人员进行沟通，做好接货工作。接货工作包括：核对采购订单与供货商发货单是否相符，开包检查商品有无损坏，商品分类，所购商品的品质与数量比较等。经检查准确无误后，方可在厂商发货单上签字，将商品入库，并及时登录

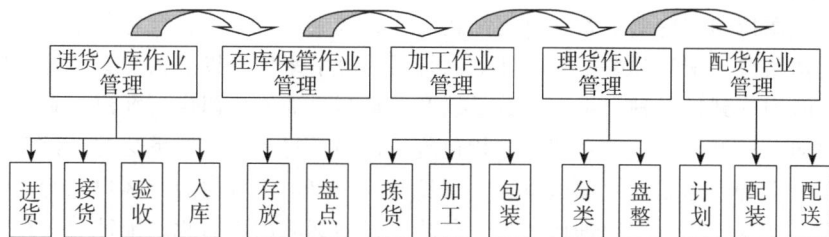

图3-2 配送中心作业流程及管理示意图①

有关入库信息，转达采购部，经采购部确认后开具收货单，从而使已入库的商品及时进入可配送状态。

2）在库保管作业管理

商品在库保管的主要目的是加强商品养护，确保商品质量安全，同时还要加强储位合理化工作和储存商品的数量管理工作。商品储位可根据商品属性、周转率、理货单位等因素来确定。储存商品的数量则需依靠健全的商品账务制度和盘点制度来进行管理，并且商品储位合理与否、商品数量管理精确与否将直接影响商品配送作业的效率。

3）加工作业管理

加工作业管理主要是指对即将配送的产品或半成品按销售要求进行再加工，包括：分割加工，如对大尺寸产品按不同用途进行切割；分装加工，如将散装或大包装的产品按零售要求进行重新包装；分选加工，如对农副产品按质量、规格进行分选，并分别包装；促销包装，如促销赠品搭配；贴标加工，如粘贴价格标签，打制条形码。加工作业完成后，商品即进入可配送状态。

4）理货作业管理

理货作业是配货作业最主要的前置工作。配送中心接到配送指示后，及时组织理货作业人员，按照出货优先顺序、储位区域别、配送车辆趟次别、门店别、先进先出等方法和原则，把配货商品整理出来，经复核人员确认无误后，放置到暂存区，准备装货上车。理货作业主要有两种方式：一是"播种方式"；二是"摘果方式"。所谓播种方式，是把所要配送的同一品种货物集中搬运到理货场所，然后按每一货位（按门店或客户区分）所需的数量分别放置，直到配货完毕。在保管的货物较易移动、门店数量多且需要量较大时，可采用此种方法。所谓摘果方式（又称挑选方式），就是搬运车辆巡回于保管场所，按理货要求取出货物，然后将配好的货物放置到配货场所指定的位置或直接发货。在保管的商品不易移动、门店数量较少且要货比较分散的情况下，常采用此种方法。

5）配货作业管理

制订配送计划是配货作业管理的前提。在制订具体的配送计划时应考虑以下几个要素：各用户的远近及订货要求，如品种、规格、数量及送货时间、地点等；配送的性质和特点以及由此决定的运输方式、车辆种类；现有库存的保证能力；现时的交通

---

① 王转. 配送中心规划（六）[J]. 物流技术与应用，2002（4）：70.

条件等。进而依据这些要素条件决定配送时间，选定配送车辆，规定装车货物的比例和最佳配送路线、配送频率。配送计划制订后，接下来便可以进入配送实施阶段，首先将到货时间、到货品种、规格、数量以及车辆型号通知各门店（客户）做好接车准备；同时向各职能部门，如仓储、分货包装、运输及财务等部门下达配送任务，各部门作好配送准备；然后组织配送发运，理货部门按要求将各门店（客户）所需的各种货物进行分货及配货，然后进行适当的包装并详细标明门店名称、地址、送达时间以及货物明细；最后按计划将各门店货物组合、装车，运输部门按指定的路线运送至各门店，完成配送工作。如果门店有退货、调货的要求，则应将退调商品随车带回，并完成有关单证手续。

3.4　配送合理化管理

3.4.1　判断配送合理化的标准和方法

关于配送的合理与否，很难确定出一个统一的标准，尽管如此，我们还是可以尝试通过以下标志来加以判断。

（1）库存标志。库存是判断配送合理与否的重要标志，具体指标有两个：一是库存总量是否得以下降，即配送中心库存数量加上各用户在实行配送后的库存量之和是否低于实行配送前各用户库存量之和；同样，各用户在实行配送后的库存量是否下降，也是判断配送合理与否的一个标准。应该说，库存总量是动态的，上述比较应当是在一定经营量前提下，必须扣除由于客户经营的发展而带来的库存总量上升这一因素，才能对总量是否下降做出正确判断。二是库存周转速度是否快于原来的库存周转，特别是各用户在实行配送前后的库存周转比较，是判断配送合理与否的一个重要标志。

（2）资金标志。总的来讲，实行配送应有利于资金占用的减少及资金运用的科学化。具体判断标志如下：一是用于资源筹措所占用的流动资金总量，随储备总量的下降及供应方式的改变而下降；二是资金周转速度加快，这是衡量配送合理与否的重要标志；三是资金投向的改变，资金分散投入还是集中投入，是资金调控能力的重要反映，实行合理配送后，资金必然从分散投入改为集中投入。

（3）成本和效益标志。总效益、宏观效益、微观效益和资源筹措成本都是判断配送合理化的重要标志。对于不同的配送方式，可以有不同的判断侧重点。例如，配送企业、用户都是各自独立的以利润为中心的企业，不但要看配送的总效益，而且还要看对社会的宏观效益及两个企业的微观效益；如果配送是由用户集团自己组织的，配送主要强调保证能力和服务性，那么，效益主要从总效益、宏观效益和用户集团企业的微观效益来判断，不必过多顾及配送企业的微观效益。

（4）投资回报率标志。建设配送中心势必要有大笔资金投入，投资回报率无疑是衡量或评价配送中心运营状况的一个最直接的指标。如果巨额的投资不能按计划收回，即便配送服务于销售，或者配送服从于企业经营战略，成本与效益反差过大也不可取。

（5）供应保证标志。各用户实行配送最害怕供应保证程度降低，配送合理化的重要标志就是必须提高而不是降低对用户的供应保证能力。供应保证能力可以从以下方面判断：一是缺货次数得以下降；二是配送企业集中库存量所形成的保证供应能力远远高于配送前单个企业保证程度；三是即时配送的能力及速度必须高于未实行配送前用户紧急进货能力及速度。特别需要强调的是，配送企业的供应保障能力是一个相对的概念，而不是一个无限的概念，追求供应保障能力的合理化是有限度的，如果供应保障能力过高，超过了实际需要，则属于不合理。

（6）客户物流合理化标志。实行配送后，客户企业的资源得以调整利用，其物流应该趋向合理化：一是从事物流作业的人员减少，物流费用得以降低；二是物流反应速度加快，技术手段不断提高；三是物流损失减少，物流一致性得以提高。

（7）战略发展意义标志。配送与最终用户最靠近，对于企业的供应物流和生产物流情况，用户看不见，所以企业的配送往往代表着该企业的形象和脸面，并且良好的配送服务必定会促进企业的销售，尽管有时为了促进销售而加强配送服务会增加一定的物流成本。随着配送在企业发展中战略地位的提升，配送已经成为一些企业经营战略中的重要手段，良好的终端市场形象和客户服务能力也成为衡量企业配送好坏的一个重要标志。

（8）社会运力节约标志。社会运力使用的合理化是依靠送货运力的规划和整个配送系统的合理流程及与社会运输系统合理衔接实现的。送货运力的规划是任何配送中心都需要花力气解决的问题，而其他问题有赖于配送及物流系统的合理化，判断起来比较复杂。随着物流社会化与配送共同化的发展，末端运输即配送合理化发展必将大大节省社会运力。

3.4.2　不合理配送的表现形式

正如前面所述，我们很难按照一个统一的标准来判断配送决策的优劣，如果站在局部的角度来看，有些配送行为是合理的，但若站在大的范围来看，可能就是不合理的。由于物流要素之间存在"二律背反"关系，有时某些不合理现象是伴生的，要追求整体上的合理，就可能派生局部上的不合理。所以，我们这里只单独论述不合理配送的表现形式，但要防止绝对化。

（1）资源筹措的不合理。配送是通过筹措资源的规模效益来降低资源筹措成本的，如果不是集中多个用户需要进行批量筹措资源，而仅仅是为一两个用户代购代筹，对用户来讲，就不仅不能降低资源筹措费，反而会增加配送企业的代筹代办费，因而是不合理的。资源筹措不合理还有其他表现形式，如配送量计划不准，资源筹措过多或少，在资源筹措时不考虑建立与资源供应者之间长期稳定的供需关系等。

（2）库存决策不合理。配送的一个重要作用是能够充分利用集中库存总量，并使之低于各用户原本分散的库存总量，从而降低用户平均分摊的库存负担。因此，配送企业必须依靠科学管理来实现一个低总量的库存，否则就会出现只是库存转移，而未解决库存降低的不合理。配送企业库存决策不合理还表现在储存量不足、不能保证随机需求、失去了应有的市场等方面。

（3）价格不合理。总的来讲，配送的价格应低于不实行配送时用户自己进货的购买价格加上自己提货、运输、进货成本总和，这样才会使用户有利可图。有时候，由于配送服务水平较高，即使价格稍高用户也是可以接受的，但这不能是普遍的原则。如果配送价格普遍高于用户自己进货的价格，损害了用户利益，就是一种不合理表现。

（4）配送与直达的决策不合理。一般的配送总是增加了环节，但是这个环节的增加，可降低用户平均库存水平，不但抵消了增加环节的支出，而且还能取得剩余效益。但是如果用户使用批量大，可以直接通过社会物流系统均衡批量进货，较之通过配送中转送货则可能更节约费用，在这种情况下，不直接进货而进行配送，就属于不合理范畴。

（5）送货过程中的不合理运输。多个用户集中配送与用户自提比较，可大大节省运力和运费，如果不能利用这一优势，仍然是一户一送，车辆达不到满载（即时配送过多过频时会出现这种情况），就属于不合理。此外，前面所提及的不合理运输若干表现形式在配送中都可能出现，会使配送变得不合理。

（6）经营观念的不合理。在开展配送时，有许多情况是由于经营观念不合理，使得配送的优势无从发挥，损害了配送的形象，这是需要注意避免的不合理现象。例如，配送企业利用配送手段，向用户转嫁资金、库存困难；在库存过大时，强迫用户接货，以缓解自己的库存压力；在资源紧张时，将用户委托资源挪作他用等。

3.4.3　配送合理化措施

借鉴国内外企业推行配送合理化的经验，可以采取一些措施推进配送的合理化。

（1）推行专业化配送。通过采用专业设备、设施及操作程序，降低配送过分综合化的复杂程度及难度，进而取得较好的配送效果。

（2）推行加工配送。通过加工和配送结合，充分利用本来应有的中转求得配送合理化。同时，通过加工加强与下游市场的紧密联系。

（3）推行共同配送。通过共同配送，可以整合物流资源，以最近的路程、最低的配送成本完成配送，从而追求配送合理化。

（4）实行送取结合。通过与用户建立稳定、密切的协作关系，在配送时，将用户所需的物资送到，再将该用户生产的产品用同一车运回，使得用户成品再次成为配送中心的配送产品，或者代存代储，免去生产企业的库存包袱。

（5）推行准时配送系统。准时配送是配送合理化的重要内容，准时配送可以帮助企业实现低库存或零库存，同时也是物流一致性的极致表现。从国外的经验看，准时供应配送系统是现在许多配送企业实现配送合理化的重要手段。

本章小结

　　运输是物体借助运力在空间上产生的位置移动。在运输组织与管理中，必须精确地维持运输成本和服务质量之间的平衡，就运输的组织运作而言，有三个因素对运输来讲是十分重要的，即成本、速度和一致性。

　　一般来讲，运输方式的选择受运输物品的种类、运输量、运输路程、运输时间、运输成本五个方面因素影响，企业在进行运输方式选择时，要对各种工具的运载能力、速度、频率、可靠性、可用性和成本等因素作综合考虑和合理筛选。物流合理化在很大程度上依赖于运输合理化，运输合理化的影响因素很多，起决定性作用的有以下"五要素"，即运输距离、运输环节、运输工具、运输时间和运输费用。运输合理化措施主要有：有效防止车辆空载，提高运输工具的实载率，推进中短距离运输的"公铁分流"，尽量发展"四就"直拨运输或直达运输，增强运输科技含量，通过流通加工促使运输合理化，发展社会化的运输体系，积极做好企业自身的物流计划，大力推广配送特别是共同配送。

　　配送处于"二次运输"或者"末端运输"的地位，与运输相比，配送更直接面向并靠近用户。配送的本质是送货，但绝不仅仅是简单的送货。运输、配送和送货三者既有区别，又有联系。一般来讲，配送活动主要是由配送中心开展的，一个配送中心，可以说是物流的一个缩影，满足客户（门店）送货需求是配送中心的主要任务。

　　配送中心的规划要素主要有配送的对象或客户、配送的货品种类、货品的配送数量或库存量、物流通路和配送路线、配送的物流服务水平要求、配送的物流交货周期要求、配送的货品价值与建造资金预算。在配送中心发展建设中，配送中心的选址与网点布局最为重要。

　　判断配送合理与否的主要标志有：库存标志、资金标志、成本和效益标志、投资回报率标志、供应保证标志、客户物流合理化标志、战略发展意义标志、社会运力节约标志。配送合理化措施有推行专业化配送、推行加工配送、推行共同配送、实行送取结合和推行准时配送系统。

本章案例

货拉拉布局绿色货运切入企业级市场

　　2018年4月18日，O2O同城货运平台领导者货拉拉在北京举办《心服务·新升级——2018年度战略发布会》，宣布"用心服务"是公司年度主题，为此将进行服务和产品的全面升级。同时，货拉拉还切入企业级市场，重磅推出企业版产品，上马合作购车业务，布局绿色货运。

从"百团大战"到"独秀于林"，货拉拉用了不到3年时间。去年10月完成1亿美元巨额融资后，它仍在以惊人的步伐攻城略地。2017年4月，货拉拉在中国大陆开通城市为68个，而截至2018年3月底，开城数量已是114个，平台注册司机已达300万人以上，用户超过2 000万。

货拉拉一直坚持海外双线同步发展，在东南亚的业务中践行"一带一路"快速扩张。目前，Lalamove（海外版）除已有的中国香港、中国台北、新加坡、曼谷、马尼拉、胡志明市外，即将进军东南亚最大、最具潜力的市场——拥有近3亿人口的印度尼西亚。2018年5月，Lalamove率先在马来西亚首都吉隆坡开通，6月便正式落地印度尼西亚首都雅加达。

"互联网+"货运公司由于运力的共享属性，服务质量和司机管控是重中之重，为持续为用户创造最优使用体验，货拉拉将"用心服务"作为2018年度主题。May举例说，2013年发展时期的苹果公司，NPS指数（衡量用户忠诚度的指标）达到76%；亚马逊当前NPS指数为69%；目前货拉拉的NPS指数是65.8%，2018年的目标是75%。为持续提升服务质量，货拉拉将在产品层面和司机层面全面升级。在产品层面，货拉拉与保险公司深度合作，全新推出特别针对"互联网+"货运的定制化保险产品，如出现货损可迅速理赔，目前用户单票最高可获赔4万元。该保险业务已在东莞、上海试运营，未来将推广到所有开通城市。

搬运费是货主和司机产生纠纷的重灾区，为此，平台即将上线搬运费计价功能。货拉拉后台将根据货物体积、重量、所在楼层、平地搬运距离等各项因素综合考量，给出货物搬运费参考价。届时，货主可选择接受这一标准，也可选择与司机自行协商搬运费。

为了让司机拥有更好的服务意识，保障服务质量，货拉拉完善了培训机制。如司机的拒单率、投诉率、差评率等一旦达到临界点，平台将召回司机对其进行二次培训，如考核不合格，将被直接封号，失去接单资格。货拉拉在快速下沉中国内地城市的同时，亦在不断升级2B企业级服务，此次发布会重磅推出了货拉拉企业版产品。货拉拉企业版可满足2B市场的特有需求，通过一个账户便可实现集约型系统化用车管理。

最重要的是，货拉拉企业版拥有完整的财务流程，公司账户统一充值、支付、开票，省去了以往诸多烦琐流程，开发票比货拉拉个人版更加方便快捷。此外，为保持优质服务，货拉拉企业版还配备了专属客服、专属车队。

货拉拉企业版的推出借鉴了海外Lalamove的经验，Lalamove在东南亚早已服务Google、宜家、麦当劳、7-11、Line、Lazada等知名企业。据May介绍，企业版自今年2月开始试水以来，账户复充率达70%以上，这意味着产品获得了用户认可，黏性较高。以后就算没有车，只要符合条件的司机，也能加入货拉拉。货拉拉不再仅是一个单纯的车货匹配平台，与司机合作购车的新业务已经启动。货拉拉直接与车厂合作，去掉代理商环节，以底价与司机合作购车。新购车辆可挂靠货拉拉公司，办理道路运输许可证。据了解，该业务于2018年1月开始在深圳试水，4月拓展到广州。已合作的汽车厂家包括江铃、福田、五菱、锐驰等，目前正在开拓比亚迪等更多新能源车厂。合作购买的车型以新能源物流车、货运版面包车、中型货车为主。

值得注意的是，货拉拉的合作购车项目从第一天起便向新能源汽车倾斜，目前在深圳地区，货拉拉平台新能源车辆接单量已经占每日城市总订单的 1/3 以上，成为深圳市申请城市绿色货运配送示范工程的案例之一。货拉拉合作购车业务 2018 年的目标至少是拓展至全国 8 个城市，包括成都、西安、杭州、上海、北京、天津等，争取明年覆盖所有全国落地城市，实现经济效益与社会效益双优化。

在发展自营运力的同时，货拉拉下一步还将通过更大力度的优惠政策鼓励和引导新能源车辆加入平台。预计 3～5 年内，以深圳为样板，新能源物流车在平台的占比还将大幅提升，为满足更高标准、更复杂的货运需求做好准备。

资料来源　陈晴. 货拉拉布局绿色货运切入企业级市场［N］.中国商报，2018-04-25.

复习思考题

1. 谈谈你对运输一致性的理解。
2. 选择运输方式时，应注意哪些因素？
3. 如何促进运输的合理化？
4. 运输、配送和送货有哪些区别和联系？
5. 配送合理化的标志都有哪些？
6. 发展配送合理化的措施有哪些？

第 4 章

仓储和物料管理

学习目标

通过本章的学习，读者应准确了解仓库的分类与功能，全面理解仓库决策的基本内容，正确把握仓储作业管理流程；了解仓库选址的影响因素与选址程序，熟悉仓库布局决策的方法，以及功能设计的主要内容；掌握物料管理的基本方法。

4.1　仓库类型和功能

4.1.1　仓库的分类

简单地说，仓库是存放物品的场所，是进行仓储活动的主体设施。根据日本《仓库业法》的定义，仓库是指防止物品丢失或损坏的"工作体"，或是为防止物品丢失或损坏而"进行工作的地面"及"水面"，是保管物品用的场所。为了针对不同类型的仓库进行有效利用和科学管理，可以按不同的分类原则对仓库进行分类。

1）按仓库的功能分类

（1）存储中心型仓库。它是指以存储为主的仓库，专门用来长期存放各种储备物资，以保证完成各项储备任务，如战略物资储备、季节物资储备、备荒物资储备、流通调节储备等。储备仓库的功能是较长时间储存保管，主要追求储存效益。

（2）配送中心（流通中心）型仓库。它是指具有发货、配送和流通加工功能的仓库。

（3）物流中心型仓库。它是指具有存储、发货、配送、流通加工功能的仓库。

2）按保管物品的特性分类

（1）原料、产品仓库。它是生产企业为了保持生产的连续性，专门用来储存原材料、半成品或成品的仓库。

（2）商品、物资综合仓库。它是商业、物资部门为了保证市场供应，以解决季节时差，用来储存各种商品、物资的综合性仓库。

（3）农副产品仓库。它是经营农副产品的企业专门用来储存农副产品的仓库，或经过短暂储存并进行加工后再运出的中转仓库。

（4）一般专用仓库。它是指某部门主要经营某种货物，而用来储存这种货物的仓库，如粮食、棉花、水产、水果、木材等仓库，以及煤场等。

（5）特种危险品仓库。它是专门用来储存危险物品的仓库。为了防止意外，这类仓库都设在离城市较远的郊区，如石油仓库、化工危险品仓库等。

（6）冷藏仓库。这种仓库设有冷藏装置，专门用来储藏鲜鱼、鲜肉或其他加工食品。

（7）恒温仓库。恒温仓库也称暖库，设有保温装置，专门用来储存怕冻物品，如水果、蔬菜、罐头等。

（8）战略物资储备仓库。这种仓库主要用来储备各种战略物资，以防止各种自然灾害和意外事件的发生，其中包括部队后勤仓库等。

3）按建筑结构分类

（1）露天仓库。露天仓库也称露天料场，以露天储存为主。

（2）简易仓库。它的构造简单、造价低廉，一般是在仓库能力不足而又不能及时建造仓库的情况下，采用临时代用的办法，包括一些固定或活动的简易仓棚等。

（3）平房仓库。仓库的建筑物为单层的平房，其特点为构造简单，建筑费用便宜，人工操作比较方便。

（4）楼房仓库。楼房仓库是指二层楼以上的仓库。它可以减少土地占用面积，进出库作业需要采用机械化或半机械化。

（5）高层货架仓库。它也称立体仓库，是一种设施及管理手段先进的仓库，主要采用电子计算机进行管理和控制，实行机械化或自动化操作。

（6）罐式仓库。它的构造特殊，呈球形或柱形，看上去像一个大罐子，主要是用来储存石油、天然气或液体化工品等，大部分都建在城郊较隐蔽的地方。

4）按仓库所处的位置分类

（1）港口仓库。它是以船舶运输的货物为储存对象的仓库，一般仓库地址设在港口附近，以便进行船舶的装卸作业。

（2）车站仓库。它是以铁路运输的货物为储存对象的仓库，仓库的位置通常设在火车货运站附近。

（3）汽车终端仓库。它是指在卡车货物运输的中转地点建设的仓库，为卡车运输提供方便条件。

（4）工厂仓库。它是工厂内保管设施的总称，如按物品类别分为原材料仓库、配件仓库、产成品仓库和半成品、在制品仓库等。

5）按仓库的用途分类

（1）自用仓库。自用仓库是指企业主要从事内部物流业务的仓库。仓库的建设、物品的管理以及进出库业务均由本企业管理。这类仓库只供本企业使用，不对社会开放，在物流概念中被称为第一方物流仓库或第二方物流仓库。我国大型企业的仓库和大多数外贸公司的仓库都属于此类。

（2）公共仓库。在西方国家，公共仓库是指国家和公共团体为了公共利益而建设的仓库。公共仓库正成为一个非常有活力、不断变化的行业，尤其适合那些大公司进行大宗购物时采用。

（3）营业仓库。营业仓库又称第三方仓库，它是指按照相关管理条例取得营业许可，向一般企业提供保管服务的仓库，是一种社会化的仓库。它面向社会，以经营为手段，以营利为目的。

（4）保税仓库。它是指根据关税法保管国外进口而未纳税的进出口货物的仓库。在一些特殊情况下，货物可能进口后再出口而没有进入"商流"。这时，如果仓库以契约形式存储这些货物，商家就能避免缴纳关税。

6）按产业领域分类

按产业领域不同，可将仓库划分为流通领域仓库和生产领域仓库。前者主要有商业仓库、物资仓库、粮食仓库、供销仓库、外贸仓库、医药仓库、新华书店仓库以及各种后勤仓库等；后者主要是指各工业部门、公司、工厂的仓库。

7）按建筑材料分类

根据仓库所使用的建筑材料不同，可以将仓库分为钢筋混凝土仓库、混凝土块仓库、钢质仓库、砖石仓库、泥灰墙仓库、木架砂浆仓库和木板仓库等。

8）其他特殊类型的仓库

（1）自动化仓库。作为一种特定的仓库类别，自动化仓库指由电子计算机管理和控制，不需人工搬运工作而实现收发作业的仓库。常用的自动化仓库形式，如高层货架仓库、立体仓库，一般由以下四部分组成：①高层货架；②巷道机；③周围出入库搬运系统；④管理控制系统。

（2）虚拟仓库。它是指建立在计算机和网络通信基础上，进行物品的存储、保管和远程控制的物流设施，可实现不同状态、时间、空间、货主的有效调度和统一管理。

（3）网络仓库。网络仓库是与传统仓库在概念上完全不同的仓库形式。它不是一个可以看得到摸得着的特定仓库，而是覆盖地域可以很大，根据订货的数量和距离，通过网络传递到网络中心进行处理，在最短的时间内做出决策，选择一个有足额库存并且距离需求地最近的仓库向需求地发货的仓库的集合。网络仓库实际上是一个虚拟仓库。仓库的网络化是现代信息技术的产物，同时也是经济进步的要求。

4.1.2　仓库的功能[①]

仓库的功能可以按照经济利益和服务利益加以分类。

1）经济利益视角下的仓库的功能

当利用一个或多个设施直接降低物流的总成本时，就产生了仓储的经济利益。仓储的基本经济利益包含四个方面：整合、分类和交叉站台、加工/延迟制造以及堆存。

（1）整合

整合是指仓库接收来自多个制造工厂指定送往某一相同顾客的物品，然后把这些物品整合成单一的一票装运。其好处是有可以实现最低的运输费率，并减少在某一顾客出货站台处发生拥塞的可能，该仓库可以把从制造商到仓库的内向转移和从仓库到顾客的外向转移都整合成更大的装运批量。整合流程如图4-1所示。

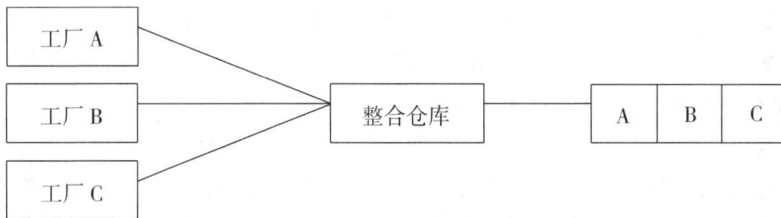

图4-1　仓库的整合流程

整合仓库是可以由单独一家厂商使用，也可以由几家厂商联合起来共同使用的整合服务。通过这种整合方案，每一个单独的制造商或托运人都能够享受到物流总成本低于其各自分别直接装运的成本。

（2）分类和交叉站台

从作业形式来看，分类和交叉站台的仓库作业除了不对产品进行储存外，它与整

---

①　鲍尔索克斯，克劳斯. 物流管理：供应链过程的一体化［M］. 林国龙，宋柏，沙梅，译. 北京：机械工业出版社，1999.

合仓库作业相类似。分类作业接收来自制造商的客户组合订货，并把它们按照不同客户进行分类后分别装运到每个客户处。分类仓库或分类站台是把组合订货分类或分割成个别的订货，并安排当地的运输部门负责配送。由于制造商长距离运输转移的是多个客户的订单，所以装运的批量较大，运输成本相对比较低，进行货物跟踪也比较容易。

同时涉及多个制造商的分类作业，我们称其为交叉站台。零售连锁企业的物流中心仓库向各个连锁店的商品配送，采用的就是交叉站台作业。交叉站台先从多个制造商处运来整车的商品；物流中心收到商品后，如果有指定顾客的标签，就按顾客的标签直接进行分类，如果没有标签，则按地点进行分配；产品就像"交叉"一词所表述的意思那样，穿过"站台"被装上配送往不同零售店的拖车；满载着来自多个制造商的组合产品的拖车被运往各个零售店。交叉站台的经济利益，体现在从制造商到仓库的拖车的满载运输，以及从仓库到顾客的满载运输。由于产品不需要储存，因此，降低了在交叉站台设施处的储存成本。此外，由于所有的车辆都进行了充分装载，大大提升了车辆的使用效率，同时也可使站台装载利用率大幅度提升。

（3）加工/延迟制造

仓库还可以通过承担简单的加工工作或参与少量的制造活动来实现延迟制造的功能。例如，具有包装能力或贴挂标签能力的仓库可以把产品的最后一道生产工序一直延迟到明确该产品的具体需求对象时为止。

加工/延迟制造提供了两个基本的经济利益：①风险最小化。因为最后的包装要等到确定具体的订购标签和收到包装材料后才完成。②事先储存通用型产品，当个性化的需求产生时，再使用指定的标签或包装配置，降低存货水平。尽管在仓库包装可能会比在制造商的工厂处包装成本更高，但是综合考虑低风险与降低存货水平这两项因素，加工/延迟制造往往能够更加有效地降低物流系统的总成本。

（4）堆存

对于某些特定的行业，季节性的储存是至关重要的。堆存提供了存货缓冲，使生产活动能够持续进行，更好地满足顾客的需求。

2）服务利益视角下的仓库的功能

（1）实物储备。那些产品品种有限或产品具有高度季节性的制造企业，更需要这种服务。它们无法按照具体的计划在库存规划中按照时间段来决定各种物品存货数量，而是需要直接从供应商处提前采购，或者通过在战略市场中获得提前存货的承诺，以确保生产经营活动的连续性。

（2）配送分类。仓库提供配送分类服务，能够为制造商、批发商或零售商提供极大的便利。仓库可以根据顾客需求的预期，对产品进行组合储备。这类配送分类可以将来自不同制造商的多种产品进行集中后，向同一个客户进行配送。配送分类仓库可以使顾客减少其必须打交道的供应商数目，从而改善了仓储服务。此外，配送分类仓库还可以对产品进行归集，以形成更大的装运批量，进而降低运输成本。

（3）组合。在仓库所进行的组合操作，类似于仓库分类过程。在典型的组合运输条件下，从制造工厂运输整卡车的产品到批发商处，每次大批量的装运可以享受尽可能低的运输费率。一旦产品到达了组合仓库，卸下从制造工厂装运来的货物后，就可以按照每一个顾客的具体要求，将多种产品集合到一起进行组合运输，从而降低运输费率。

（4）生产支持。生产用的零部件的适量储存，是装配工厂的生产活动得以正常进行的重要保障。

（5）市场形象。快捷的配送服务是良好的市场形象的具体表现之一。在距离消费者更近的地方设置仓库，可以使企业对消费者的需求反应更敏捷，提供的配送服务也更快。

4.2 仓储决策与仓储作业管理

4.2.1 基本仓储决策

仓储是仓库储存和保管的简称，一般是指从接受储存物品开始，经过储存保管作业，直到把物品完好地发放出去的全部活动过程，其中包括存货管理和各项作业活动。

在企业的仓储管理中，仓库的产权、数量、规模、选址、布局以及存货内容等方面是最基本也是最重要的决策，直接影响仓库资源的配置能力。

1）仓库产权决策

企业仓储决策的第一项内容就是产权，即采用自有仓库（公司建造或购买仓库）还是租赁公共仓库。如何为存货安排仓储空间，企业一般有两种基本选择：使用自有仓库或是租赁公共仓库（还有一种选择是合同仓库，即每年以一个固定的费用与另一个公司签约，这种安排的基本性质与自有仓库非常相似，因此可以将二者近似地归为一类）。选择两者之一或两者结合使用，是仓储管理中的一项重要决策。一个企业是自建仓库还是租赁公共仓库需要考虑以下因素：

（1）周转总量。由于自有仓库的固定成本相对较高，而且与使用程度无关，因此，必须有大量存货来分摊这些成本，使自有仓储的平均成本低于公共仓储的平均成本。因此，如果存货周转量较大，自有仓储更经济。相反，当周转量相对较小时，选择公共仓储更为明智。

（2）需求的稳定性。需求的稳定性是自建仓库的一个关键性因素。许多厂商具有多种产品线，使仓库具有稳定的周转量，因此选择自有仓储更为经济。

（3）市场密度。市场密度较大或供应商相对集中时，更加适合选择自有仓库。这是因为零担运输费率相对较高，经自有仓库拼箱后，整车装运的运费率会大大降低。相反，市场密度较低，则在不同地域使用多个公共仓库要比只拥有一个自有仓库能够服务更大的市场范围。

（4）企业在供应链中的位置和产品自身的物流特性。一般来说，供应链核心企业对渠道或供应链过程的控制力比较强，往往倾向于选择自营仓储。从产品的特性来看，高附加价值的产品对外购物流服务成本的承受能力比较强。

2）仓库数量决策①

仓储决策的另一项重要内容是企业在提供仓储设施方面，是集中仓储还是分散仓储，这一决策实质上是决定公司物流系统应该使用多少个仓库的问题。这种决策与企业的规模有着很大的关系，通常只有单一市场的中小规模的企业只需一个仓库，而产品市场遍布各地的大型企业，经综合权衡各类影响因素方能正确选择合理的仓库数量。具体需要考虑的因素包括以下几个方面：

（1）总成本。公司在决定其仓库数量时必须考虑到其总成本的大小。一般而言，随着物流系统仓库数量的增加，运输成本和丧失销售的成本会减少，而存货成本和仓储成本将增加，在某一点总成本达到最低点。但是，当存货量和仓储成本的增长抵消了运输成本和丧失销售的成本的降低时，总成本开始增长。总成本曲线和仓库数量的变化范围因公司经营目标不同而异，参见图4-2。

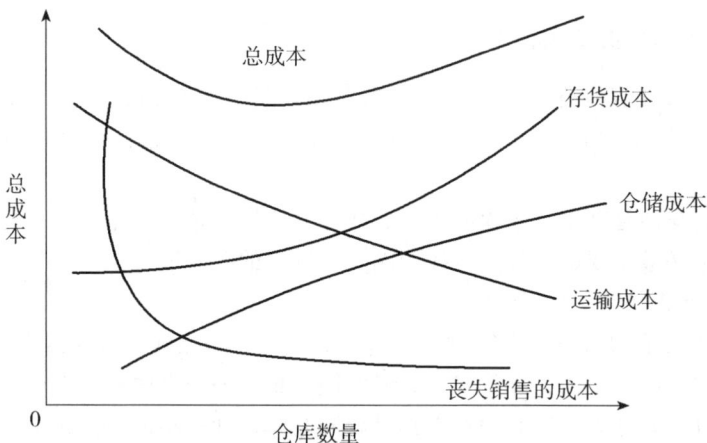

图4-2　物流成本与仓库数量的关系

（2）客户服务水平。在当地市场上为客户提供快捷服务的需要通常与产品的可替代程度密切相关。如果竞争对手在市场上提供了更加快捷的服务，那么，客户服务水平较低的公司原先的销售量就会降低；如果顾客不能在需要时买到公司的产品，公司就会浪费它在销售上做出的努力。所以，当客户对服务标准要求很高时，需要更多的仓库来及时满足客户需求。

（3）运输能力。运输能力是影响仓库数量的另一因素。如果公司需要为客户提供快捷的服务，那么，公司就需要选择更加快捷的运输方式；如果公司选择不到合适的运输服务，或者现有的运输服务仍然无法满足客户的快捷性需求，公司就需要通过增加仓库的数量的方式来满足客户的快捷性需求。

（4）客户需求的批量大小。公司采用分散仓储的另一个原因是小批量需求客户的存在。将小批量的货物从中心仓库零担到客户手中，比起先将整车货物运到分散于各地的仓库，再以零担货物形式送到当地客户手中的费用要高得多。现在的零售商和批发商越来越倾向于采用小批量多频次地采购方式以降低其存货成本，他们希望供应商

① 王槐林，刘明菲. 物流管理学［M］. 武汉：武汉大学出版社，2010：73-83.

能够为他们提供更短的订货周期，为此，公司需要将货物存放到距离客户更近的仓库中，这说明了仓储在分销渠道中的重要性。小批量需求的零售商和批发商公司分销渠道中所占的数量越多，公司需要的仓库越多。

（5）现代信息技术的应用。随着现代信息技术的发展和电子商务的普及，许多企业已经将许多先进的信息技术手段与优化模型应用于仓储管理和决策方面，使得仓库资源的利用率得到了大幅度的提升，同时还可以让库存数量大幅度削减，使企业对仓库的控制不再受仓库数量的限制。

（6）单体仓库的规模。单体仓库的规模越大，就越容易实现规模效应，加之现在可供选择的运输手段越来越多，因此，适当地扩大仓库规模，则可减少仓库的数量。

3）仓库规模决策

与仓库数量决策和产权决策密切相关的另外两个仓储决策是仓库规模及选址的决策。如果企业租赁公共仓库，那么仓库规模问题就显得更为重要，通常租赁的仓库空间可以根据不同地点的需求量的变化及时调整，而选址决策的重要性则相对小一些。尽管企业需要决定在何地租赁公共仓库，但由于仓库的位置是确定的，而且租赁决策是暂时性的，所以可以根据实际需要随时改变。如果企业自建仓库，尤其是对市场遍布于全国甚至全球的大型企业来说，仓库的规模与选址显得极为重要了。

仓库规模是指仓库能够容纳的货物的最大数量或体积。直接影响仓库规模的因素是仓库的商品储存量。商品储存量越大，则仓库的规模也应越大。另外，商品储存的时间或商品周转的速度也影响仓库的规模，在存储量不变的前提下，周转速度越慢，所需的仓库规模越大。

仓库面积、长度、宽度、仓库层数和高度是反映仓库规模和仓储能力的重要参数。

（1）仓库面积的确定。仓库面积包括三个部分：①建筑面积，是指仓库建筑所占的平面面积，包括使用面积、辅助面积和结构面积；②使用面积，是指仓库建筑物内可供使用的净面积，一般是建筑面积扣除外墙、库内立柱、间隔墙等所剩余的面积；③有效面积，是指仓库内实际存放物品所占的面积，包括货垛、货架等所占面积的总和。

确定仓库面积要考虑以下因素：①物资储备量，决定了所需仓库的规模；②平均库存量，主要决定了所需仓库的面积；③仓库吞吐量，反映了仓库实物作业量；④货物品种数，在货物总量一定的情况下，货物品种越多，所占货位越多，收发区域越大，所需仓库面积也越多；⑤仓库作业方式，机械化作业必须有相应的作业空间；⑥仓库经营方式，实行配送制需要有配货区，进行流通加工需要有作业区。

（2）仓库长度和宽度的确定。在仓库面积一定的条件下，只要确定长度或宽度其中一个变量，另一个变量随即确定。仓库库房的宽度一般用跨度表示，通常可根据储存货物堆码形式、库内道路、装卸和理货方法，以及是否需要中间柱等方面决定库房跨度。仓库库房的长宽比可在参考表4-1的基础上，按照《建筑统一模数制》进行调整。《建筑统一模数制》是协调各种建筑尺寸的基本标准，以 M_0 表示100mm。

当库房跨度≤18m时，其跨度应采用30M_0（3m）的整数倍；当跨度>18m时，应采用 60M₀（6m）的整数倍。因此，库房的跨度一般为 6m、9m、12m、15m、18m、24m、30m。库房的长度应为柱距的整数倍，库房的柱距应采用 60M₀（6m）或其整数倍。

表 4-1 仓库建筑长宽比

仓库面积（m²）	宽度：长度
<500	1：2～1：3
500～1 000	1：3～1：5
1 000～2 000	1：5～1：6

（3）仓库层数的确定。在土地十分充裕的条件下，从建筑费用、装卸效率、地面利用率等方面衡量，以建筑平房仓库为最好；若土地不十分充裕，则可采用二层或多层仓库。

（4）仓库高度（层高、梁下高度）的确定。仓库高度取决于库房的类型、储存货物的品种和作业方式等因素。决定层高或梁下高度应综合考虑托盘堆码高度、托盘货架高度、叉车及运输设备等诸多因素来确定。平房仓库高度一般应采用 3M₀（300mm）的倍数；当库内安装桥式起重机时，其地面至走行轨道顶面的高度应为 6M₀（60mm）的倍数。

4）仓库选址决策

仓库选址，是指运用科学的方法决定库存场地的地理位置。仓库选址包括两个层次的内容：一是选位，即选择什么地区（区域）设置设施；二是定址，即在已选定的地区内选定一片土地作为设施的具体位置。关于这部分内容，我们将在本章的下一节进行讨论。

5）仓库布局决策

仓库布局决策是对仓库内部通道大小、货架位置、配备设备及设施等实物布局进行决策。其目的是充分利用存储空间，提高存货的安全性，有效利用搬运设备，提高仓库运作效率和服务水平。

（1）仓库内部合理布局的要求。它包括：①仓库布局要根据仓库作业的程序，方便仓库作业，有利于提高作业效率。②要尽可能减少储存物资及仓储人员的运动距离，以提高仓储劳动效率，节约仓储费用。③仓库内部的合理布局要有利于仓库作业时间的有效利用，要避免各种工作无效重复，避免各种时间上的延误，各个作业环节要有机衔接，尽量减少人员、设备的窝工，防止物资堵塞。④仓库内部的合理布局要有利于充分利用仓库面积和建筑物的空间，要杜绝仓库面积和建筑物空间上的浪费，以提高仓库的利用率和仓库的经济效益。⑤仓库的合理布局要有利于仓库的各种设施、储运机具效用的充分发挥，提高设备效率，提高劳动效率。⑥仓库的合理布局还要有利于包括仓储物资、仓储人员和仓储设施、仓储机具在内的整个仓库的安全。

（2）仓库内部布局的影响因素[①]包括：①仓库的主要功能。仓库内部的布局受其所执行的主要功能影响。以保管为主要功能的仓库，库存的周转率较低，内部布局要

---

① 金若楠，张文杰. 现代综合物流管理 [M]. 北京：中国铁道出版社，1994：176-178.

求最大限度地利用仓库的储存空间；以配送为主要功能的仓库，其内部布局则要求仓库的吞吐量为最大。②货位是否固定。一种是固定货位，就是每种库存项目分配给一个固定货位，这样就形成了一种逻辑布局，便于收发保管和点查。但由于一些货物的季节性特点，常有货位空闲不用，而使存储空间的利用率降低。另一种是变动货位（或称自由货位），每一货位可以存放任何一种货物，只要货位空闲，所有入库货物可以随机存入，这就能充分利用每一个货位，提高仓库空间利用率。③平面或立体布局。平面布局指建设平库，进行货物的收发和保管，具有地面单位面积承载能力大、货物进出库作业方便的优点；缺点是占用土地面积大。立体布局指建设立体仓库，充分利用仓库高度，在单位面积上能储存更多的物资，节省用地。④通道与货架占用空间。通道面积增大，则放置货架的面积减少，相应地使储存空间随之减少。宽敞的通道便于使用机械作业，但是使货物在空间的移动距离增加。⑤储存的对象。例如储存货物的性质、类型、数量、外形尺寸等。⑥分拣作业要求。在库存管理中，为了充分利用仓库储存能力，并便利货物分拣，一般将库存货物分为两部分：一部分为"流动库存"，通常存放在货架中层，以便分拣人员按照用户订单进行日常配货；另一部分为"保留库存"，用以补充"流动库存"。"保留库存"一般存放在货架上层。当"流动库存"不足时，即由"保留库存"给予补充。如果分配给"流动库存"的空间太多，货箱就要加大，分拣人员从一个货箱到另一个货箱的行走时间随之增加。如果货箱太小，"流动库存"就必须经常从"保留库存"中进行补充。

（3）物品存储布局。仓库处理过程操作不善，内部布局不合理或者仓库过道过窄都会加重仓库物资搬运的困难。因而，物品在仓库内的存储和搬运，应当在保证仓库管理目标的前提下，尽量获得最大的便利和效率。其具体包括：①物品可以按照它们的兼容性、区别性和使用频率来进行分组。兼容性是指各种物品能否安全地存放在一起，不会发生混淆变质或化学反应；区别性是指如何将各类物品按照一定的标准进行分组，然后放置在一起，不至于发生混淆；使用频率是指不同物品的存货周转率和需求情况，存货周转率的另外一个指标就是存货周转速度。使用比较频繁的物资项目尽量放置在便于运输和搬运的地点，如仓库的过道两旁或仓库门口，从而能够在一定程度上减少存储物资在仓库内的运输距离和运输工具的运行距离，提高整个仓库的运行效率。②应该在仓库中留出一部分的空间，用于物品的包装、分拣和配货。仓库物资在运输前一般需要经过重新包装或简单加工，或者是接受来自厂商或顾客的退货，或者是需要进行特别处理。③仓库处理设备应当能够满足大多数库存物资的操作要求，这样能够提高物资运输的效率，否则这些设备应该被重新设计或重新配置。根据仓库的功能、存储对象、环境要求等确定主要设施设备的配置，见表4-2。④仓库内物资的存储区域应当按照存储物资的周转速度和产品尺寸来进行设计，而不是单纯地、片面地设计所有的存储货架和仓储工具，这样可以最大限度地使用仓库内部空间。除要满足存储物资的尺寸方面的需求外，还要满足存储物资的重量等方面的要求。

6）仓库存货内容决策

仓储领域的决策还包括各个不同仓库的存货内容和存货数量。如果企业有多个仓库，就要做出如下决策：是否所有仓库都储存全部产品线；是否每个仓库都具有某种程度的专用性；是否将专门存储与通用存储相结合。

表4-2   仓储功能与设备类型

功能要求	设备类型
存货、取货	货架、叉车、堆垛机械、起重运输机械等
分拣、配货	分拣机、托盘、搬运车、传输机械等
验货、养护	检验仪表、工具、养护设施等
防火、防盗	温度监视器、防火报警器、监视器、防盗报警设施等
流通加工	所需的作业机械、工具等
控制、管理	计算机及辅助设备等
配套设施	站台（货台）、轨道、道路、场地等

4.2.2 仓储作业管理

仓储作业管理是对货物进入仓库储存所进行的卸货、搬运、清点数量、检查质量、装箱、整理、堆码、办理入库手续等一系列操作活动的控制和管理。主要作业内容包括：入库前准备、验货收货、保管和出库四大步骤。

1）入库前准备

仓储作业过程的第一个步骤是入库前的准备工作，一般有以下几个方面：

（1）人员准备。安排好负责质量验收的技术人员或用料单位的专业技术人员，以及配合数量验收的装卸搬运人员。

（2）资料准备。搜集并熟悉待验商品的有关文件，如技术标准、订货合同等。

（3）器具准备。准备好验收用的检验工具，如衡器、量具等，并校验准确。对某些特殊商品的验收，如毒害品、腐蚀品、放射品等，还要准备相应的防护用品。

（4）货位准备。确定验收入库时的存放货位，计算和准备堆码、苫垫材料。

（5）装卸设备准备。大批量商品的数量验收，必须要有装卸搬运机械的配合，应做好设备的申请调用。

（6）作业操作顺序安排。根据商品入库的数量、时间、品种做好接货、搬运、堆码等各环节的协调配合；在机器操作条件下，还要安排好定人、定机的作业序列。

2）验货收货

仓储作业的第二个步骤就是验货收货。物品入库，只是物品在整个物流供应链上的短暂停留，而准确的验货和及时的收货能够加强此环节的效率。在验货收货的具体作业中，主要包括以下几个步骤：

（1）货物点收。这是收货的第一道工序，由仓库收货人员与运输人员或运输部门进行货物的交接。在货物运达之前，库场收货人员应根据堆存计划或与客户签订的存储合同对将要入库的货物情况进行详细的了解，如票数、货名、数量、尺寸、标志、性质和包装等。货物运到库场后，库场收货人员应根据货主或运输单位开列的有效凭证，先将大件（或整件）货物数量进行清点核准。大数验收可以采用逐件点数计总和集中堆码点数两种方法。逐件点数时可以借助计算器帮助记忆，以免出错。对于货物品种单一、包装大小一致、数量较多的货物，采用集中堆码点数的方法较好。集中堆码点数就是先将货物按一致的垛形整齐地堆放在库场上，然后将长、宽、高各方向上的件数相乘便可得货堆总件数。

（2）检查包装和标志。对每件货物及其标志进行仔细检查，以鉴定货物包装是否完整、牢固，有无破损、受潮、油污等情况，并仔细核对货物标志，看是否与单证记载一致。

（3）办理交接手续。货物经过上述工序后，库场收货人员便可根据情况决定是否收货。对于满足收货条件的，可在交接清单上签收，并写上需要注明的情况，以便分清仓库与运输部门的责任；对于不符合收货要求的，可在交接清单上注明，并拒收货物。

（4）质量验收。质量验收即鉴定商品的质量指标是否符合规定。质量鉴定分感官鉴定和理化鉴定两种方法。感官鉴定一般由仓库保管员在验收商品时凭感官检查商品的包装、外观；理化鉴定则需按技术业务部门提出的要求，由专门质量检查部门进行复杂的技术检验。

（5）办理入库手续。货物验收后，由保管员或收货员根据验收结果在入库单上签收，并将货物存放的库房号、货位号标注在入库单上，以便记账、查货和发货。经复核签收的多联入库单分别由仓库保管员、记账员以及货主保存。其中，货主联作为货主的存货凭证。

3）保管

仓储作业的第三个步骤是存货保管。物品进入仓库进行保管，需要安全地、经济地保持物品原有的质量水平和使用价值，防止由于不合理保管所引起的物品磨损和变质或者流失等现象。其具体步骤如下：

（1）分区、分类和编号。分区是指存放性质相类似货物的一组仓库建筑物和设备。货位编号可根据仓库的库房、货场、货棚和货架等存货场所划分若干货位，按其地点和位置的顺序排列，采用统一规定的顺序编号。

（2）堆码和苦垫。货物堆码是指货物入库存放的操作方法，它关系到货物保管的安全、清点数量的便利，以及仓库容量利用率的提高。

（3）盘点。货物的盘点对账是定期或不定期核对库存货物的实际数量与货物保管账上的数量是否相符，检查有无残缺和质量问题等。

盘点可分为定期盘点和不定期盘点。定期盘点属于全面盘点，一般每季度一次；不定期盘点是在仓库发生货损货差时盘点。盘点的具体做法包括：盘点数量、盘点重量、货账核对、账账核对，并进行问题分析，找出原因，做好记录，及时反映等。

盘点的时间因盘点方法的不同而不同。定期盘点，一年1~2次；不定期盘点，一年1~6次；每日每时盘点，一日1~3次。

（4）养护。必须注意以下几点：①安排适宜的保管场所。从有利于货物养护的角度来考虑货物存储的分区、分类方法是否合理。②认真控制库房温湿度。保管员应掌握各种货物对温湿度的基本要求，搞好库房的温湿度调节，采取适当的方法，保证货物对通风、密封和吸潮的要求。保管员应定期对仓库的温湿度进行监测，并作记录。③作好货物在库质量检查工作。④保持仓库的清洁卫生。⑤健全仓库货物养护组织。

可以根据仓库规模的大小设专职或兼职养护员，也可设养护小组和养护实验室等机构。

4）出库

仓储作业的最后一个步骤是发货出库。仓库管理员根据业务部门开出的商品出库凭证，进行物品的搬运和简易包装，然后发货。

（1）商品出库方式。送货与自提是两种基本的发货方式，此外，还有取样、移仓、过户等。

（2）商品出库作业。它主要包括两项内容：发货前准备和发放商品出库。发货前准备一般包括：原件商品的包装整理；零星商品的组配、备货和包装；待运商品机具用品、组装的场地准备；劳动力的组织安排等。商品出库作业流程的一般程序是：核账-记账-配货-复核-发货。

（3）发货检查。对发货工作的实际情况进行检查，控制仓库出口处的差错。发货的检查工作主要有：①确定按传票规定量发货，既不多发，也不少发。对于相冲突的库存发货，一定要认真权衡发货量。②确认应发货的对象。③确认发货的品种，即对发货的商品进行核对。④检查所发商品及商品的质量。⑤确定发货时间和发货顺序。⑥核对运货车与发放商品。

4.3　仓库的选址与功能设计

4.3.1　仓库选址

1）影响仓库选址的因素[①]

仓库位置的合理程度会对商品流转速度和流通费用产生直接的影响，并关系到企业对顾客的服务水平和服务质量，最终影响企业的销售量及利润。一旦做出仓库选址决定，再要改变，其耗费是巨大的。因此，必须充分考虑各种影响因素，进行科学的选址。

影响仓库选址的因素主要有成本因素和非成本因素。成本因素是指与成本直接有关的、可以用货币单位度量的因素；非成本因素主要是指与成本无直接的关系，但能影响成本和企业未来发展的因素。

（1）成本因素，包括：①运输条件。运输距离的远近、运输环节的多少和运输手段的不同，对运输成本都有比较直接的影响。因此，合理选址，使运输距离最短，尽量减少运输过程中的中间环节，在靠近码头、铁路等交通网络比较发达的地方选址，可以使运输成本最低、服务最好。②原材料供应。将仓库地址定位在原材料附近，不仅能够保证原材料的安全供应，而且能够降低运输费用，减少时间延迟，获得较低的采购价格。③用工条件。仓库作业需要具有一定素质的人才，在不同的地区，劳动力的供给数量和供给质量是不同的，劳动力的生产效率也不一样。此外，不同地区的劳

① 朱道立，龚国华，罗齐. 物流和供应链管理［M］. 上海：复旦大学出版社，2001：159-161.

工工资水平也不尽相同，这些都是仓库选址决策时需要考虑的问题。④建筑和用地条件。不同的仓库选址方案，对土地的征用、建筑条件等方面的要求不同，从而可能导致不同的成本开支。一般来说，在仓库选址过程中，应当尽量避免农业用地和环保用地。

（2）非成本因素，包括：①自然条件。自然条件主要指是否可能设置物流中心，有无特殊的阻碍其建设的天文、地质、气候等自然条件。根据仓库对地基的一般技术要求，应选择地质坚实、平坦、干燥、承载力较高的地基。另外，气温过低或过高都将增加仓库气温调节费用，例如，潮湿多雨的地方则不大适合棉纺、木质材料等物品的存储。②顾客条件。首先要考虑顾客的地理分布。如果顾客集中于某个地方或分布于周围地区，在那里设立仓库就能达到理想的效果。其次也要考虑顾客需要、人们的购买力水平及未来是否发生变化等情况。③水电供应条件。仓库应选择靠近水源、电源的地方，保证方便和可靠的水电供应。特别应注意对水源的分析，了解和掌握仓库供水系统以及周围用水单位的情况，调查用水高峰期消防水源的保障程度，以防紧急情况下供水的不足。④法规制度条件。是否符合当地法律规定，当地的税收制度如何等。

2）仓库布局模式

在对实际情况做出全面分析之后，企业应找出影响仓库位置的主要因素，然后针对这些因素，选择具体的布局模式。

（1）辐射型仓库布局。这种布局指仓库位于许多客户的一个居中位置，产品由此中心向各方向客户运送，形如辐射状（见图 4-3）。它适用于客户相对集中的经济区域，或者适用于仓库是主干输送线中的一个转运站的情况。

（2）吸收型仓库布局。这种布局是指仓库位于许多货主的某一居中位置，货物从各个生产据点向此中心运送，形成吸收状，与各货主位置通行距离较近。这种仓库布局如图 4-4 所示。

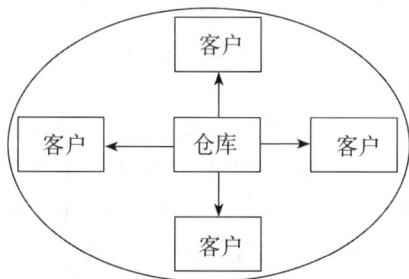

图 4-3 辐射型仓库布局模式

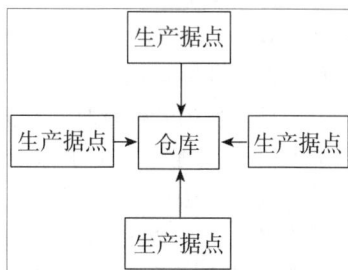

图 4-4 吸收型仓库布局模式

（3）聚集型仓库布局。这种布局形式类似吸收型，但处于中心集团的不是仓库，而是一个生产企业密集的经济区域，四周分散的是仓库而不是货主或客户。它适用于经济区域中生产企业十分密集、不可能设置若干仓库的情况。这种仓库布局如图 4-5 所示。

（4）扇形仓库布局。这种布局是指产品从仓库向一个方向运送，仓库的辐射方向与干线上的运动方向一致。当运输主干线上仓库距离较近，下一仓库的上风向区域恰好是其合理运送区域时，适合采取这种布局形式，如图 4-6 所示。

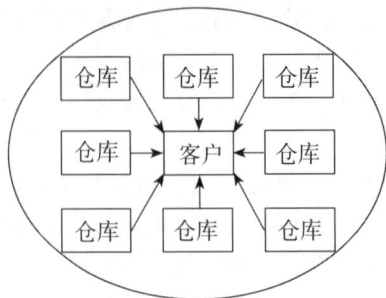

图4-5　聚集型仓库布局模式

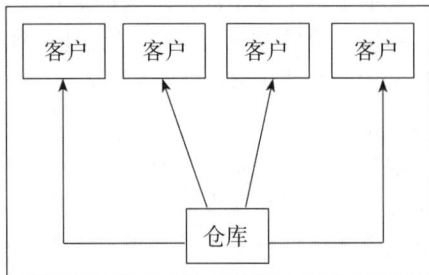

图4-6　扇形仓库布局模式

3）仓库选址的程序

综合而言，仓库选址的程序如图4-7所示。

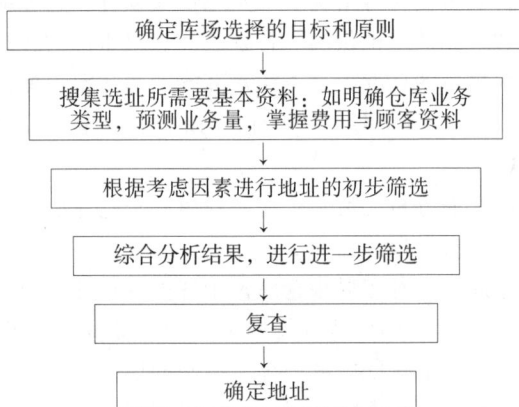

图4-7　仓库选址主要步骤

4）仓库选址决策方法

（1）Hoover方法。在仓库选址过程中，目前被认为最好的方法是由美国选址理论专家Edgar M.Hoover所概括的三种选址方法，即以市场定位的仓库选址、以生产制造定位的仓库选址和以快速配送定位的仓库选址。

①以市场定位的仓库选址。该方法就是以充分满足市场需求为前提，在最靠近顾客的地方选择仓库地址，追求顾客服务水平的最大化，缩短将产品配送给顾客的时间。同时，这种方法还可以在一定程度上获得仓库运输方面的规模优势。采用这种方法，主要应考虑将产品从仓库运输到配送中心或最终市场的影响因素，如产品运输成本、顾客订货时间、产品生产进度、产品订货批量、本地化运输的可行性和顾客服务水平等。

②以生产制造定位的仓库选址。该方法就是选择最靠近原材料产地或生产加工地点的位置建造仓库。这种选址决策是专门为方便原材料运输和集结以及产成品加工而设定的。以生产制造定位的仓库的优点在于它能跨越一个类别的产品而提供卓越的服务。

③以快速配送定位的仓库选址。该方法主要强调快速的配送，在最终客户和生产厂商之间进行适当的权衡，从而进行仓库选址。这种方法综合了以上两种方法的优

点，快速的配送运输使得最终顾客的服务水平大大提高，增强了原材料的及时供给能力和产成品的及时配送分销，缩短了产品投入市场的周期。如果是以顾客服务为中心的企业，生产出的多种产品需要配送到各个不同地点的配送中心，采用这种方法特别有效。

（2）重心法[①]。利用费用函数求出仓库至顾客间运输成本最小的地点，因为选址因素只包括运输费率和该点的货物运输量，所以这个方法简单易行。在数学上，该模型被称为静态连续选址模型。

设有一系列点分别代表生产地和需求地，每个点都有一定量货物需要以一定的运输费率运向位置待定的仓库，或从仓库运出，那么该仓库的位置就决定了总运输费用的多少。我们以某点的运量乘以仓库到该点的运输费率，再乘以到该点的距离，就得到了仓库到该点的运输费用，求出使仓库到所有点的总运输费用最小的仓库位置。

令 $P(x_0, y_0)$ 为待定仓库的位置，$P_i(x_i, y_i)$ 为现有设施的位置（$i=1, 2, 3, \cdots, n$）。w_i 为第 i 个供应点的运量，c_i 为各供应点的运输费率，c_0 为待定仓库的运输费率，则根据重心法，有：

$$\begin{cases} \sum_{i=1}^{n} x_i w_i c_i = x_0 \sum_{i=1}^{n} w_i c_0 \\ \sum_{i=1}^{n} y_i w_i c_i = y_0 \sum_{i=1}^{n} w_i c_0 \end{cases}$$

得

$$\begin{cases} x_0 = \dfrac{\sum_{i=1}^{n} x_i w_i c_i}{\sum_{i=1}^{n} w_i c_0} \\ y_0 = \dfrac{\sum_{i=1}^{n} y_i w_i c_i}{\sum_{i=1}^{n} w_i c_0} \end{cases}$$

若各供应点和待定库址的运输费率相等，即 $c_i = c_0$，则有：

$$\begin{cases} x_0 = \dfrac{\sum_{i=1}^{n} x_i w_i}{\sum_{i=1}^{n} w_i} \\ y_0 = \dfrac{\sum_{i=1}^{n} y_i w_i}{\sum_{i=1}^{n} w_i} \end{cases}$$

上式即为当运输费率相等时，用重心法求得新仓库位置的计算公式。

（3）因次分析法。因次分析法是把备选方案的成本因素（客观因素）和非成本因素（主观因素）同时加权并计算出优异性加以比较的方法。具体实施步骤如下：

①研究需要考虑的各种因素，从中确定哪些因素是必要的。

① 齐二石. 物流工程［M］. 天津：天津大学出版社，2001：83-85.

如果某一选址方案无法满足某项必要的因素，则应将该选址方案删除。确定必要因素的目的是将不适宜的选址排除在外，比如饮料厂的选址必须考虑水源问题。

②将各种必要因素分为成本因素和非成本因素。

成本因素用费用值来评价。因为非成本因素是定性的，因此无法用费用值来衡量。同时，要确定成本因素和非成本因素的比重，用以反映成本因素与非成本因素的相对重要性。如果成本因素和非成本因素同样重要，则比重均为0.5，主观因素的比重值可以通过征求专家意见的方式来确定。

③计算成本因素的度量值。

每一个备选的选址方案，都可以计算出一个成本费用值，该值大小为各项成本因素的成本费用总和。其计算方法如下：

$$C_i = \sum_{j=1}^{M} C_{ij}$$

$$OM_i = \frac{C_i}{\sum_{i=1}^{N} C_i}$$

式中：C_{ij}——第 i 个选址方案的第 j 项成本；

　　　　C_i——第 i 个选址方案的总成本；

　　　　OM_i——第 i 个选址方案的相对成本，所有备选的选址方案的相对成本总和必须等于1；

　　　　M——成本因素的数量；

　　　　N——备选选址方案的个数。

④确定非成本因素的比值。

因为各非成本因素无法用量化的方法加以比较，所以用强迫选择法。强迫选择法是将每一选址方案和其他选址方案分别做出成对的比较，较佳者的比重值定为1，较差者的比重值定为0。根据各选址方案所得到的比重与总比重的比值来计算该选址方案的非成本因素的比值。其数学计算方法如下：

$$S_{ik} = \frac{W_{ik}}{\sum_{i=1}^{N} W_{ik}}$$

式中：S_{ik}——第 i 个选址方案的第 k 项非成本因素的比值；

　　　　W_{ik}——第 i 个选址方案在第 k 项非成本因素中的比重。

非成本因素的比值为一量化的比较值，可以利用此数值来比较各选址方案的优劣。此数值范围为0到1之间，数值越接近1，则表示该选址方案越优越。

⑤确定非成本因素的度量值。

首先对各个非成本因素确定其重要度指数（I_k），此指数可以参照④中描述的强迫选择法来求得。然后根据每个非成本因素的比值和该因素的重要度指数，分别计算每个选址方案的非成本因素度量值（SM_i）。

$$SM_i = \sum_{k=1}^{M} (I_k \times S_{ik})$$

式中：SM_i——第 i 个选址的非成本因素度量值；

I_k——第 k 个非成本因素的重要度指数；

S_{ik}——第 i 个选址对于第 k 个非成本因素的比值；

M——非成本因素的个数。

⑥计算选址的度量值。

选址的度量值（LM_i）为选址方案的综合评估值，综合评估值最大者为最佳选址方案。其计算方法如下：

$$LM_i = X \times (SM_i) + (1 - X) \times (OM_i)$$

式中：LM_i——第 i 个选址的度量值；

X——非成本因素的比重值，（1-X）为成本因素的比重值；

SM_i——第 i 个选址的非成本因素度量值；

OM_i——第 i 个选址的成本因素度量值。

（4）加权评分法。以上介绍的几种方法中，只考虑了运输成本对仓库选址的影响，而实际选址工作还要受到其他许多因素影响。加权评分法是评价综合因素的一类选址方法。这种方法通过把多个目标化为一个综合的单目标，据此评价、比较和选择决策方案。

假设方案集合为（a_1，a_2，…，a_m），其中 a_i 的 k 个目标值为 $f_1(a_i)$，$f_2(a_i)$，…，$f_k(a_i)$，这 k 个目标值的评价分记为 u_{ij}（j=1，2，…，k），分别按目标的重要性分配权重 w_j（j=1，2，…，k），则：

$$u(a_i) = \sum_{j=1}^{k} w_j U_{ij} \qquad i = 1, 2, \cdots, m$$

$u(a_i)$ 最大的方案便是多目标选择的最优决策。

其中，目标权重一般由专家给出，如果专家有 N 人，对 w_j 发表意见，其中第 n 人对 w_j 估值为 w_{nj}，则按下式可得到平均估值：

$$\overline{W} = \frac{1}{N} \sum_{n=1}^{N} w_{nj}$$

算出的值经由 N 人评议，修正后得到 w_j。

此外，一些解决物流网络设计问题的数学方法，如混合-整数线性规划法等也可用于求解最优选址方案（详见运筹学的相关内容）。

4.3.2 仓库功能设计

1）基本功能

仓库的基本功能设计一般包括位移、储存和信息传递等。其中，位移和信息传递功能已经受到越来越多人的重视，这不仅涉及仓库的运作效率，而且影响仓库产品的周转水平。

（1）位移。位移职能又可进一步分成四种搬运活动：收货、转移、订货分拣、装运。收货包括从运输工具上卸载货物，还包括更新仓储库存记录、审查货损情况、对照订单和装运记录核实商品数。转移包括将货物放入仓库储存，将货物放到特定位置便于提供整合服务，或将货物搬到运输工具上。顾客订货分拣是一项主要的位移活动，包括将货物根据顾客需求重新分类、搭配，加封包装条也在此时完成。位移的最后一项活动是装运。装运指的是将货物集结待运、将集结货物实际装到交通工具上、更改库存记录和对装运的货物进行核查等。

（2）储存。储存功能可以是临时性的，也可以是长久性的。临时性储存强调的是仓库的位移职能，仅仅包括储存用以补充基本库存所必需的货物。不管实际库存周转如何，都要涉及临时库存。临时库存量取决于物流系统的设计和订货间隔期与需求量的变动情况。半永久性储存是指在正常补充库存之外，再储存一部分库存，这部分库存也被称为缓冲库存或安全库存。导致半永久性库存最常见的情况是：①季节性需求；②需求不稳定；③水果、肉等产品的可供性；④投机性；⑤数量折扣等特别交易。

（3）信息传递。信息传递功能伴随着移动与存储功能而发生。管理者为了控制仓储活动，需要及时、准确的信息。在处理有关仓库管理的各项事务时，需要及时而准确的仓库信息，如库存水平、存放位置、进出货频率、仓库的地理位置、入库及出库运输、设施空间利用率和仓储作业人员信息等。随着计算机技术、互联网、物联网技术的普及和发展，越来越多的现代化技术手段已经在信息传递中发挥着重要作用，例如通过使用电子数据交换系统（EDI）或条形码技术来提高仓库物品的信息传递速度和准确性，通过互联网来及时了解仓库的使用情况和物资的存储情况，同时，物联网技术也让远程的信息传递成为可能。

2）流通配送加工功能

仓库功能已由单纯的保管型向流通、销售中心转变。因此，仓库不只具有储存、保管物品的设施和设备，而且增加了分拣、配套、流通加工、包装，以及信息处理等设备。仓库已经具备了物流中心、配送中心、储运中心的功能。有的仓库还通过对商流的处理，使仓库变成流通中心。这样一来，仓库就扩大了其经营范围，提高了仓储物资的综合利用率，而且起到了方便消费、提高顾客服务水平的作用。

4.4　外部仓库资源的利用

利用外部仓库资源，通常有两种形式：一种是租赁公共仓库由自己来管理，另一种是将全部或部分仓储业务外包给专业的仓储公司。租赁公共仓库除了在产权上与自营仓库不同之外，其他运营管理方面几乎与自营仓库相同，这里我们重点介绍仓储业务外包的优势及选择决策原则。

4.4.1　仓储业务外包的优势

与使用自营仓库或租赁公共仓库进行仓储相比，仓储业务外包在经济上、操作上和战略上有着明显的优势，主要表现为以下六个方面。

1）缓解存储压力

对季节性特征比较明显的企业来讲，这一点尤为显著。仓储业务外包可以有效缓解市场需求波动的高峰期所带来的存储压力，而自营仓库由于受自身仓库规模的限制，在短期内无法承受过于庞大的存储业务。如果自营仓库的面积过大，在需求淡季时就会造成大量的闲置，因此，仓储业务外包可以为企业节省大量资金。

2）扩大市场的覆盖范围

仓储业务外包可以利用第三方物流公司设在各地的仓储设施来扩大企业的市场覆盖面。企业不必投入大量资金到处建造自营仓库设施，利用第三方物流公司设在各地的仓储资源，能为客户提供同等甚至更高水平的服务。

现在已经有越来越多的企业将自己的仓储业务外包给更加专业的第三方物流公司，这些企业将其自营仓库数量减少到有限几个，而将各地区的仓储活动转包给仓储公司。通过这种自营仓库与仓储外包相结合的方式，使企业在保持对集中仓储设施或关键物资直接控制的同时，利用仓储外包来降低物流成本，扩大市场的覆盖范围。

3）在测试产品的市场反馈方面更具灵活性

当企业的产品试图进入一个新的市场区域时，如果自己投资建设仓库等分销设施，则耗时非常长，这时如果直接利用第三方物流公司的仓储设施，就可以大大缩短构建分销渠道的时间，能够快速考察产品的市场反应状况，同时可以为客户提供更加快捷的服务。

4）降低投资风险

一般来讲，仓库设施和设备的使用寿命为20~40年，如果企业投资建造自营仓库，势必要进行仓库设备方面的投资，而仓库设备的投资风险主要来自于技术设备以及商业运营模式的不断更新，从而使得这些设备很快折旧或过时。如果将仓储业务外包出去就没有这方面的风险，企业可以选择设施更加先进、管理更加科学规范的仓储服务供应商来为自己提供仓储服务。

此外，自营仓库中的硬件资产的投资回报是企业各项资产投资回报中最少的。将仓储服务外包出去，就在资产平衡表中去掉了这部分资产，增加了企业的投资回报。

5）减少运输成本

由于第三方物流公司具有较大的规模优势，它可以通过将多家货物集中成整车进行运输，因此大大降低了运输成本。

6）个性化服务

专业的仓储公司能够为客户提供高效、经济、准确的仓储服务。在传统的公共仓库里，所能提供的个性化的服务内容比较少，无法满足更加多样化的客户需求。例如，有的厂商希望得到超低温的冷藏要求，而一般的公共仓库可能无法满足这样的要求。

尽管仓储业务外包具有上述诸多优势，但也存在一些不利因素，比如，仓储业务外包之后，企业最担心的是会失去对仓储活动的直接控制权。这种担心有时候会成为企业最终不选择仓储业务外包的主要原因。

4.4.2 仓储业务外包决策的依据

从仓储业务外包的优势和劣势中可以看出，选择仓储业务外包的原因概括起来主要有以下三个方面：

（1）从财务角度来看，最重要的原因是企业不需要资本投资。

（2）从企业经营的角度来看，仓储业务外包具有更大的灵活性。首先，企业可以不受仓储能力的制约而影响对客户需求反应的应对能力；其次，第三方物流公司庞大的网络为企业开发新市场提供了更加便利的条件；最后，仓储业务外包能适当满足企业业务量高峰时期对仓储空间的需求。

（3）从企业内部管理的角度来看，通过仓储业务外包可以免去一些不必要的业务培训内容，比如和仓储相关的培训内容。

上述这三个方面可归结为一点，即选择仓储业务外包是否可以花同样多或更少的钱而比自营仓储业务得到更高水平的服务？如果回答是肯定的，企业应该选择仓储业务外包；否则，企业必须对客户服务水平与运营成本进行权衡比较后再作决定。

1）服务水平

企业能否获得较高的仓库服务水平，可以从以下几个方面来加以衡量：

（1）存货的可得性。它是指当企业需要存货时所能拥有的库存能力，是仓库服务水平中一个最重要的内容。良好的存货可得性能够始终如一地满足仓库使用者的各种存储要求。

（2）仓库作业表现。仓库的作业表现是指从订货入库到交付使用、运输出库的过程。一方面，它涉及货物的交付速度和交付一致性，而且能够有效应对常见的顾客需求波动和异常的运输配送问题；另一方面，是否能够对仓储故障进行及时有效排除和恢复，诸如产品的损坏、产品分类不明确或者订单编号不正确等，而这些故障的及时、有效排除，可以避免由此带来的顾客服务水平的降低。

（3）仓库服务的可靠性。仓库服务的可靠性涉及货物流动过程的质量问题、仓库的通信设备或计算机网络能否满足相互共享的要求、仓库的维护、入出库以及检修能否做到及时而快速、存储物能否保持原先的质量水准、不发生（或者是很少发生）诸如货损和遗失等情况。

因而，企业在选择委托第三方物流企业进行仓储管理时，应当综合考虑仓储业务提供方的综合素质和服务水平。

2）仓储成本

企业在进行自营仓储业务与仓储业务外包的选择时，最重要的是要对二者的费用进行比较，见图4-8。

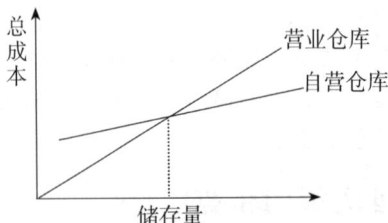

图4-8 自营仓储与仓储外包的比较

一方面，在仓储外包中所发生的成本全部是可变成本，主要是企业将产品运进、通过及运出仓库时所需要的费用。企业的仓储成本与企业的货物储存量成正比。

另一方面，自营仓库需要考虑固定成本因素，即与储存量无关的费用，按结构将其分为资产税及折旧。而采用仓储业务外包的形式，企业就无须投资仓库等硬件设备，自营仓储业务的运营成本的可变部分相对于仓储业务外包的可变成本而言，增长速度要慢一些。随着储存数量的增加，两条成本函数曲线将相交于某一点，即成本重合点，在这一交会点上，两种仓库的成本是相等的，如图4-8所示。

因此，单就成本而言，一般说来，当存储量较小时最好选择仓储业务外包。随着储存量的增加，公司采用自营仓储业务则更为经济，因为此时可以将固定成本分摊到较大的储存量中去。

上述分析包含了两个假设：一是自营仓库的单位可变成本低于合同仓库的单位可变成本；二是一年大多数时间里仓库的使用率是相对稳定的，否则企业将很难决定仓储量的大小，也很难有效地利用仓储空间。

对于一般企业来说，应在费用、企业产品特点和仓库设备等各个方面进行比较，最后决定选择仓储业务自营还是外包。近几年来，因为第三方物流企业装卸设备技术水平的大大提高，许多企业都将货物委托给具有良好设施和技术的第三方物流企业。西方国家甚至还制定了税收等优惠政策，以鼓励社会化的集中储存，而对企业自营仓库特别是占用城市中心用地的仓库则课以重税。

4.5 仓储的优化

在仓储管理过程中要解决的重要问题就是储存合理化问题。储存合理化就是选择合适的仓储空间，对合适的储存品种进行合适的库存管理的综合性系统工程。其实质是在保证储存功能的前提下，使系统投入最少。

1）储存合理化的标志①

（1）数量标志。在保证储存功能实现的前提下，有一个合理的储存数量范围。合理储存必须以保证商品流通正常进行为前提。

（2）时间标志。在保证储存功能的前提下，寻求一个合理的储存时间。储存时间与储存数量是密切相关的，储存量越大，且消耗速度越慢，则储存的时间越长。在具体衡量时，往往用周转速度指标来反映时间标志，如周转天数、周转次数等。

（3）结构标志。根据储存物品的品种、规格、花色的数量比例关系，对储存合理性进行判断。特别是相关性很强的各种物品之间的比例关系，更能反映储存的合理性与否。

（4）分布标志。仓储网点的合理布局，是合理存储的重要标志之一。仓储网点过多或过少，都会影响仓储合理化，进而影响物流的工作效率。就流通领域而言，批发企业一般担负着一个经济区域的供应任务，它要通过一定量的商品储存来调剂市场需

---

① 刘志学. 现代物流手册［M］. 北京：中国物资出版社，2001：147-148.

求的变化，所以储存量通常都较大，合理设置储存网点，对减少流通渠道内的库存总量具有重要意义。零售企业处于流通渠道末端，网点分散，单店销售量小，因而一般设置小型仓库即可。

（5）费用标志。从仓租费、维护费、保管费、损失费、资金占用利息支出等实际费用上可以判断储存的合理与否。

（6）质量标志。保证储存物品的质量，是完成储存功能的根本要求。只有这样，商品的使用价值才能通过物流之后最终得以实现。在储存活动中增加了多少时间价值或得到了多少利润，都是以保证质量为前提的，所以在仓储合理化的主要标志中，最根本的是反映使用价值的质量。

2）储存合理化的意义

（1）合理储存可以减少资金积压。用于储存过程的物资是不增加价值的，相反，它是用于生产财富的一种扣除。这种储存过程占用的物资越多，用于生产的财富越少。所以，进行合理储存，可以相对减少储存过程中的资金积压，增加用于生产的资金。

（2）合理仓储可以加速再生产的过程。由于流通时间是社会再生产总时间的一个组成部分，而社会再生产时间等于生产时间和流通时间之和，因此，组织合理储存，能够相对缩短物资在流通领域内停滞的时间，加快物资周转，从而加速整个社会再生产的过程。

（3）合理仓储可以减少费用支出。合理储存可以加快物资周转速度，减少流通资金占用，从而节约银行利息支出；合理储存可以减少储存数量和时间，降低储存过程中的保管费和损耗，有利于降低物流费用，提高经济效益。

（4）合理仓储可以减少不必要的中转环节，避免迂回、倒流运输，节约运力。

3）储存合理化的途径[①]

（1）实行 ABC 管理。ABC 管理就是把仓储物品分为三类，例如把占总数 10% 左右的高价值的物品定为 A 类；占总数 70% 左右的价格低的物品定为 C 类；A 类和 C 类之间的 20% 则为 B 类。在仓储管理中需要对不同等级的物品使用不同的管理方法。

对 A 类物品的管理方法有：①采取定期订货方式，定期调整库存；②增加盘点次数，每月盘点；③减小物品出库量的波动，使仓库的安全储备量降低；④保证不拖延交货期；⑤货物放置于便于进出的地方；⑥货物包装尽可能标准化。

对 B 类物品的管理方法有：①正常的控制，采用比 A 类物品相对简单的管理方法；②销售额比较高的品种要采用定期订货方式或定期定量混合方式；③可半年盘点一次。

对 C 类物品的管理方法有：①将一些物品不列入日常管理的范围，如对于数量大、价值低的物品不进行日常盘点，并可规定最少出库的批量，以减少处理次数；②为防止库存短缺，安全库存要多些，或减少订货次数以降低费用；③减少盘点次数，年终盘点；④通过现代化的工具可以很快订货的物品，不设置库存；⑤给予最低

---

①　刘志学. 现代物流手册［M］. 北京：中国物资出版社，2001：148-149.

的优先作业次序。

（2）适度集中储存。在形成一定社会总规模的前提下，追求经济规模，适度集中储存是合理化的重要途径。适度集中储存是利用储存规模优势，以适度集中储存代替分散的小规模储存来实现合理化。

（3）加快周转速度。仓储现代化的重要课题是将静态储存变为动态储存，实现快进快出，大进大出。周转速度加快，会带来一系列的合理化好处：资金周转快、资本效益高、货损少、仓库吞吐能力增加、成本下降等。具体做法诸如采用单元集装箱存储，建立快速分拣系统等。

（4）实行"先进先出"。"先进先出"是一种有效保证物品储存期不至于过长的合理化措施，也成为仓储管理的准则之一。

（5）提高仓容利用率。其主要目的是减少仓储设施的投资，提高单位仓储面积的利用率，以降低成本，减少土地占用。主要有三种方法：

①缩小库内通道宽度。具体方法有采用巷道式通道，配以轨道式装卸车辆，以减少车辆运行宽度要求；采用侧叉车、推拉式叉车，以减少叉车转弯所需的宽度。

②减少库内通道数量。具体方法有采用密集型货架、可进车的可卸式货架、各种贯通式货架，以及不依靠通道的桥式吊车装卸技术等。

③采取高垛的方法。采用高层货架仓库、集装箱等，以增加储存的高度。

（6）采用储存定位系统。定位系统有效，不仅能大大减少寻找、存放、取出的时间，而且能防止差错，便于清点及实行订货等管理方式。行之有效的储存定位系统包括：

①"四号定位"方式。它是用一组四位数来确定存取位置、固定货位的方法。在四位数中，四个数字相应地表示序号、架号、层号和位号。这就使每一个货位都有一个编号，在物品入库时，按规划要求，对物品编号，并记录在账卡上，提货时按四位数字的指示，就能容易地将物品分拣出来。

②电子计算机定位系统。它是在入库时，将存放货位输入计算机，出库时向计算机发出指令，并按计算机的指示人工或自动寻址，找到存放物品，拣选取货的方式。这种方式可以充分利用每一个货位，而不需专位待货，有利于提高仓库的储存能力。

（7）采用有效的监测清点方式。对储存物品数量和质量的监测是科学库存控制的重要内容。监测清点的有效方式有：

①"五五化"堆码。在储存物品堆垛时，以"五"为基本计数单位，堆成总量为"五"的倍数的垛形，如梅花五、重叠五等。

②光电识别系统。在货位上设置光电识别装置，对物品扫描，并将准确数目自动显示出来。

③电子计算机监控系统。

（8）采用现代仓储保养技术。例如，自动存取技术、自动识别技术、自动分拣技术、计算机管理控制技术等。

（9）采用集装箱、集装袋、托盘等运储装备一体化方式。这种方式通过物流活动的系统管理，将储存、运输、包装、装卸一体化。在物流过程中，集装箱等集装设施的出现，省去了入库、验收、清点、堆垛、保管、出库等一系列储存作业，不但能够使仓储合理化，而且也是促使整个物流系统合理化的一种有效方法。

4.6　物料管理方法

现代企业的物料管理是指对企业生产经营活动所需各种物料的采购、验收、供应、保管、发放、合理使用、节约代用和综合利用等一系列计划、组织、控制等管理活动的总称。搞好物料管理，对于保证和促进生产，节约物资消耗，加速资金周转，降低产品成本，提高经济效益等有着非常重要的意义。随着制造业和计算机技术的发展，以及定量分析方法的完善，企业的物料管理正进入一个新的阶段。

4.6.1　传统的物料管理方法

传统物料管理是以单个企业为对象，以库存管理为主要内容，主要目的是对企业的物品进行分类及重点管理，同时确定订货的时间以及订货数量，使企业的库存总成本最少。

1) ABC 分类法

这里仅以库存的 ABC 分类法为例，介绍 ABC 分类法的一般步骤。

（1）数据搜集。按分析对象和分析内容，搜集有关数据。例如，分析产品成本，则应搜集产品成本因素、产品成本构成等方面的数据；针对某一系统进行价值流分析，则应搜集系统中各局部功能、各局部成本等数据；分析库存物品平均资金占用额，则应搜集库存物品的平均库存量、物品单价等因素。

（2）数据处理。对搜集来的数据进行整理，按要求计算和汇总。一般以平均库存乘以单价，计算各种物品的平均资金占用额。

（3）绘制 ABC 分类计算表（见表 4-3）。制表步骤为：首先计算各种物品的平均资金占用额（表中第⑥栏），并按平均资金占用额由高到低进行排序，按此顺序将物品名称填入第①栏、物品单价填入第④栏、平均库存填入第⑤栏、在第②栏中填入 1，2，3，4，…，此数据则为品目累计。然后，计算累计品目百分数，填入第③栏；计算平均资金占用额累计，填入第⑦栏；计算累计平均资金占用额百分数，填入第⑧栏。最后按照 ABC 分类规则将各种物品的分类结果填入第⑨栏，具体分类原则参见下文。

（4）分类。按 ABC 分类构成表，以累计品目百分数为横坐标，以累计资金占用额百分数为纵坐标，按表 4-3 第③栏和第⑧栏所提供的数据，在坐标图上取点，并连接各点，绘制成 ABC 分类曲线，如图 4-9 所示。累计品目百分数为 5%～15%，平均资金占用额累计百分数为 60%～80% 的前几个物品，确定为 A 类；累计品目百分数为 20%～30%，平均资金占用额累计百分数也为 20%～30% 的物品，确定为 B 类；其余累计品目百分数为 60%～80%，平均资金占用额累计百分数仅为 5%～15% 的物品，确定为 C 类。

表4-3 　　　　　　　　　　　　　　　ABC分类表构成

物品名称①	品目数累计②	累计品目数%③	物品单价④	平均库存⑤	平均资金占用额⑥=④×⑤	平均资金占用额累计⑦	累计平均资金占用额%⑧	分类结果⑨

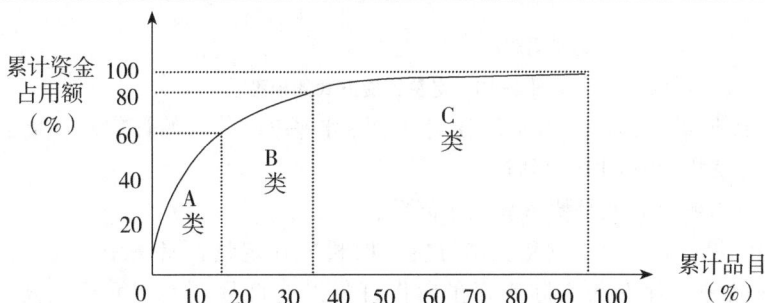

图4-9　ABC分类管理图

（5）管理。在对库存进行分类后，根据企业的经营策略对不同级别的库存进行不同的管理和控制。具体的管理和控制可以通过表4-4提供的标准来进行。

表4-4 　　　　　　　　　　　　　　　ABC分类管理标准

级别　　　项目	A类	B类	C类
控制程度	严格控制	一般控制	简单控制
库存量计算	依库存模型详细计算	一般计算	简单计算或不计算
进出记录	详细记录	一般记录	简单记录
存货检查频度	密集	一般	很低
安全库存量	低	较大	大量

在实践当中，有些人往往会对ABC分类管理方法产生一些误解，认为ABC分类管理只能分成三类，按固定模式进行。其实，可以根据ABC分类原则灵活运用。例如，进行多重ABC分类，即在第一次ABC分析基础上，进行再一次的ABC分析；再如，进行多标准ABC分类，即由于在实际工作中管理目标往往不是单一的，每一个管理目标可能对应一个标准，可以根据具体的管理目标，对库存物品进行多标准划分，最后根据标准的重要程度经加权形成一个新的ABC分类标准，然后再进行分类管理。

2）订货方式的选择

（1）定量订货方式。定量订货方式也称订货点订货方式，是指当库存下降到预定的最低库存数量（订货点）时，按规定数量（一般以经济订货批量为标准）进行订货补充的一种库存管理方式。具体模型如图4-10所示。

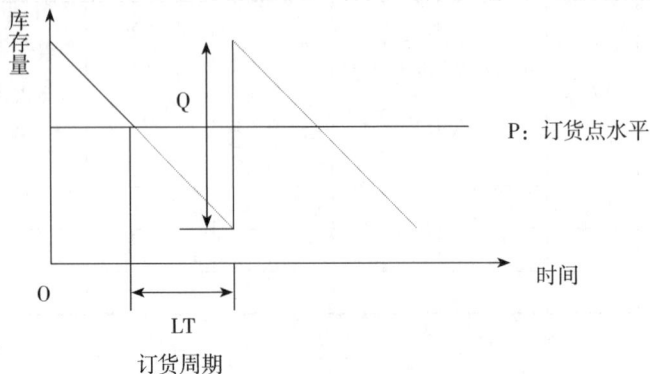

图4-10 定量订货方式的模型

如图4-10所示，当库存数量消耗到订货点水平P时，开始订货，订货数量为Q，所订货物在订货周期（LT）后到达。

该订货策略的核心就是要解决三个问题：

①确定订货点P。订货点是发出订货的时机。在定量订货法中，是把发出订货时仓库里该品种还保有的实际库存量叫作订货点。订货点不能取得太高，也不能太低。

合适的订货点取决于销售速率和订货提前期。销售速率也就是销售的快慢，用单位时间内的平均销售量R来描述。显然，销售速率越高，订货点越高。订货提前期也就是从发出订货到所订货物运回并入库所需的时间长度，用LT来描述。显然，LT越大，订货点就越高。LT的大小，取决于路途的远近和运输工具运输速度的快慢。

②确定订货批量Q。订货批量是一次订货的物资数量。订货批量也要合适。决定订货批量的大小，主要考虑两个因素：一是需求速率的高低。需求速率越高，说明用户的需求量越大，订货批量也应该大。二是经营费用的高低。在确定订货批量时，需要综合考虑发生的各种费用，根据使总费用最小的原则来确定经济订货批量。

③定量订货法的实施。定量订货法的实施可以分成三步：第一步，确定订货点和订货批量；第二步，每天检查库存；第三步，当库存量下降到订货点时，就发出订货。订货量取一个订货经济批量。

（2）定期订货方式。定期订货方式是指按预先确定的订货间隔期间进行订货，补充库存的一种库存管理方式。企业根据过去的经验或经营目标预先确定一个订货间隔期间。每经过一个订货间隔期间就进行订货，所订货物到达后，使库存水平达到规定的库存量（最高库存量）。因为每次订货时的现有库存量不同，所以，每次订货的数量可能会有所不同。具体模型如图4-11所示。

定期订货方式中订货量（Q）的确定方法如下：

$$Q = S - I_N - P - F$$

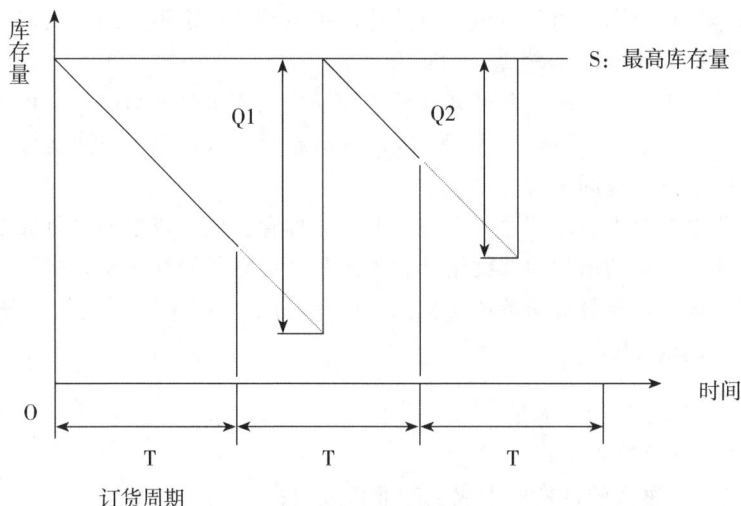

图 4-11 定期订货方式的模型

式中：Q——订货量；

      S——最高库存量；

      I_N——现有库存量；

      P——订货未到量；

      F——供应商供货期内的顾客预期购买量。

实施定期订货法要解决以下四个问题：

①确定订货周期（T）。在一般情况下，可以用经济订货周期作为定期订货法的订货周期。订货周期也可以根据实际情况进行调整。例如，根据自然日历习惯进行调整或根据企业的生产周期或供应周期进行调整等。

②确定最高库存量（S）。定期订货法的最高库存量应该满足订货周期内的需求量再加上订货提前期内客户的需求量，即等于这一期间的总需求量。

③确定订货量（Q）。定期订货法没有固定不变的订货批量，每个周期的订货量的大小都是由当时的实际库存量的大小确定的，等于当时的实际库存量与最高库存量的差值。所谓"实际库存量"，是指检查库存时仓库实际具有的能够用于销售供应的全部物资的数量。这不仅包括当时的存于仓库中的物资数量，也包括已订未到物资数量和已经售出而尚未发货的物资数量。

④定期订货法的实施。定期订货在具体实施时，首先要进行需求分析、经营方式分析、控制方法分析等。在确定要用定期订货法时，就要分析确定决策参数 S 和 T，然后在具体运行时，每隔一个订货周期 T 检查库存，发出订货。每次的订货量的大小都使得订货后的名义库存量达到 S。

3）订货数量的确定——经济批量模型

经济批量（economic order quantity，EOQ）模型是通过平衡采购进货成本和保管仓储成本，确定一个最佳的订货数量来实现最低总库存成本的方法。经济批量模型当中一种最简化的形式，就是年需求量、采购提前期、商品价格、每次的订货成本以及每件商品的年储存成本占商品价值的百分比等参数都是固定不变的。人们一般把这种经济批量模型称为基本EOQ模型。

假设条件：①需求量确定并已知，整个周期内的需求是均衡的；②供货周期固定并已知；③集中到货，而不陆续入库；④不允许缺货；⑤购买价格或运输费率是固定的，与订货的数量、时间无关。

在以上假设前提下，库存总成本包括两项，即存货储存成本与订货成本。其中存货储存成本随存货量的增加而线性增加，如果只考虑存货储存成本，则订货批量越小越好。而订货成本是与订货次数成正比的。库存总成本（TAC）的计算方法如下：

$$TAC = \frac{1}{2}Q \times V \times W + \frac{R}{Q}A$$

式中：R——每年的需求量；

Q——订货批量；

A——每次的订货成本或生产准备成本；

V——每件商品的价值；

W——每件商品的年储存成本占商品价值的百分比。

可见，库存总成本TAC是订货批量Q的函数。将TAC对变量Q进行微分整理，可得经济采购批量EOQ：

$$EOQ = (\frac{2R \cdot A}{V \cdot W})^{\frac{1}{2}}$$

其实，EOQ模型还有许多限定条件，比如，根据订货、到货间隔时间等条件是否处于确定状态可以分为确定条件下的模型（deterministic model）和随机条件下的模型（probability model）；有数量折扣条件下的EOQ模型；不允许缺货、非瞬时供应的EOQ模型等。

4.6.2　现代管理方法

传统的物料管理希望解决的基本问题是何时订货和订多少货，旨在"保障供应而储备量最小"。现代的物料管理关注的重点则增添了"在哪里存货、存什么货、货物种类及仓库如何搭配"等新内容，其根本目标是谋求"通过适量的库存达到合理的供应，使得供应链总成本最低"。现代企业运作对库存管理提出了更高的要求，管理者必须保证企业物料的供应和产品的分配像流水线一样顺畅，使库存周转迅速。

1）物料需求计划（MRP）

20世纪60年代中期，美国IBM公司管理专家约瑟夫·奥列基（Joseph A.Orlicky）博士提出把一个企业内的各种物料分为独立需求和相关需求两种类型，并按时间段确定不同时期的物料需求，从而产生了物料管理的新方法，这就是物料需求计划（material requirement planning，MRP）。

（1）MRP的基本结构。MRP的基本结构包括MRP的输入，MRP的实行和MRP的输出等三个部分，用来解决三个问题：需求什么，需求多少，何时需求，以便确定所需物料的生产或订货日程和进度，保证按生产进度的要求进行生产，同时维持最低的库存水平。

①MRP的输入系统。MRP的基本输入系统主要由三部分组成：主生产计划、物料清单表和库存状态记录。

主生产计划（master production scheduling，MPS）是指在每个时间段根据各种终端物品（一般是最终产品）的需求数量和需求时间，在平衡企业资源和生产能力的基础上制定的生产进度表。在MRP系统中，在进行需求和生产能力平衡工作中起主要作用的是MPS。如果在MPS阶段不能完全解决生产能力的平衡问题，则在下一阶段的MRP中，需求与能力的平衡修正作业将变得十分复杂。为此，通常通过初步生产能力计划（rough cut capacity planning，RCP）来检查MPS的结果。

物料清单（bill of material，BOM）也称产品结构表，它表示产品组成结构和组成单位产品的原材料和零部件的数量。MRP系统将独立需求产品的需求展开为各个层次的从属物料需求，这种展开是依据物料清单表示的原材料和零部件在制造加工过程中的先后次序和数量关系推算出来的。如果物料清单有错误的话，将会引起整个从属需求物料的计算发生错误。因此，建立全面、准确的物料清单是保证MRP系统发挥作用的前提条件。

以图4-12所示的三抽屉文件柜为例，来对产品的BOM进行说明[①]。

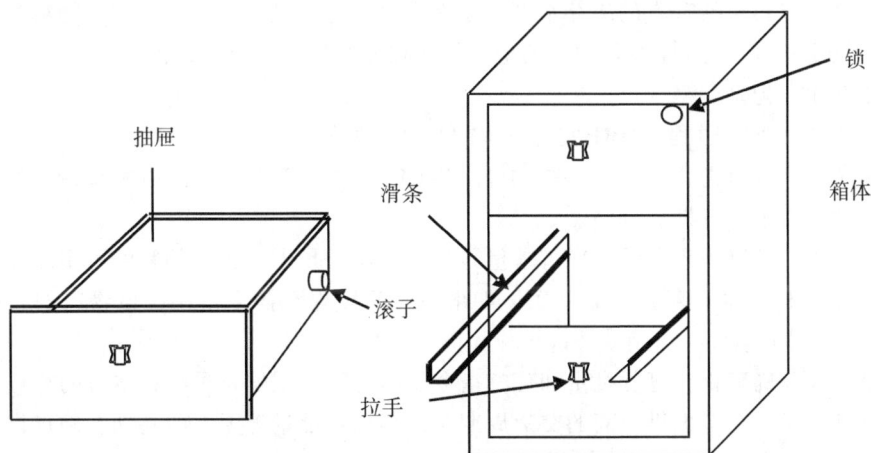

图4-12　三抽屉文件柜的组成

三抽屉文件柜由1个箱体、1把锁和3个抽屉组成，一个箱体又由1个箱外壳和6根滑条（每个抽屉需要2根滑条）装配而成；每个抽屉又由1个抽屉体和1个手柄和2个滚子组成；锁为外购件。三抽屉文件柜即为独立需求，由三抽屉文件柜进一步展开的诸如箱体、锁等为从属需求。

将图4-12所示的产品及其构成的元件之间的关系用一种树状的图形表示出来，我们称其为"产品结构树"，如图4-13所示。将产品结构树转换成规范的数据文件格式，就成为BOM。

① 马士华，等. 生产运作管理［M］. 北京：科学出版社，2005：186-188.

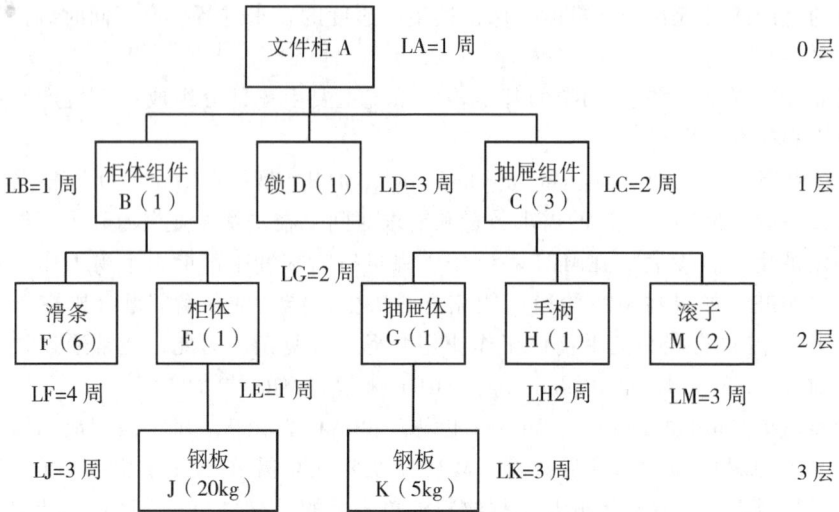

图 4-13　三抽屉文件柜的结构树

图 4-13 中 L×表示×产品或组件、加工、装配或采购所需花费的时间。组件名称后面括号内的数字表示组件的需求数量。

库存状态记录（inventory status records，ISR）是指有关物料库存水平的详细记录资料。这些资料包括现有的库存水平、在途库存、订货批量、安全库存、物料特性和用途、供应商资料等。ISR 是动态的记录，即在库存发生变化时，需及时

更新库存记录。

②MRP 的实行过程。MRP 实行过程的具体步骤如下：

第一步：计算总需求量。根据 MPS、BOM、ISR 计算出时间段内所需各种物料的总需求量和需求的日期。

第二步：计算净需求量。净需求量是指从总需求量中减去该物料的可用库存（包括现有库存和在途库存）后的差额。如果在时间段内总需求量小于该物料的有效库存，则净需求为零。

第三步：确定物料订货批量和订货指令发出时间。根据每种物料本身的特点确定采购订货方式。在考虑供应商的交货周期、最小订货批量等因素的基础上确定物料的订货时间，在发出订货指令（订货订单）的同时，确定物料的交货时间。一般订货指令发出时间为物料计划需求时间减去供应商的交货周期。

第四步：制订物料需求计划。通过平衡、整合同一时间段内各个层次所有的物料需求数量、订货批量、指令发出时间等，制订详细的物料需求计划。

第五步：发出订货指令。依据物料需求发出订货指令，进行采购控制。

③MRP 系统的输出。MRP 系统提出的报告分为两种：

一是基本报告。基本报告的内容主要有计划订货日程进度表、进度计划的执行、订货计划的修正、调整及优先次序的变更。其中计划订货日程进度表包括未来的物料订购数量、订购时间和物料加工数量、加工时间等。进度计划的执行包括物料品种、规格、数量、到货时间、加工结束时间等。订货计划的修正调整及优先次序的变更包

括到货日期、订购数量的调整、订单的取消、物料订货优先次序的改变等事项。

二是补充报告。补充报告的主要内容有成果检验报告、生产能力需求计划报告和例外报告。其中成果检验报告包括物流成本效果、供应商信誉、是否按时到货、物料是否符合要求、预测是否准确等。生产能力需求计划报告包括设备和人员的需求预测、工序能力负荷是否满足需求等。例外报告是专门针对重大事项提出的,为高层管理人员在管理上提供参考和借鉴。

(2)MRP的适用性。MRP系统要有效地发挥作用,对应用该系统的产业与企业的要求是:①产品装配提前期较长;②原材料、零部件的备货提前期较长;③原材料、零部件的备货提前期是可靠的,而不是臆测的;④有一个稳定的生产主进度表;⑤批量的大小变动较小。

综合以上考虑,MRP系统适用于加工装配型企业,尤其是生产由成千上万个零部件组成复杂结构产品的企业。这类企业在生产管理与物料控制中需进行大量的数据处理,如果没有MRP系统,很难保证管理和控制的及时、准确和有效性。

(3)制造资源计划(manufacturing resouce planning,MRPⅡ)。20世纪80年代初在MRP的基础上又出现了制造资源计划。MRPⅡ是将企业的计划过程和财务系统连接起来,结合了生产方案的应急能力与现金流计划,帮助企业实现销售及盈利目标。由于MRPⅡ将资金计划统一纳入到一个系统进行管理,有时会受制于资金等资源限制,管理者必须对生产能力或主生产计划做出调整,形成对主生产计划的反馈循环过程,所以,MRPⅡ又称闭环MRPⅡ。

MRPⅡ软件是根据订单和预测安排生产任务,对生产负荷和人员负荷与生产能力进行平衡调整,通过计算机模拟,得到一个最佳生产组合顺序的主生产计划。根据主生产计划的要求及库存记录、产品结构等信息,由计算机自动推导出构成这些产品的零部件与物料的需求量,产生自制品的生产计划和外购件的采购计划。根据物料需求量计算的结果,分阶段、分工作中心精确地计算出人员负荷和设备负荷,进行瓶颈预测,调整生产负荷,做好生产能力与生产负荷的平衡工作,制订能力需求计划,按照计划进行生产。

实施MRPⅡ系统,一般分为三个阶段:

第一阶段——实现基本MRP。应完成的任务包括:生产规模和主生产计划的编制,客户订单录入和预测支持功能,物料需求计划展开功能,库存记录准确性,物料清单的构造和准确性等。

第二阶段——实现闭环MRP。应完成的任务包括车间作业管理、能力需求计划、投入/产出控制、工艺路线的准确性、对供应商实行采购计划法。

第三阶段——实现财务管理和模拟功能。

MRPⅡ早已不是一个简单的计算物料需求数量和需求时机的系统,它是一个包括组织万象的信息与通信系统。它向管理者提供经营业绩评价尺度、计划订单(采购订单、车间订单、生产计划调整通知等)的发布、在被建议改变生产负荷(例如新订单的插入、物料延迟到货、设备故障等)时,重新模拟主生产计划的能力。这种系统所需的高度综合性迫使组织维持精确的信息,废除经验法则,在所有部门使用统一数据，从而大大提高了工作效率。

2）配送需求计划（DRP）与配送资源计划（DRP Ⅱ）

（1）配送需求计划（distribution requirement planning，DRP）。人们把MRP的原理应用到流通领域，发展出配送需求计划。在供应链上，DRP的应用范围相当广泛，对企业而言，DRP既可用于规划原材料的进货补货，也可用于企业产成品的配送计划。

配送需求计划的基本框架如图4-14所示。

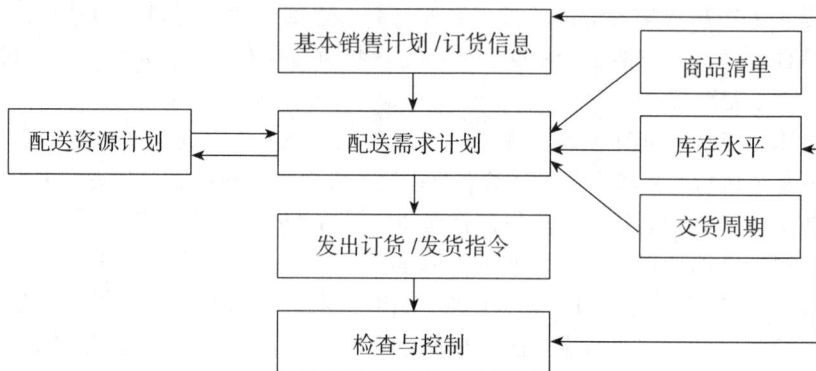

图4-14　DRP基本框架图

（2）配送资源计划（distribution resource planning，DRP Ⅱ）。配送资源计划是一种适用于流通企业进行库存控制的方式。在这种方式下，企业可以根据用户的需求计划制订订货计划，从而确定恰当的库存水平，有效地进行库存控制。

DRP Ⅱ主要由库存管理、质量控制、预测仿真、运输管理、采购管理、计划/高度管理、订单管理、数据库接口与数据传输模块组成。

①DRP Ⅱ的应用。DRP Ⅱ主要在以下两类企业中得到应用：一类是流通企业，如储运公司、配送公司、物流中心、流通中心等。这些企业的基本特征是：不一定搞销售，但必须有储存和运输的业务。这些企业具有较强大的储存能力和运输能力，受生产企业的委托存货或自己从这些生产企业购进物存放在自己的仓库里，为生产企业销售部门或用户进货。另一类是生产企业，大多数中小企业生产的产品是交给经销商或零售商去销售，自己没有销售网络，但一部分较大型的生产企业有自己的销售网络和储运设施，这样的生产企业是面对市场来生产自己的产品，既搞生产，又搞流通。

②DRP Ⅱ的实施。在实施DRP Ⅱ时，要输入三个文件：一是社会需求文件，由订货单、提货单和市场需求预测等数据整理而成；二是供应商货源文件，提供有关供应商的供应批量、备货期等有关信息；三是库存文件和在途文件，前者提供本企业仓库中现有各种商品的库存数量信息，而后者则提供此前向供应商发出订单订购，目前已在运输途中的商品数量、到货时间等信息。根据这三个文件，DRP Ⅱ系统利用事先确定的逻辑参数，给出两个计划文件：订货进货计划与送货计划。前者根据用户需求、库存、供应商供货情况以及物流优化原则，确定向供应商发出订单的时间以及订购数量；后者按照用户需求的品种、数量、时间和送货提前期以及物流优化原则，确定送

货时间和送货数量。

DRPⅡ的成功实施，首先，要求对每一个物流中心的每一库存单位都要有精确的预测，而且要有充足的前置期来保障产品的平稳运输。其次，DRPⅡ要求配送设施之间的运输具有稳定而可靠的完成周期。最后，由于生产故障或运输的延迟，综合计划容易受到系统紧张或频繁变动时间表的影响，由此产生生产能力的波动、配送方面的混乱，因更改时间表而产生额外费用等问题。除此之外，配送的作业环境复杂多变、补给运输完成周期以及供应商配送的可靠性的不确定性，也会进一步加剧DRPⅡ系统运作的紧张程度。

3）企业资源计划（ERP）

（1）ERP的特点。企业资源计划（enterprise resource planning，ERP）就是在MRPⅡ的基础上通过前馈的物流及反馈的信息流和资金流，把客户需求和企业内部的生产活动，以及供应商的制造资源整合在一起，体现完全按用户需求进行经营管理的一种全新的管理方法。它包括四个方面的特征：一是超越了MRPⅡ的范围和集成功能；二是支持混合方式的制造环境；三是支持动态的监控能力，提高业务绩效；四是支持开放的客户机/服务器计算环境。

（2）ERP的应用。ERP已打破了MRPⅡ只局限在传统制造业的格局，并把它的触角伸向各行各业，如金融业、高科技产业、通信业、零售业等，从而使ERP的应用范围大大扩展。

（3）ERP的实施。在实际管理活动中，ERP的实施主要是通过系统软件来进行的，即借助于高度信息化的系统，来实现整合的生产、库存管理。如今这种类型的系统有很多，诸如SAP、Bann、Triton等。ERP的功能覆盖企业的财务、物流（工程设计、采购、库存、生产销售和质量等）和人力资源管理等各个方面。

4）准时管理方式（JIT）

（1）JIT的含义。准时管理方式（just-in-time，JIT），又称准时制采购。其基本含义是：企业和供应商建立起稳定的契约供需关系，由供应商进行多频次、小批量的连续供货，实现在合适的时间，把合适的物品按合适的数量送到合适的地点的准时化供货机制。理论上来讲，在合适的时间及时供应合适数量的物品就意味着在生产过程的每一个阶段或工序上不会出现闲置的零部件（处于等待或库存状态的物料），从而也就不会产生库存。所以，准时管理方式往往也被称为零库存管理方式。这种库存管理方式与传统的库存管理方法形成了鲜明对比，见表4-5。

（2）实施JIT的前提条件。

①严格拉动的概念。JIT要求严格按照拉动的概念，以最终需求为起点，按照实际需求信息提取规定数量的材料（物品）。

②严格的质量控制。JIT要求不将不良品移到下道工序，以确保产品的质量。

③小批量生产。在生产进度安排上允许有一定的弹性，可以按需求进行调整，对市场需求的变化能做出迅速、及时的反应。

④与供应商建立长期可靠的伙伴关系。JIT管理方法要求供应商小批量、频繁地进行配送，严格遵守交货时间，同时要求稳定地提供高质量的零部件，以便节约检验

表4-5　　　　　　　　　准时管理方式与传统库存管理方法的比较

项　目	传统库存管理方法	准时管理方式
质量对成本	以最少的成本实现可接受的质量	高标准质量要求，零缺陷
库存	大量库存	可靠的连续库存补充方式实现低库存水平
柔软性	交货周期长，缺乏柔软性	交货周期短，顾客服务推动，柔软性好
运输	以最少的成本实现可接受的服务水平	完全可靠的服务水平
供应商关系	是一种紧张和敌意的交易关系	相互信赖，是一种合作伙伴的关系
供应商数目	数目多，避免单一的供应源，缺乏信赖和影响	数目少，长期开放的关系
供应商交流	很少，许多企业信息是秘密，控制很严	开放，企业信息分享，共同解决问题，多重关系
推动力	成本推动	顾客服务推动

资料来源　宋华，胡左浩. 现代物流与供应链管理［M］. 北京：经济管理出版社，2000：274.

时间，保证最终产品的质量。此外，还要求供应商能对订货的变化做出及时、迅速的反应，具有弹性，因此，必须选择少数优秀的供应商，并与它们建立长期可靠的伙伴关系，分享信息资源，共同协作。

⑤高效率、低成本的物流运输方式。JIT管理方式要求供应商小批量、频繁配送，但是小批量、频繁配送将增加运输成本。为降低运输成本，JIT管理方法要求积极寻找集装机会。进货集装配送（in-bound consolidation）是指把来自多个供应商的小批量货物集中起来作为一个运输单位进行配送的方法，这样不仅可以保证按时交货，还可以节约运输成本。

本章小结

仓库是进行仓储活动的主体设施。可以从仓库功能、货物特性、建筑结构、仓库位置、仓库用途、部门系统以及建筑材料等方面对仓库进行分类。仓库的功能可以按经济利益和服务利益加以分类。仓库的经济利益包括整合、分类和交叉站台、加工/延迟制造及堆存；仓库的服务利益有现场储备、配送分类、组合、生产支持与市场形象。

仓储是仓库储存和保管的简称。仓库的产权、数量、规模、选址、布局以及存货内容等方面的决策是企业仓储管理中最基本也是最重要的决策。仓储作业过程可分为入库前准备、验货收货、保管和出库等四个阶段。

仓库选址受运输条件、原材料供应、用工条件、建筑和用地条件等成本因素，以及自然条件、客户条件、水电供应条件和法规制度条件等非成本因素的影响。仓库选址的程序是：（1）确定库场选择的目标和原则；（2）搜集选址所需基本资料；（3）根据考虑因素进行地址的初步筛选；（4）综合分析结果进行进一步筛选；（5）复查；（6）确定地址。仓库选址决策的方法有hoover方法、重心法、因次分析法、加权评分法等。自营仓库的功能设计涉及位移、储存、信息传递和流通配送加工等方面。

与自营仓库和传统的租用公共仓库相比较，仓储业务外包具有独特的优势。选择自营仓库还是仓储业务外包，要对服务和成本进行权衡比较。仓库服务水平可以从存货的可得性、仓库作业表现、仓库服务的可靠性等方面来衡量。

储存合理化是仓储管理的重要目标之一。储存是否合理有数量标志、时间标志、结构标志、分布标志、费用标志和质量标志。可以通过下列途径实现储存合理化：（1）实行ABC管理；（2）适当集中储存；（3）加快周转速度；（4）实行"先进先出"；（5）提高仓容利用率；（6）采用储存定位系统；（7）采用有效的监测清点方式。

现代企业的物料管理是指对企业生产经营活动所需各种物料的采购、验收、供应、保管、发放、合理使用、节约代用和综合利用等一系列计划、组织、控制等管理活动的总称。传统的物料管理方法主要有ABC分类法、订货方式的选择、订货数量的确定——经济批量模型（EOQ）。现代物料管理方法包括物料需求计划（MRP）、制造资源计划（MRPⅡ）、配送需求计划（DRP）、配送资源计划（DRPⅡ）、企业资源计划（ERP）和及时管理方式（JIT）。

本章案例

海康智能仓储机器人系统助力用户实现智慧物流

1）背景介绍

现代企业仓储物流与生产环节普遍面临着智能化升级改造的难题。海康威视是以视频为核心的物联网解决方案和数据运营服务提供商，连续5年蝉联全球视频监控企业第1位。2014年，公司营业收入达172亿元，同比增长60%。在订单快速增长和努力实现"千亿海康"目标的背景下，2014年6月海康威视正式启动安防产业基地建设项目。

2015年下半年，海康威视安防产业基地一期竣工投产，占地面积约370亩，建筑面积约26万平方米。基地一期规模庞大，共有4个原材料库、1个半成品库、2个成品库和6个工厂车间。车间内部面积大，各车间之间距离远且生产过程中的物料以及成品种类多、重量大，跨多楼层作业都增加了仓储作业的难度和强度。同时，物料出入库频次高、业务流程复杂也增加了物料出/入库及配送工作的管理难度。

2）项目详情介绍

顺应《中国制造2025》战略方向，海康威视桐庐安防产业基地一期2015年启动智能工厂项目，其中智能机器人仓储系统由杭州海康机器人技术有限公司（以下简称"海康机器人"）承接并实施完成。2016年年初，逾800台智能仓储机器人在海康威视桐庐基地上线，这是国内目前同类机器人应用数量最多、规模最大的智能仓储案例。

海康机器人为其量身定制智能化仓储物流解决方案，其中智能仓储机器人系统由智能仓储管理系统、机器人调度系统、智能仓储机器人三部分组成。

智能仓储管理系统（iWMS）支持包括采购入库、生产入库、生产领料、成品出库等各项仓储业务需求，作为上层的仓储业务管理系统，iWMS集成了多种仓储优化技术，实现仓库储位的冷热度分析，支持实时调整货架位置；根据货物存储情况，自动推荐货架整理，有效提升仓储空间利用率。通过对大数据的分析研究，iWMS还可挖掘货物之间的相互联系，并制定相应的入库策略，以提高出库效率；另外，它支持与企业ERP系统全功能对接，还可与视频监控互联互通，实时查看现场工作动态，实现仓储可视化。

机器人调度系统（RCS）负责控制范围内全部机器人的任务分配、调度及运行维护。RCS建立移动机器人的世界模型，将仓储地图转换成机器人能够识别的模型数据，采用多种先进算法，实现任务的最优分配、路径的最优规划。另外，其还有安排AGV进行自主充电、路径二次规划等功能，使系统能充分发挥其最佳的工作效能；RCS可以监控机器人的运行状态，机器人内部出现故障，系统将会自动生成预警信息及相应的处理意见，一并发送给运维人员，真正做到智能运维、实时反馈。

智能仓储机器人采用视觉导航+惯性导航技术，定位精度达到毫米级，两轮差速驱动，运行速度能达到1.0米每秒，最大负重能达到1 000千克。另外，其还采用激光、红外线、超声、碰撞条等多种防护方式，具备自主避让功能。在动力方面，机器人配备大容量磷酸铁锂电池，循环寿命长。

值得一提的是，整个智能仓储系统具有非常强的灵活性、可扩展性及可靠性，针对不同现场环境，只需在地面部署二维码及简单的系统配置就可投入使用，大大缩短了实施工期。

3）项目亮点

以"货到人"为核心设计理念的智能仓储解决方案成功解决了传统仓储基地人工作业强度高、业务繁杂等难题，操作员只需在操作台便可完成货物拣选、上下架及其他仓储工作，减少了大量行走时间和劳动强度，保证了产线生产/仓储业务的安全性、准确性和时效性。该方案同时降低了对工作人员的能力要求，无须安排有多年仓储经验的员工，5分钟内新员工即可上岗。

智能仓储管理系统的兼容性极高，可与上层业务系统对接，集成度高，使原本离散的工作方式得以实现信息化、流程化，提升了信息交互效率，保障生产的有序进行。在基地SKU种类繁杂和出入库频次高的挑战下，iWMS配合RCS调动机器人实现高效搬运并对仓库储位进行冷热度分析，大幅提升仓储作业的效率。

此外，该智能仓储机器人系统扩展性强，可接入搬运、分拣等其他内物流机器人，实现全工厂整体自动化物流，打破"物流孤岛"，打通原材料仓库与产线、产线之间、线尾到成品仓库等关键的物流节点，使整个生产过程变得更高效、智能、安全。

4）项目效益

在生产过程中，智能仓储机器人代替人工完成收货、分拣、搬运、入库、出库等物流作业，大大提高了仓储管理效率，为整个制造行业实现仓储物流的自动化、信息化、智能化做出表率。该系统在海康威视桐庐生产基地应用以来，能够满足基地日产值亿元的仓储及内物流需求。与传统人工库操作相比，使用海康威视智能仓储系统，成品库节约人力约58%，提升工作效率84%，在节约生产成本的同时，大大地提高了生产效率。

5）项目意义

仓储物流是智能制造中一个发展空间巨大的领域，具有整合流程、协调上下游、优化库存、降低成本等重要作用。随着仓储物流技术水平的提高，仓储效率得以提升，成本进一步下降，智能、安全的仓储内物流模式有助于保障企业生产高效顺利地进行。海康威视智能仓储机器人系统在技术上实现多项突破，"货到人"的设计理念也为制造业生产作业流程带来深刻变革——大幅节约了人力，提升了仓储的作业效率和跨产线生产的安全性，为制造企业的内物流系统升级做出表率。

除了在海康威视桐庐基地一期的应用外，智能仓储机器人系统还应用于中创物流、网易考拉等电商、快递、物流行业以及3C/汽车制造业/传统制造业的原材料仓库。在智能化仓储物流的实践过程中，海康机器人结合自身在工业智能相机、移动机器人、智能算法、软件平台等方面的优势，提供全方位的智能化仓储解决方案，助力中国制造向中国"智"造转型升级。

资料来源　佚名.海康智能仓储机器人系统助力用户实现智慧物流〔N〕.自动化博览.2017-07-15.

复习思考题

1.简要说明仓库的分类及功能。

2.阐述仓储产权、数量、规模、选址、布局以及存货内容等基本决策的内容。

3.阐述仓储作业管理的一般过程。

4.仓库在选址过程中要考虑哪些因素？

5.简述仓库布局模式和选址程序。

6.仓库布局决策的方法有哪些？请举例说明。

7.分析选择仓储业务外包的影响因素。

8.储存合理化的标志有哪些？

9.阐述储存合理化的意义和途径。

10.比较传统物料管理方法和现代物料管理方法的异同。

第 5 章

装卸搬运、包装与流通加工管理

学习目标

通过本章的学习，使读者理解装卸搬运、包装、流通加工的概念；了解常用的搬运工具、包装技术以及流通加工方法；掌握搬运作业的原则、包装设计的要点；理解搬运作业合理化、包装现代化和流通加工合理化的内涵。

5.1 装卸搬运作业管理

5.1.1 装卸搬运的概念与作用

1）装卸搬运的概念

装卸是指物品在指定地点以人力或机械装入运输设备或卸下，其结果是物品的垂直位移。搬运则是指在同一场所内对物品进行水平移动的物流作业，其结果是物品的水平位移。在物流实践中，装卸和搬运往往是密不可分的，因此，通常合称"装卸搬运"，即在同一地域范围内进行的，以改变物品存放状态和空间位置为主要目的的作业活动。在强调物品存放状态的改变时，常用"装卸"一词；在强调物品空间位置的改变时，常使用"搬运"一词。

2）装卸搬运的作用

无论在生产领域还是在流通领域（生产领域的装卸搬运通常被称为"物料搬运"），装卸搬运都是影响物流速度和物流费用的重要因素，在物流系统中发挥着如下作用：

（1）衔接生产各阶段和流通各环节的转换。在物流作业过程中，从一个环节转换到另一个环节，几乎都伴随着装卸搬运活动，运输、储存、包装等环节一般都以装卸搬运为起点和终点。例如，货物需要从仓库搬运至运输工具处并装到运输工具上才能进行运输，运至储存地之后又要从运输工具上卸下并搬运至仓库或货场才能进行储存。

（2）保障生产和流通各环节作业的顺利进行。虽然装卸搬运活动本身不产生有形产品，但其工作质量却对生产和流通的其他环节有着很大影响。如果生产过程中的物料搬运不能适应生产要求，就可能导致停工；如果流通过程中的装卸搬运出现问题，就可能导致货物滞留于某一环节，从而中断流通过程。

（3）影响物流活动的效率。在物流过程中，装卸搬运是不断出现、反复进行的，并且每一次装卸活动都要耗费时间，而这一时间的长短是决定物流速度的关键，并且在进行装卸搬运操作时，一般都要发生人员或机械与货物的直接接触，从而可能造成货物破损、散失、损耗、混合等损失。因此，装卸搬运的效率直接影响着物流活动的效率。

5.1.2 装卸搬运作业的类型

物流过程中的装卸搬运作业形式有很多种，按照不同的标准可以进行不同的分类。

1）按作业场所分类

（1）车间装卸搬运，即在车间内各道工序之间进行的装卸搬运活动。这类装卸搬运作业主要以保证生产过程的顺利完成为目的，对原材料、在制品、半成品、零部件、产成品进行分拣、取放、堆码和输送。

（2）站台装卸搬运，即在车间或者仓库外的站台进行的各种装卸搬运作业，包括装车、卸车，集装箱的装箱、掏箱、搬运等。

（3）港口装卸搬运，即在港口进行的各种装卸搬运活动，包括装船和卸船作业，在港口前沿与后方之间进行的搬运作业，港口后方的铁路车辆和汽车的装卸作业，港口理货场的搬运作业等。

（4）铁路装卸搬运，即在铁路车站进行的装卸搬运活动。其具体包括铁路车辆在货场及站台的装卸作业，汽车在铁路货物和站旁的装卸作业，铁路仓库和理货场的分拣、配货、中转作业等。

（5）仓库装卸搬运，即在仓库、堆场、物流中心等场所内进行的装卸搬运活动，包括挪动移位、堆码、取放、分拣配货等。

2）按作业对象分类

（1）单件作业，即对单件货物逐件进行装卸搬运。对于又长又大的笨重货物、形状特殊的货物以及集装作业会增加危险的货物等，通常采用单件装卸搬运作业。

（2）集装作业。为了方便装卸搬运作业，将货物进行临时捆扎或装箱，以集零为整，形成装卸搬运单元，再对其进行装卸搬运的具体操作。其主要包括捆货作业、集装箱作业、托盘作业、网装作业等。

（3）散装作业，即针对物流过程中无固定形态的散装货物，如矿石、煤炭、粮食、化肥等进行的装卸搬运活动。对于散装货物，既可以利用连续输送设备进行连续搬运作业，也可将其集合成装卸搬运单元再进行作业。

3）按作业特点分类

（1）堆垛拆垛作业，又称为"堆码取拆"，是对货物进行堆放、拆垛、高垛和高垛取货等作业，通常在货场、仓库、车厢、船舱等场所进行。

（2）分拣配货作业，是将货物按品种、用途、到站、去向、货主等不同特征进行分类的作业活动。

（3）挪动移位作业，即改变货物空间位置的作业。挪动移位作业是为了进行堆垛、拆垛、分拣、配货等作业而发生的，具体包括货物的水平、垂直、斜行等移动搬运作业以及由这几种形式组成一体的作业。

4）按作业方式分类

（1）吊装吊卸作业，也称垂直装卸，即利用各种起重设备对货物进行装卸，以改变货物垂直方向的位置为主要目的的作业。

（2）滚装滚卸作业，也称水平装卸，是利用各种轮式、履带式车辆通过站台、渡板等开上开下装卸货物，用叉车、平移机来装卸集装箱、托盘或单件货物。它是以改变货物水平方向的位置为主要目的的作业。

5.1.3 装卸搬运作业的组织

在具体实施装卸搬运作业之前，需要对作业方式、作业过程、作业设备以及作业人员进行一定的组织规划，以确保高效率地完成装卸搬运活动。

1) 明确装卸搬运作业的任务

确定作业任务是进行装卸搬运作业的基本前提。装卸搬运的任务有可能事先确定，也有可能临时变动。但在通常情况下，可以根据物流计划，经济合同，装卸作业的不均衡程度，装、卸车的时限等因素来确定作业现场的装卸搬运任务量。

在确定了装卸搬运的任务以后，就必须对装卸作业对象的特点进行详细了解，据以确定作业方式，选择作业工具，组织作业人员。具体而言，需要了解作业对象的物理和化学特性，以确定其可运性；需要了解作业对象对物流条件的要求，包括质量保证方面的要求、环境保护方面的要求和某些特殊要求，如精密仪器的搬运就需要采取特殊的方法，贵重物品的搬运需要特殊控制等。

2) 确定装卸搬运作业的方式

在明确作业任务和作业对象的特点之后，需要根据所掌握的信息确定装卸搬运作业的方式。如前所述，装卸搬运作业的方式有多种，每一种都具有适用的作业对象，例如，对散装货物的装卸搬运就要采用散装作业方式。同时，对于不同的作业方式而言，与其相适应的作业过程、作业设备也不相同。确定作业方式有助于进一步规划装卸搬运的作业过程，选择作业工具和设备。

3) 规划装卸搬运作业路线

规划装卸搬运作业路线，即对装卸搬运作业整个过程各个环节的连续性进行合理安排，以缩短搬运距离，减少搬运次数。

作业现场的平面布置是直接影响搬运距离的因素，因此，首要问题就是对各环节的作业点进行空间布局，要留有足够的场地集结货物，并满足装卸机械工作面的要求；场内道路的分布要为装卸搬运作业创造良好条件，要有利于加速货位的周转。

在作业现场空间布局一定的情况下，需要根据物流量大小和搬运距离的长短来选择较为合理的搬运路线。通常，搬运路线可分为直达型、渠道型和中心型三种[①]（如图 5-1 所示）。

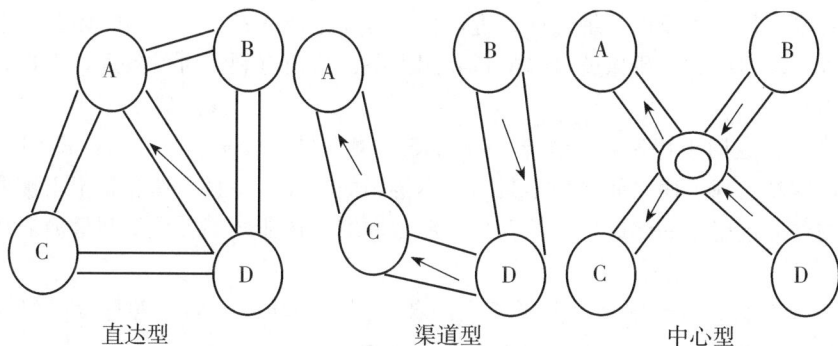

直达型   渠道型   中心型

图 5-1 搬运路线

（1）直达型，是指货物经由最近的搬运路线到达目的地。当物流量大、距离短或距离中等时，选择这种路线较为经济。另外，当货物具有一定特殊性而且时间又较为紧迫时，也可采用这种路线。

① 崔介何. 企业物流［M］. 北京：中国物资出版社，2002：292.

（2）渠道型，即货物在预定路线上移动，与来自其他不同地点的货物一起运到同一个终点。当物流量中等或较少而距离为中等或较长时，采用这种路线较为经济。尤其当作业现场的平面布局不规则并较为分散时，也适于采用这种方法。

（3）中心型，即各种货物从起点移动到一个中心分拣处或分发处，然后再运往终点。当物流量较小且距离中等或较远时，选择这种路线较为经济。尤其是作业现场的平面布局基本是正方形且管理水平较高时，采用这种路线能取得较好的效果。

此外，对作业过程的规划还要注意：装卸搬运机械要与货场长度、货位面积等相协调，各种机械设备之间要合理衔接；不同的装卸搬运设备结合使用时，应尽量使其作业速率相等或相近；同时，还要充分发挥调度人员的作用，以保证作业的连续性和作业现场的秩序。

4）选择装卸搬运的工具和设备

如前所述，不同的装卸搬运工具有不同的功能、适用于不同的作业方式、作业对象和作业场所。因此，在组织装卸搬运作业时，要根据作业对象的特点、作业场所的条件，结合不同工具和设备的性能来选择适用的作业工具和作业设备。

5）组织装卸搬运作业的人员

装卸搬运作业的最终完成必须依靠作业人员对作业设备的操作和控制，以及对作业规划的贯彻实施。所以，按照一定原则将作业人员与作业设备以一定方式组合起来，是完成装卸搬运任务的保证。装卸搬运作业人员的基本组织形式通常有工序制和包干制两种。

（1）工序制。工序制是按照作业内容或作业工序将人员和设备分别组合成装卸、搬运、堆垛、整理等作业班组，这些班组共同组成一条作业流水线，共同完成装卸搬运作业。

这种人员组织形式的优点是：可以保证作业质量和提高作业效率。一方面，由于按照作业内容进行了专业化分工，因此每个班组的任务较为简单，有利于作业人员掌握作业技术，提高作业的熟练程度，进而提高劳动生产率；另一方面，因为每个班组的作业内容较为固定，所以就可以配备专用设备，从而有利于对设备进行管理，提高其利用率。

但是，在运用工序制组织作业的条件下，由于同一任务需要由几个班组共同完成，因此容易出现工序之间衔接不紧密、不协调的情况，并且当作业量不均衡或者各个工序的作业进度不一致时，其综合作业能力和综合作业效率容易受到最薄弱环节的影响。

（2）包干制。包干制是将分工不同的各类人员和功能不同的各种设备组合在一起，成为一个班组，全面负责装卸搬运作业的整个过程。

这种人员组织形式的主要优点是：作业的协调性和灵活性较强。因为一个班组在班组长的统一指挥下完成装卸搬运作业的各项内容，所以各项工序之间可以较好地进行配合与协调，从而提高作业的连续性。当作业量不均衡时，班组内部可以进行及时调整，具有较强的适应性。同时，由于可以集中进行人力、物力和设备的调配，因此有利于提高综合作业能力。

但是，在同一个作业班组内配置多种作业人员和设备，不利于实现专业化，不利于提高作业人员的劳动熟练程度，从而影响劳动生产率的提高。

工序制和包干制这两种人员组织方法各有利弊，需要在装卸搬运作业组织中视具体情况而定。通常，规模较大的装卸作业部门由于人员多、设备齐全、任务量大，可以采用工序制；否则，采取包干制较为有效。

6）装卸搬运作业的合理化

在组织装卸搬运作业时，要使作业过程的各环节、各要素实现合理化，以提高物流活动的效率。装卸搬运作业合理化的要点如下：

（1）防止和消除无效作业。所谓无效作业是指消耗于有用货物的必要的装卸搬运劳动之外的多余的劳动消耗。防止和消除无效作业应注意以下几方面：

①尽量减少装卸搬运次数。在很多情况下，搬运本身可能成为玷污、损坏货物的原因。因此，除非必要，尽量不要移动货物，尽量减少转搬运的次数，这样既可以节约劳动，又可以减少货损。

②避免对无效物质的装卸搬运。在流通过程中，某些货物里可能混杂着没有使用价值的物质，如煤炭中的矸石，因此，要注意保持货物纯度，以避免对其中无效掺杂物进行反复装卸搬运，浪费劳力和动力。

③避免过度包装。包装可以起到保护商品的作用，但是，过大、过厚的包装会增加装卸搬运过程中的劳动消耗。所以，不影响商品保护功能前提下的轻便包装有助于减少装卸搬运中的无效作业。

④尽量缩短搬运距离。在条件允许的情况下，要选择搬运距离最短的搬运路线。

（2）提高作业对象的"活性"。所谓"活性"，是指作业对象从静止状态转变为装卸搬运运动状态的难易程度，也即对其进行装卸搬运作业的难易程度。货物的装卸搬运"活性"级别如表5-1所示。

表5-1　　　　　　　　　　货物的装卸搬运"活性"级别

装卸搬运"活性"级别	货物状态
0级	货物杂乱地堆于地面
1级	货物已被捆扎或装箱
2级	捆扎过的货物或箱子下面放有枕木或衬垫，便于叉车或其他机械进行作业
3级	被置于台车或起重机械上，可以即刻移动
4级	货物已被移动，正在被装卸或搬运

从理论上讲，货物的"活性"级别越高越好，但同时要考虑到实施的可能性。所以，应在条件允许的情况下，尽量使货物处于"活性"级别较高的状态，例如，将货物整理归堆，将货物包装后置于托盘上等。

（3）充分利用重力和消除重力影响。在装卸搬运作业中，视情况不同而对重力的作用进行利用或消除其影响，也是实现其合理化的途径之一。

在进行装卸搬运时，可以利用货物本身的重量进行有一定落差的装卸搬运，从而达到节省动力的目的。例如，从卡车上卸货时，利用卡车与地面或与小型搬运车之间的高度差，借助溜槽或溜板等简单工具，使货物自动从高处滑到低处，此时就无须消耗动力。

与此相反，在某些情况下需要消除重力的影响，才能达到节约动力消耗的目的。例如，两种运输工具进行换装时，如果从一种运输工具上将货物搬下，再搬上另一种运输工具，则要耗费动力以克服重力的影响。因此，若能设法使两种运输工具靠接，仅使货物做水平移动，就可以消除重力的影响，节约动力。

（4）实现机械化作业。使用装卸搬运机械作业能够将作业人员从重体力劳动中解放出来，实现人力的节省。同时，机械化作业易于实现规模化，也有助于实现标准化，进而提高装卸搬运的作业效率。

（5）尽量使装卸搬运单元化。在装卸搬运作业中，对于包装成件的货物，应尽量对其进行"集装处理"，即按照一定的原则将一定数量的货物汇集起来，成为一个装卸搬运单元，以便充分利用机械进行操作。装卸搬运单元化的优点是：装卸搬运单位大、作业效率高，可以节省作业时间；操作单元的尺寸一致，有利于实现标准化；不必用手触及作业对象，可以避免或减少货损。

（6）创建"复合终端"。"复合终端"是指在不同运输方式的终端装卸场所集中建设不同的装卸设施，以实现合理配置装卸搬运机械、有效联结各种运输方式的目的。例如，在"复合终端"内集中设置水运港、铁路站场、汽车站场等。

"复合终端"对于装卸搬运合理化，乃至物流系统合理化的意义在于：一方面，取消了各种运输工具间的中转搬运，减少了装卸搬运次数，加快了物流速度；另一方面，"复合终端"集中了各种装卸搬运场所，可以实现设备的共同利用，并可以利用规模优势进行技术改造，提高作业效率。

5.2　包装类型与设计

5.2.1　包装的概念和功能

1）包装的概念

在我国《包装通用术语》国家标准 GB4122-1983 中，对包装有明确定义："所谓包装是指在流通过程中保护商品，方便储存，促进销售，按一定技法而采用的容器及辅助物等的总体名称，也包括为了达到上述目的而进行的操作活动。"

由以上定义可知，在物流活动中，包装这一概念包含了静态和动态两层含义。包装的静态含义是指能够合理容纳商品、保护商品在流通过程中尽可能地免受各种外在不良因素的影响，顺利实现商品价值和使用价值的物体，如用各种包装材料制成的包装容器。而包装的动态含义则是指将商品置于包装物保护之下的工艺操作过程，如对商品进行包裹、捆扎等。

在社会再生产过程中，包装是生产的终点，也是物流的起点。从生产的角度来看，包装是产品生产的最后一道工序，对产品的包装一旦完成，就意味着该产品可以从生产领域进入流通领域。从物流的角度来看，对产品的包装完成之后，该产品就具备了流通的能力，就可以经过装卸搬运、储存、运输等一系列物流活动，最终销售给消费者。

2）包装的功能

包装在商品流通过程中发挥着重要的作用。

（1）保护商品。保护商品是包装最基本和最主要的功能。在流通过程中，商品不可避免地会受到各种外界因素的影响，具体包括：

①外力的作用。例如，在商品运输过程中的震动、颠簸和冲击；在搬运装卸过程中的意外跌落；在储存过程中由于堆码摆放层数过多而导致底层商品承重过度等。

②外部自然环境的作用。例如，气温的升高或降低导致产品变质，阴雨天气或有害气体致使商品霉变、生锈等。

③有害生物的作用。例如，鼠、虫对商品的啃咬和蛀蚀；霉菌等微生物对商品的侵害。

这些影响因素有可能损害商品的使用价值。因此，良好的包装可以防止商品在流通过程中受外力作用而破损变形，受环境影响而发生化学变化，防止商品由于异物的混入而受到污染，还可以防止商品的丢失、散失和盗失等。

（2）方便流通与消费。包装具有按需要将产品以某种单位集中，即单元化的功能。因此，可以根据商品本身的特性、物流的方式和条件以及消费的情况，较为灵活地决定商品的包装单位，并使包装形态、包装材料、包装标识、包装拆卸的难易程度等要素与之相适应，从而为装卸、运输、验收、储存、计量、销售等各个环节的作业以及消费者的购买和使用创造方便条件。例如，用桶、罐等包装容器对液态商品进行封装，以便于运输；将零售的小件商品集装成较大的包装单位以便于装卸、搬运和储存，而拆除大包装后即可单件销售，以满足消费者的购买和使用要求；包装容器上的鲜明标记，可以方便物流过程中对商品的识别和清点，关于商品的说明可以指导消费者正确地使用商品。

（3）促进商品销售。在销售现场，消费者首先接触到的不是产品本身，而是产品的包装。对产品包装的印象往往会成为消费者对商品的"第一印象"。包装的形态在一定意义上（如广告说明）发挥着宣传产品的作用。同时，精致、美观的商品包装可以增加产品的美感，吸引消费者的注意，唤起消费者美好的感情体验，诱发消费者的购买欲望与购买动机，最终产生购买行为。尤其在商品质量相同的条件下，包装在消费者制定购买决策的过程中发挥着重要的作用。包装的这一功能被形象地比喻为"无声的推销员"。

5.2.2　包装的类型

生产和流通领域中的产品种类繁多、性质各异，这就决定了商品包装类型的多样性。因此，可以从不同角度对包装进行分类。

1）按照包装在流通中的作用分类

按照包装在流通中所发挥的作用不同，可以将其划分为工业包装和商业包装。

（1）工业包装，又称运输包装，是以方便运输、储存和保护产品为目的的包装。工业包装的显著特点是：首先，包装的材料、尺寸和结构要具有一定的抵御外界不良因素侵害的能力，以确保产品在运输过程中的安全性。其次，包装物的外部必须有明确的包装标识，如"小心轻放""请勿倒置"等储运标识；易燃易爆等危险品标识。此外，还要标明产品的品名、重量、体积、规格、件数、生产厂家、发运地、到达地等，以便于储运过程中对商品的识别和正确操作，并确保商品能正确无误地运至目的地。

（2）商业包装，又称销售包装，是以促进商品的销售为主要目的的包装。作为与消费者最为接近的包装，商业包装的特点是：首先，包装单位和大小适合于顾客的购买量要求和销售现场的陈列要求。其次，外形美观，能体现商品的形象和特点，以吸引消费者，促发购买行为。最后，突出商品的商标，一方面便于消费者识别商品，另一方面也有助于树立企业形象。此外，商业包装外部还要有必要的文字说明，如产品的成分、功能和使用方法等，以方便消费者购买和使用。

2）按照包装的层次和防护要求分类

按照包装的层次和防护要求可以将包装划分为个包装、中包装和外包装。

（1）个包装，又称小包装，是与商品直接接触的包装。在生产过程的结束阶段，个包装往往与商品装配成一个整体，随同商品一起销售给顾客，因此属于销售包装。个包装的主要作用是直接保护、美化、宣传商品，促进销售。

（2）中包装，又称内包装，是将若干个单体商品或包装组合成一个相对较小的整体包装。中包装通常介于个包装与外包装之间，在商品销售过程中，中包装的一部分有可能随商品出售，一部分则在销售中被消耗掉。中包装的主要作用是进一步保护商品，方便商品的分拨和销售过程中的点数、计量，方便包装组合等。

（3）外包装，又称大包装，是商品的最外层包装。外包装的主要作用是保护商品，方便运输、装卸和储存，因此属于运输包装。

3）按照包装的使用次数分类

按照使用次数不同，可将包装划分为一次用包装、多次用包装和周转用包装。

（1）一次用包装。一次用包装是仅仅使用一次、不再回收复用的包装。这种包装往往随同商品出售或在销售过程中被消耗掉。绝大多数销售包装属于一次用包装。

（2）多次用包装。多次用包装是指回收后经过一定的整理或加工，仍然可以重复使用的包装。大部分商品的运输包装和一部分中包装可以多次使用。

（3）周转用包装。周转用包装是指生产企业和销售企业固定地用于周转、多次重复使用的包装，如装运啤酒的塑料包装箱。

4）按照包装容器分类

（1）按照包装容器的结构不同，可将包装划分为固定式包装和可拆卸折叠式包装。固定式包装的形状、尺寸等固定不变；可拆卸折叠式包装在空置时可以拆卸、折叠缩小包装物本身的体积，从而便于对其进行返运和管理。

（2）按照包装容器的抗变形程度不同，可将包装划分为硬包装、半硬包装和软包装。硬包装也称刚性包装，这种包装的材质较为坚硬但缺乏弹性，因此包装容器不易变形。软包装又称柔性包装，这类包装的材质具有一定的韧性和弹性，包装容器的形状也可以发生一定的改变。半硬包装是介于硬包装和软包装之间的包装。

（3）根据产品的特性不同，可将包装划分为特种商品包装和普通商品包装。特种商品包装是指根据某些特殊商品的特殊性质或特殊的重要性有针对性地设计的包装。例如，工艺美术品、文物、军需用品等，这些物品的包装在抗压、抗震和抗冲击等方面有高于其他商品包装的要求。普通商品包装则是指除特殊商品以外的一般商品的包装。

5.2.3　包装的设计

包装设计是指根据商品的品质特性、性能特点，针对商品流通的需要，对商品包装的形体结构、材料选择、生产工艺方案进行设计的过程。合理的包装设计是包装功能在流通各个环节得以充分发挥的前提。

通常，包装设计应遵循两个基本原则，即实用性原则和节约性原则。所谓实用性原则是指商品包装要满足使用功能的要求，要能够保护商品不受损坏，要方便流通和消费；节约性原则是指在保证其基本功能的基础上，设计商品包装时要节约包装材料和包装费用，以降低物流成本。

1）包装设计的基本要求

（1）包装的结构要牢固。商品在物流过程中不可避免地要受到诸如冲击、碰撞等外界不良因素的侵害，从而造成损坏。因此，包装材料的选择和包装结构的设计要能够在一定程度上抵御这些不良因素的影响，保护商品。

（2）包装容器要具有适应性和方便性。包装容器的材料要与产品的特性相适应，不能影响产品质量。

（3）包装的形状、规格要规范。包装的形状和规格应尽量按照公认的标准进行设计，以方便物流作业，充分利用储运设备，提高物流效率。

（4）包装的制作要相对简单。包装物的制作不宜过于复杂，能够满足商品流通要求即可，以减少资源的浪费。

2）包装容器设计

包装容器是产品包装的主要部分，设计时要考虑产品本身、流通过程、消费者心理等多方面的因素，使其符合以下要求：

（1）材料的选择要合理。包装容器的首要作用是保护商品免受损害，因此，要根据被包装商品的特性及储运过程的要求来选择不同的包装材料。例如，如果商品在储存时采用高垛，就要选择强度高的包装材料，以防止商品被压坏；如果采用低垛或货架进行储存，包装材料的强度可以适当降低。

（2）造型结构要科学。在设计包装容器的造型结构时，要考虑内装商品的性质、形状以及运输、储存条件，根据力学原理，设计抗压力强、缓冲性能和防震性能好的结构造型，同时还要注意商品在包装容器内的合理排列，尽量缩小容器体积。

（3）质量、规格要符合标准。包装容器的质量应达到一定标准，要避免容器变形、变质、漏气等情况的出现。包装容器的重量、规格尺寸也要符合物流作业的要求，以便于进行装卸和运输。例如，在主要采用手工装卸方式的条件下，包装的重量必须限制在人工能力限度之内，不可过重，也不可过轻；其外形、尺寸也要适合手工操作。在运输时，如果是路况较好的短途运输，则可采用较为轻便的包装，如果进行长距离的联运，就要采用较为厚实、严密的包装。

（4）商业包装要适应商品销售的需要。对于商业包装而言，设计时除了考虑商品保护功能以外，还要注意发挥其促进销售的作用。因此，要使包装容器的形状、外观在销售现场的陈列展示中能突出商品的特点，便于消费者进行识别；包装容器的结构要便于消费者携带、开启和使用。对于跨国销售的商品，包装的设计还要符合不同国家民族文化、宗教信仰、消费习惯等方面的要求。

3）包装合理化和标准化

实现包装的合理化和标准化也是包装设计中应该考虑的问题。所谓包装的合理化是指在包装过程中使用适当的材料和技术，制成与被包装商品相适应的容器，使其既满足保护商品、方便流通与消费的要求，又能达到节约包装费用、降低包装成本、提高包装的经济效益的目的。包装合理化是物流合理化的重要组成部分，其要点是：

（1）包装轻薄化。由于包装只是起保护作用，对产品使用价值没有任何意义，因此在强度、寿命、成本相同的条件下，更轻、更薄、更短、更小的包装，可以提高装卸搬运的效率。而且，轻薄短小的包装一般价格比较便宜，如果是一次性包装，也可以减少废弃包装材料的数量。

（2）包装模数化。确定包装基础尺寸的标准，即包装模数化。包装模数标准确定后，各种进入流通领域的产品都按照模数规定的尺寸包装。模数化包装有利于小包装的集合，有利于集装箱及托盘的装箱、装盘。包装模数还应与仓库设施、运输设施尺寸模数统一化，以利于运输与保管，提高作业效率。

（3）包装机械化。包装机械化是指对装箱、封口、捆扎等外包装作业的机械化操作。包装机械化对于提高作业效率和包装现代化水平起着重要的作用，因此不断开发新型的包装机械是包装合理化的重要途径之一。

（4）防止包装不足或包装过剩。由包装强度不足、包装材料不足等因素造成的商品在流通过程中的损耗不可低估，而包装强度设计过高，保护材料选择不当造成的包装过剩，则会带来资源的浪费和包装成本的增加。

包装的标准化是指对产品包装的类型、规格、容量，使用的包装材料、包装容器和结构造型、印刷标志以及产品的盛放、衬垫、封装方式，名词术语，检验要求等加以统一规定，并贯彻实施的政策和技术措施。[①]

实现标准化，一方面可以增强包装的通用性，减少生产和流通过程中更换机器规格尺寸和印刷标志的时间，提高效率，使产品包装整齐美观，有利于促进销售；另一方面也是包装机械化和国际贸易发展的客观要求。

① 刘志学. 现代物流手册［M］. 北京：中国物资出版社，2001：166.

4）绿色包装

绿色包装是指无害、少污染的符合环保要求的各类包装物品，应符合"3R1D"标准，[①]即减量化（reduce）、重复使用（reuse）、再循环（recycle）、可降解（degradable）。也就是说，绿色包装应符合节省材料、资源和能源，废弃物可降解，不致污染环境，对人体健康无害等方面要求，绿色包装是包装合理化的发展主流。因此，在包装设计中，要充分考虑环保的要求，尽量选择对周围环境无污染的包装材料，尽量设计可重复利用或可周转使用的包装容器，同时也要制订针对包装废弃物处置、空包装容器回收的合理方案。

5.3 包装材料与包装技术

5.3.1 包装材料和容器

常用的包装材料有纸和纸板、木材、金属、玻璃、塑料以及各种复合材料。

1）纸和纸制包装容器

纸质包装材料是指各种纸和纸板，其在包装材料中的应用最为广泛。根据不同的要求，纸质包装材料可以用于商品的内包装、中包装和外包装。

（1）纸质包装材料的特点。纸质包装材料质地细腻、均匀，本身重量较轻，成型性和折叠性优良，容易黏合，易于印刷和加工；无毒、无味，容易达到卫生要求；其废弃物可以回收复用和再生，既不污染环境又节约资源。但是，纸质包装材料也具有一些弱点，例如，难于封口，防潮性、气密性、透明性差等。

（2）纸质包装材料的类型。纸属于软性薄片材料，难以形成固定形状的容器，因此，常用于裹包、衬垫或制成各种纸袋，而纸板则具有一定的刚性，能够制成各种固定形状的容器。主要的纸和纸制品有：牛皮纸、玻璃纸、沥青纸、板纸、瓦楞纸和羊皮纸。

2）木材和木制包装容器

木材是一种传统的包装材料，应用范围也较为广泛。但由于其资源有限，因而在某些领域逐步为塑料、复合材料等所取代。

（1）木质包装材料的特点。木材具有一定的弹性，能够承受冲击、震动和重压；加工较为方便，无需复杂的加工机械；可以加工成胶合板，在减轻包装本身重量的同时，扩大了木材应用的范围。但是，作为天然材料，木材容易吸收水分、变形开裂、腐败，还容易受白蚁蛀蚀。这些缺点在一定程度上限制了木材在包装中的应用。

（2）木质包装材料的类型。常用的木质包装材料包括天然木材和人造木材。包装容器主要有：

①木箱。使用各种木材制成的箱状包装容器，在商品流通中使用的广泛程度仅次于瓦楞纸箱。木质包装箱主要有钉板箱、捆板箱、框架箱等类型。

① 王斌义. 现代物流实务［M］. 北京：对外经济贸易大学出版社，2003：137.

②木桶，是一种传统的木质包装容器。由于木桶能够耐盐碱的腐蚀，不变味、不变色，因此，常常用于盛装酒、醋等液体商品。木桶的制造成本较低，可以回收，反复使用，并且圆形的木桶在搬运时可以滚动，能够减少人力消耗。

3）金属和金属包装容器

金属包装材料是将金属压制成薄片用于制作各种包装容器，其主要形式是薄板和金属箔。

（1）金属包装材料的特点。金属材料具有良好的延展性，易于加工成型；不易破碎，密封性好，能有效地保护内装商品；可以再生，能够重复使用；金属包装容器外表的光泽具有一定的装潢效果，有利于发挥包装促进销售的作用。但是，金属包装材料具有成本高、易生锈、在储运过程中易变形等缺点，所以其使用受到一定的限制。

（2）金属包装材料的类型。主要的金属包装材料是镀锡薄板、涂料铁和铝合金。镀锡薄板俗称马口铁，它除具有一般钢板的优点以外，还具有很强的耐腐蚀性，可以较长时间地保存食品，因而主要用于制造高档的罐形容器。

常用的包装容器有：

①金属罐，是由金属薄片（马口铁或铝箔）拉伸而成的罐状包装容器。常用的金属罐根据制作工艺的不同分为"三片罐"和"两片罐"。"三片罐"是由筒形罐身、罐盖和罐底三片马口铁制成。"两片罐"俗称"易拉罐"，是由一片金属拉伸而成。

②铝箔软管，是用铝箔加工制成的管状包装容器。由于具有空气不易侵入、挤压操作方便、卫生、携带方便等特点，铝箔软管多被用于膏脂状产品的包装，如化妆品、牙膏、药品等。

③金属桶，是用金属材料加工而成的桶状包装容器，主要用作以石油为主的非腐蚀性半流体、粉状、固体商品的运输包装，如煤油、汽油、各种染料等。

4）玻璃和玻璃包装容器

玻璃在包装中的应用十分广泛，其基本材料是石英、烧碱和石灰石。

（1）玻璃包装材料的特点。作为包装材料，玻璃具有多项优点：①质地较为坚硬，不易变形；②化学稳定性好，耐风化、耐热、耐酸、无毒无异味，比较适合包装液体产品；③透明性好、易于造型，有利于对产品的美化和宣传；④可以回收复用，便于清洗、消毒、灭菌，且一般不易造成污染。但是，玻璃包装材料也有许多缺点，如耗能高、易破碎、自身重量比较重等。

（2）玻璃包装材料的类型。常用的玻璃包装材料有普通瓶罐玻璃和特种玻璃。玻璃包装容器主要用于包装片状产品、颗粒状产品、粉末状产品、各种液态产品（包括黏性液态产品、易挥发的液态产品、含气体的液态产品）、半固体产品等。

5）塑料和塑料包装容器

塑料是随着科技的发展、新材料的使用而出现的一种现代包装材料。由于其自身的特性，塑料容器被广泛地用于各种商品的包装。

（1）塑料包装材料的特点。塑料包装材料具有以下优点：①物理机械性能良好，具有一定的强度和弹性，耐折叠，抗震动；②化学稳定性好，耐酸碱，耐化学试剂，耐油脂，防锈蚀；③容易加工成型，实现多样化，制成的包装容器自身重量较轻；

④透明性较好，且表面具有一定光泽，易于印刷且具装饰性，能够起到美化商品的作用。但是，塑料包装材料的强度不如钢铁，耐热性也不如玻璃，且在外界因素的长期作用下容易老化；有的塑料有异味，废弃物难以处理，易产生环境污染。这些不足在一定程度上限制了塑料包装材料的应用。

（2）塑料包装材料的类型。常用塑料包装材料有聚乙烯、聚丙烯、聚苯乙烯、聚氯乙烯和钙塑材料等。

常用的塑料包装容器有：

①塑料袋，通常用作软包装，是用塑料薄膜黏合成的袋状包装容器。它可以用来包装粉状、块状、粒状的干燥商品，如面粉、糖果、水泥、化肥、洗衣粉等。用作包装食品的塑料袋必须采用无毒塑料制作，如聚丙烯。

②塑料编织袋，主要用于包装水果、蔬菜等商品，因此，一般采用聚丙烯制成。塑料编织袋的重量轻、透气性好，携带也较为方便。

③塑料软管，是采用塑料、铝箔和纸等复合材料制成的管状包装容器，主要用于包装膏脂状商品。

④塑料瓶，是采用中空吹塑成型工艺，利用聚丙烯和聚酯等无毒塑料树脂加工而成的瓶状包装容器，主要用于包装液体商品，如饮料、牛奶、化妆品等。

6）复合包装材料

复合包装材料将两种或两种以上具有不同特性的材料，通过一定的方法复合在一起，其目的是避免单一包装材料的缺点，充分发挥各种材料的优点。复合材料在现代商品包装领域有广泛的应用。目前使用较多的是薄膜复合材料，主要有纸基复合材料、塑料基复合材料和金属基复合材料等。

7）包装辅助材料

除了主要的包装材料以外，各种辅助材料在包装过程中也发挥着重要作用。常用的包装辅助材料有：

（1）黏合剂、黏合带，主要用于包装袋和包装箱的封口，如淀粉、胶、聚氨酯、橡胶带和热敏带等。

（2）捆扎材料，主要用于打捆、压缩、包扎、缠绕、保持形状等，如草绳、麻绳、纸绳和塑料绳。

5.3.2 包装技术

不同特性的商品、物流活动的不同环节对包装的要求各不相同，因而所采用的包装技术和方法也有差别。

1）基本包装技术

（1）放置、固定和加固。放置是将商品放入包装容器的技术，通常要根据商品的特性、形状进行放置。合理地放置商品可以缩小包装整体的体积，节约包装材料。对于薄弱的产品要进行加固或固定，商品之间要进行合理的间隔，以避免商品在装卸和运输过程中晃动或相互碰撞而造成的损失。

（2）压缩，主要是对松泡产品进行处理的包装技术。松泡产品要求的包装容器容积较大，不利于对运输工具和储存场地的合理利用和储运费用的节约，因此，对松泡产品进行压缩，可以大大缩小其体积，进而提高该类商品的物流效率。

（3）捆扎，通常是针对外包装使用的包装技术，主要是将单个或数个经过包装的商品捆紧或扎紧，以便进行装卸、运输和储存。捆扎在一定程度上可以起到加固包装容器、保护内装商品、压缩容积、节约物流费用的作用，同时也可以防止商品的盗失。

2）特殊包装技术

（1）防震包装技术。防震包装技术也称缓冲包装技术，是为了防止商品在储运过程中由于外部冲击、震动的影响而受到损害的包装技术。

防震包装设计的重点是确定防震材料的种类和厚度。在设计上，还要考虑成本问题。选择不同的材料，设计不同的衬垫形状都会影响成本。防震包装主要有全面防震包装、部分防震包装和悬浮式防震包装三种。

（2）防潮包装技术。防潮包装技术即采用低透湿度或透湿度为零的包装材料包装商品，将商品与外界潮湿大气相隔绝，使包装内的相对湿度符合产品要求，从而确保被包装商品的质量不因潮气的侵入而发生变化。通常采取的措施是用刚性容器密封包装，加干燥剂密封包装，不加干燥剂密封包装，多层密封包装，复合薄膜真空包装等。聚乙烯、聚丙烯、聚氯乙烯等材料均可用于防潮包装。

（3）防霉包装技术。食品和某些有机化合物商品在物流过程中，表面可能生长霉菌，如遇潮湿环境，霉菌生长繁殖速度极快，容易引起商品腐烂变质。因此，在包装过程中要采取相应措施防止商品的霉变。防腐包装技术的基本原理是通过控制某一不利的环境因素，从而抑制或杀死微生物，保护包装容器内的商品质量。这种包装技术主要适用于各种食品。

（4）防锈包装技术。防锈包装技术的基本原理是在包装前将各种防锈剂涂抹于商品表面，以隔离大气中的氧、水蒸气及其他有害气体，从而起到保护商品的作用。常用的防锈剂有防锈油和气化性防锈剂两大类。前者是在防锈矿油中加入防锈添加剂制成的产品，后者则是一种在常温下容易挥发的物质，其挥发出来的气体充满包装容器内的每一个角落，同时吸附在产品表面，从而抑制大气对金属制品的锈蚀作用。

（5）防虫害包装技术。防虫害包装技术是通过在包装容器中放入带有一定毒性和臭味的药物，利用其在包装内挥发的气体驱除或杀灭各种害虫，以保护商品不受损害。常用的驱虫剂有萘、樟脑精等；杀虫剂有安妥、狄氏剂、六六六粉等。

（6）收缩包装技术。收缩包装是使用收缩薄膜（一种经过特殊拉伸和冷却处理的聚乙烯薄膜）包裹产品或内包装件，然后对薄膜进行适当的加热处理，使薄膜收缩从而紧贴产品或内包装件。收缩包装可以突出被包装物的形状，质感性强，且包装方便，便于储存和搬运，方便点验，因此，既可以用作销售包装，也可以用作运输包装。

（7）拉伸包装技术。拉伸包装技术是由收缩包装发展而来的。具体操作方法是：依靠机械装置在常温下将弹性薄膜围绕被包装物进行拉伸、紧裹，然后在其末端进行封合。由于不需要加热，因此进行拉伸包装所消耗的能源仅为收缩包装的1/20。[①]

5.3.3 产品集装化和集合包装

1）产品集装化和集合包装的概念

产品集装化也称组合化或单元化，是一种先进的现代包装技术，是集装运输的基础。它是指将一定数量的散装物品或零星的成件物品组合在一起，在装卸、运输、保管等物流环节中作为一个整件进行技术和业务处理的包装方式。

集合包装则是指将若干相同或不同的包装单位汇集起来，组成一个更大的包装单位或装入一个更大的包装容器内的包装形式。产品的集合包装是实现集装运输的条件。

2）集合包装容器

在集装运输中常用的集合包装容器有集装箱、托盘和集装袋。

（1）集装箱。集装箱也称为"货箱"或"货柜"，是一种专门用于货物运输，便于进行机械装卸的大型组合包装容器。国际标准化组织在ISO830-1981《集装箱术语》中规定，集装箱应符合以下要求：[②]

①具有足够的强度，能够长期反复使用；

②适合以一种或多种运输方式运送，且在途中转运时箱内货物不需换装；

③具有便于进行快速装卸和搬运的装置，并且可以直接从一种运输工具方便地换装到另一种运输工具上；

④设计时应考虑便于货物的装满和卸空；

⑤具有1立方米和1立方米以上的容积。

按照集装箱的用途，可以将其分为通用集装箱和专用集装箱。具体有以下几种：[③]

①杂货集装箱，又称干货集装箱，是一种通用集装箱。其适用于对运输条件无特殊要求的干杂货进行成箱、成件的集装运输，应用范围极广。

②散货集装箱，是一种密闭式集装箱，通常适用于装载散堆颗粒状、粉末状产品，如豆类、谷物、硼砂等。这种集装箱顶部的装货口通常要设置水密性良好的盖，以防止水浸入箱内，损害货物。

③冷藏集装箱，是一种专用集装箱，适用于装载运输途中需要保持一定温度的冷冻货物或低温货物，如鱼、肉、新鲜水果和蔬菜等。目前，国际上采用的冷藏集装箱通常有两种：一是箱内带有冷冻机的机械式冷藏集装箱；二是箱内无冷冻机，只有隔热结构，需要由运输工具上的冷冻装置供应冷气的离合式冷藏集装箱。

④开顶集装箱，是一种顶部能够开启，吊机可以从箱子上面进行货物装卸的集装箱。这种集装箱在装卸过程中不易造成货物损坏，而且便于货物在箱内的固定，因此，尤其适用于装载大型、重型货物，如钢材、木材以及玻璃板等易破碎的重货。

---

① 王之泰. 现代物流学 [M]. 北京：中国物资出版社，1995：97.
② 孟初阳. 物流设施与设备 [M]. 北京：机械工业出版社，2003：90.
③ 孟初阳. 物流设施与设备 [M]. 北京：机械工业出版社，2003：96-98.

⑤框架集装箱，既没有顶部和左右侧壁，箱端也可以拆卸的集装箱。由于可以从框架集装箱的侧面进行货物装卸，因此特别适用于装载又长又大的笨重产品，如起重机、钢材等。

⑥罐状集装箱，适用于装载流体货物，如酒、食品、药品、化工产品等。它由罐体和箱体框架两部分组成，罐的顶部通常设有水密的装货口。在卸货时，流体货物靠重力的作用由排出口自行流出或者由装货口吸出。

⑦牲畜集装箱，专门用于装载活的动物，具有特殊的结构。

集装箱装卸的优点有以下方面：

①提高装卸效率，加速周转，降低货运成本。

集装箱运输是将单件货物集合成组，装入箱内，使运输单位加大，便于机械操作，从而大大提高装卸效率。如一个20英尺的国际标准箱，每一循环的装卸时间仅需3分钟，每小时可装卸货物400吨，而传统货船每小时装卸货物仅为35吨。因此，采用集装箱运输可提高装卸效率11倍多。又如，一艘万吨级船舶，按传统方式装卸，需在港停泊10天左右；采用集装箱运输，只需24小时，缩短装卸时间约90%，因而加速了车船周转，提高了车船的营运率，降低了运输成本。同时，由于装卸效率的提高，非生产性停泊时间缩短，码头和车站使用率随之提高，从而扩大了吞吐能力。此外，由于装卸机械化，还可以大大降低装卸工人的劳动强度。

②提高货运质量，减少货损货差。

集装箱结构坚固，强度很大，对货物具有良好的保护作用，即使经过长途运输或多次换装，也不易损坏箱内货物，而且一般杂货集装箱既不怕风吹、日晒、雨淋，也不易中途被偷窃。如我国出口日本的金鱼缸和其他瓷器，用传统方式运输破损率高达50%，而采用集装箱运输和装卸后，降为0.5%，基本保证了货物的完好无损。

③节省货物的包装材料。

货物在集装箱内，集装箱本身实际上起到一个强度很大的外包装作用。货物在箱内由于集装箱的保护，不受外界的挤压、碰撞，因此，货物的外包装可大大简化。有些商品甚至无须包装，如目前国际上运输成衣服装，可采用衣架集装箱。这种集装箱专门设计装置，有一排排挂衣架供服装直接吊挂，无须任何包装。集装箱运达目的地后，收货人可以从箱内取出服装，无须重新熨烫平整即可直接上架销售，既节省包装用料和费用，又能使商品及时供应市场。据统计，其包装费用一般可节省50%以上。

（2）托盘。托盘也称集装托盘、集装盘，是由盛载单位数量物品的负荷面和叉车口构成的水平平台装置。托盘是一种特殊的包装形式，具有和集装箱类似的作用。与集装箱相比，托盘具有自重量小、返空容易、装盘容易、节省包装材料等优点，但是其对产品的保护性不如集装箱，并且露天存放困难。

托盘按照结构形式可以分为以下几种：

①平托盘，是托盘中使用量最大的一种，属于通用型托盘，具体按照承托货物的台面又可以分为单面使用型和双面使用型，按照叉车叉入方式可以分为单向插入型、双向插入型和四向插入型。

②柱式托盘，是在平托盘上安装四个固定式或可卸式的立柱的托盘。这种结构的

托盘能够防止袋装货物在运输、装卸过程中发生滑落，在无货架堆码时可以保护最下层货物不受损害。

③箱式托盘，是在平托盘上部安装箱式容器的托盘，通常分为可卸式、固定式和折叠式三种。这种托盘可以将形状不规则的产品进行集装以方便运输，并且可以防止塌垛，主要适用于装载瓜果、蔬菜等农产品。

④轮式托盘，是在平托盘或箱式托盘下部装有四个小型轮子的托盘。这种托盘可以利用轮子做短距离运动，因此在某些情况下可以兼做搬运车辆之用。

托盘作业的优点有以下几个方面：

①装卸效率高。

使用托盘作业可以大大缩短装卸时间，提高效率。用机械一次装卸较多数量的货物，可以缩短作业时间和节省劳动力。由于装卸时间缩短，可以缩短这些运输工具的停留时间，提高其利用率。而且由于使用叉车，可使高层堆垛便利迅速，并能有效利用空间。由于托盘作业的装卸机具一般是移动式的，因此，可以通过机动运用这些设备来提高其利用率。因为是集装单元货物，减少了货物装卸次数，从而可以避免较大的损失。由于托盘的自重量小，因此，在货物的装卸、运输中托盘所消耗的劳动较少，与集装箱相比，无效运输及装卸相对较少。

②可实行货物统一集装化。

尽管货物的品种和形状不一，但一旦码放在托盘上，就变成完全同样的统一集装货物，从而可以有计划地实行标准化作业，提高作业效率；也可以把货物放到输送线上，实现搬运自动化。不仅同一品牌的大量货物可以运用托盘系统，多品种货物同样适用。只要把多个托盘按不同的货物品种或按运往地点分开，就不会造成货物混杂的现象，而且保管场地也容易整理。

③搬运灵活。

托盘装载货物，经常处于移动货物的状态。若用人力逐件搬运，必须小心，防止货物破损。但装在托盘上的货物，只要有机械，就可以简单地把全部集装货物一次搬动，即使是经过多次搬运，货物也比较安全。这对出入库作业频繁、保管多品种货物的中转仓库而言，可以大大提高保管效率。同时，在货物流通过程中各交接点的调配工作也比较容易进行。

④有利于保护货物。

码放在托盘上的货物，不需逐件搬动，从而可以防止货物的破损、污损、丢失、混装等现象。码盘货物的包装可以简化，或者不用单件包装而把货物包装的本身做成托盘单元大小。这样可以更加节约包装费用。码放在托盘上的货物在储存时可以防止受潮和损坏。需要通风的货物，装在托盘上码垛起来效果也较好。

托盘作业的缺点及解决方法：

①间歇作业时有窝工的可能。

当一个托盘正在码货或在载货托盘和空托盘互换期间，必须停止装卸作业。解决这个问题的方法之一是同时使用各种装卸搬运机械。另一种方法是保持一些暂时的储备量。在货物流通过程中，有意识地积存一定数量的货物，就不会窝工，可以均衡作业。

　　②运输工具的装载量减少。

　　如果把旧式的包装货物码放在托盘上，单是托盘自身的体积和重量，就会减少运输工具的货物装载量。为解决这个问题，首先应考虑改进货物的包装方法。由于采用托盘码货，必须简化货物包装，这样就可以提高货物装载量。同时，也应当使托盘、货物、包装和运输工具等的各项尺寸互相配合，也就是通过系列化来消除浪费的空间。

　　③托盘管理问题。

　　物流企业实行托盘作业必须有很多托盘，还应有制造、保管和修理托盘的业务，特别注意的是，必须防止托盘丢失。托盘在一个工厂、仓库、车站或企业内部使用，其管理难度不大。但在流通过程中，托盘势必要从一个企业运到另一个企业。一般来说，托盘一旦运出，保管就比较困难，也难按要求返回。管理这些托盘的方法是在使用企业之间实行交换制度，进一步发展为托盘联营制度。

　　④作业环境要求。

　　使用托盘进行装卸搬运作业需要较好的路面、较宽的通道等。修好路面以便于叉车及其他车辆运行是进行托盘作业的先决条件。还可以配合使用其他装卸机械，如输送机、起重机等。

　　（3）集装袋。集装袋是一种用可折叠的涂胶布、树脂加工布以及其他软性材料制成的大容积软性包装容器，尤其适用于对散装粉粒状产品进行集装，可以使散装货物实现规格化、系列化，从而降低运输成本。

5.4　流通加工管理

5.4.1　流通加工的概念和作用

1）流通加工的概念

　　流通加工是物品从生产领域向消费领域流动的过程中，根据需要对其施加的包装、分割、计量、分拣、组装、价格贴附、标签贴附、商品检验等简单作业的总称。

　　与生产加工相比，流通加工具有以下特点：[①]

　　（1）流通加工的对象是进入流通领域的具有商品属性的产品，而生产加工的对象则是原材料、零配件和半成品。

　　（2）大多数的流通加工都是简单加工，而非复杂加工。一般来说，如果需要复杂的加工过程才能形成人们所需的商品，那么就应专设生产过程完成这种加工。所以，流通加工对生产加工而言是一种辅助和补充，而非对生产加工的取代。

　　（3）从价值观点来看，生产加工创造了商品的价值和使用价值，而流通加工则旨在完善商品的使用价值，并在不改变产品的物理化学性能的情况下提高其价值。

　　①　刘志学. 现代物流手册［M］. 北京：中国物资出版社，2001：187-188.

（4）生产加工的组织者是从事生产活动的人，从加工单位来看则是生产企业；而流通加工的组织者则是从事流通工作的人，从加工单位来看是流通企业。

（5）商品生产是为了交换和消费，流通加工的目的之一也是消费，在这一点上，生产加工与流通加工有相似之处，但是，在有些情况下，流通加工的进行仅仅是以方便流通为目的，纯粹是为流通创造条件。因此，这种为流通而进行的加工在目的上与直接为消费而进行的加工有着明显差异。

二者的比较如表5-2所示。

表5-2   流通加工与生产加工的比较

项　目	流通加工	生产加工
加工的对象	具有商品属性的商品	原材料、零配件和半成品
加工的程度	简单加工	复杂加工
对商品价值的创造	创造商品的价值和使用价值	完善商品的使用价值,提高其价值
加工的组织者	流通企业的作业人员	生产企业的工人
加工目的	交换和消费	消费、流通

2）流通加工的作用

流通加工发挥的作用如下：

（1）弥补生产加工的不足。产品，尤其是生产资料的品种、规格、型号极为复杂，很难完全做到产品统一标准化，并且产品生产企业众多、分布面广，其技术水平差别也较大，加之社会需求的多样性和复杂性，往往导致生产企业无法完全满足客户在产品型号、规格上的需要。因此，通过流通加工，按照客户需求对产品进行处理能够弥补生产加工的不足。

（2）方便客户。在流通加工产生以前，将产品进一步加工，使其能够满足使用要求的活动通常要由使用单位自己完成。因此，客户不得不安排一定的人力、物力和财力对所购产品进行加工。而流通加工的产生使得这种加工从生产和使用领域独立出来，由流通企业根据客户的需要来完成，从而为使用单位（即客户）提供了方便。

（3）为流通企业增加收益。流通企业的利润一般是从生产企业转移而来，从事流通加工在一定程度上可以创造新价值，这样，流通企业不仅能获得生产企业转移过来的利润，而且可以获得流通加工带来的收益。

（4）为配送创造了条件。配送是流通加工、整理、拣选、分类、配货、末端运输等一系列活动的集合。流通加工则是配送过程中其他活动的基础，是配送的前提。

5.4.2　流通加工的类型[①]

1）以弥补生产领域加工不足为目的而进行的流通加工

由于技术、生产规模等因素的限制，许多产品在生产领域只能被加工到一定程度，而不能完全实现终极加工。所以，进一步的加工成型就要依靠流通加工来完成。例如，对木材的集中开木下料。由于木制品本身的特点，如果木材在产地完成成材制

① 王之泰. 现代物流学［M］. 北京：中国物资出版社，1995：468.

成木制品的话，就会给运输造成较大的困难。所以，在原产地，木材仅能被加工到原木、板方材这一程度，进一步的下料、切裁等要由流通加工完成。而在流通加工点则可以将原木锯成各种规格的锯材，将碎木、碎屑集中加工成各种规格板，还可进行打眼、凿孔等初级加工，以满足不同的使用要求。因此，这种流通加工实际是对生产加工的进一步完善，能够弥补生产加工的不足。

2）以满足需求多样化为目的而进行的流通加工

由于需求具有多样性和多变性的特点，从事大规模生产的企业很难使产品完全满足不同客户的使用要求。因此，客户往往根据自身需要自行对产品进行加工。例如，许多生产消费型用户的再生产往往是从原材料的初级处理开始的。这种初级加工如果由流通加工来完成，用户即可缩短生产过程，集中力量从事技术性较强的劳动。例如，平板玻璃的"集中套裁、开片供应"就可以按用户提供的图纸统一套裁开片，向用户供应成品，用户可以将其直接安装到采光面上。所以，这类流通加工带有服务的性质。

3）以提高物流效率、方便物流为目的而进行的流通加工

在流通过程中，一些产品自身的形态决定了难以对其进行物流操作。例如，将造纸用的木材磨制成木屑并进行压缩的流通加工。由于木材的重量轻，所占容积大，在运输时常常使车船满装而不能满载，因此，可以将造纸用的木材在林区就地磨成木屑，并将其压缩成容重大、容易装运的形状运送到离消费地较近的造纸厂。此外，鲜鱼、鲜肉等生鲜产品的装卸、储运也较为困难；大型设备、气体产品的装卸搬运也有一定难度。通过对鲜鱼、鲜肉进行冷冻，对大型设备进行解体，对气体产品进行液化等流通加工活动，可以使物流活动的各个环节容易操作。这类流通加工可以方便物流作业，提高物流效率。

4）以保护产品为目的而进行的流通加工

在物流活动的每一个环节都存在产品保护的问题。为了保证产品在装卸搬运、运输、储存等过程中不受损害，可以对产品进行稳固、改装、冷冻、保鲜、涂油等流通加工活动。

5）以促进销售为目的而进行的流通加工

对于即将进入销售领域的产品，可以通过各种形式的流通加工使其便于销售。其具体包括：对大包装或散装的商品进行分装加工，使其成为符合消费者购买要求的小包装；将运输包装改换成为有装潢的、美观的销售包装；对农、牧、副、渔等产品进行精加工，去除无用部分，甚至将其进行切分、洗净、封装等加工，便于消费者的购买和使用；将零部件在消费地组装成用具、车辆进行销售，如自行车的装配通常就是在销售地完成的。

6）以提高加工效率为目的而进行的流通加工

许多生产企业的初级加工由于数量有限而导致加工效率不高，也难以采用先进的加工技术。通过集中形式的流通加工，以一家流通加工企业替代若干生产企业的初级加工工序，能够实现规模效益，采用先进的技术，从而大大提高加工效率，如钢板的剪切和下料加工。许多钢板板材在交货时尺寸规格都比较大，有的是成卷交货，在使

用钢板的企业中，大型企业由于用量大，可以购置专门的剪板和下料加工设备，按其使用需要进行加工。而用量较小的企业和大多数中小企业，如果自行购置剪板、下料设备则会面临长时间闲置设备、浪费人力资源、不容易采用先进技术的状况。因此，通过在固定地点设置剪板机进行下料加工或设置各种设备将较大规格的钢板裁小或裁成毛坯，可以降低销售起点，便利用户，并且这种集中加工可以保证加工批量和作业的连续性，也可以专门研究此类加工技术并有条件地采用先进设备，从而大幅度地提高加工效率。

7）以提高原材料的利用率为目的而进行的流通加工

利用流通领域的集中加工替代各使用部门的分散加工，可以进行集中下料，做到优材优用、小材大用、合理套裁，进而提高原材料的利用率，减少浪费损失。集中搅拌供应混凝土就属于此类情况。传统的混凝土使用方法是将粉状水泥提供给用户，由用户在工地按使用需要现制现拌。而改变这一习惯做法，将粉状水泥输送到使用地区的流通加工点进行搅拌，制成商品混凝土，然后再供给各个工地或小型构件厂使用，则可以在加工过程中采取准确的计量手段，选择最佳的工艺，根据不同需要，大量使用混合材料拌制成不同性能的混凝土，从而达到节约水泥、提高原材料利用率的目的。据计算，制造 1 立方米混凝土所需的水泥使用量，采用集中搅拌的方式一般能比分散搅拌减少 20~30 千克。

5.4.3　流通加工的合理化

1）不合理的流通加工

虽然流通加工能够起到方便流通和消费的作用，但如果流通加工活动组织得不合理，则仍然会给商品流通带来负面效应。不合理的流通加工主要有以下几种情况：

（1）流通加工地点的不合理设置。流通加工地点的合理布局是使流通加工具有有效性的重要前提。一般来说，以衔接单品种、大批量生产与多样化需求为目的的流通加工，其地点应设置在需求地，以发挥大批量的干线运输与多品种末端配送的物流优势。如果设置在生产地，则可能会出现多品种、小批量产品由产地向需求地长距离运输的不合理情况，以及在生产地增加了一个流通环节的同时又增加了近距离运输、装卸、储存等一系列的物流活动。而以方便物流为目的的流通加工，其位置应设在产出地。如果设置在消费地，不仅不能解决物流的问题，而且又增加了一个中转环节，影响商品流通的效率。

此外，在生产地、消费地设置流通加工环节的选择正确的前提下，如果在小地域范围内选址不当仍然会出现交通不便、加工地与生产企业或用户之间距离较远、周围环境条件不好等不合理情况。

（2）不恰当的流通加工方式。流通加工并非是对生产加工的替代，而是对生产加工的辅助和完善。因此，流通加工与生产加工之间存在着合理分工的问题。通常，工艺复杂、技术装备要求高的加工活动应由生产环节来完成，对于那些可以由生产过程延续或轻易解决的问题，如果设置流通加工环节，则会导致时间和资源的浪费，产生不合理性。所以，流通加工的对象、流通加工的工艺和技术、流通加工的程度等都应以此为原则。

（3）流通加工未充分发挥作用，形成多余环节。流通加工的主要目的是方便物流与消费，因此，如果流通加工活动对这两个方面都没有太大的促进作用，则反而会增加一个多余的作业环节，影响物流效益和效率。例如，流通加工过于简单，对生产或消费作用不大，或者流通加工具有盲目性，不能真正解决品种、规格、包装等问题。

（4）过高的流通加工成本，未实现预期效益。较高的投入产出比是流通加工的重要优势之一。如果流通加工成本过高，则不但不能实现以较低投入实现更高价值的目的，还可能增加流通费用，影响流通加工企业（部门）的经济效益。

2）流通加工合理化的基本途径

要实现流通加工的合理化，须注意解决以下几个问题：

（1）流通加工要与配送合理结合，即将流通加工地点设置在配送场所，一方面可以按照配送需要进行加工，另一方面使加工作业与配送业务流程中的分货、拣货、配货等环节合理衔接，成为其中的一个环节，经流通加工后的商品可以直接进行配送作业。这样就无须单独设置一个独立的加工环节。流通加工与周转流通之间的这种巧妙结合，在实现合理化的同时也有助于配送服务水平的提高。

（2）流通加工要与合理运输相结合，即有效利用支线运输转干线运输或干线运输转支线运输这一本来就必须停顿的环节进行流通加工。在运输的这种中转停顿点上，按照干线或支线运输合理化的要求对商品进行适当的加工，可以大大提高运输转载水平。

（3）流通加工与配套相结合。在对配套要求较高的流通中，配套的主体来自各个生产单位，但是，完全配套有时无法全部依靠现有的生产单位，进行适当流通加工，可以有效促成配套，大大提高流通的桥梁和纽带的能力。

（4）流通加工与合理商流相结合。通过流通加工有效促进销售，使商流合理化，也是流通加工合理化的方向之一。流通加工要适应客户需要，使经过流通加工后的产品能够满足客户或消费者各方面的具体要求，这样，既为客户创造了更大的转移价值，同时也使流通加工能够发挥对商品销售的促进作用。

（5）流通加工与节约相结合。节约能源、节约设备、节约人力、节约消耗是流通加工合理化过程中需要考虑的四个重要因素。对于流通加工合理化的最终判断，要看其是否最终实现了社会效益与企业效益的最优化。对流通加工企业而言，应把社会效益放在首位。流通加工也应遵循绿色原则，尽量将分散加工转向专业集中的流通加工，以规模作业方式提高资源利用率；采用清洁生产方式，减少环境污染，集中处理流通加工中产生的边角废料，减少废弃物污染等。

本章小结

装卸是指物品在指定地点以人力或机械装入运输设备或卸下，其结果是物品的垂直位移。搬运则是指在同一场所内对物品进行水平移动的物流作业，其结果是物品的水平位移。无论在生产领域还是流通领域，装卸搬运都是影响物流速度和物流费用的重要因素。

在组织装卸搬运作业时，要使作业过程的各环节、各要素实现合理化，以提高物流活动的效率。装卸搬运作业合理化的要点主要有：防止和消除无效作业，提高作业对象的"活性"，充分利用重力和消除重力影响，实现机械化作业，尽量使装卸搬运单元化，创建"复合终端"。

包装是指在流通过程中为保护商品、方便储存、促进销售，按一定技法采用的容器及辅助物等的总体名称，也包括为了达到上述目的而进行的操作活动。包装具有保护商品、方便流通与消费以及促进商品销售的功能。可以按照不同的标准对包装进行分类。

包装的合理化是指在包装过程中使用适当的材料和技术，制成与被包装商品相适应的容器，使其既满足保护商品、方便流通与消费的要求，又能达到节约包装费用、降低包装成本、提高包装经济效益的目的。

流通加工是物品在从生产领域向消费领域流动的过程中，根据需要对其施加的包装、分割、计量、分拣、组装、价格贴附、标签贴附、商品检验等简单作业的总称。流通加工可以弥补生产加工的不足，方便客户，为流通企业增加收益和为配送创造了条件。流通加工的合理化要注意流通加工要与配送合理结合，流通加工要与合理运输相结合，流通加工要适应客户需要，流通加工要实现绿色化。

本章案例

7-11 连锁店的装卸搬运系统

每一个成功的零售企业背后都离不开高效便捷的物流配送中心的大力支持。遍布全球的著名便利连锁店 7-11 在建立初期的营业时间是从早上 7 点到晚上 11 点，后来这家便利店改成了一星期 7 天 24 小时营业，但原来的店名却沿用了下来。

这家 70 多年前发源于美国的商店是全球最大的便利连锁店，在全球 20 多个国家拥有约 2.1 万个连锁店。例如，美国有 5 700 多家，泰国有 1 500 多家，日本有 8 400 多家。

一间普通的 7-11 连锁店一般只有 100～200 平方米大小，却要提供 23 000 种食品。不同的食品可能来自不同的供应商，运送和保存的要求也各有不同，每一种食品又不能短缺或过剩，而且还要根据顾客的不同需要随时调整货物的品种，种种要求给 7-11 连锁店的物流配送提出了更高的要求。

为了实现货物的装卸搬运，配置的主要装卸搬运机械为：电动叉车、手动托盘搬运车、垂直升降机、笼车、输送机和数字拣选设备。装卸搬运时的操作过程如下：把外来的货物卸下后，将其装到托盘上，然后由手动叉车将货物搬运到入库运载处，通过入库运载装置上升，将货物送到入库输送带上。接到向第一层搬送指示的托盘在经过升降机平台时不再需要上下搬运，而直接从当前位置经过一层的入库输送带自动分配到一层入库区等待入库；接到向2～4层搬送指示的托盘，将由托盘垂直升降机自动传输到所有需求的楼层。当升降机到达指定的楼层时，由各层的入库输送带自动搬送货物到入库区。货物下平台时，由叉车从输送带上取下托盘入库。出库时，根据订单进行拣选配货，拣选后的出库货物用笼车装载，由各层平台通过笼车垂直输送机送至1层的出货区，装入相应的运输车上。

7-11连锁店对食品的分类是：冷冻类（-20℃），如冰激凌；微冷类，如面包等。不同类型的食品会用不同的冷藏设备和方法进行装卸搬运，由于在上下货物时经常开关门，容易引起车厢温度的变化和冷藏食品的变质，7-11连锁店专用一种两仓式货车来进行送货，这样一个仓中的温度变化不会影响到另外一个仓。

除了配送设备，不同食品对配送时间和频率也有不同的要求，对于有特殊要求的冰激凌，7-11连锁店会绕过配送中心由配送车分早、中、晚3次直接从生产商运到店铺。

随着7-11连锁店规模的不断扩大，7-11连锁店开始和批发商及合作生产商构建统一的集约化的配送和进货系统。在这种系统下，它改变了以往由多家批发商分别向各便利店送货的方式，改由一家在一定区域内的特定批发商统一管理该区域内的同类供应商，然后向7-11连锁店统一配货，这种方式称为集约化配送。集约化配送有效地降低了批发商的数量，减少了配送环节，为7-11连锁店节约了物流费用。

7-11连锁店的优点在于从批发商手上夺回了配送的主动权，能及时掌握在途商品、库存货物等数据，对于一个零售企业来说，这些都是至关重要的。先进实用的装卸搬运系统为7-11连锁店的发展提供了强大的支持，使7-11连锁店的物流运作能力和效率都大大提高了。

资料来源　李静芳. 现代物流管理［M］. 北京：清华大学出版社，2009.

复习思考题

1.装卸搬运在物流系统中的作用体现在哪些方面？

2.如何实现装卸搬运作业的合理化？

3.包装设计的要点有哪些？

4.常用的包装材料和技术有哪些？

5.包装合理化具体体现在哪些方面？

6.流通加工在物流过程中发挥何种作用？

7.常见的流通加工类型有哪些？

8.如何实现流通加工合理化？

第 6 章

物流信息管理

学习目标

通过本章的学习，使读者正确理解物流信息及物流信息系统的特点、作用；掌握物流信息系统的构成、功能及设计原则；了解现代信息技术在物流信息系统的应用情况。

6.1　物流信息概述

6.1.1　物流信息的概念与特点

1）物流信息的概念

信息是能反映事物内在本质的外在表现，如图像、声音、文件、语言等，是事物内容、形式和发展变化的反映。信息十分普遍，客观世界存在着各种各样的信息现象。自然的演化需要信息，生命的进化也需要信息，人类的生活更离不开信息。没有信息，千变万化的事物之间就没有了联系，大千世界的统一也就无从谈起。

物流信息是物流活动的内容、形式、过程及发展变化的反映，它表示品种、数量、时间、空间等各种需求信息在同一个物流系统内、在不同的物流环节中所处的具体位置。在物流活动中，供给方与需求方需要进行大量的信息交换和交流。

2）物流信息的特点

与其他领域的信息相比，物流信息的特殊性主要表现在以下几方面：

（1）物流信息量大，信息种类多。从采购到生产直至成品销售，既有资源信息和过程信息，也有历史信息。每次信息的处理活动，都涉及大批量的信息输入和输出问题，而且这些信息产生、加工和应用在形式、时间、地点上经常是不一致的，这就使物流信息的分类、研究、筛选等难度增加。

（2）物流信息分布广。物流所及之处就是信息所及之处，信息所及之处有时甚至超过物流的范围。不仅生产系统内部各个环节有不同种类的物流信息，而且在本厂外乃至社会，都产生了大量的纷繁复杂的物流信息。

（3）物流信息动态性强。一方面，物流信息价值的衰减速度快，这就对物流信息管理的及时性提出了较高要求；另一方面，有些物流信息的传递路径很长（如订货信息），而这些具有传递性的物流信息也正是要求共享的物流信息，且共享程度与传递路径成正比。

6.1.2　物流信息的分类[①]

物流信息是物流系统的基础，因此，在理解和开发物流信息系统时，必须对物流信息有清晰的了解。弄清物流信息不同的类型，对提高物流管理水平、实现其价值具有重要意义。通常按以下分类方法对物流信息进行分类：

1）按信息载体的类型分类

按物流信息载体不同，通常可将物流信息分为单据（凭证）、台账、报表、计划、文件等多种类型。

物流单据（凭证）发生在企业的操作层，一般记载物流工作实际发生情况。根据制定者不同，单据分为企业内部和外部的单据。凡是由企业外部制定和开出的单据属

---

① 蔡淑琴. 物流信息系统［M］. 北京：中国物资出版社，2002：48-52.

于外部单据，而由企业自身制定和开出的单据则为内部单据。例如，货物采购时由供应厂商开出的发票是外部单据，企业为客户开出的销售发票则为内部单据。

物流单据按照一定的要求（如时间次序、某种分类等）积累则形成物流台账。物资管理工作中的商品明细台账就是按物资类别，将某种物资的入库、出库按时间次序记载的流水账。

物流报表是按照一定的统计要求，将一定周期内的物流单据或者物流台账进行计算、汇总、排序、分类汇总等形成的信息载体，其作用是通过对一定时期生产经营的统计，检查生产经营情况，发现存在的问题，为制定相关决策提供依据。

物流计划对于企业物流管理是一种非常重要的信息，它是企业物流管理决策的具体体现。从管理职能来说，企业有不同的计划，如需求计划、采购计划、项目预算计划、财务计划等，企业领导者靠它们向下传达企业下一个计划期企业生产经营的意图，用以统一指挥各部门的行动，而企业的下级通过报表反映计划的实际实施情况。

文件一般分为企业内部和外部文件。外部文件的制定者是企业的外部单位、组织，而内部文件又可分为企业级的、企业各部门的。文件多为非数值型数据。

单据（凭证）、台账和报表是有确定性的，是对现实的反映；而计划具有可变性，是实现过程控制和评价的标准之一。图 6-1 描述了一般信息载体的产生及作用。

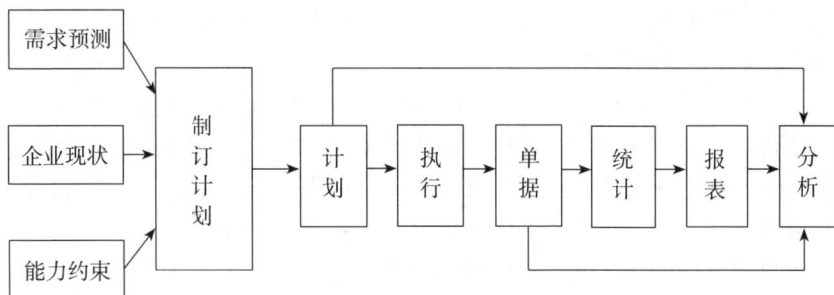

图 6-1　信息载体的产生及作用

2）按物流信息的作用分类

按物流信息的作用分类不同，可将物流信息分为语法信息、语义信息和语用信息三类。语法信息描述事物的状态，语义信息说明事物运动状态的含义，而语用信息说明决策者的价值和效用。在企业管理中，管理者利用事物的语用信息判断该事物对企业的利害关系，决定对事物所持态度，根据语法信息和语义信息确定对待该事物以及相关事物的具体策略。

在日常管理工作中，搜集的是语法信息，管理层、决策层需要的是语义信息和语用信息。例如，在物流管理中，物资代码、客户订货数量、订货日期、运输方式等是物流管理的语法信息；配送中心的库存量、采购部门的采购量是物流管理的语义信息；市场份额、产品需求、物流成本等是物流管理的语用信息。依据这些信息，企业管理决策者就可以确定相应的物流战略。

3）按物流信息的来源分类

按物流信息来源的不同，可将物流信息分为内部信息和外部信息。外部信息是指在企业外部发生的与物流活动相关的各种信息，具体包括供货人信息、顾客信息、竞争对手信息、交通运输信息、市场信息和政策信息等。内部信息是指在企业内部发生的与物流有关的信息，具体包括订发货信息、物流计划、物流作业信息等。外部信息与内部信息相比，其不确定程度与不准确程度高、信息搜集困难，而且不可控制。企业经常遇到不确定的信息，从而导致企业物流成本上升、计划赶不上变化，无法很好地安排采购、运输。在市场竞争趋于白热化的今天，谁能更快、更及时、更全面地掌握外部信息，谁就能更好地占有市场。

企业外部信息的搜集、加工和利用是实现危机管理、风险管理的基础和保证，1998年波及全球范围的东南亚金融危机向企业管理者敲响了危机管理的警钟。对企业来说，重要的外部信息有很多，例如，市场情况的监测信息、竞争对手的情况、与本企业相关的最新科技成果信息、国家的政策法规等宏观信息、国际国内资本市场信息等。这些信息又是企业制定战略决策的重要依据。外部信息的关键数据处理环节是数据的搜集，国际互联网的建立为企业搜集外部信息提供了非常便利的渠道，但是由于国际互联网上的信息量太大、太分散，因此，对信息进行识别就显得非常重要，从而产生了信息服务提供者。全部的外部信息构成了企业物流管理的信息世界，无论哪一信息发生变化，都有可能导致这个信息世界发生重大变化，因此，对外部信息的搜集并加以充分利用对企业物流管理来说，已越来越重要。

4）按物流信息的稳定程度分类

按物流信息的稳定程度不同，可将物流信息分为静态信息和动态信息。例如，国家的政策法规、物流作业周期、供应商信息等是静态信息；国际国内市场物流报价信息、物资配送、销售情况等为动态信息。大多数企业外部信息的稳定程度较低。静态信息是相对的，随着企业生产经营的变化及市场竞争条件的变化，静态信息也会发生变化，如企业要定期修改物流作业周期，增加供应商信息等。因此，静态信息处理的关键是信息的利用，动态信息处理的关键是信息的搜集、存储、加工等。

5）按物流活动分类

按物流活动的不同，可将物流信息划分为物流系统内信息和物流系统外信息。物流系统内信息包括物料流转信息、物流操作层信息，如运输信息、储存信息、物流加工信息、配送信息、价格信息等；物流系统外信息主要包括用户物品运输、配送信息，社会可用运输资源信息，交通和地理信息等。由于这种分类方法是按信息产生的源头划分，因此，容易保证信息的搜集以及信息的正确性，但按这种方法分类、管理物流信息，容易产生"信息孤岛"，使不同活动的信息共享的难度加大。

6）按数据反映与几何空间位置的相关性分类

按数据反映与几何空间位置的相关性，可将物流信息划分为空间信息、非空间信息。空间信息描述了物流资源的几何空间位置，一般存储在空间数据库中，非空间信息目前大多存储在关系型数据库中。

总之，信息流的内涵已由原来的单一流向，经过不断演绎向多样化、层级化、网络化发展。物流信息管理已涵盖了物流管理活动的方方面面，物流信息以物流及信息技术为载体，通过与物流活动的高度融合推动和促进物流管理水平的提高。

6.1.3　物流信息的标准化

随着电子商务的发展，物流系统的信息化要求日益迫切。在物流信息系统建设中，通过标准化来实现系统间的数据交换与共享已经成为物流信息管理的必然要求。物流信息标准分基础标准和应用标准两大部分。

1）基础标准

基础标准主要是物流实体的编码（即标识代码）技术标准以及这些编码的数据库结构标准，如商品编码技术标准、托盘编码技术标准、集装箱编码技术标准及其数据库结构标准等。

标识代码的编码规则必须保证其在全球范围内的唯一性，即物流管理对象与其标识代码的一一对应。目前国际物品编码协会（EAN）和美国统一代码委员会（UCC）及其地区编码组织，制订了对货物、运输、服务和位置等进行唯一有效编码的方案，即国际EAN-UCC系统。中国物品编码中心也参考其技术规范制定了我国相应的国家标准，主要包括贸易单元标识代码、物流单元标识代码、物流节点标识代码和应用标识代码等。

贸易单元数据库、物流单元数据库以及物流节点数据库非常重要。它能保证用户直接将数据库中的数据下载到自己的数据库中直接使用，不仅节省人力、物力，还保证了数据的准确性和及时性。同时，对于那些没必要或没有能力建立自己的数据库系统的用户，数据库将成为其共有的数据库，可供其在需要的时候调用数据。这种综合的物流数据库将为整个物流系统中的用户提供标准化的数据来源，是保证物流信息传递的重要环节。为此，应在对商品数据、物流单元数据、物流节点数据的结构进行分析的基础上，结合企业应用的实际情况，制定能够满足物流各参与方需要的标准化数据结构标准。

2）应用标准

应用标准主要是指自动识别与分拣跟踪技术标准和电子数据交换技术标准。运用合适的自动识别技术将ID代码所表示的信息自动输入计算机，从而实现信息的自动化传递，对实现自动化物流至关重要。目前的自动识别技术主要包括条码技术、智能卡识别技术、光字符识别技术、语音识别技术、射频识别技术、视觉识别技术、生物特征识别技术等，而目前用于物流方面的自动识别技术主要有条码技术和射频技术。条码技术标准包括码制标准和条码标识标准。码制标准主要有128码制、交插二五码制、三九码制等。条码标识标准主要有商品条码标准、128条码标准、贸易单元128条码标准、交插二五条码标准、三九条码标准、库德巴条码标准等一维条码标准以及PDF417条码、QR矩阵码等二维条码标准。

射频技术在国外物流管理中已经有非常广泛的应用，而在我国尚未普及。在物流管理中相关的标准或规范有物流射频标签技术规范、物流射频识别读写器应用规范和射频识别过程通信规范等。

电子数据交换标准主要包括电子数据交换语法标准和电子数据交换报文标准。目前国际上已经具有UN/EDIFACT（联合国行政、商业和运输业电子数据交换）语法制定和报文设计导则（ISO9735）、联合国贸易数据元目录（ISO7372）等国际标准。我国也制定了相应的国家标准。电子数据交换报文标准是在电子数据交换语法的基础上开发的应用标准。国际物品编码协会在 UN/EDIFACT 标准的基础上开发了流通领域电子数据交换规范——EANCOM。目前，共有 47 个报文，包括主数据类、商业交易类、报告和计划类、运输类、财务类以及通用报文类等。中国物品编码中心在 UN/EDIFACT 和 EANCOM 的基础上，结合我国商业的实际情况已经制定了商业交易类的有关报文标准。

　　信息资源既是物流信息化的出发点，又是物流信息化的归宿。落实物流信息资源的开发，就要保证物流信息的标准化、规范化。建立与推动物流信息标准化将实现信息系统的自动数据采集和系统间的数据交换，使企业在实现电子化物流过程中共享一套公共的信息交换框架，并使企业间物流信息共享、互动、集成的成本、时间和风险大大降低。可以预见，信息标准化是一个复杂的渐进过程，只有在科学管理的基础之上，才能获得成功。

6.2　物流信息系统

　　既然物流信息有如此重要的作用，那么，企业物流管理者就应该对它进行有效管理。物流的信息管理就是对物流信息的搜集、整理、存储传播和利用的过程，也就是将物流信息从分散到集中，从无序到有序，从产生、传播到利用的过程，同时对涉及物流信息活动的各种要素，包括人员、技术、工具等进行管理，实现资源的合理配置。千头万绪的信息单单靠人力是无法完成的，这就需要信息系统进行分析处理。

6.2.1　物流信息系统的概念与特点

1）物流信息系统的概念

　　物流信息系统[①]是一种由人、计算机（包括网络）和物流管理规则组成的集成化系统。它将硬件和软件结合在一起，对物流活动进行管理、控制和衡量。其中，硬件部分包括计算机、输入/输出设备、网络设备和储存媒体等；软件部分包括用于处理交易、管理控制、决策分析和制订战略计划的系统和应用程序。

2）物流信息系统的特点

　　物流信息系统具有集成化、模块化、实时化、网络化和智能化等特点。随着社会经济的发展和科技的进步，物流信息系统正在向信息分类集成化、系统功能模块化、信息采集在线化、信息存储大型化、信息传输网络化、信息处理智能化，以及信息处理界面的图形化方向发展。

　　（1）集成化。集成化是指物流信息系统将业务逻辑上相互关联的部分连接在一起，为企业物流活动中的集成化信息处理工作提供基础。在系统开发过程中，数据库

---

　　① 本书所说的物流信息系统是企业信息系统中的一类，是企业按照现代管理理念，以信息技术为支撑所开发的信息系统。该系统充分利用数据、信息、知识等资源，实施物流业务，控制物流业务，支持物流决策，实现物流信息共享，以提高物流运营与管理效率。

的设计、系统结构以及功能的设计等都应该遵循统一的标准、规范和规程（即集成化），以避免出现"信息孤岛"现象。

（2）模块化。模块化是指把物流信息系统划分为各个功能模块的子系统，各子系统通过统一的标准来进行功能模块开发，然后再集成、组合起来使用，这样就能既满足不同管理部门的需要，也保证了各个子系统的使用和访问权限。

（3）实时化。实时化是指借助于编码技术、自动识别技术、GPS技术、GIS技术等现代物流技术，对物流活动进行准确、实时的信息采集，并采用先进的计算机与通信技术，实时进行数据处理和传送物流信息。

（4）网络化。网络化是指通过Internet将分散在不同地理位置的物流分支机构、供应商、客户等连接起来，形成一个复杂但有密切联系的信息网络，从而通过物流信息系统这个联系方式实时地了解各地业务的运作情况。物流信息中心将对各地传来的物流信息进行汇总、分类，以及综合分析，并通过网络把结果反馈传达下去，以指导、协调、综合各个地区的业务工作。

（5）智能化。智能化是物流信息系统的发展方向，如物流决策支持系统中的知识子系统，它就负责搜集、存储和智能化处理在决策过程中所需要的物流领域知识、专家的决策知识和经验知识等信息。

6.2.2 物流信息系统的功能与层次

1）物流信息系统的功能

物流信息系统作为整个物流系统的指挥和控制系统，可以有多种子系统或者多种基本功能，通常其基本功能可以归纳为以下几个方面：

（1）信息输入。通过运用条码技术、射频识别技术、GIS（地理信息系统）技术、GPS（全球定位系统）技术等现代物流技术，物流信息系统能够对物流活动进行准确、实时的信息搜集并整理成为系统要求的格式和形式，然后再通过输入子系统输入到物流信息系统中，以供使用。

（2）信息存储。物流信息进入到系统中之后，在得到处理之前，必须在系统中存储下来。当得到处理之后，如果没有完全丧失信息价值，往往也要将结果保存下来，以供使用。物流信息系统的存储功能就是保证已得到的信息能够不丢失、不走样、不外泄、整理得当、随时可用。

无论哪一种物流信息系统，在涉及信息的存储问题时，都要考虑存储量、信息格式、存储方式、使用方式、存储时间、安全保密等问题。数据的存储必须要考虑数据的组织形式，目的是数据的处理和检索。

物流信息系统的不同层次对信息存储的要求是不同的。在作业层中，需要存储的信息格式往往比较简单，存储时间比较短，但是数量往往很大。控制层与管理层的信息格式比较复杂，要求存储比较灵活，存储的时间也较长。

（3）信息传输。物流信息的传输可以消除空间的阻隔，特别是通过EDI传输的信息，是结构化的标准信息，可以极大地提高物流管理活动的作业效率，使得企业间更有效地进行运营活动。根据所传递的信息种类、数量、频率、可靠性要求等因素，物流信息传输可以通过通信线路与近程终端或远程终端相连，形成联机系统；或者通过通信线路将中、小、微型计算机联网，形成分布式系统。

（4）信息处理。信息处理是物流信息系统最基本的功能，也是衡量物流信息系统能力一个极其重要的方面。物流信息系统通过对信息的加工处理，发现规律和联系，从而可以对物流活动进行预测和决策。物流信息系统处理信息的方式既可以是简单的查询、排序，也可以是复杂的模型求解和预测，如数据仓库、数据挖掘、联机分析、专家系统等。

（5）信息输出。信息输出必须采用便于人或计算机理解的形式，在输出形式上力求易读易懂、直观醒目。这是评价物流信息系统的主要标准之一。当前物流信息系统正在向数据采集的在线化、数据存储的大型化、信息传输的网络化、信息处理的智能化以及信息输出的多媒体化方向发展。

2）物流信息系统的功能层次

物流企业对信息的要求是无止境的，随着网络计算机技术的发展、市场需求和客户需求的增加，物流信息系统的功能和内涵也将随之增加。目前，对物流信息系统的功能层次比较一致的观点认为，可将其分为四个功能层次，如图6-2所示。

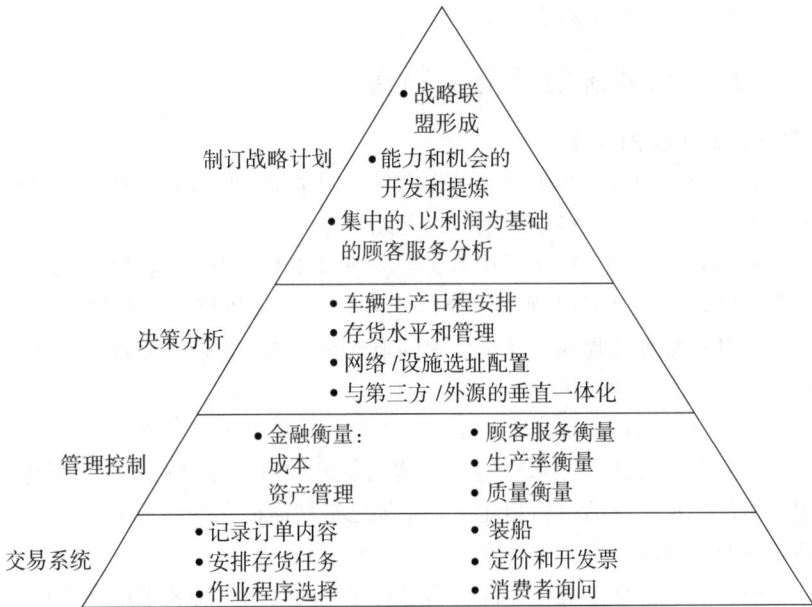

图6-2　物流信息系统的四个功能层次

资料来源　鲍尔索克斯，克劳斯. 物流管理：供应链过程的一体化［M］. 林国龙，宋柏，沙梅，译. 北京：机械工业出版社，1999：147.

第一层次：交易系统功能。交易系统是用于启动和记录个别的物流活动的最基本的层次。交易活动包括记录订单内容、安排存货任务、作业程序选择、装船、定价、开发票，以及消费者查询等。物流信息的交易功能就是记录物流活动的基本内容，其主要特征是程序化、规范化、交互式，强调整个信息系统的效率性和集成性。

第二层次：管理控制功能。物流服务的水平和质量以及现有个体和资源的管理，要依靠信息系统进行控制。应该建立完善的考核指标体系对作业计划和绩效进行评价和鉴别，这里强调了信息系统的控制工作和加强控制力度的作用。

第三层次：决策分析功能。物流信息系统可以用来协助管理人员鉴别、评估、比较物流战略和策略的可选方案。决策分析也以可估价的问题为特征。与管理控制不同的是，决策分析的主要精力集中在评估未来策略的可选方案上，并且它需要相对松散的结构和灵活性，以便作范围很广的选择。既然决策分析的应用要比交易应用少，那么物流信息系统的决策分析趋向于更多地强调有效（effectiveness），而不是强调效率（efficiency）。

第四个层次：制订战略计划功能。物流信息系统主要集中应用于信息支持上，以期开发和提炼物流战略，强调物流信息管理系统对战略定位所起的作用。这类决策往往是决策分析层次的延伸，但是，通常更加抽象、松散，并且注重长期性。

物流信息系统是物流领域的神经网络，遍布物流活动的各个层次和各个方面，具体如图6-3所示，呈现出金字塔结构。除了垂直方向上所划分的交易系统、管理控制、决策分析与制订战略计划等，物流信息系统在水平面上还贯穿采购物流、企业内物流、销售物流、退货物流、回收和废弃物物流的运输、储存、装卸搬运、包装、流通加工等各个环节。

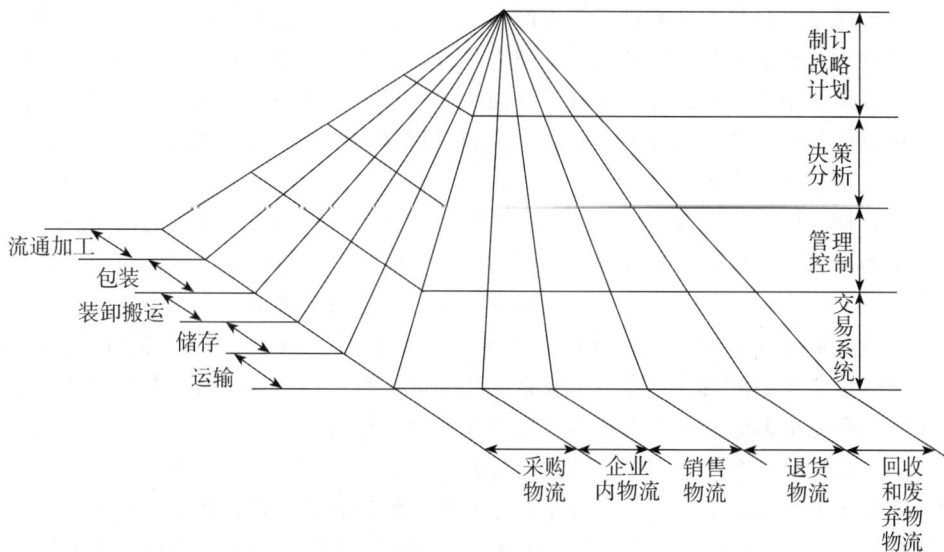

图6-3 物流信息系统的功能结构

资料来源 查先进，严亚兰. 物流信息系统 [M]. 大连：东北财经大学出版社，2005：19.

3）物流信息系统的重要性

在世界信息化高度发展的新时代，物流与信息流的相互配合体现得越来越重要，在物流管理中必然要用到越来越多的信息技术。信息技术对传统产业的注入，改变了传统产业结构、企业结构、社会经济结构及其运行模式，促进了全球经济的快速增长和全球经济一体化的形成。现代物流就是传统物流与现代信息技术的完美结合，世界上任何一个知名物流公司无不有一个强大的物流信息系统在其背后支撑。FEDEX总裁曾经说过："我们不是一家拥有IT能力的运输公司，而是一个拥有运输能力的IT公司。"利用信息技术提升物流业务水平是现代物流的核心，物流业务信息化是现代物流区别于传统物流的关键。只有实现物流全过程信息化，才能降低物流运作成本，提高运作效率，增强盈利能力。

可以预见，在未来的几年里，只有少数物流公司最终会从目前方兴未艾的物流外包业务中受益。能够提供最大客户价值，即在保持服务水平不变的基础上提供最低成本的公司，将会是物流市场上的最终赢家。建立一个高速畅通、动态互联的标准化信息系统，是企业物流部门及专业化物流企业保证其各项职能相互协调并保持高效，实现与其他企业联盟使得物流服务整体化的必要条件。信息系统将成为决定企业物流成功的关键因素。

（1）物流信息系统是形成企业核心能力的关键。在物流供应链中，至少拥有一个关键环节并且展示出其强大的核心能力，将成为物流服务提供者生存与发展的重要前提。拥有内部专有信息技术可以使企业获得规模经济效益并能够向顾客提供价格低廉的物流服务。同样，强大的信息处理能力也可以给专业化的物流企业提供一个获利的战略平台，它可以在此基础上开发或者收购相关的物流服务能力。

（2）物流信息系统是供应链管理的需要。目前的市场竞争不再是企业间的单兵作战，已升级成为企业所在的供应链间的竞争。而使用信息技术是建立世界级供应链企业的关键。若想帮助客户管理供应链的大部分物流业务，企业物流部门或专业化的物流企业必须在相关的信息技术领域拥有强大的管理、设计和开发能力。那些可以提供整个供应链管理软件解决方案，并在实施和运作这些系统上展示出能力的企业，将会在市场上享有竞争优势。

（3）物流信息系统有利于拓宽服务范围。客户为减少与之合作的物流供应商数量而做出的努力，会给那些可以提供广泛物流服务的企业带来更多的机会。而能够向物流价值链上方移动，提供传统的运输和仓储以外的增值服务的企业，会更加紧密地和客户的业务整合在一起，从而优化客户的"转移成本"。目前市场上具备广泛物流服务能力的企业凤毛麟角。然而，在未来的几年里，利用信息系统对现有资源进行整合和集中，会使更多的专业化物流企业拥有这方面的能力。

（4）物流信息系统有利于扩大服务地域。随着企业和供应链全球化的发展，企业的物流业务也将走向全球化。尤其是对专业化的物流企业来讲，拓展国外业务显得越来越重要，因为它们的客户正在持续开发国外市场上的销售和采购渠道。随着国外企业的大举进入，这方面的能力将变得越来越重要。而EDI等信息技术的应用可以增强第三方物流企业的控制能力，节约管理成本。

（5）物流信息系统可以应对互联网管理的变化。基于互联网的管理除了革命性地改变了供应链上各个环节成员之间相互沟通的方式以外，互联网在物流市场上的作用也日益重要。一些企业已经或正在开发基于互联网的物流信息系统，用来交换和传递关键的物流信息。其中，快步公司和宝供物流集团联合开发的基于Internet/Intranet的物流信息系统已经成功地运作数年，为支持宝供物流的发展和客户在华业务的拓展起到了有力的推动作用。

6.2.3 物流信息系统的构成要素

从系统的观点来看，物流企业信息系统的主要构成要素包括硬件、软件、数据库与数据仓库、人力资源以及企业管理理念、管理制度与规范等。

1）硬件

硬件包括计算机、必要的通信设施等，如计算机主机、外存、打印机、服务器、通信电缆、通信设施。硬件设施是物流信息系统的物理设备、硬件资源，是实现物流信息系统的基础，它构成系统运行的硬件平台。物流信息系统的物理结构如图6-4所示。

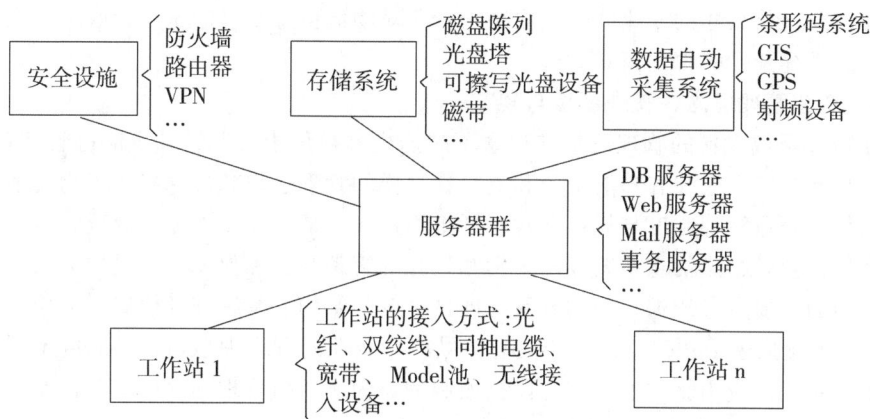

图6-4 物流信息系统的物理结构

2）软件

在物流信息系统中，软件一般包括系统软件、实用软件和应用软件。

系统软件主要有操作系统和网络操作系统。它控制、协调硬件资源，是物流信息系统必不可少的软件。

实用软件的种类很多，主要有数据库管理系统、计算机语言、各种开发工具、国际互联网上的浏览器和邮件等，主要用于开发应用软件、管理数据资源和实现通信等。

应用软件则是面向问题的软件，与物流业务运作相关，实现辅助物流管理的功能。不同的企业可以根据应用的要求来开发或购买软件。

通常，系统软件和实用软件由计算机厂商或专门的软件公司开发，它们构成物流信息系统开发和运行的软件平台，企业可在市场上配置和选购。系统软件种类较少，目前操作系统主要有磁盘操作系统（如 MSDOS）、GUI 操作系统（如 Windows2003、WindowsXP、UNIX、Linux等）；实用软件的特点是品种多、新软件产生的频率高、版本更新快，因此，用户的选择余地较大；而应用软件一般需要根据用户的实际情况进行定制开发，不过在市场上也有一些成熟的应用软件可供选购，如财务软件、进销存软件等。

3）数据库与数据仓库

数据库与数据仓库主要用来存放与应用相关的数据，是实现辅助企业管理和支持决策的数据基础，目前大量的数据存放在数据库中。

随着国际互联网的广泛应用，计算机安全技术、网络技术、通信技术的发展，以及市场专业化分工与协作的深入，封闭式的企业物流管理模式将不断被打破，企业与客户将更密切地共享信息，因此，企业数据库的设计将面临采取集中、部分集中、分布式管理决策的局面。

4）人力资源

系统的开发涉及专业人员、领导及终端用户等多方面的人员，如企业高层的领导、信息主管、中层管理人员、业务主管、业务人员和系统分析员等都是物流信息系统的工作人员。系统管理员、程序设计员、系统维护员等是从事企业物流信息资源管理的专业人员。不同的人员在物流信息系统开发过程中起着不同的作用。对企业来说，应该配备什么样的专业队伍，取决于企业对物流信息系统的认识，取决于企业对物流信息系统开发的管理模式。

5）企业管理理念、管理制度与规范

在物流领域，新的管理思想和理念不断产生并被用于实践，如供应链管理理念、第三方物流等。企业与客户能接受和贯穿什么样的管理思想和理念将决定物流信息系统的结构。企业管理制度与规范通常包括组织机构、部门职责、业务规范和流程、岗位制度等，它是物流信息系统成功开发和运行的管理基础和保障，也是构造物流信息系统模型的主要参考依据，制约着系统硬件平台的结构、系统计算模式、应用软件的功能。图6-4描述了物流信息系统的总体结构。企业的管理理念与管理制度不同，其物流信息系统的应用软件也不同。以机械制造业为例，当管理理念由库存控制、制造资源管理发展到企业资源管理时，其业务层的企业信息系统应用软件也就由MRP、MRPII发展到ERP；当企业管理理念由注重内部效率的提高转到注重客户服务，其业务层的企业信息系统应用软件就会从以财务为中心发展到以客户为中心。

6.3　物流信息系统中的主要技术

信息技术的飞速发展为实施新的物流管理模式提供了更有效的手段，人们正把信息技术视为提高生产率和竞争能力的主要来源。与其他资源不同，信息技术正在不断地提高速度和能力，同时又在降低成本。这些信息技术广泛应用在物流方面，对物流作业已经并将继续产生全面而深刻的影响。这些技术包括条码技术、EDI以及新兴的网络GPS等。

6.3.1　条码技术

计算机、网络技术的发展，彻底改变了人们传统的工作方式。但是如何解决计算机的快速录入问题，一直是影响计算机应用的"瓶颈"。手工键盘输入速度慢、容易出错，而且工作强度大。到目前为止，先后涌现出多种自动识别技术，如手写识别技术、语音识别技术、条码识别技术和磁识别技术等，其中条码技术因其输入速度快、准确率高、成本低、可靠性强等原因成为首选的自动识别技术，现已广泛应用于物流领域。

条码技术的出现，不仅在国际范围内为商品提供了一套可靠的代码标识体系，而

且为产、供、销等生产及贸易的各个环节提供了一套通用的、可靠的代码标识技术，为实现商业数据的自动采集和电子数据交换（EDI）奠定了基础。企业无论大小，要想实现对物品的实时跟踪，就必须应用条码技术。

1）条码的定义与种类

条码是由一组排列规则的条、空和相应的字符组成的。这种用条、空组成的数据编码可以供机器识读，而且很容易译成二进制和十进制数。这些条和空可以有各种不同的组合方法，从而构成不同的图形符号，即各种符号体系，也称码制，适用于不同的场合（见表6-1）。由于条码应用领域的不断拓展，对于一定面积上的条码信息密度和信息量提出了更高要求。为了更好地满足这种需求，一种新的条码编码形式——二维条码便应运而生了。从结构上讲，二维条码分为两类：一类由矩阵代码和点代码组成，其数据是以二维空间的形态编码的；另一类是由多行条码符号组成，其数据以成串的数据行显示。重叠的符号标记法有CODE49、CODE16K和PDF417[①]。

表6-1 条码码制的区别

种类	长度	排列	校验	字符符号码元结构	标准字符集	其 他
EAN-13 EAN-8	13位 8位	连续	校验码	7个模块，2条、2空	0～9	EAN-13为标准版 EAN-8为缩短版
UPC-A UPC-E	12位 8位	连续	校验码	7个模块，2条、2空	0～9	UPC-A为标准版 UPC-E为消零压缩版
39码	可变长	非连续	自校验 校验码	12个模块，5条、4空，其中3个宽单元，6个窄单元	0～9、A～Z、-、S、/、＋、％、*、.、空格	"*"用作起始符和终止符，密度可变，有串联性，亦可增设校验码
93码	可变长	连续	校验码	9个模块，3条、3空	0～9、A～Z、-、S、/、＋、％、*、.、空格	有串联性，可设双校验码，加前置码后可表示128个全ASCII码
基本25码	可变长	非连续	自校验	14个模块，5个条，其中2个宽单元，3个窄单元	0～9	空不表示信息，密度低
交叉25码	定长或可变长	连续	自校验 校验码	18个模块表示2个字符，5个条表示奇数位，5个空表示偶数位	0～9	表示偶数位个信息编码，密度高，EAN、UPC的物流码采用该码制
矩阵25码	定长或可变长	非连续	自校验 校验码	9个模块，3条、2空，其中2个宽单元，3个窄单元	0～9	密度较高，在我国被广泛用于邮政管理
库德巴码	可变长	非连续	自校验	7个单元，4条、3空	0～9、A～D、S、+、-、/	有18种密度
128码	可变长	连续	校验码	11个模块，3条、3空	3个字符集覆盖了128个全ASCII码	有功能码，对数字码的密度最高
49码	可变长多行	连续	校验码	每行70个模块，18条、17空	128个全ASCII码	多行任意起始扫描，行号由每行词的奇偶性决定
11码	可变长	非连续	自校验	3条、2空	0～9、-	有双自校验功能

---

① PDF是便携式数据文件（portabledatafile）的缩写，417则与宽度代码有关，用来对字符编码。矩阵代码如maxicode、datamatrix、codeone和dotcodeA，它的标签可以做得很小，甚至可以做成硅晶片的标签，因此可以用于小物件。

2）条码技术的系统要求

条码技术是电子与信息科学领域的高新技术，所涉及的技术领域较广，是多项技术相结合的产物。经过多年的研究和应用实践，条码技术现已发展成为较成熟的实用技术。

条码应用系统由条码、识读设备、电子计算机及通信系统组成。应用范围不同，条码应用系统的配置也不同。一般来讲，条码应用系统的应用效果主要取决于系统的设计。系统设计主要考虑下面几个因素：

（1）条码设计。条码设计包括确定条码信息元、选择码制和符号版面设计。

（2）符号印制。在条码应用系统中，条码印制质量对系统能否顺利运行关系重大。如果条码本身质量高，即使性能一般的识读器也可以顺利地读取。虽然操作水平、识读器质量等是影响识读质量不可忽视的因素，但条码本身的质量始终是系统能否正常运行的关键。统计资料表明，在系统拒读、误读事故中，条码标签质量原因占事故总数的50%以上。因此，在印制条码符号前，要做好印刷设备和印刷介质的选择，以获得合格的条码符号。

（3）识读设备选择。条码识读设备种类很多，如光笔、CCD阅读器、激光枪、台式扫描器等，各有优缺点。在设计条码应用系统时，必须考虑识读设备的使用环境和操作状态，以做出正确的选择。

3）条码技术的特点

在信息输入技术中，条码作为一种图形识别技术与其他识别技术相比，有如下特点：

（1）简单。条码符号制作容易，扫描操作简单易行。

（2）信息采集速度快。普通计算机的键盘录入速度是每分钟200字符，而利用条码扫描录入信息的速度是键盘录入的20倍。

（3）采集信息量大。利用条码扫描每次可以采集十几位字符的信息，而且可以通过选择不同码制的条码增加字符密度，使录入的信息量成倍增加。

（4）可靠性高。键盘录入数据，误码率为三百分之一，利用光学字符识别技术，误码率约为万分之一，而采用条码扫描录入方式，误码率仅有百万分之一，首读率可达98%以上。

（5）设备结构简单、成本低。

4）物流条码的概念与特点

物流条码是物流过程中用以标识具体实物的一种特殊代码，它是由一组黑白相间的条、空组成的图形，利用识读设备可以实现自动识别、自动数据采集。在整个物流过程中都可以通过物流条码来实现数据共享，使信息的传递更加方便、快捷、准确，以提高整个物流系统的经济效益。

与商品条码相比较，物流条码主要有如下特点：

（1）储运单元的唯一标识。商品条码通常是单个商品的唯一标识，用于零售业现代化的管理；物流条码是储运单元的唯一标识，通常标识多个或多种类商品的集合，用于物流的现代化管理。

（2）服务于物流全过程。商品条码服务于消费环节，商品一经出售到最终用户手里，商品条码就完成了其存在的价值，商品条码在零售业的POS系统中起到了单个商品的自动识别、自动寻址、自动结账等作用，是零售业现代化、信息化管理的基础；物流条码服务于物流全过程，生产厂家生产出产品，经过包装、运输、仓储、分拣、配送，直到零售商店，中间经过若干环节，物流条码是这些环节中的唯一标识，因此它涉及面更广，是多种行业共享的通用数据。

（3）信息多。通常，商品条码是一个无含义的13位数字条码；物流条码则是一个可变的，可表示多种含义、多种信息的条码，是无含义的货运包装的唯一标识，可表示货物的体积、重量、生产日期、批号等信息，是贸易伙伴根据贸易过程中共同的需求，经过协商统一制定的。

（4）可变性。商品条码是一个国际化、通用化、标准化的商品的唯一标识，是零售业的国际化语言；物流条码是随着国际贸易的不断发展，贸易伙伴对各种信息需求的不断增加而产生的，其应用领域在不断扩大，内容也在不断丰富。

（5）维护性。物流条码的相关标准是一个需要经常维护的标准。及时沟通用户需求，传达标准化机构有关条码应用的变更内容，是确保国际贸易中物流现代化、信息化管理的重要保障之一。

5）物流条码标准体系

物流条码涉及面较广，相关标准也较多。它的实施和标准化是以物流系统的机械化、现代化、规范化和标准化为前提的。如图6-5所示，物流条码标准体系已基本成熟，并日趋完善。

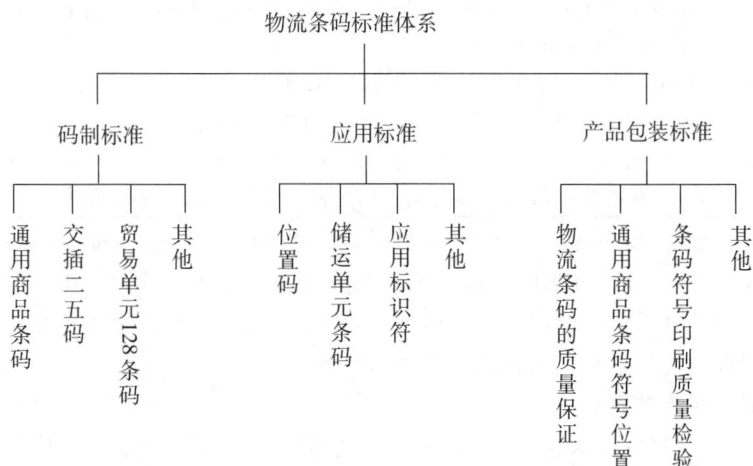

图6-5 物流条码标准体系

6）物流条码标识内容及码制选择

（1）物流条码标识内容。物流条码标识的内容主要有项目标识（货运包装箱代码SCC-14）、动态项目标识（系列货运包装箱代码SSCC-18）、日期、数量、参考项目（客户购货订单代码）、位置码、特殊应用（医疗保健业等）及内部使用等。

（2）物流条码符号的码制选择。目前现存的条码码制多种多样，但国际上通用的和公认的物流条码码制只有三种,即 ITF-14 条码、UCC/EAN-128 条码及 EAN-13 条码。选用条码时,要根据货物的不同和商品包装的不同,采用不同的条码码制。单个大件商品,如电视机、电冰箱、洗衣机等商品的包装箱往往采用 EAN-13 条码。储运包装箱常常采用 ITF-14 条码或 UCC/EAN-128 应用标识条码。包装箱内可以是单一商品,也可以是不同的商品或多件商品小包装。

6.3.2 RFID 技术

1) RFID 技术概述

RFID 是 radio frequency identification 的缩写,即射频识别,俗称电子标签。RFID 是一种非接触式的自动识别技术,它通过射频信号自动识别目标对象并获取相关数据,识别工作无须人工干预,可工作于各种恶劣环境。

RFID 并不是一个崭新的技术,其发展最早可以追溯至第二次世界大战时期。它继承了雷达的概念,最初被用来在空战中进行敌我识别。1948 年,哈里·斯托克曼(Harry Stockman)发表的《利用反射功率的通信》一文奠定了 RFID 的理论基础。

从历史上看,RFID 技术的发展基本可按 10 年期划分为几个阶段,如表 6-2 所示。

表 6-2   RFID 的发展历史

时　　间	RFID 技术的发展
1941—1950 年	雷达的改进和应用催生了 RFID 技术。1948 年奠定了 RFID 技术的理论基础
1951—1960 年	早期 RFID 技术的探索阶段,主要是在实验室进行实验研究
1961—1970 年	RFID 技术的理论得到了发展,开始了一些应用尝试
1971—1980 年	RFID 技术与产品研发处于一个大发展时期,各种 RFID 技术测试得到加速,出现了一些最早的 RFID 应用
1981—1990 年	RFID 技术及产品进入商业应用阶段,各种封闭系统应用开始出现
1991—2000 年	RFID 技术标准化问题日趋得到重视。RFID 产品得到广泛采用
2001 年至今	标准化问题日益为人们所重视。RFID 产品种类更加丰富,有源电子标签、无源电子标签及半无源电子标签均得到发展,电子标签成本不断降低

资料来源　赵庆. RFID 技术的发展历史和标准现状〔EB/OL〕.〔2005〕. http://www.cttl.com.cn.

由表 6-2 可以看出,RFID 技术在 20 世纪 90 年代逐渐走向成熟。由于这种技术可识别高速运动物体并可同时识别多个标签,操作快捷方便,被广泛地应用于工业自动化、物体跟踪、交通运输控制管理、防伪和军事等方面。

2) RFID 技术的特点

RFID 的主要特性是数据可读写、形状的小型化和多样化、适用环境范围广、可重复使用、穿透性以及数据的存储容量大。

(1) 数据可读写(readwrite)

只要通过 RFID,即可不需接触,直接读取信息至数据库内,且可一次处理多个标签,并可以将物流处理的状态写入标签,供下一阶段物流处理的读取判断之用。与条形码等各种纸媒体的自动识别方法相比,RFID 可不限制次数地新增、修改、删除卷标内储存的数据。

（2）形状的小型化和多样化

传统的磁性条形码受限于体积，不易嵌在过小的物品上，RFID 则不然。日立（Hitachi）公司甚至已经开发出厚度仅有 0.1mm、面积为 0.4mm×0.4mm 的微型 RFID 芯片，薄到可以嵌入纸币中；欧洲中央银行已在 2005 年将 RFID 芯片嵌入欧元纸币中。因此可以说，RFID 的体积迷你到可以隐藏在各种物品里面。

（3）适用环境范围广

RFID 对水、油和药品等物质有强力的抗污性，同时在黑暗或脏污的环境之中，RFID 也可以读取数据。

（4）可重复使用

由于 RFID 为电子数据，可以被反复覆写，因此，如果回收标签的话，就可以重复使用。

（5）穿透性

RFID 即使被纸张、木材和塑料等非金属或非透明的材质包覆，也可以进行穿透性通信。不过，如果是铁质金属的话，就无法进行通信。

（6）数据的存储容量大

数据容量会随着存储规格的发展而扩大，尤其是目前物品所需携带的数据量越来越大，对卷标所能扩充容量的需求也有所增加。RFID 不像条形码那样会受到限制。一维条形码的容量是 50 字节；二维条形码最大的容量可达 3 000 字节。RFID 标签最大的容量可达数兆字节。

表 6-3 将 RFID 与 IC 卡、条形码进行了比较，充分展示了 RFID 的特点。

表6-3   RFID 与 IC 卡、条形码的比较

参数 系统	数据量 (bits)	污染 影响	受方向性 影响	磨损	工作 费用	阅读 速度	最大读取 距离	自动化 程度
RFID	16～64k	无	较小	无	一般	很快	10m	高
IC 卡	16～64k	可能	单方向	触点	一般	一般	接触	低
条形码	1～100k	严重	单方向	严重	很小	慢	10cm	低

3）RFID 的组成及原理

（1）RFID 的组成（如图 6-6 所示）

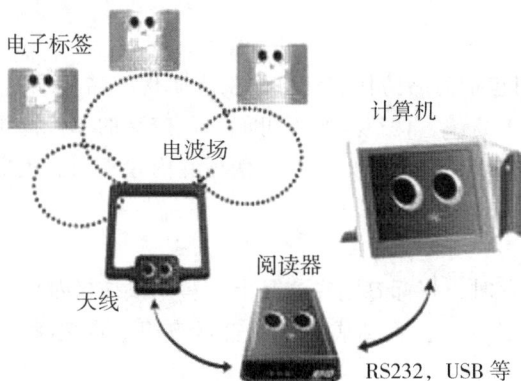

图6-6 RFID 的系统组成

RFID 系统由三部分组成：

①电子标签（tag）：由耦合元件及芯片组成，且每个电子标签具有全球唯一的识别号（ID），无法修改、无法仿造，这样提供了安全性。电子标签附着在物体上标识目标对象。电子标签中一般保存有约定格式的电子数据，在实际应用中，电子标签附着在待识别物体的表面。

②天线（antenna）：在标签和阅读器间传递射频信号，即标签的数据信息。

③阅读器（reader）：读取（或写入）电子标签信息的设备，可设计为手持式或固定式。阅读器可无接触地读取并识别电子标签中所保存的电子数据，从而达到自动识别物体的目的。通常阅读器与计算机相连，所读取的标签信息被传送到计算机上，进行下一步处理。

（2）工作原理（如图6-7所示）

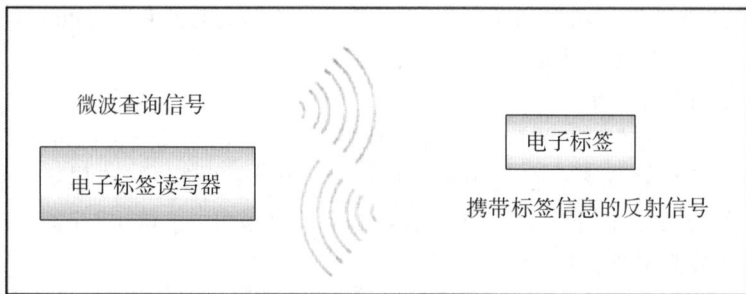

图6-7　RFID的工作原理

当装有电子标签的物体在距离0～10米范围内接近读写器时，读写器受控发出微波查询信号，安装在物体表面的电子标签收到读写器的查询信号后，将此信号与标签中的数据信息合成一体反射回电子标签读出装置。反射回的微波合成信号，已携带电子标签数据信息。读写器接收到电子标签反射回的微波合成信号后，经读写器内部微处理器处理后即可将电子标签储存的识别代码等信息分离读取出来。

4）RFID 的应用

在国外，RFID技术已被广泛应用于诸如工业自动化、商业自动化等众多领域。其应用范围包括：

（1）防伪

RFID的防伪应用包括商品防伪和证件防伪。防伪产品要求成本低，但很难伪造。而电子标签的制造成本高昂，伪造几乎不可能，可产品的单价却相对十分便宜。同时电子标签体积很小，便于封装。例如，将防伪标签内置于酒瓶盖中，用手持设备进行检验。

（2）供应链管理

在产品生产或库存时，将标签贴在产品上，整个供应链都将共享这些标签。当产品从生产线前端通过各加工流程到成品入库直至被摆上货架时，RFID可以详尽地记录所有的物流流程。

①生产流水线管理。

电子标签在生产流水线上可以方便、准确地记录工序信息和工艺操作信息，满足柔性化生产需求。通过对工人工号、时间、操作、质检结果的记录，可以完全实现生产的可追溯性，还可避免生产环境中手写、眼看信息造成的失误。

②仓储管理。

将 RFID 系统用于智能仓库货物管理，有效地解决了仓储货物的信息管理。对于大型仓储基地来说，管理中心可以实时了解货物位置、货物存储的情况，这对于提高仓储效率、反馈产品信息、指导生产都有很重要的意义。它不但增加了一天内处理货物的件数，还可以监看货物的一切信息。

③销售渠道管理。

建立严格而有序的渠道，高效地管理好进销存是许多企业面临的难题。产品在生产过程中嵌入电子标签，其中包含唯一的产品号，厂家可以用识别器监控产品的流向，批发商、零售商可以用厂家提供的读写器来识别产品的合法性。

（3）贵重物品管理

RFID 还可用于照相机、摄像机、便携式电脑、CD 随身听、珠宝等贵重物品的防盗、结算、售后保证。其防盗功能属于电子物品监视系统（EAS）的一种。

标签可以附着或内置于物品包装内。专门的货架扫描器会对货品实时扫描，得到实时存货记录。如果货品从货架上被拿走，系统将验证此行为是否合法，如为非法取走货品，系统将报警。

买单出库时，不同类别的全部物品可通过扫描器一次性完成扫描，在收银台生成销售单的同时解除防盗功能。这样，顾客带着所购物品离开时，警报就不会响了。在顾客付账时，收银台会将售出日期写入标签，顾客所购的物品也得到了相应的保证和承诺。

（4）图书管理、租赁产品管理

在图书中贴入电子标签，可方便地接收图书信息，整理图书时不用移动图书，可提高工作效率，避免工作误差。

（5）其他，如物流、汽车防盗、航空包班管理等

总之，RFID 的应用不仅将给零售、物流等产业带来革命性的变化，也将对未来世界的经济和贸易产生巨大的影响。

6.3.3　EDI 技术

1）EDI 的定义与应用条件

EDI（electronic data interchange）意为电子数据交换。国际标准化组织（ISO）于1994 年确认了电子数据交换（EDI）的技术定义：根据商定的交易或电文数据的结构标准实施商业或行政交易从计算机到计算机的电子传输。这表明 EDI 应用有自己特定的含义和条件，即：

（1）使用 EDI 的是交易的两方，是企业之间的文件传递，而非同一组织内的不同部门。

（2）交易双方传递的文件是特定的格式，采用的是报文标准，目前就是联合国的

UN/EDIFACT。

（3）双方各有自己的计算机（或计算机管理信息系统）。

（4）双方的计算机（或计算机系统）能发送、接收并处理符合约定标准的交易电文的数据信息。

（5）双方计算机之间有网络通信系统，信息传输是通过该网络通信系统实现的。

需要说明的是，信息处理是由计算机自动进行的，无须人工干预、人为地介入。而这里所说的数据或信息是指交易双方互相传递的具有法律效力的文件资料，可以是各种商业单证，如订单、回执、发货通知、运单、装箱单、收据发票、保险单、进出口申报单、报税单、缴款单等，也可以是各种凭证，如进出口许可证、信用证、配额证、检疫证、商检证等。由此看来，与其说 EDI 是一项技术，不如说是一项严谨的规范与作业流程。这项流程的完成需要计算机系统和超过技术以外的企业和企业、银行各部门的配合来完成数据传输。

2）EDI 系统的构成要素

数据标准化、EDI 软件及硬件、通信网络是构成 EDI 系统的三要素。

（1）数据标准化。EDI 标准是由各企业、各地区代表共同讨论、制定的电子数据交换共同标准，可以使各组织之间的不同文件格式，通过共同的标准，获得彼此之间文件交换的目的。

（2）EDI 软件及硬件。实现 EDI，需要配备相应的 EDI 软件和硬件。EDI 软件具有将用户数据库系统中的信息译成 EDI 的标准格式，以供传输交换。虽然 EDI 标准具有足够的灵活性，可以适应不同行业的众多需求，然而，每个企业有其自己规定的信息格式，因此，当需要发送 EDI 电文时，必须用某些方法从企业的专有数据库中提取信息，并把它翻译成 EDI 标准格式进行传输，这就需要 EDI 相关软件的帮助。EDI 软件构成如图 6-8 所示。

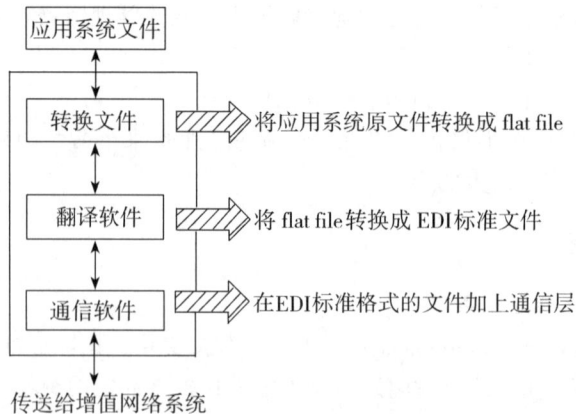

图 6-8　EDI 软件系统结构

①转换软件。转换软件可以帮助用户将原有计算机系统的文件转换成翻译软件能够理解的平面文件，或是将从翻译软件接收来的平面文件转换成原计算机系统中的文件。

②翻译软件。将平面文件翻译成EDI标准格式，或将接收到EDI标准格式翻译成平面文件。

③通信软件。将EDI标准格式文件外层加上通信信封，再送到EDI系统交换中心的邮箱，或在EDI系统交换中心内将接收到的文件取回。

④硬件设备。EDI所需的硬件设备主要有计算机、调制解调器及电话线。

⑤计算机。目前所使用的计算机，无论是PC、工作站、小型机、主机等，均可利用。

⑥modem（调制解调器）。使用EDI来进行电子数据交换需通过通信网络，而采用电话网络进行通信是很普遍的方法，因此，modem是必备硬件设备。modem的功能与传输速度，应根据实际需求来选择。

⑦通信线路。最常用的是电话线路，如果在传输时效及资料传输量上有较高要求，可以考虑租用专线。

（3）通信网络。通信网络是实现EDI的手段。EDI通信方式有多种，许多应用EDI的企业逐渐采用第三方网络与贸易伙伴进行通信，即增值网络方式。它类似于邮局，为发送者与接收者维护邮箱，并提供存储转送、记忆保管、通信协议转换、格式转换、安全管制等功能。因此，通过增值网络传送EDI文件，可以大幅度降低各方传送资料的复杂度和困难度，大大提高EDI的效率。

3）EDI的特点

（1）EDI的使用对象是具有固定格式的业务信息和具有经常性业务联系的单位。

（2）EDI所传送的资料是一般业务资料，如发票、订单等，而不是指一般性的通知。

（3）采用共同标准化的格式，这也是与一般E-mail的区别，如联合国EDI-FACT标准。

（4）尽量避免人工的介入操作，由收送双方的计算机系统直接传送、交换资料。

4）EDI的效益

应用EDI的效益视应用的规模和深度而不同。一般说来，企业采用EDI新技术可产生如下诸方面的效益：

（1）由于交易双方的信息经由计算机通信网络传输，瞬间即达，可大大缩短业务运作时间。

（2）由于信息处理是在计算机上自动完成的，无须人工干预，所以除节约时间外也可大幅度降低业务处理过程中的差错率，从而降低资料出错的处理成本。

（3）节省库存费用。由于使用EDI后可大幅度缩短供需双方的业务处理时间，因而需方可减少库存，从而降低了库存成本。有一个数据可供参考，美国钛星汽车厂在1992年使用EDI后，每年库存费用降低9亿美元，从而大幅度降低了生产成本，提高了产品的市场竞争力。

（4）节省人事费用。由于使用EDI后不再需要人工填表、制单、装订、打包、邮寄等一系列过程，自然可节省人力。据美国福特汽车公司统计，它在配合EDI来简化对账付款流程后，相关的作业人员由500人减少到150人，成效显著。

（5）实现贸易无纸化，大幅度节省纸张、印刷、储存及邮寄的费用，亦即降低了贸易文件成本。

（6）企业国际化。随着企业使用EDI，业务不再受到地域的限制，而是立即走向全球。

6.3.4　物联网

1）物联网的概念

物联网（the internet of things）的理念最早出现于比尔·盖茨1995年出版的《未来之路》一书。1999年，美国Auto-ID首先提出"物联网"的概念，即把所有物品通过射频识别等信息传感设备与互联网连接起来，实现智能化识别和管理。2005年11月，国际电信联盟（ITU）发布了《ITU互联网报告2005：物联网》。报告指出，无所不在的"物联网"通信时代即将来临，世界上所有的物体（从轮胎到牙刷、从房屋到纸巾）都可以通过因特网主动进行交换，射频识别技术、传感器技术、纳米技术、智能嵌入技术将得到更加广泛的应用。2008年11月，IBM提出"智慧地球"概念，即"互联网+物联网=智慧地球"，以此作为经济振兴战略。2009年8月，温家宝总理在无锡考察感传网产业发展时，明确指示要早一点谋划未来，早一点攻破核心技术，并且明确要求尽快建立中国的传感信息中心，或者叫"感知中国"中心。

物联网，顾名思义就是"物物相连的互联网"，是通过各种传感器等信息采集设备，按约定的通信协议把物品与互联网连接起来，实现对物品智能化识别、定位、跟踪、监控和管理的一种网络。这包含两层意思：一方面，物联网是互联网的延伸和扩展，其核心基础仍然是互联网；另一方面，该网络用户端拓展和覆盖了人与物、物与物之间的信息交换需求。

总之，物联网是一个基于互联网、传统电信网等信息承载体，让所有能够被独立寻址的普通物理对象实现互联互通的网络。

2）物联网的分类

（1）私有物联网（private IOT）：一般向单一机构内部提供服务。

（2）公有物联网（public IOT）：基于互联网向公众或大型用户群体提供服务。

（3）社区物联网（community IOT）：向一个关联的"社区"或机构群体（如一个城市政府下属的各委办局，如公安局、交通局、环保局、城管局等）提供服务。

（4）混合物联网（hybrid IOT）：是上述两种或以上的物联网的组合，但后台有统一运维实体。

3）特征

从技术上看，物联网技术在应用层面具有以下特点：

（1）感知识别普适化。作为物联网的前端，感知识别核心是要将传统分离的物理世界与信息世界联系起来，将物理世界信息化。而物理世界是广泛和多样的，这就要求感知识别具有广泛和普遍的适应性。

（2）异构设备互联化。由于客观和历史的因素，互联网的设备存在硬件与协议的差异，因此，通过网关技术实现异构网络之间的互联互通是前提。

（3）联网终端规模化。物联网的重要特点是"物"的广泛联系，因此，未来每一件物品均应当具有通信功能，并成为网络终端。当各类"物"被广泛终端化之后，物联网就"水到渠成"了。

（4）管理调控智能化。物联网将大规模的信息终端高效地联系起来之后，通过海量存储和搜索引擎，就为各种上层应用提供了可能，并实现智能化。

（5）应用服务链条化。物联网应用的一个重要特征是能够提供"链条型"服务，即可以按照价值链、产业链、生活链展开管理和服务，最典型的应用是物流管理，实现了对商品流通过程中各种状态的动态管理。

4）体系架构

物联网的体系（见图6-9）架构由感知层、网络层、应用层组成。从结构上看，根据信息生成、传输、处理和应用的原则，通常可以将物联网分为四层：感知识别层、网络构建层、管理服务层和综合应用层。

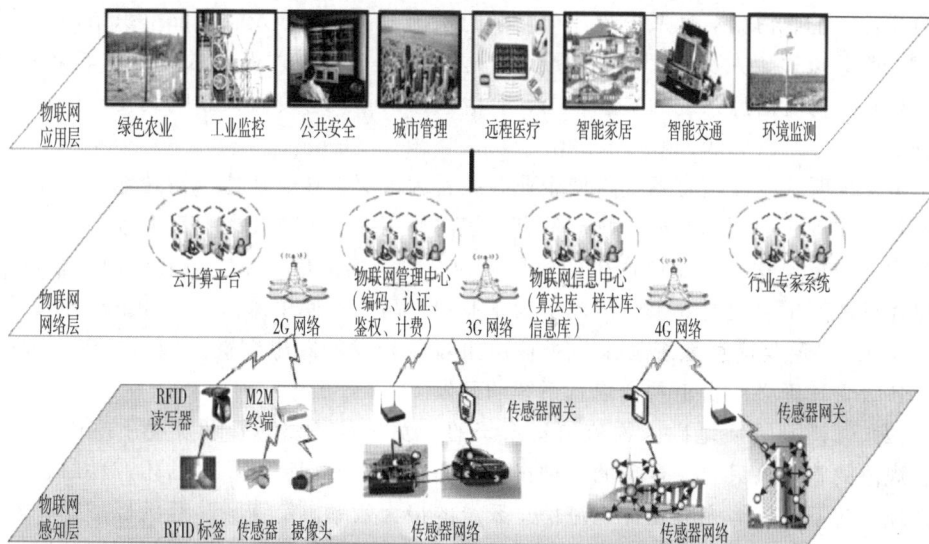

图6-9 物联网体系

（1）感知识别层。解决前端感知这一核心问题，是联结物理世界和信息世界的纽带。感知层是物联网的皮肤和五官——识别物体，采集信息。感知层包括二维码标签和识读器、RFID标签和读写器、摄像头、GPS、传感器、终端、传感器网络等，主要是识别物体，采集信息，与人体结构中皮肤和五官的作用相似。

（2）网络构建层。把下层（感知识别层）数据接入互联网，包括广域网、城域网、个域网和局域网等。网络层是物联网的神经——信息传递和处理。网络层包括通信与互联网的融合网络、网络管理中心、信息中心和智能处理中心等。网络层将感知层获取的信息进行传递和处理，类似于人体结构中的神经。

（3）管理服务层。其背后是一个数据中心的概念，包括搜索引擎、智能决策、信息安全和数据挖掘等功能。

（4）综合应用层。解决集成应用问题，核心是提供一个基于应用的解决方案，具体可以根据需求体现为智能电网、智能交通、智能物流和智能监测等。应用层是物联网与行业专业技术的深度融合，与行业需求结合，实现行业智能化。这类似于人的社会分工，最终构成人类社会。

6.4　物流信息系统的开发与设计

6.4.1　物流信息系统开发的基本条件与基本原则

1）物流信息系统开发的基本条件

物流信息系统的开发需要一些基本条件。从目前已经建立和使用的物流信息系统情况来看，一个成功物流信息系统的开发必须具备以下几个基本条件：

（1）领导重视。"信息系统是一把手工程"就是指企业领导必须重视物流信息系统的开发。企业物流信息系统是一项复杂的系统工程，它涉及企业的组织结构、规章制度、业务流程、人员管理等诸多要素，这些都是专业技术开发人员所不能解决的。国内外开发物流信息系统的实践表明，企业领导的重视程度直接影响到物流信息系统的成败。

事实证明，企业信息系统将使企业各级管理者更直接、快速、清楚地了解并掌握企业的运作现状和运作环境。物流信息系统的使用在早期主要以提高业务层员工的工作效率为目标，这种应用所产生的效果极为有限。物流信息系统只有应用于企业中、高层才可能产生巨大的效果，因此，为企业中、高层所使用的信息系统正在开发或将开发出来，"企业信息系统就是为企业决策者所开发的"也会被人们所接受，因此，企业各级管理者必须真正重视信息系统的开发。

（2）管理及物质基础。物流信息系统的开发应具备以下管理及物质基础：①科学、规范的管理。只有在合理的管理机制、完善的规章制度、稳定的生产秩序、科学的管理方法下，才能充分发挥物流信息系统的最大效率。②业务流程的标准化、规范化。当现行的业务流程不符合现代化的管理思想和理念，不适应竞争的市场环境，则必须进行业务流程重组，即按照合适的、先进的现代化的管理思想和理念，采取删除、合并、新增的方法，变革现行的业务流程，使之与市场环境相适应。③专门的机构与人员。企业必须像管理资金、人力等资源那样，有专门的机构、人员从事信息、企业信息系统的管理，统一规划企业信息系统平台的建设。企业的运作、决策将会越来越依赖于信息系统，因此，必须有相适应的规章制度使系统能正常运行。有了相应的专门机构、人员，企业就会改变信息系统过去那种被动开发，而变为主动开发。只有这样，企业信息系统才能真正成为"企业针对环境带来的挑战而做出的基于信息技术的解决方案"。④要有相应的用于物流信息系统开发的物质基础，包括系统的硬件设备、硬件设施、软件开发费用和软件维护费用等。

（3）技术条件。物流信息系统开发应具备的技术条件主要包括：①信息的标准化。建立物流信息的相关标准是信息共享的前提。结合物流实际，在物流中应该标准化的信息有以下几种：一是运输货物分类及编码。对全国主要货物应有统一的分类方法及编码,可以借鉴海关对国际贸易的税则归类,为计算机管理创造最基本条件。二是统一物流专业词汇。物流用语常常因地区或国家不同而有不同的含义,在传递信息时可能会引起误解和发生差错。因此,统一专业词汇,使其有明确的内涵和外延,是信息交流的重要前提。三是单据、账票、卡片的标准化,包括在流通过程中所使用的各种主要单据、表格的标准化。四是信息传递方式的标准化,包括统一软件、统一传递方式的标准化等。②数据选择、积累和数据库的建立。物流信息绝大部分都可转化为数据,选择及积累数据是建立信息系统的重要基础。没有数据作为对象,信息系统无从谈起。在初建数据库时,要决定数据选择及积累方式,可以通过搜集尽量少的数据达到基本掌握全系统运行状况的目的。③工作程序的确立。工作程序的确立即制定数据传递的顺序及处理数据的权力限制。无论采用何种方式建立信息系统,都应首先设计工作程序。例如,在采用文件传递方式时,应确定手工汇总及整理信息程序;在采用电子计算机方式时,则应设计相应的软件,才能使整个工作有条不紊地进行。④确定信息发布方式及建立基础设施。现代化物流信息数量大,因此,搜集、汇总、储存、处理和发布信息必须有与之相适应的手段。物流信息绝大部分可以数据化,故可以方便地利用计算机。建立计算机局域网或广域网是建立现代化物流必须进行的工作。现代物流信息传递和交换也需要通过合适的其他通信设施来完成,如电话线路和传真。

(4) 物流信息人才的培养。从大量的物流信息中选择少量关键性内容,不同的人会有不同的选择。这样,信息的搜集、分类、存储的水平就会有高低之分,因此,需要有专门的既懂物流知识,又对信息处理有专门知识的人才来从事物流信息的开发。而物流信息系统的成功不仅依赖于专业人员,还需要培训系统终端用户。因为用户不仅熟悉系统的操作,更重要的是在使用系统的过程中,能够提出对系统的改进意见,这就需要对终端用户进行培训。

2) 物流信息系统开发、设计的基本原则

物流信息系统的开发、设计一般应遵循以下原则:

(1) 完整性原则。它具体包括功能的完整性与系统开发的完整性。功能的完整性就是根据企业物流管理的实际需要,制定的系统能全面、完整覆盖物流管理的信息化要求。系统开发的完整性是指在开发、设计物流信息系统时要制定相应的管理规范,如开发文档的管理规范、数据格式规范、报表文件规范,以保证系统开发和操作的完整和可持续性。

(2) 可靠性原则。系统开发、设计的可靠性包括在正常情况下的可靠性及在非正常情况下的可靠性。系统在正常情况下是可靠运行的,实际就是要求系统的精确性和稳定性。精确性可以解释为物流信息系统的报告与实物计数或实际状况相比所达到的程度。物流信息必须精确地反映当前状况和定期活动,以衡量顾客订货和存货水平。当实际存货和信息系统存货之间存在较低的一致性时,就有必要采取缓冲存货或安全存货的方式来适应这种不确定性。而稳定性是指物流管理系统要能在正常情况下达到系统设计的预期精度要求,不管输入的数据多么复杂,只要是在系统设计要求的范围内,都能输出可靠结果。

非正常情况下的可靠性包括两层含义：一是指系统的灵活性。物流信息系统必须具有灵活性，以满足系统用户和顾客两个方面的需求。物流信息系统必须有能力提供能迎合特定顾客需要的数据。二是指物流信息系统必须以异常情况为基础，突出问题和机会。物流信息系统应该具有强烈的异常性导向，以结合决策规则去识别一些要求管理部门注意并做出决策的"异常"情况。这样，计划人员或经理人员就能够把他们的精力集中在最需要引起注意的情况或者能提供的最佳机会来改善服务或降低成本的情况。就物流信息系统本身而言，这种可靠性是指系统在软、硬件环境发生故障的情况下仍能部分使用和运行。一个优秀的信息系统也是一个灵活的系统，在设计时就必须针对一些紧急情况采取应对措施。

（3）可得性原则。可得性是保证对消费者做出反应以及改进管理决策的必要条件。当企业需要获得有关物流活动的重要数据时，如订货和存货状况等，物流信息系统必须具有容易而又始终如一的可得性，提供需要的信息。可得性的另一个方面是存取所需信息。无论是管理者、消费者，还是供应商，物流作业分散化的性质，都要求对信息具有存取能力，并且能从国内甚至世界范围内的任何地方得到更新。这样，信息的可得性就能减少作业上和制订计划上的不确定性。

（4）及时性原则。它是指系统状态（诸如存货水平）以及管理控制（诸如每天或每周的功能记录）的及时性。及时的管理控制是在还有时间采取正确的行动或使损失减少到最低程度的时候提供信息。概括地说，及时的信息减少了不确定性并识别了种种问题，减少了存货需要量，提高了决策的精确性。

（5）经济性原则。企业是趋利性组织，追逐经济利益是其活动的最终目的，每一次投入都会考虑产出，因此在系统的投入中也要做到以最小投入取得最大效益，软件的开发费用必须在保证质量的情况下尽量压缩。同时，系统投入运行后，必须保持较低的运行维护费用，减少不必要的管理费用。

6.4.2　物流信息系统开发、设计的功能与技术要求

1）物流信息系统开发、设计的功能要求

一个全新的物流信息系统在设计和实施过程中要考虑的功能要求有：

（1）数据交换。局域网、广域网和客户/服务器结构的使用，为物流信息系统带来了分散性、敏感性、灵活性的好处，同时使整个企业物流系统甚至整个供应链的数据一体化。但是如何在不同的系统进行数据交换，如何与其他类型数据库进行良好的数据转换，已成为物流信息系统新的课题。尽管分布式数据库技术的发展正致力于解决这一问题，但是能够从 LOTUS 和 Excel 等应用软件接收数据，拥有和其他系统、数据库的良好接口是物流信息系统的一个基本功能要求。

（2）数据控制。伴随着数据的透明度和共享性的增加，对数据控制的难度在呈几何级数增加。这种数据控制一方面表现在能够控制数据的权限，保障数据的安全性；另一方面则更为重要，就是能够进行智能化分析，在浩如烟海的信息中找出有用的东西，并且把数据和信息转换成使用知识的能力，吸取和分享知识，使信息管理成为一种至关重要的竞争资源，从而完成"如果怎样，将会怎样"的分析。

（3）范围。如前所述，人们过去认为只是为了物流活动才利用信息，如今则认为只有掌握信息，物流活动才能开展。这说明，物流信息系统的应用范围不仅要涵盖自己企业整个物流作业系统，控制和支配各个作业环节，还要考虑相关的供应链上各企业的信息和物流操作；此外，3PL 企业的信息系统应该能够灵活地进行拆分，这样在进行一些企业的物流咨询时就可以方便地拆分定制，提出解决方案，同时使自己的物流信息系统增值，如推出属于中小企业的单机版、网络版的仓储管理等。

（4）算法。在数据和分析过程中，首先要解决的是信息系统算法的优良性问题。在 20 世纪 80 年代，计算机的运算处理能力还很薄弱，算法的优良性将决定信息系统的反应能力。而目前变得更小的硬件尺寸和日益强大处理能力已经把信息技术的应用从管理者和顾客服务代表的桌面延伸到现场，信息分析范围更为广泛。面临着经济、原料、市场竞争及客户等方面不断增加的不确定性，信息系统的算法的优良性将决定系统的反应处理能力、寻找及确认最优化或最好方案的能力以及物流决策的有效性。

（5）演示。物流信息系统的演示能力表现在两方面：一方面系统内的各种呈报文件应广泛使用图、表和流程图来说明物流运作实践、流程和网络的变化；另一方面物流信息系统应该针对客户，培养报告和展示的能力，从而达到展示系统吸引客户的目的。

2）物流信息系统开发的技术要求

一个全新的物流信息系统在设计和实施过程中要考虑的技术要求有：

（1）运作要求。物流信息系统首先考虑与现有硬件、计划硬件和系统软件相匹配，不要盲目求快、求新，"适合的才是最好的"；其次是操作便捷，要能够有效地降低前台工作人员的劳动强度，提高工作效率；最后对网络客户输入数据的确认及远程对数据的打印要有良好的控制。

（2）设计质量。物流信息系统要考虑总体软件设计并使软件修改方便。结构化设计技术、模块程序、仿真技术和窗口可视化技术等的应用将使信息系统更易于设置、学习和使用。物流信息系统的设计和开发所要做到的就是体现先进的物流管理思想，并把这种思想贯穿实际操作中。同时物流信息系统本身应该具有一定的柔性，以便对信息系统进行升级更新。

（3）技术复杂性。作为管理人员，要考虑到信息系统的易用性和可维护性。那些有着大量功能、处理灵活的软件要求更高的安装与维护技术水平，而学习或提供这些技巧是困难的，代价是昂贵的。

本章小结

物流信息就是物流活动的内容、形式、过程及发展变化的反映。它具有信息量大、种类多、分布广及动态性强等特点。物流信息系统则是一种由人、计算机（包括网络）和物流管理规则组成的集成化系统，其主要构成要素包括硬件、软件、数据库和数据仓库、相关人员以及企业管理制度与规范等。它具有集成化、模块化、实时化、网络化和智能化等特点。物流信息系统的基本功能可分为信息输入、信息存储、信息传输、信息处理、信息输出等。这些功能可以分成交易系统、管理控制、决策分析和制订战略计划4个层次。物流信息系统十分重要：它是形成企业核心能力的关键，是供应链管理的需要，有利于拓宽服务范围，有利于扩大服务地域，有效应对互联网管理的变化。

物流信息系统中应用了大量的先进信息技术，具有代表性的是条码技术、RFID技术、EDI及GPS技术。物流条码是物流过程中用以标识具体实物的一种特殊代码，它是由一组黑白相间的条、空组成的图形，利用识读设备可以实现自动识别、自动数据搜集。物流条码的主要特点是储运单元的唯一标识、服务于物流全过程、信息多、可变性和维护性。RFID技术即射频识别，是一种非接触式的自动识别技术，它通过射频信号自动识别目标对象并获取相关数据。RFID系统由电子标签、天线及阅读器组成，具有数据可读写、形状的小型化和多样化、适用环境范围广、可重复使用、穿透性以及数据的存储容量大等特点。EDI意为电子数据交换，即根据商定的交易或电文数据的结构标准实施商业或行政交易从计算机到计算机的电子传输。数据标准化、EDI软件及硬件、通信网络是构成EDI系统的三要素。

物联网是通过各种传感器等信息采集设备，按约定的通信协议把物品与互联网连接起来，实现对物品智能化识别、定位、跟踪、监控和管理的一种网络，具有感知识别普适化、异构设备互联化、联网终端规模化、管理调控智能化、应用服务链条化等特点。物联网从结构上可分为感知识别层、网络构建层、管理服务层和综合应用层。

在开发、设计物流信息系统时，应遵循完整性原则、可靠性原则、可得性原则、及时性原则和经济性原则。在设计和实施过程中需要进一步考虑的功能要求有数据交换、数据控制、范围、算法和演示，此外，还要注意以下3个方面的技术性要求：运作要求、设计质量和技术复杂性。

本章案例

"双11"背后的物流信息技术

2018年，天猫"双11"的全天总成交额为2 135亿元人民币，引发了全球商界的惊叹。与此同时，这股汹涌的消费浪潮也带来了10.42亿个单日订单量，创下全球物流业单日订单的最高纪录，令中国快递物流业大步迈进了10亿时代。

10年前，天猫"双11"只是一个27家品牌参加的"光棍节"大促，一天的物流订单只有26万个。现在，天猫"双11"已经汇聚了18万个品牌，物流订单量也一路攀升到10.42亿个。这样的增长速度举世罕见，其背后迅速增长的庞大消费群体更是绝无仅有。10年来，原本的"光棍节"华丽转身，成为一场全中国乃至全世界的"购物狂欢"，不仅成就了中国的电子商务市场，也推动了原本传统的物流快递业跟上创新的脚步，完成一场场构建智能物流骨干网的大变革。

1）物流网络推动全球共振

2017年的"双11"，阿里巴巴集团CEO张勇表示，"双11"已经成为全球所有的商业力量在科技、大数据驱动下的一个全球大协同。2018年的"双11"，以"智能物流骨干网"为连接的"全球共振"再次出现。

283万只加拿大甜虾、137万片澳大利亚牛排、14万个墨西哥牛油果……在2018年"双11"的第1个小时，天猫平台上的订单数量已经令全球商家一边忙碌，一边惊叹。而与这1个小时的"买买买"数据形成鲜明对比的是，在"双11"当日的前9个小时，天猫进口订单清关量突破1 000万单，比2017年快了10个半小时，而在早上8点，全国已经有260多个城市签收了当天购买的包裹。

面对单日10亿个包裹，天猫平台依然能保证"秒级通关"与"分钟级配送"的效率背后，是阿里巴巴与菜鸟网络的"未卜先知"与"未雨绸缪"。2013年，菜鸟刚刚创建之时，中国快递日均单量只有2 500多万个。虽然此后中国快递连续6年保持超过40%以上的高速增长，但单日10亿包裹在当时看上去也似乎有些遥远。

不过，对于单日10亿个包裹的来到，阿里巴巴集团董事局主席马云、阿里巴巴集团CEO张勇等人近年来一直在多个场合公开预测，并全力推动整个阿里巴巴以及物流行业为此提前大手笔投资布局，共同构建"国家智能物流骨干网"。

2017年5月的"2017全球智慧物流峰会"上，马云提出："一天10亿个包裹，不会超过8年，估计在六七年内就能实现。"在"2018全球智慧物流峰会"上，马云再次明确提出10亿个包裹很快会来到，并重申菜鸟成立之初立下的目标——建设国家智能物流骨干网。

根据马云的构想，这是一张连接全国乃至全球所有物流快递公司、所有仓库的网络。在国内，国家智能物流骨干网计划实现24小时货运必达；在全球，则计划沿"一带一路"，以eWTP为载体，以eHub为节点，实现全球范围内72小时货运必达。

目前，菜鸟已经开始在全球布局首批六大eHub，包括杭州、香港、吉隆坡、迪拜、莫斯科和列日。2018年天猫"双11"期间，菜鸟的数十架次包机和其他航班已经载着万吨商品飞往莫斯科、列日等地，随后送达欧洲各国。此外，菜鸟还协调了千组集装箱满载万吨"双11"商品航向新加坡、马来西亚、澳大利亚等地，使得海外消费者也可以分享中国物流创新带来的红利。

目前，菜鸟连接商业物流资源，在美国、欧洲等地推出了300多条物流专线，连接230多个跨境仓，正在搭建面向未来的全球包裹运输网络、全球供应链网络和全球末端网络。中国交通运输协会运输研究部主任高月娥对《环球时报》记者分析称，国家智能物流骨干网未来将是贡献全球供应链的中国解决方案，更是实现物流现代化的新平台，也是扩大对外开放的重要引擎。

2）科技赋能迎接物流大考

如果说"双11"的24个小时是一场"买买买"的"闪电战"，那么对于中国的物流业而言，"双11"之后的一段时间是辛苦的配送战。据国家邮政局预测，2018年"双11"快递洪峰将持续约一周时间，11—13日出现揽收峰值，14—15日投递呈现峰值。

如何为"10亿包裹"的大考交上一份完美答卷？菜鸟智能物流骨干网用新技术推动全球3 000多万平方米仓储和分拨中心、300万名从业人员、23万台车辆、20万个快递网点在"双11"期间的大协同。

为迎接2018年的"双11"，菜鸟此前就联合德邦、中通、圆通、申通、百世、韵达6家快递公司，上线视频云监控系——智慧物流天眼。这款智慧物流天眼将全国物流站里的百万个摄像头升级为智能感知设备，监控已经不仅仅是简单的回溯设施，它可以对物流作业的方方面面进行识别统筹。智慧物流天眼可以帮助快递公司实时监控仓储作业和车辆运输，掌握不同物流模块的运营状况，及时处理运营过程中出现的问题。通过智慧物流天眼的全方位、无死角的管理，可以让物流行业更加快速精准地服务，同时也让消费者有更好的物流服务体验。

技术越来越成为"双11"物流的加速器。物联网、人工智能等技术覆盖物流全链路：圆通今年已投入近40套自动化分拣设备，对近半转运中心进行改造，分拣效率大幅提升；中通的24个转运中心上线双层自动分拣系统；申通超过14个新建及扩建转运中心投入使用，预计新增操作面积超过23万平方米，新增日均快件处理能力达1 000万件；德邦快递上线智慧车队，"双11"期间将实现数据管控共享，第一时间发现并处理风险。

在力保包裹高效送达的同时，绿色物流成为2018年天猫"双11"的一大亮点。菜鸟在全国200个城市投入5 000个绿色回收台，鼓励快递纸箱绿色回收。中通、圆通、申通、韵达、百世、苏宁等企业纷纷增加自动分拣线、循环集包袋、循环箱等，全行业共同打造智慧、绿色的"双11"。

分析认为，"双11"引领的物流快递行业变革是中国创新驱动产业升级中的重要一步，也是全社会基础设施数字化升级的侧影。国务院发展研究中心宏观经济部研究员魏加宁对《环球时报》记者表示，阿里巴巴提出的国家智能物流骨干网构想，实际上也是在提高基础设施的现代化水平，确保中国在智能化时代的基础设施不落伍。

"10亿包裹"对于中国物流快递行业而言是一次挑战，但面对10亿包裹可能成为常态的未来，快递行业必须从新科技中得到赋能。

资料来源　成仲."单日10亿包裹","双11"带动中国物流业大变革［EB/OL］.［2018-11-15］. http：//m.people.cn/n4/2018/1115/c204987-11898727.html.有删改.

复习思考题

1.什么是物流信息？它有哪些特点？
2.简述物流信息的分类情况。
3.什么是物流信息系统？它有哪些特点？

4.物流信息系统功能分哪几个层次？它对物流企业有什么作用？

5.简述物流信息系统的构成要素。

6.在物流信息系统中应用了哪些信息技术？各自的特点如何？

7.物流信息系统的开发、设计应遵循的原则是什么？

8.物流信息系统开发、设计的功能与技术要求是什么？

第 7 章

物流成本管理

学习目标

通过本章的学习，使读者能够全面掌握物流成本的概念及构成；理解物流成本管理的内容；掌握物流成本核算与物流成本分析的方法；了解降低物流成本的途径。

7.1 物流成本管理概述

7.1.1 物流成本的概念与属性

1）物流成本的概念

物流成本是指为组织、实施、管理物流活动所发生的各种费用及其物资消耗的货币表现，也就是物品在包装、装卸、运输、储存、流通加工、配送等实体流动过程中所支出的人力、财力和物力的总和。由于物流活动不仅存在于商品销售领域，而且也存在于原材料的采购和产品制造领域，因此，各类企业以及生产经营的各个阶段都存在着大量的物流活动，消耗着大量的物流资源，从而形成规模可观的物流成本，使物流成本成为影响商品价格高低的重要因素。当然，企业类型不同，经营内容不同，物流活动的规模与难易程度也不同，进而所消耗的物流资源和产生的物流成本也不同。但是，从总体上看，物流成本无疑是商品或服务价格的重要组成部分。国外有学者曾对不同零售商品的物流成本进行过调查研究，结果发现：在商品的零售价格中，物流成本占20%～30%，而生鲜商品零售价格中物流成本所占比例更高。显然，不论对经营者还是对消费者来说，物流成本都具有重要意义。①

从全社会来看，物流成本也是国民经济总成本的重要组成部分，对国民经济的运行绩效有着重要影响。当然，经济发展水平不同，物流成本占国内总产值（GDP）的比重也不同。一般来说，经济发展水平越高，全社会的物流管理水平也就越高且越有效率，全社会的物流成本占GDP的比重也就越低，从而意味着物流活动所消耗的资源也就越节约，国民经济运行绩效也就越高；反之亦然。从世界范围来看，不同国家的物流成本占GDP的比重不尽相同；同一国家或地区在不同时期，其物流成本占GDP的比重也不同，通常随着经济发展水平的提高，物流成本占GDP的比重不断下降。

2）物流成本的特性

尽管在20世纪50年代人们就已经意识到在物流领域存在着巨大的降低成本的空间，但时至今日，许多企业仍然很难对物流成本进行有效控制，更难以在不影响企业经营目标的前提下降低物流成本。这显然与物流成本本身的特性有关。②

（1）核算难。由于传统的企业财务会计制度中没有单独的物流成本项目，物流成本包含在制造费用、销售费用、管理费用等项目中，难以对物流总成本进行全面、准确的核算。在一般情况下，企业较容易对外购或委托物流成本，如向专业运输、仓储或第三方物流企业支付的运费、保管费及管理费等进行核算，而对企业内部所发生的物流成本则很难核算。实际上，企业的外购或委托物流成本仅占企业实际发生的物流成本的较少部分，特别是对物流服务内部化率较高的我国企业来说，外购或委托物流成本所占比例更小。日本物流专家西泽修教授，曾形象地将企业的物流总成本比喻为

---

① 夏春玉. 现代物流概论 [M]. 北京：首都经济贸易大学出版社，2004：17.
② 王自勤. 现代物流管理 [M]. 北京：电子工业出版社，2002：187.

海上的"冰山",其中,外购物流成本是浮在海面上的"冰山",亦即"冰山的一角",而发生在企业内部的物流成本是潜在海面下面的"冰山"。显然,在现有的财务会计制度下,要想对大量的发生在企业内部的物流成本,进而对企业物流总成本进行全面、准确的核算是很困难的。

(2)可比性差。由于没有行业公认的物流成本核算标准,因此,各企业只能根据各自对物流成本范围的理解来核算物流成本,从而使企业间物流成本水平缺乏可比性,这就为物流成本控制与管理带来了不小的困难。例如,在现代企业管理方法体系中,标杆法得到了广泛应用。所谓标杆法,就是将行业内的先进企业作为比较标准,以它们为榜样,找出差距与问题并努力超越。物流成本核算范围、标准不同,从而导致无法真实比较各企业的物流成本水平,不利于企业有效控制物流成本。

(3)成本项目间的"二律背反"现象多。物流成本各项目间存在着许多"二律背反"现象。如包装成本的降低,可能导致运输、装卸成本的上升;运输成本的下降,可能导致仓储或保管成本的上升等。这使得传统的目标管理中目标分解等做法效果不佳,而需要从系统的角度来控制物流成本。

(4)成本原因难以区分。例如,在许多企业中,过量服务所产生的成本与标准服务所产生的成本是混同在一起的,难以区分。此外,许多企业还将过量进货、过量生产以及紧急运输等产生的费用也计算在正常的物流成本之中,从而难以对正常情况下的物流成本进行准确的把握。再如,有些企业还将促销费用也计算在物流成本之中,从而不利于区分成本的属性,明确成本责任。

(5)综合性。由于物流是一个系统,不仅包括运输、包装、装卸、储存、流通加工、配送、物流信息等多个职能环节,而且涉及供应、生产、销售、退货和废弃物回收等多个部门领域,因此,物流成本是一个综合、系统的数据信息,企业经营的各环节、各部门都对物流成本的高低产生影响。

7.1.2　物流成本的构成与分类

1)物流成本的构成

一般来说,物流成本由以下几部分构成:

(1)人事费用,是指为物流作业人员与管理人员支付的费用,如工资、奖金、津贴、医疗保险、养老保险、失业保险、员工培训费用等。

(2)作业消耗,是指物流作业过程中的各种物质消耗,如物流作业工具、包装材料、燃料、水、电等的消耗,以及车辆、设备、场站库等固定资产的折旧费等。

(3)物品损耗,是指物品在物流过程中的合理损耗。

(4)利息支出,是指各种物流环节占用银行贷款的利息支付等。

(5)管理费用,是指组织、管理物流活动的各种费用,如通信费、办公费、差旅费、咨询费、研究开发费等。

应该说明的是,管理和决策上的成本概念,与财务会计上的成本概念并不完全一致。前者包含并不实际发生或支付的机会成本,如自有资金的利息;而财务会计上的成本核算必须遵循实际发生原则,不能计算机会成本。因此,从财务会计部门获得的物流成本数据不能直接用于物流管理决策。尽管如此，财务会计上的物流成本数据仍是物流管理决策及物流成本控制与管理的重要基础。

2）物流成本的分类

为了全面、准确地核算物流成本，进而有效地控制与管理物流成本，必须对物流成本进行科学的分类。按照不同的标准，物流成本有不同的分类方法，通常可以按物流范围、支付形态、物流功能这三个标准进行分类。

（1）按物流范围分类。按物流范围不同，可将物流成本划分为供应或采购物流费、企业内（或生产）物流费、销售物流费、退货回收物流费和废弃物流费。

①供应或采购物流费，是指从供应商采购商品或物料并运到本企业指定场所的过程中所发生的物流费用，主要有入库手续费、运输费、商品检验费等。

②企业（或生产）内物流费，是指从购进的商品或物料到货开始，直到最终确定销售对象的时刻为止的物流过程（对生产企业来说，是产品的生产过程；对流通企业来说，是商品的备货、待销过程）中所发生的费用，包括运输、包装、商品保管、配货等费用。

③销售物流费，是指从确定销售对象到商品送达顾客为止的物流过程中所发生的费用，包括包装、商品出库、配送等方面的费用。

④退货回收物流费，是指从销售对象退货、换货，或包括材料、容器等由销售对象回收到本企业的物流过程中所发生的费用。

⑤废弃物流费，是指在商品、包装材料、运输容器、废弃物的废弃过程中所发生的物流费用。

（2）按支付形态分类。按照支付形态分类是以财务会计中发生的费用为基础，将物流成本分为本企业支付的物流费、外购或委托物流费，以及其他企业支付的物流费。

①本企业支付的物流费。它主要包括材料费、人事费、燃料动力费、折旧费、银行利息、管理费等。本企业支付的物流费也被称为直接物流成本。

②外购或委托物流费。它是指将物流业务委托给专业物流企业而对外支付的费用。

③其他企业支付的物流费。本企业虽然未开展物流活动，但由于诸如商品采购采用进货制或商品销售采用提货制等原因而形成的物流费也应计入物流成本。

（3）按物流功能分类。按物流功能进行分类，可将物流成本分为商品流通费、信息流通费和物流管理费。

①商品流通费，是指为完成商品物理性流动而发生的费用，可进一步细分为包装费、运输费、保管费、装卸搬运费、流通加工费和配送费。

②信息流通费，是指因处理、传输有关的物流信息而产生的费用，包括与储存管理、订货处理、客户服务等有关的费用。

③物流管理费，是指进行物流的计划、调整、控制所需要的费用，包括物流作业现场的管理费和企业物流部门的管理费。

7.1.3　物流成本管理的概念和内容

1）物流成本管理的概念

物流成本管理是指有关物流成本方面的一切管理工作的总称，即对物流成本进行的计划、组织、指挥、监督和调控。[①]物流成本管理是现代物流管理的重要组成部分，也是物流管理的基础。物流成本的高低直接关系到企业提供产品或服务的质量与价格，从而影响到企业对客户的价值贡献，进而影响到企业的经济效益与竞争力。从这个意义上讲，物流成本也是衡量企业物流有效性的重要标准之一，企业提供的物流服务只有在成本上是可接受的，其提供的物流服务才是有效的。当然，理想的境界是，在满足客户需要的条件下，使物流成本最小化。因此，加强物流成本管理对企业有效组织物流活动、提高物流效率，具有重要意义。

应该说明的是，物流成本管理的直接目的是通过物流成本信息来检验物流系统是否存在问题，进而促进物流活动的合理化，并通过物流成本分析与物流成本控制来降低物流成本。然而，物流成本信息并不是检验物流系统是否合理的唯一标准，片面地谋求物流成本的降低有可能牺牲企业物流活动的系统有效性。例如，出于物流系统目标或企业竞争战略的需要，有时要以较高水平的物流服务来满足客户的需求，从而导致物流成本的提高。在这种情况下，物流成本的最小化就不是企业的合理选择。由此可见，物流成本管理的最终目的并不是管理物流成本，而是通过物流成本来管理物流。这是企业经营者或物流管理者必须坚持的物流成本管理理念。

2）物流成本管理的内容[②]

物流成本管理的具体内容包括物流成本核算、物流成本预测、物流成本计划、物流成本决策、物流成本分析和物流成本控制等。

（1）物流成本核算。物流成本核算是根据企业确定的物流成本计算对象，采用相应的成本计算方法，按规定的成本项目，通过一系列的物流费用汇集与分配，从而计算出各物流活动成本计算对象的实际总成本和单位成本。物流成本计算可以如实地反映物流过程中的实际耗费，同时，也是对各种物流活动费用实际支出的控制过程。

（2）物流成本预测。物流成本预测是根据有关物流成本数据和企业物流活动的具体情况，运用一定的技术方法，对未来的物流成本水平及其变动趋势做出科学的估计。物流成本预测是物流成本决策、物流成本计划和物流成本控制的基础，可以提高物流成本管理的科学性和预见性。在物流成本管理的许多环节都存在成本预测问题，如仓储环节的库存预测、流通环节的加工预测和运输环节的货物周转量预测等。

（3）物流成本计划。物流成本计划是根据物流成本决策所确定的方案、计划期的物流任务、降低物流成本的要求以及有关资料，通过一定的程序，运用一定的方法，以货币形式规定计划期物流各环节的耗费水平和成本水平，并提出保证物流成本计划顺利实现所采取的措施。通过物流成本计划管理，可以明确企业降低物流成本的目标，强化企业物流成本管理责任，增强企业的成本意识，挖掘降低物流成本的潜力，

① 黄福华. 现代物流运作管理精要 [M]. 广州：广东旅游出版社，2002：359.
② 傅桂林. 物流成本管理 [M]. 北京：中国物资出版社，2004：20-21.

以保证企业降低物流成本目标的实现。

（4）物流成本决策。物流成本决策是在物流成本预测的基础上，结合其他有关资料，运用一定的科学方法，从若干个方案中选择一个满意的方案的过程。从整个物流过程来看，有配送中心新建、改建、扩建的决策；装卸搬运设备、设施的决策；流通加工合理下料的决策等。进行物流成本决策、确定目标成本是编制物流成本计划的前提，也是实现物流成本的事前控制、提高经济效益的重要途径。

（5）物流成本分析。物流成本分析是在物流成本核算及其他有关资料的基础上，运用一定的方法，揭示物流成本水平的变动原因，进一步查明影响物流成本变动的各种因素。通过物流成本分析，可以提出积极的建议，采取有效的措施，合理地控制物流成本。

（6）物流成本控制。物流成本控制是根据计划目标，对物流成本发生和形成过程以及影响物流成本的各种因素和条件施加主动的影响，以保证物流成本计划的实现。物流成本控制包括物流成本的事前控制、事中控制和事后控制。物流成本的事前控制是整个物流成本控制活动中最重要的环节，它直接影响以后各作业流程成本的高低。事前成本控制活动主要有物流配送中心的建设控制，物流设施、设备的配备控制，物流作业过程改进控制等。物流成本的事中控制是对物流作业过程中劳动耗费的控制，包括设备耗费的控制、人工耗费的控制、劳动工具耗费和其他费用支出的控制等方面。物流成本的事后控制是通过定期对过去某一段时间成本控制的总结、反馈来控制物流成本。通过物流成本控制，可以及时发现存在的问题，采取纠正措施，保证物流成本目标的实现。

上述各项成本管理活动的内容是互相配合、相互依存的一个有机整体。物流成本核算是物流成本分析与控制的前提，也是物流成本管理的基础。物流成本预测是物流成本决策的前提。物流成本计划是物流成本决策所确定目标的具体化。物流成本控制是对物流成本计划的实施进行监督，以保证目标的实现。物流成本核算与分析是对物流成本目标是否实现的检验。

7.2 物流成本核算

7.2.1 物流成本的核算对象

物流成本核算对象是指企业物流管理部门或成本管理部门为核算物流成本而确定的、以一定期间和空间范围为条件而存在的成本计算实体。物流成本核算对象的选择是物流成本核算的前提。物流成本核算对象不同，物流成本核算的结果也就不同，从而对物流系统的评价结果也不同，进而导致不同的物流管理决策。因此，正确选择物流成本核算对象，对科学的物流成本核算与物流成本管理具有重要意义。

企业的物流活动都是在一定的时空范围内进行的，从物流过程的各个环节来看，时间上具有连续性和继起性，空间上具有并存性。因此，各项物流费用的发生，需要从发生期间、发生地点和承担实体三个方面进行合理划分，这就形成了成本核算对象的三个基本构成要素。

1）成本费用承担实体

成本费用承担实体是指产生成本费用并应合理承担各项成本费用的特定经营成果的表现形式，包括有形的各种产品和无形的各种服务作业。对物流成本核算而言，成本费用承担实体主要是各种类型的物流活动或物流作业。

2）成本计算期

成本计算期是指汇集生产经营费用、计算生产经营成本的时间范围。从理论上讲，物流成本计算期是指某一物流活动从开始到完成这一周期。但是，在企业物流活动连续进行的情况下，难以对某一项物流活动确定经营期和单独计算成本。因此，一般根据权责发生制原则，以月份作为物流成本计算期，但对于一些特殊的物流活动，也可以经营周期作为成本计算期。

3）成本计算范围

成本计算范围是指成本费用发生并能组织企业成本计算的地点或区域（部门、单位、生产或劳务作业环节等）。例如，工业企业的成本计算范围可按全厂、车间、分厂、某个生产环节划分；服务性企业可以按部门、分支机构或班组等单位来确定各个成本计算范围。物流成本计算范围一般按物流活动范围、物流功能范围，以及物流成本控制的重点进行划分、确定。

（1）物流活动范围的确定。物流活动范围的确定就是对物流活动的起点与终点，以及起点与终点间物流活动过程的选取、确定。对每个物流成本计算对象来说，都存在着物流活动的起止点的确定问题。起止点不同，物流成本的核算结果也就不同。显然，对于某一物流部门来说，其物流成本核算对象的物流起止点一旦确定，就不能任意改变，以符合成本核算的可比性原则和一贯性原则。

（2）物流功能范围的确定。物流功能范围的确定是指在运输、储存、装卸、包装、流通加工、配送和物流信息等物流功能中，选取哪些功能作为物流成本核算对象。显然，将所有物流功能作为物流成本核算的范围，与只将其中部分功能作为物流成本核算的范围相比，其成本核算结果是完全不同的。

（3）物流成本控制的重点。除以上两种方法外，还可以按物流成本控制的重点确定物流成本核算的对象。例如，可以将物流成本责任单位、物流成本支出比重较大的部门或作业活动，以及新开发的物流作业项目等作为物流成本核算的对象。

7.2.2　物流成本的核算类型[①]

根据对物流成本核算对象三个基本构成要素的分析，结合企业物流成本管理的需求，通常有以下几种类型的物流成本核算：

1）形态别物流成本核算

形态别物流成本核算是指以物流费用的支付形式为成本核算对象而进行的物流成本核算，具体包括：

---

① 傅桂林. 物流成本管理［M］. 北京：中国物资出版社，2004：30-33.

（1）企业内部物流费用核算，即汇总、归集企业进行各项物流活动所发生的物流费用，具体包括材料费核算、人工费核算、水电费核算、维护费核算、物流利息核算和其他费用核算等。

（2）委托或外购物流费用核算，即汇总、归集企业委托外单位进行运输、储存、装卸、包装、流通加工、配送等物流活动所支付的各项费用。

（3）外单位支付物流费用核算，即汇总、归集采购供应阶段或销售阶段外单位支付的物流费用。

形态别物流成本核算是企业物流成本核算的基础。通过形态别物流成本核算，可以为制定物流成本控制标准和编制物流成本计划提供资料，同时，也可为企业进行有关决策提供依据。例如，企业是否将全部或部分物流活动委托外单位进行，以及企业应该采用何种交货方式采购物料或销售产品等决策，都要以形态别物流成本核算为基础。

2）功能别物流成本核算

功能别物流成本核算是指以物流活动的功能为成本核算对象而进行的物流成本核算，即企业将一定时期内发生的物流费用按其用途不同进行分类、计算，具体包括运输或配送费核算、保管（储存）费核算、包装费核算、装卸费核算、流通加工费核算和物流管理费核算等。

通过功能别物流成本核算，可以了解物流成本的功能别构成，便于物流管理部门更好地协调各物流环节的关系。功能别物流成本核算可通过各功能的成本核算表进行，并在此基础上进一步汇总各功能成本核算表，编制整个企业的物流成本汇总表。

3）范围别物流成本核算

范围别物流成本核算是指以物流活动的范围为成本核算对象而进行的物流成本核算，即对企业一定时期的物流费用按其发生的物流阶段进行汇总、计算，具体包括采购供应物流费核算、生产物流费核算、销售物流费核算、退货回收物流费核算和废弃物流费核算等。

范围别物流成本核算有利于发现不同阶段物流活动存在的问题，分清有关部门对此应负的责任，并为不同阶段物流活动的协调、控制提供依据。在进行范围别物流成本核算时，凡是发生在某一物流阶段的物流费用都必须计入该阶段的物流成本中，以便据此考核其负责部门的工作绩效。范围别物流成本核算可通过各物流阶段的物流费用汇总表进行，并在此基础上可进一步编制企业物流成本汇总表。

4）适用对象别物流成本核算

适用对象别物流成本核算是指按不同的适用对象所进行的物流成本核算，具体包括产品别物流成本核算、地区别物流成本核算和顾客或经营单位别物流成本核算。适用对象别物流成本核算，有利于把握企业物流成本的产品构成、地区构成、顾客或经营单位构成情况，从而有利于对物流成本进行个别控制与重点管理。

7.2.3 物流成本核算的基本方法

常用的物流成本核算的方法主要有三种，即会计方法、统计方法及会计与统计相结合的方法。①

1）会计方法

会计方法就是通过凭证、账户、报表对物流费用予以连续、系统、全面地记录、计算和报告的方法。会计方法包括两种形式：一是双轨制，二是单轨制。所谓双轨制，就是把物流成本核算与其他成本核算截然分开，单独建立物流成本核算的凭证、账户、报表体系。在双轨制核算方法下，物流成本信息在传统成本核算和物流成本核算中可以得到双重反映。所谓单轨制，就是把物流成本核算与企业现行的其他成本核算，如产品成本核算、责任成本核算、变动成本核算等结合进行，建立一套能提供多种成本信息的共同的凭证、账户、报表体系。在这种情况下，要对现有的凭证、账户、报表体系进行较大的改革，需要对某些凭证、账户、报表的内容进行调整，同时还需要增设一些凭证、账户和报表。这种结合当然是比较困难的，但并不是不可能的，因为企业物流成本的大部分内容包含在产品成本中，责任物流成本是责任中心成本的一部分，变动物流成本则是企业变动成本的一部分。

利用会计方法进行物流成本核算，提供的成本信息比较系统、全面、连续且准确、真实。但是，这种方法比较复杂，或者需要重新设计凭证、账户、报表体系，或者需要对现有体系进行较大的调整。

2）统计方法

统计方法不要求设置完整的凭证、账户和报表体系，而主要是通过对企业现行成本核算资料的分析，从中抽出与物流活动有关的成本数据，再加上一部分现行成本核算没有包括在内、但要归入物流成本的费用（如物流信息、外单位支付的物流费等），然后再按物流管理的要求对上述费用重新归类、分配、汇总，加工成物流管理所需要的成本信息。具体做法是：

（1）通过对材料采购、管理费用账户的分析，抽出供应物流成本部分，如材料采购账户中的外地运输、管理费用账户中的市内运杂费、原材料仓库中的折旧维修费、保管人员的工资等，并按功能别、形态别进行分类核算。

（2）从生产成本、制造费用、辅助生产、管理费用等账户中抽出生产物流成本，并按功能别和形态别进行分类核算。例如，人工费部分按物流人员的人数比例或物流活动工时比例确定，折旧修理费用按物流固定资产占用资金比例确定。

（3）从销售费用中抽出销售物流成本部分，包括直接销售过程中发生的运输、包装、装卸、保管、流通加工等费用。委托物流费按直接发生额计算。

（4）对采购供应阶段外企业支付物流费用的核算，可根据在本企业交货的采购数量及单位物流费率进行；对销售阶段外企业支付物流费用的核算，可根据在本企业交货的销售数量及单位物流费率进行；单位物流费率可参考企业物资供应、销售给对方企业交货时的实际费用水平确定。

（5）物流利息可按企业物流资产占用额乘以内部利率进行计算。

（6）从管理费用账户中抽出退货物流费。

① 傅桂林. 物流成本管理［M］. 北京：中国物资出版社，2004：33-38.

（7）单独计算废弃物流费用。

（8）委托物流费的计算比较简单，它等于企业对外支付的物流费用。

统计方法的物流成本核算比较简单、方便，但核算准确程度要低于会计方法的物流成本核算。因此，通常也可以将会计方法与统计方法相结合进行物流成本核算。

3）会计与统计相结合的方法

会计与统计相结合的方法，就是将物流费用的一部分内容通过统计方法来核算，另一部分内容通过会计方法来核算。运用这种方法，也需要设置一些物流成本账户，但不像会计方法那么全面、系统，而且这些物流成本账户不纳入现行成本核算的账户体系，对现行成本核算体系来说，它是一种账外核算，具有辅助账户记录的性质。其具体做法如下：

（1）设置辅助账户。一般来说，企业应设置物流成本总账，核算企业发生的全部物流成本；同时按物流范围设置供应、生产、销售、退货、废弃物流成本二级账；在各二级账下按物流功能设置运输费、保管费、装卸费、包装费、流通加工费、物流管理费三级账，并按费用的支付形态设置专栏。

（2）对于现行成本核算已经反映，但分散于各科目的物流费用，在按会计制度的要求编制凭证、登记账簿、进行正常成本核算的同时，据此凭证登记相关的物流成本辅助账户，进行账外的物流成本核算。

（3）对于现行成本核算没有包括，但属于物流成本应该包括的费用，其计算方法与统计方式下的计算方法相同。

（4）月末根据各物流成本辅助账户所提供的资料编制范围别、功能别、支付形态别等各种形式的物流成本报表。

7.2.4　物流成本核算的具体步骤

目前，我国绝大多数企业尚未进行系统的物流成本核算，在此，我们借鉴日本的经验，对物流成本核算的具体做法加以介绍。日本的物流成本核算是从"支付形态别物流成本分类"入手，首先从企业财务会计的相关费用科目中抽出物流成本，然后以表格的形式从不同角度对各类物流成本进行核算，具体做法如下：

1）物流成本的抽出与计算

物流成本核算的第一步是按照前述的方法计算出按支付形态别分类的物流费用。

（1）材料费。材料费是由物流活动过程中的材料消耗而产生的费用。直接材料费可以通过各种材料的实际消耗量乘以实际的购进价格来核算。材料的实际消耗量可以按物流成本核算期末统计的材料支出量核算。当难以通过材料支出单据进行核算时，也可以采用盘存核算法，即：

本期消耗量=期初结余+本期购进−期末结余

材料的购进价格应包括材料的购买费、进货运费、装卸费、保险费、关税和购进杂费等。

（2）人工费。人工费是指对物流活动中消耗的劳务所支付的费用。物流人工费的范围包括物流人员的所有报酬（工资、奖金、其他补贴）的总额、劳动保护费、按规定提取的福利基金的支出（医疗补助、福利补助、集体福利设施的支出、其他支出）、教育培训费及其他。在核算物流人工费的本期实际支付额时，报酬总额按核算期内支付给物流人员的报酬总额或按整个企业员工的平均报酬额核算；劳动保护费、按规定提取的福利基金及教育培训费等，需要从企业相关费用项目的总额中把用于物流人员的费用部分抽出来。当实际费用很难抽出核算时，也可将这些费用的总额按物流人员比例分摊到物流成本中。

（3）公益费。公益费是指为购买公益服务（自来水、电、煤气、取暖、绿化等）而支付的费用。严格地讲，每个物流设施都应安装计量装置直接计费。但在没有安装计量装置的情况下，也可以从整个企业支出的公益费中按物流设施的面积和物流人员的比例核算得出。

（4）维护费。维护费是由土地、建筑物、机械设备等固定资产的使用、运行、维护和保养而产生的维修费、大修理费、折旧费、房产税、城镇土地使用税、车船税、租赁费和保险费等费用。维护费根据本期实际发生额核算，对于经过多个期间统一支付的费用（如租赁费、保险费等），可按期间分摊计入本期相应的费用中。对于物流业务中可以按业务量或物流设施来直接核算的物流费，在可能的限度内直接算出维护费。对于不能直接算出的，可以根据建筑物面积和设备金额等分摊到物流成本中。折旧费应根据固定资产原值和经济使用年限，以残值为零，采用使用年限法核算。其计算公式为：

$$固定资产年折旧额=\frac{固定资产原值}{固定资产预计经济使用年限}$$

对使用年限长且有价格变动的物流固定资产折旧，应采用重置价格核算。

（5）一般经费。一般经费相当于财务会计中的一般管理费。其中，对于差旅费、交通费、会议费、书报资料费等使用目的明确的费用，直接计入物流成本。对于一般经费中不能直接计入物流成本的，也可按员工人数比例或设备比例分摊到物流成本中。

（6）特别经费。特别经费包括按实际使用年限核算的折旧费和企业内利息等。企业内部利息在物流成本核算中采用与财务会计不同的核算方法。企业内部物流利息实际上是物流活动所占用的全部资金的资金成本。因为这部分资金成本不是以银行利率，而是以企业内部利率来核算，所以称为企业内部物流利息。利息在财务会计中是以有利率负债的金额为基础，根据融资期间和规定的利率来核算的。但在物流成本核算中，企业内部物流利息却是以对固定资产征收固定资产占用税时的评价额为基础，对存货以账面价额为基础，根据期末现额和企业内部利率来核算的。企业内部利息的计算，对物流作业中使用的固定资产（土地、建筑物、机械设备、车辆等）以征收固定资产占用税时的评估价格乘以企业内部利率，对存货（商品、包装材料等）以账面价格乘以企业内部利率来计算。

（7）委托物流费。委托物流费根据本期实际发生额核算，包括托运费、市内运输费、包装费、装卸费、保管费和出入库费、委托物流加工费等。除此以外的间接委托的物流费按一定标准分摊到各功能的费用中。

（8）其他企业支付的物流费。其他企业支付的物流费，以本期发生购进时其他企业支付和发生销售时其他企业支付物流费的商品重量或件数为基础，乘以费用估价核算。其他企业支付的物流费虽然不作为本企业物流费支付，但对购进商品来说，实际上已经将商品从产地运到销售地点的运费、装卸费等物流费包含在进货价格中了，如果到商品产地购进，则这部分物流费显然是要由本企业支付的。对销售的商品，买方提货所支付的运费也相当于折减了销售价格，如果销售的商品采用送货制，则这部分物流费也要由本企业支付。因此，其他企业支付的物流费实际上是为了弥补应由本企业负担的物流费而计入物流成本的。其他企业支付的物流费的核算必须依靠估价的费用单价，但当本企业也承担与此相当的物流费时也可以用本企业相当的物流费来代替。

2）编制物流成本核算表

为了从不同的角度对物流成本进行全面、系统的核算，还要将上述计算结果分别编制成不同的物流成本核算表。根据核算物流成本的需要，将以上通过计算得出的数据资料填入表 7-1 中。

表 7-1　　　　　　　支付形态别物流成本核算表（基础核算表）

项　　目	财务会计科目中的有关费用 （管理费、财务费、营业费等）	物流成本的计算 或分摊标准	物流成本
材料费		直接计算（实际金额）	
人工费		人员比例（%）	
公益费		面积比例（%）	
维护费		面积比例（%）	
一般经费		人员比例或面积比例（%）	
特别经费		物流资产额、内部利率（%）	
委托物流费		直接计算（实际金额）	
其他企业支付的物流费		直接计算（实际金额）	
物流成本合计			

（1）形态范围别物流成本核算表。该核算表可以从支付形态与物流范围的角度来反映企业物流成本的现状，具体见表 7-2。

（2）形态功能别物流成本核算表。该核算表可以从支付形态与物流功能的角度来反映企业物流成本的现状，具体见表 7-3。

（3）功能范围别物流成本核算表。该核算表可以从物流功能的角度反映不同产品物流成本的现状，具体见表 7-4。

（4）其他物流成本核算表。根据物流成本管理的需要，除上述物流成本核算表外，还可以分别编制产品功能别、地区功能别、客户功能别、产品范围别、地区范围别、客户范围别，以及产品形态别、地区形态别、客户形态别等物流成本核算表，同时，还可以对各物流功能费用分别按支付形态与物流范围别进行核算，方法同上。

表 7-2 形态范围别物流成本核算表

支付形态 \ 范围				供应物流费	企业物流费	销售物流费	退货物流费	废弃物流费	合计
企业业支付物流费	本企业支付物流费	企业本身物流费	材料费 资材费						
			燃料费						
			消耗性工具、器具等						
			其 他						
			合 计						
			人工费 薪酬、补贴						
			福利费						
			其 他						
			合 计						
			公益费 电 费						
			煤气费						
			水 费						
			其 他						
			合 计						
			维护费 维修费						
			消耗性材料费						
			税 金						
			租赁费						
			保险费						
			其 他						
			合 计						
			一般经费						
			特别经费 折旧费						
			企业内利息						
			合 计						
		企业本身物流费合计							
	委托物流费								
	本企业支付物流费								
外企业支付物流费									
企业物流费总计									

表7-3　　　　　　　　　　　　　形态功能别物流成本核算表

支付形态 \ 功能				运输费	保管费	包装费	装卸费	流通加工费	物流信息费	物流管理费	合计
企业物流费	本企业支付物流费	企业本身物流费	材料费　资材费								
			燃料费								
			消耗性工具、器具等								
			其他								
			合计								
			人工费　薪酬、补贴								
			福利费								
			其他								
			合计								
			公益费　电费								
			煤气费								
			水费								
			其他								
			合计								
			维护费　维修费								
			消耗性材料费								
			税金								
			租赁费								
			保险费								
			其他								
			合计								
		一般经费									
		特别经费　折旧费									
		企业内利息									
		合计									
		企业本身物流费合计									
	委托物流费										
	本企业支付物流费										
外企业支付物流费											
企业物流费总计											

表7-4 功能范围别物流成本核算表

功能 范围	供应 物流费	企业内 物流费	销售 物流费	退货回收 物流费	废弃 物流费	合　计
运输费						
保管费						
包装费						
装卸费						
流通加工费						
物流信息费						
物流管理费						
合　计						

7.3　物流成本分析与控制

7.3.1　物流成本分析的原则、方法与指标体系

1）物流成本分析的含义

物流成本分析就是利用物流成本核算结果及其他有关资料，分析物流成本水平与构成的变动情况，研究影响物流成本升降的各种因素及其变动原因，寻找降低物流成本的途径。物流成本分析的主要目的是：

（1）通过对物流成本水平与构成的分析，正确评价企业物流成本计划的执行结果，找出差距，发现问题，提高企业全体员工对物流重要性的认识。

（2）揭示物流成本升降的原因，正确查明影响物流成本高低的各种因素，进一步提高物流管理水平。

（3）寻求进一步降低物流成本的途径和方法，并为制订新的物流成本计划提供重要依据。

2）物流成本分析的原则

要进行科学的物流成本分析，必须坚持以下三个基本原则：

（1）定性分析与定量分析相结合。物流成本水平及其变动，既有质的特征，又有量的特征，因此，物流成本分析也包括定性与定量两个方面。定性分析就是对物流成本变动性质的分析，其目的是揭示物流成本影响因素的性质、内在联系及其变动趋势；定量分析则是对物流成本变动数量的分析，其目的是确定物流成本指标变动幅度及各因素的影响程度。定性分析是定量分析的基础，定量分析是定性分析的深化。二者互为补充，缺一不可。

（2）物流成本分析必须与技术经济指标的变动相结合。技术经济指标是反映企业

物流技术经济状况与企业物流技术、流程、作业特点密切相关的一系列指标。企业各项技术经济指标完成情况，直接或间接地影响到物流成本的高低。因此，只有结合技术经济指标的变动对物流成本进行分析，才能使物流成本分析的结果更真实、更准确、更深入。

（3）物流成本分析必须与经济责任制相结合。建立健全经济责任制，将物流成本分析工作与物流部门的绩效评价相结合，才能保证物流成本分析工作深入、持久，同时，也才能将物流成本分析的结果应用到具体的工作改进过程中，使物流成本分析取得实绩。

3）物流成本定量分析的方法

常用的物流成本定量分析方法主要有对比分析法和连锁替代法。

（1）对比分析法。对比分析法是通过成本指标在不同时期或不同情况的数据对比，来揭示成本变动原因的方法。对比分析法的具体形式有绝对数对比、增减数对比和指数（相对数）对比。

（2）连锁替代法。连锁替代法也称连锁置换法、连环替代法，它是确定引起某种经济指标变动的各个因素影响程度的一种计算方法。在几个相互联系的因素共同影响某一指标的情况下，可用这一方法来计算各个因素对经济指标变动的影响程度。其计算过程是：首先，假定只有一个因素变动而其他因素不变，并计算该因素的变动对某一经济指标变动的影响程度；然后，依次计算其他因素的变动对某一经济指标变动的影响程度（同样假定只有一个因素变动，而其他因素不变）；最后，将各因素对某一经济指标变动的影响程度相加，就可得到各个因素的变动对某一经济指标变动的总的影响程度。

4）物流成本分析的指标体系

（1）产值或销售额物流成本率。产值或销售额物流成本率是指在一定时期内企业物流成本占企业销售额或营业额的比率。其计算公式如下：

产值或销售额物流成本率=物流成本÷销售额或营业额×100%

这里所说的物流成本是指完成特定物流活动所发生的真实成本。该指标越高，说明企业单位销售额或营业额所支出的物流成本就越高，即企业的物流成本水平越高；反之，则说明企业的物流成本水平越低。该指标是进行物流成本分析最基本的指标，它大体上可以反映企业在一定时期内物流成本水平的高低。但是，该指标在很大程度上要受到价格变动和交易条件（物流服务水平）的影响，因此，利用该指标进行考核或评价时要充分考虑价格与交易条件的影响。

（2）总成本物流成本率。总成本物流成本率是指在一定时期内企业的物流成本占企业总成本的比率。其计算公式如下：

总成本物流成本率=物流成本÷企业总成本×100%

该指标是考核企业物流合理化程度的基本指标，同时也是衡量企业物流成本水平的重要指标。如果该指标很高，说明企业的物流成本占企业总成本的比重较大，应分析原因，找出改进的方法。

（3）营业费用物流成本率。营业费用物流成本率是指在一定时期内企业物流成本占营业费用的比率。其计算公式如下：

营业费用物流成本率=物流成本÷营业费用×100%

=物流成本÷（销售费用+一般管理费）×100%

该指标用来分析物流成本占营业费用的比重。由于该指标不受进货成本变动的影响，因此，更能准确地反映企业物流成本水平，从而可以作为考核评价物流合理化程度的指标。

（4）物流功能成本率。物流功能成本率是指在一定时期内各物流功能成本占物流总成本的比率。其计算公式如下：

物流功能成本率=物流功能成本÷物流总成本×100%

该指标可以准确反映运输费、保管费、包装费、装卸费、流通加工费、物流信息费、物流管理费等各物流功能成本占物流总成本的比率，为有效控制各物流功能成本提供重要信息。该指标又可进一步细分为运输成本率、保管成本率、包装成本率、装卸成本率、流通加工成本率、物流信息成本率和物流管理成本率等，其计算方法同上。显然，该指标可以用来分析物流成本的功能构成，为实现各物流功能的合理化提供重要依据。

（5）物流成本效用系数。物流成本效用系数是指在一定时期内物流成本变化率与企业销售额或利润额变化率的比值。其计算公式如下：

物流成本效用系数=物流成本变化率÷企业销售额或利润额变化率

该指标用来分析企业物流成本变化与企业销售额或利润额变化的关系。如果该系数等于1，则说明企业的物流成本随着企业销售额或利润额的变化而等比例地变化；如果该系数小于1，则说明企业的物流成本随企业销售额或利润额的增长而下降，物流成本效用水平提高；如果该系数大于1，则说明企业物流成本的增长速度超过销售额的增长速度，物流成本效用水平下降，应引起企业的重视。

7.3.2　物流成本控制的目标定位与工作程序①

1）物流成本控制的目标定位

为了进行有效的物流成本控制，首先应对物流成本控制目标进行定位。因为只有明确物流成本控制的目标，才能实施有效的物流成本控制手段，进而才能使物流成本控制为企业经营管理服务，实现物流成本控制的最终目的。一般来讲，在定位物流成本控制目标时应着重考虑以下三个问题：

（1）物流成本控制目标要服从于企业的竞争战略。在企业经营中，战略的选择与实施是决定企业生存与发展的关键，战略的需要高于一切。物流成本控制目标的确定首先要符合企业为取得竞争优势所进行的战略选择，要满足企业实施的各种战略对物流成本控制的需要，在企业竞争战略许可的范围内，谋求物流成本的最小化。

（2）物流成本控制目标要服从于企业最大限度地取得利润的目标。在既定的战略模式下，利用物流成本、质量、价格、销量等因素之间的联动关系，以物流成本支持

① 傅桂林. 物流成本管理［M］. 北京：中国物资出版社，2004：130-132.

质量、价格与销量，进而最大限度地实现利润。

（3）物流成本控制目标要满足降低物流成本的需要。降低物流成本可以通过两种基本方式实现：一是在既定的经济规模、技术与质量标准的条件下，通过降低消耗、提高劳动生产率、合理地组织管理等手段来降低物流成本；二是改变物流成本发生的基础条件，即改变企业生产要素与物流资源的配置，提高技术装备水平，使物流成本降低。

综上所述，物流成本控制的目标是一个体系，具体包含三个层次：一是物流成本控制要服从于企业的战略选择与实施，使物流优势转化为企业的竞争优势；二是利用资源、物流成本、质量、价格与销量之间的联动关系，使物流成本控制为企业最大限度地取得利润服务；三是通过物流成本控制、改变物流成本发生的基础条件，以降低物流成本。三个层次之间的主要差别在于考虑物流成本问题的视角不同。第一层次以企业外部为视角，以企业的长期发展和竞争优势为重点；第二层次以企业内部为视角，考虑到价格、供求等市场因素，以利润为取向；第三层次以企业内部为视角，以降低物流成本为核心。第一层次的目标更多地带有战略性，第二层次、第三层次目标更多地带有战术性和业务性。

2）物流成本控制的基本工作程序

物流成本控制可以按以下程序进行：

（1）制定物流成本控制标准。物流成本控制标准主要以物流成本计划中规定的各项指标为依据，但应根据物流成本控制工作的需要，对物流成本计划中的有关指标作进一步的细化或补充，以确定物流成本控制的具体标准。确定这些标准的方法大致有三种：

①计划指标分解法，即将大指标分解为小指标，具体可按部门、单位分解，也可按物流功能分解。

②预算法，就是用制定预算的办法来规定控制标准。例如，有些企业通常根据年度生产销售计划来制定成本预算，并把它作为物流成本控制的标准。采用这种方法要特别注意从实际出发来制定预算。

③定额法，就是建立定额或费用开支限额，并将这些定额或限额作为物流成本控制的标准。实行定额控制的办法有利于物流成本控制的具体化和经常化。

（2）监督物流成本的形成。根据物流成本控制标准，对物流成本形成的各个环节、项目，经常进行检查、评比和监督。不仅要检查指标本身的执行情况，还要检查和监督影响指标的各种条件，如设备、工作环境等，做到物流成本日常控制与生产作业、物流作业控制相结合。日常控制不仅要有专人负责和监督，而且还要使费用发生部门的工作人员自我控制，并在责任制度中加以规定。这样才能调动全体员工控制物流成本的主动性与积极性，使物流成本的日常控制有群众基础。

（3）及时纠正偏差。针对实际发生的物流成本与物流成本控制标准之间的差异，分析原因，查明责任，提出改进措施。对重要差异的纠正，应按下列程序进行：

①提出课题。通过对各种物流成本超支原因的分析，提出降低物流成本的课题。

提出的课题首先应是那些成本降低潜力大、各方普遍关心且具有可实施性的项目。提出的课题应包括课题的目标、内容、理由、根据和预期达到的效果。

②讨论与决策。课题确定之后，应发动有关部门和人员进行广泛的研究和讨论，提出解决方案；对重大课题，还要提出多种解决方案，并对各种方案进行对比分析，从中选出最优方案。

③确定方案实施的方法与步骤以及执行部门与人员。

④贯彻执行确定的方案。在方案执行过程中要及时进行监督和检查，方案实施后还要检查方案实施后的效果，衡量是否达到了预期的目标。

7.3.3　物流成本控制的基本方法

1）弹性预算法与零基预算法

（1）弹性预算法。所谓弹性预算，是指在编制成本预算时，预先估计到计划期内业务量可能发生的变动，编制出一套能适应多种业务量的成本预算，以便分别反映在各种业务量情况下费用支出水平的一种预算。由于这种预算随着业务量的变化而变化，本身具有弹性，因此被称为弹性预算。弹性预算的基本原理是，把成本费用按成本习性分为变动费用与固定费用两大部分。由于固定费用在其相关范围内，其总额一般不随业务量的增减而变动，因此，在按照实际业务量对预算进行调整时，只需调整变动费用即可。弹性预算的特点是，可根据各种不同的业务量水平进行编制，也可随时按实际业务量进行调整，具有伸缩性；弹性预算的编制是以成本可划分为变动费用与固定费用为前提的。

（2）零基预算法。零基预算，也称"以零为基础编制计划和预算"。在编制间接费用或固定费用预算时，传统的方法是，以以往的各种费用项目的实际开支数为基础，考虑到预算期业务变化，对以往的开支数做适当的增减调整后加以确定。这种方法的不足之处在于，以往的开支中势必有不合理的费用支出，如果仅仅笼统地在此基数上加以增减，很有可能使这些不合理的费用开支继续存在下去，无法使预算发挥其应有的作用。为解决这个问题，人们提出了零基预算的预算编制方法。零基预算方法不同于传统的预算编制方法，它对于任何一项预算支出，不是以过去或现有费用水平为基础，而是一切都以零为起点，从根本上考虑它们的必要性及数额的多少。所以，这种预算编制方法更切合实际情况，从而使预算充分发挥其控制实际支出的作用。零基预算的编制步骤与方法如下：

①列出企业或本部门计划期的目标和任务，以及在计划期内需要发生哪些费用项目，并说明费用开支的目的性，以及需要开支的具体数额。

②将每项费用项目的所得与所费进行对比，权衡利害得失，并区分轻重缓急，按先后顺序排列，并把其分出等级。一般以必不可少的业务及其发生的费用为第一层次，必须保证；然后依据业务内容和费用多少，依次列为第二层次、第三层次等，作为领导人决策的依据。

③按照上一步骤所确定的层次和顺序，结合可动用的资金来源，分配资金，落实预算。零基预算由于对每一项费用都是从零开始考虑的，因此其工作量必然繁重，但

其带来的效益和效果也是十分可观的。

2）目标成本控制法

（1）目标成本控制法的基本思想。目标成本控制是以实现目标利润为目的，以物流目标成本为依据，运用价值工程等方法，对企业物流活动过程中所发生的各种支出进行全面管理，以不断降低物流成本，增强竞争能力的一种成本管理和控制方法。与传统成本法相比，目标成本法具有以下几个鲜明的特点：一是具有战略性的成本管理理念，追求的是在不损害企业竞争地位前提下降低物流成本的途径；二是以市场为导向，目标成本法所确定的各个层次的目标成本都直接或间接地来源于激烈竞争的市场；三是注重全过程管理，目标成本法将企业的全部物流经营活动作为一个系统，从事前的物流成本预测到事中物流成本的形成，再到事后的物流成本分析，将其全部纳入物流成本管理的控制范畴，尤其注重事前物流成本的管理和控制；四是实行分解归口管理，目标成本法将物流成本指标按不同的要求进行责任分解，有利于明确各责任部门的责任。

（2）物流目标成本控制的程序和方法。物流目标成本控制的程序和方法因企业物流活动内容的不同而不同。概括起来，核心环节主要有以下三个：

①物流目标成本的设定。目标成本设定往往要求确定一个在目标售价前提下能达成目标利润的目标成本额，所以物流目标成本可以根据预计物流业务收入减去物流目标利润后的差额来确定。其中对于物流目标利润，可以采用目标利润率法、上年利润基数法等方法确定。物流目标成本初步确定后，可以通过调研、分析等方法，对影响物流目标成本的相关因素包括预计物流业务收入、物流目标利润等进行可行性分析，以提高物流目标成本的科学性和合理性。

②物流目标成本的分解。物流目标成本的分解是将物流目标成本按照管理要求或一定方式逐级进行分解，以明确责任和促成物流目标成本的形成。物流目标成本的分解通常不是一次完成的，需要重复进行，不断修订，有时甚至需要修改原来设定的目标。物流目标成本的分解有很多种：一是对于多品种作业的企业，应首先将物流目标成本分解为各产品的目标成本；二是按照不同部门进行分解，直至落实到个人；三是按照物流成本项目进行分解，将其分为运输成本、仓储成本、包装成本、装卸搬运成本、流通加工成本、物流信息成本、物流管理成本以及存货相关成本等；四是按物流成本支付形态进行分解，将其分为材料费、人工费、维护费、一般经费和特别经费等；五是按物流范围进行分解，将其分为供应物流成本、企业内物流成本、销售物流成本、回收物流成本和废弃物物流成本等。

③物流目标成本的实施、考核和修订。物流目标成本分解后，在具体的实施过程中，首先要计算企业物流实际成本与目标成本之间的差异，对于出现不利差异即实际成本超过目标成本的，应运用价值工程、成本分析等方法寻求最佳的物流设计，以期不断降低物流成本。另外，还要对目标成本的执行情况进行检查考核，调动企业各方面降低物流成本的积极性。特别是对那些占物流成本比重大、经常发生波动且控制比较困难的目标成本进行经常性的检查，在检查的基础上进行分析，对比差异，查找原因，充分挖掘企业内部潜力，为今后修订目标成本提供依据。

3）责任成本控制法

（1）责任成本和责任成本控制。责任成本是指责任单位能对其进行预测、计量和控制的各项可控成本之和。确定责任成本的前提是划分成本责任单位。责任单位的划分不在于单位的大小，凡在物流成本管理上需要、责任可以分清、物流成本管理业绩可以单独考核的单位都可划分为责任单位。例如，可以将企业内设部门作为责任单位，包括供应部门、生产部门、设计部门、销售部门、质量管理部门等，也可以将各部门内部下属的平行职能单位作为责任单位，如供应部门内部的采购部门、仓储部门等，还可以将具有隶属关系的部门或单位作为责任单位，包括公司总部、分公司、车队等。

（2）物流责任成本控制的基本程序。运用责任成本法控制物流成本的基本程序主要包括：一是划分责任层次，建立责任中心，明确各责任中心的成本责任和权限；二是根据可控性原则将物流责任成本目标分解到各成本中心；三是建立一套完善的物流责任成本的计量、记录和报告体系。计算各责任中心的责任成本时，应在该责任中心发生的全部成本的基础上，扣除该责任中心不可控成本，加上其他责任中心转来的责任成本，在计量、记录的基础上，定期编制物流报告，通过责任成本实际发生数和控制标准的对比和报告，检查和考核各责任层次和责任中心的业绩。

4）定额成本控制法

（1）定额成本控制法的基本思想。定额成本控制法是根据制定的定额成本来控制实际成本的发生，以降低物流成本的一种控制方法。在实施过程中，首先确定物流定额成本；其次，当物流成本实际发生时，将其分为定额成本与定额差异两部分来归集，同时分析产生差异的原因，及时反馈至物流管理部门。实行定额物流成本控制制度，能在有关耗费发生的当时，随时揭示实际成本脱离定额的各种差异，有利于考核物流活动各个环节成本控制的成效。

（2）物流定额成本的制定。物流定额成本是以现行消耗定额为依据计算出来的，是企业在现有物流经营条件和技术水平下应达到的成本水平。和物流标准成本一样，物流定额成本主要包括物流直接材料定额成本、物流直接人工定额成本和物流相关费用定额成本。

①物流直接材料定额成本的制定。物流直接材料定额成本是材料的用量定额和计划价格的乘积。直接材料定额成本常见于物流活动中的包装成本和流通加工成本。

②物流直接人工定额成本的制定。物流直接人工定额成本是直接人工定额工时和计划工资率或计件工资单价的乘积。直接人工定额成本涉及企业物流活动中的各个成本项目，包括运输成本、仓储成本、包装成本、装卸搬运成本、流通加工成本、物流信息成本和物流管理成本等。

③物流相关费用定额成本的制定。物流相关费用定额成本分为变动物流费用定额成本和固定物流费用定额成本，无论变动费用还是固定费用，其物流相关费用定额成本都是相关费用数量定额和有关计划价格的乘积。为计算简便，通常将物流相关费用预算数按一定比例直接分摊到相关物流成本项目，作为相关成本项目的物流间接定额成本。

（3）脱离定额差异的计算和分析。计算和分析脱离定额成本差异是物流定额成本法的核心内容，具体包括直接材料脱离定额差异的计算和分析，直接人工脱离定额差异的计算和分析，以及物流相关费用脱离定额差异的计算和分析。对于不利差异即实际成本超过定额成本，应深入分析原因，明确责任部门，及时予以纠偏。

7.4 降低物流成本的途径

7.4.1 影响企业物流成本的主要因素

1）竞争性因素

企业所处的市场环境充满了竞争，企业之间的竞争除了产品的价格、性能、质量外，从某种意义上来讲，优质的客户服务是决定竞争成败的关键。而高效物流系统是提高客户服务的重要途径。如果企业能够及时可靠地提供产品和服务，则可以有效地提高客户服务水平，这就依赖于物流系统的合理化。而客户的服务水平又直接决定物流成本的高低，因此，物流成本在很大程度上是由于日趋激烈的竞争而不断发生变化的，企业必须对竞争做出反应。影响客户服务水平的因素主要有：

（1）订货周期。高效的企业物流系统必然可以缩短订货周期，降低客户的库存，从而降低客户的库存成本，提高企业的客户服务水平，提高企业的竞争力。

（2）库存水平。存货的成本提高，可以减少缺货成本，即缺货成本与存货成本成反比。库存水平过低，会导致缺货成本增加；但库存水平过高，虽然会降低缺货成本，但是存货成本会显著增加。因此，合理的库存应保持在使总成本最小的水平上。

（3）运输。企业采用更快捷的运输方式，虽然会增加运输成本，却可以缩短运输时间，降低库存成本，提高企业的快速反应能力。

2）产品因素

产品特性也会影响物流成本。影响物流成本的产品因素主要有：

（1）产品价值。产品价值的高低会直接影响物流成本的大小。随着产品价值的增加，每一物流活动的成本都会增加，运费在一定程度上反映了货物移动的风险。一般来讲，产品的价值越大，对其所需使用的运输工具要求越高，仓储和库存成本也随着产品价值的增加而增加。高价值意味着存货中的高成本，以及包装成本的增加。

（2）产品密度。产品密度越大，相同运输单位所装的货物越多，运输成本就越低。同理，仓库中一定空间区域存放的货物也越多，库存成本就会降低。

（3）易损性。物品的易损性对物流成本的影响是显而易见的，易损性的产品对物流各环节，如运输、包装、仓储等都提出了更高的要求，从而导致物流成本的提高。

（4）特殊搬运。有些物品对搬运有特殊的要求，如对长、大物品的搬运，需要特殊的装载工具，有些物品在搬运过程中需要加热或制冷等，这些都会增加物流成本。

3）空间因素

空间因素是指物流系统中企业制造中心或仓库相对于目标市场或供货点的位置关系。若企业距离目标市场太远，则必然会增加运输及包装等成本。若在目标市场建立或租用仓库，也会增加库存成本。因此，空间因素对物流成本的影响是很大的。

7.4.2 降低物流成本的途径

降低物流成本是企业的"第三利润源泉"。因此，如何降低物流成本不仅是物流部门所追求的重要目标，也是企业最高决策层所关注的关键问题之一。由前面的论述可知，降低企业的物流成本不仅涉及物流系统的优化、物流技术的改进和物流效率的提高，也涉及企业组织结构的改革、企业战略的选择和企业经营管理尤其是物流管理方式的革新，因此，降低物流成本不仅是短期的、局部的战术问题，而且也是长期的、全局的战略问题。这就要求我们从宽广的视角来探求降低物流成本的有效途径。

1) 从供应链的视角来降低物流成本

在经济全球化和合作竞争的时代，从一个企业的范围来降低物流成本是十分有限的，而应该从原材料供应到最终用户的整个供应链过程来提高物流效率、降低物流成本。例如，有些生产企业的产品全部通过批发商销售，其物流中心与批发商物流中心相统一，从事大批量的商品储存和运输。然而，随着零售商业中大型超市及便利店等新型业态的大量出现及连锁经营的发展，客观上要求生产企业必须适应零售商业的这种变化，直接向零售商配送商品。在这种情况下，就要求建立新型的符合零售商需要的物流中心。尽管从生产企业的角度来看，这些投资增加了企业的物流成本，但从整个供应链来看，却增强了供应链的竞争力，提高了供应链物流的效率，从而提高了用户满意度，扩大了商品销售，这样，单位商品分摊的物流成本有可能下降。传统的采购管理强调通过供应商之间的竞争而降低商品进价，却往往导致仓储费用的提高，供应风险增大。但是，从供应链管理的视角来看，强调与供应商形成合作伙伴关系，从而使企业采购风险大大降低，实现准时供应与零库存，结果使仓储费用及其他成本的下降可能大大超过进价的降低。

2) 通过优化物流服务来降低物流成本

一般来说，提高物流服务水平会增加物流成本。例如，多频度、小批量配送会增加运输成本；缩短顾客的订货周期、降低缺货率会增加仓储成本。显然，企业不能通过降低物流服务水平来降低物流成本，但却可以通过对物流服务的优化，在不降低物流服务水平甚至提高服务水平的前提下降低物流成本。优化物流服务，首先，要明确顾客究竟需要什么样的服务项目和水平。为此，必须与顾客进行全方位、频繁的沟通，深入了解顾客的生产经营活动的特点，站在顾客的立场考虑问题，模拟顾客的行为。其次，要消除过度服务。这是因为超过必要量的物流服务，必然带来物流成本的上升，而顾客的满意程度并没有有效地提高。此外，还要实现物流服务的规模化、网络化、专业化。物流服务的规模化、网络化可以使用户就地就近、随时随地得到物流服务，而通过物流服务的专业化，则可以提高物流服务的效率，降低物流成本。

3) 通过构建高效率的物流系统来降低物流成本

企业物流的目的是按照顾客的需要及时、准确、安全且尽可能低成本地将商品或原材料送到顾客指定的场所。但是，要实现物流的目的，必须建立包括订货、补货、运输、包装、装卸搬运、保管、流通加工、出货、配送、信息管理等一系列物流环节在内的物流系统。这个物流系统主要由三部分构成，即物流网点系统、物流作业系统和物流信息系统。物流系统建立后，并不是一成不变的，为了不断提高物流系统的效率，必须经常对物流系统进行检查、评价与改善。也就是说，从"系统能否很好地发挥功能""作业的效率和精确度能否更加提高"的视角，通过各种各样的评价标准进行分析和改善，以构建更有效的物流系统。另外，市场环境的变化、顾客需求的变化，以及交通条件的变化都会影响企业的物流系统，因此，物流系统必须适时进行调整与改造，这样才能保证企业的物流活动更有效率，也才能使物流成本更低。

4）通过建立专业化物流子公司或业务外包降低物流成本

从国内外的经验来看，对大型企业来说，通过企业物流部门的独立化与社会化，即建立物流子公司是降低物流成本的有效途径。大型企业的物流业务量很大、很复杂，需要投入的物流资源很多，成本支出很大，但是，按现行的财务会计制度又很难准确地核算企业的物流总成本，因此，将企业的物流部门剥离建立物流子公司，不但可以使难以计算的物流成本明晰化，而且可以引进专业化的物流技术，统筹安排企业的物流活动，从而有利于降低物流成本。不仅如此，物流子公司除代理本企业（总公司）的物流业务外，还可以利用现有的物流资源开展社会化的物流服务，进而提高企业的经济效益。

另外，将企业物流业务及物流管理职能部分或全部外包给外部的第三方物流企业（专业化物流企业），并形成物流联盟，也是降低物流成本的有效途径。

5）通过应用现代信息技术降低物流成本

物流管理过程需要一个可以支持有效的信息反馈和指令下达的神经中枢系统，即物流管理信息系统。以现代信息技术为基础的物流管理信息系统，可以实现物流管理的信息化，提高物流运作效率，降低物流成本。物流信息化的关键是要解决好物流信息资源的采集问题。不仅要搜集包括订单、存货单、应付账、交易条款、用户情况等大量的内部信息，还要搜集供应链企业的外部信息。此外，还要求订货、采购、维修、服务、交易、存储、运输等各个环节，采用先进的信息技术，缩短运作的时间，减少运作成本。

6）通过标准化降低物流成本

物流标准化包括物流设备与工具、物流作业流程及物流服务等的标准化。物流设备与工具的标准化可以提高物流设施、物流工具的利用效率；物流作业流程与物流服务的标准化可以消除不必要的物流作业和过度服务。这些都有利于物流成本的降低。

本章小结

物流成本是指为组织、实施、管理物流活动所发生的各种费用及其物资消耗的货币表现，即物品在包装、装卸、运输、储存、流通加工、配送等实体流动过程中所支出的人力、财力和物力的总和。物流成本具有核算难、可比性差、成本项目间的"二律背反"现象多、成本原因难以区分和综合性等特性。物流成本由人事费用、作业消耗、物品损耗、利息支出、管理费用五个部分构成。通常可以按物流范围、支付形态、物流功能三个标准对物流成本进行分类。

物流成本管理是现代物流管理的重要组成部分，也是物流管理的基础。它是一切有关物流成本方面的管理工作的总称，即对物流成本所进行的计划、组织、指挥、监督和调控，包括物流成本核算、物流成本预测、物流成本计划、物流成本决策、物流成本分析、物流成本控制等具体内容。

物流成本核算的前提是物流成本核算对象的选择。成本费用承担实体、成本计算期和成本计算空间构成物流成本核算对象的三个基本要素。物流成本核算的主要类型有形态别物流成本核算、功能别物流成本核算、范围别物流成本核算和适用对象别物流成本核算。会计方法、统计方法及会计与统计相结合的方法是物流成本核算的主要方法。

物流成本分析要坚持定性分析与定量分析相结合、物流成本分析与技术经济指标的变动相结合、物流成本分析与经济责任制相结合等原则。产值或销售额物流成本率、总成本物流成本率、营业费用物流成本率、物流功能成本率、物流成本效用系数等指标构成完整的物流成本分析体系。

物流成本控制目标要服从于企业的竞争战略，要服从于企业最大限度地取得利润的目标，要满足降低物流成本的需要。物流成本控制可以按以下程序进行：制定物流成本控制标准；监督物流成本的形成；及时纠正偏差。物流成本控制有弹性预算法、零基预算法、目标成本法和责任成本法等基本方法。

降低物流成本是企业的"第三利润源泉"。降低物流成本的有效途径包括：从供应链的视角来降低物流成本；优化物流服务；构建高效率的物流系统；建立专业化物流子公司或业务外包；应用现代信息技术；实施物流标准化。

本章案例

一家饺子馆的物流成本管理实务

3年前，H经理在某地开了一家饺子馆，如今生意还算火暴。不少周围小区的住户常来光顾小店。H经理说："别看现在生意不错，开业这一段时间，让我头疼的就是每天怎么进货，很多利润都被物流吃掉了。"

刚开始，10个饺子定价为5元钱，直接成本为饺子馅、饺子皮、调料和燃料，每个饺子成本大约2角钱。虽然存在价差，可是H经理的小店总是赚不了多少钱，原因在于每天都有大量剩余原料，这些采购的原料不能隔天使用，算上人工、水电、房租等经营成本，每个饺子的成本都接近4角钱了。

H经理感慨道，如果一天卖出1 000个饺子，同时多余500个饺子的原料，相当于亏损了100元左右，每个饺子的物流成本最高时有1角钱，加上当时粮食涨价，因此利润越来越薄。

关键在于控制数量，准确供货。其实，做饺子的数量挺难掌握。做少了吧，有的时候人家来买没有，也等不及现做，眼看着要到手的钱飞走了；做多了吧，就要剩下。

从理论上说，一般有两种供应方式：一是每天定量供应，一般早上10点开始，晚上9点结束，这样可能会损失客流量；二是根据以往做预测。时间序列是个重要因素，对于面粉等保质期较长的产品，一般做周预测，周末进行订货、补货，对饺子馅采取每日预测方法，然后根据BOM进行采购，一日采购两次，下午可以根据上午的消耗进行补货，晚上统计第二天的需求量并采购。

麻雀虽小，五脏俱全。饺子馆的物流管理同样不容忽视。H经理咨询了一些物流专家，这是波动的需求和有限的生产能力之间的冲突。在大企业，它们通常会提高生产柔性去适应瞬息万变的市场需求。

可是对于经营规模有限的小店来说，要做到这点太难了。所以，有些人建议调整顾客的需求以配合有限的生产能力，即平衡物流。比如用餐高峰期大概在每天12：00—13：00和19：00—20：00这两个时段，H经理就选择在11：00—11：45和18：00—18：45推出9折优惠计划，吸引了部分对价格比较敏感的顾客，有效刺激了需求。

如果碰到需求波动比较大的情况，如客户要的白菜馅儿饺子没有了，H经理就要求店员推销牛肉馅儿或者羊肉馅儿的饺子，同时改进店面环境，安上空调，提供报纸、杂志，使顾客在店里的等待时间平均从5分钟延长到10分钟。

3年的水饺生意下来，每个饺子最初大约分摊1角钱的物流成本，去年降至5分钱，而今年成本就更低了。由于做饺子的时间长了，需求的种类和数量相对固定下来，每个饺子的物流成本得到有效控制，大约在2分钱，主要是采购人工、运输车辆的支出。

资料来源 佚名．一家饺子馆的物流成本管理实务［EB/OL］．［2018-10-22］．https：//wenku.baidu.com/view/98e41926ccbff121dd368340.html.

复习思考题

1.什么是物流成本？如何对物流成本进行分类？

2.何谓物流成本管理？物流成本管理的主要内容是什么？

3.物流成本核算的基本类型有哪些？

4.简要说明物流成本核算的基本方法。

5.简述物流成本控制的基本方法。

6.试述物流成本分析的原则、方法与指标体系。

7.降低物流成本的主要途径有哪些？

第 **8** 章

物流服务管理

学习目标

　　通过本章学习，使读者准确把握物流服务的构成要素与物流服务的目的；掌握物流服务标准与物流服务决策的基本内容；正确理解物流服务管理与控制标准；全面了解物流服务合理化与现代化的基本途径。

8.1 物流服务的内容与指标

8.1.1 物流服务的含义

1) 物流服务的概念

在客户眼中,任何企业的产出都可看成价格、质量和服务的组合,而客户所购买的就是这种组合。服务或客户服务的含义很广,包括从产品的可得率到售后服务等众多因素。从物流角度来看,客户服务是一切物流活动或供应链流程的产物,是企业所提供的总体服务中的一部分。因而,物流系统的设计决定了企业能够提供的客户服务水平。向客户销售所产生的收入和系统设计的相关成本则决定了企业能够实现的利润。决定向客户提供的服务水平是达到企业利润目标的关键。

许多学者从不同角度对物流服务进行了定义。拉里莎·凯尔(Larissa S.Kyj)和迈罗斯劳·凯尔(Myroslaw J.Kyj)认为,物流服务具有一般客户服务的特征,如果能够得到有效利用,是对创造需求、保持客户忠诚产生重大影响的首要变量。[1]另一位客户服务专家认为,物流服务特指满足客户的一系列活动,通常始于订单录入,止于产品送达客户。[2]赫斯凯特(Heskett)则将多数企业的物流服务更简单地表述为:使客户得到所订购产品的速度和可靠程度。[3]

我们认为,所谓物流服务,是指物流企业或企业的物流部门从处理客户订货开始,直至商品送交客户过程中,为满足客户的要求,有效地完成商品供应、减轻客户的物流作业负荷所进行的全部活动。

2) 物流服务的要素

现代营销中的顾客服务是一种供应、生产、经营、物流合而为一的综合经营行为。结合顾客服务的观点,我们可以将物流服务解释为对顾客商品利用可能性的一种保证。它包含三个要素(见图8-1):

(1) 拥有顾客所期望的商品(备货保证);

(2) 在顾客所期望的时间内传递商品(输送保证);

(3) 符合顾客所期望的质量(品质保证)。

3) 物流服务的目的

物流服务的目的,就是提供更多能满足客户要求的服务,扩大与竞争对手之间的差距,从而通过销售额的增加来获得或增加企业的利润。

具体来说,物流服务的目的有:

(1) 有效地完成商品的供应。这是指将顾客所需要的商品在必要的时候,按既定的要求送达顾客。要实现这一目的,要求企业做到明确接受订货截止时间、接受订货

---

① KYJ L, KYJ M.Customer Service: Product Differentiation in International Markets [J]. International Journal of Physical Distribution & Logistics Management, 1994, 4: 41.

② WARREN B. Hidden Costs of Customer Service Management [M]. Washington, D.C.: Marketing Publications, 1974, 3.

③ JAMES L H. Controlling Customer Logistics Service [J]. International Journal of Physical Distribution & Logistics Management, 1994, 4: 4.

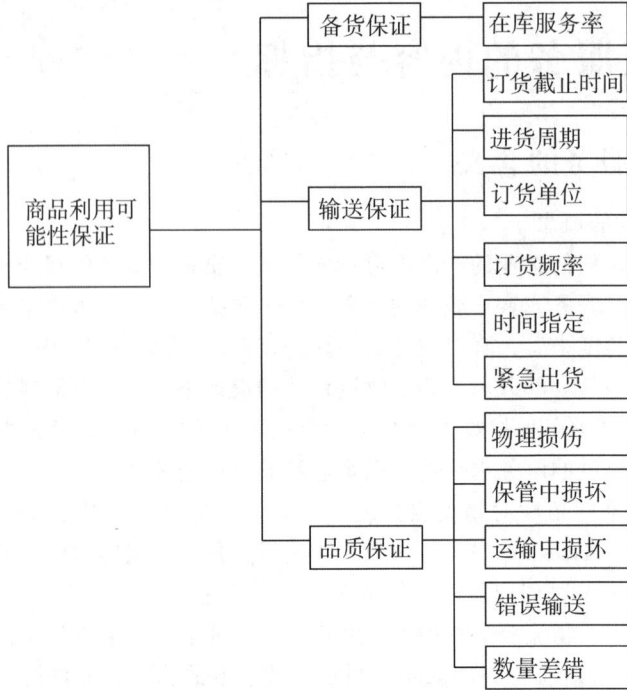

图 8-1　物流服务构成要素

批量（接受订货的最低单位）、供货频率、交货期（从订货到交货的时间）等。

（2）提高作业的效率，减轻顾客的物流作业负担。这是指企业在指定时间交货（指定时交货），而且要提高交货精度，同时，满足客户在挂标签牌、以货架单位包装等方面的流通加工要求。由于企业提供了以上的服务，顾客就可以有计划地进行收货作业，并且会缩短收货时的验货时间。

8.1.2　物流服务的指标

1）基本的物流服务标准

（1）可得性。可得性是指当顾客需要存货时所拥有的库存能力。可得性可以通过各种方式实现，最普通的做法就是按预期的顾客订货进行存货储备。于是，仓库的数目、地点和储存政策等便成了物流系统设计的基本问题之一。存货储备计划通常是建立在需求预测基础上的，而对特定产品的储备战略还要结合其是否畅销、该产品对整个产品线的重要性、收益率以及商品本身的价值等因素考虑。存货可以分为两类：一类是取决于需求预测并用于支持基本可得性的基本储备；另一类是满足超过预测数的需求量并适应异常作业变化的安全储备。

可得性的一个重要方面就是企业的安全储备政策。安全储备的存在是为了调整预测误差，并在安全储备的补给期间对配送延迟进行缓冲。一般说来，防止缺货的期望越大，安全储备的需要也越大；安全储备的负荷越大，平均存货的数量也越大。在市场需求高度变化的情况下，安全储备的构成有可能占到企业平均存货的一半以上。应以下述的三个物流绩效指标进行衡量：缺货频率、供应比率和订货完成率。这三个衡量指标可以确定一个企业满足特定顾客对存货需求的能力。

①缺货频率。缺货频率是指缺货将会发生的概率。换句话说，该衡量方法用于表示一种产品可否按需要装运交付给顾客。当需要超过产品可得性时就会发生缺货。缺货频率就是用于衡量一种特定的产品需求超过其可得性的次数。将全部产品发生缺货的次数汇总起来，就可以反映一个企业实现其基本服务承诺的状况。尽管缺货频率指标并未涉及有些产品在可得性方面也许比其他产品更重要这一实际情况，但缺货频率仍是衡量存货可得性的起点。

②供应比率。供应比率用来衡量缺货的程度或影响大小。这是因为一种产品缺货并不必然意味着其顾客的需求将得不到满足。在判断缺货是否影响服务绩效以前，首先要弄清楚顾客的真实需求。因此，对企业来说，十分重要的是要确认该产品是否确实未能获得及顾客究竟想要多少单位。供应比率绩效通常是按顾客服务目标区分的，于是，对缺货程度的衡量就可以构成企业在满足顾客需求方面的跟踪记录。例如，一位顾客订货50个单位，只有47个单位可得，那么订货供应比率为94%（47/50）。要能够有效地衡量供应比率，一般在评估程序中还要包括在一段特定的时间内对多个顾客订货的完成进行衡量。因此，供应比率绩效可以用于某个特定的顾客或任何顾客组合或所需业务部门的组合。

供应比率可用来区别按特定产品提供的服务水准。在前述例子中，如果所有50个单位都是至关重要的，那么94%的供应比率就有可能导致配送作业中的缺货，并使顾客产生严重不满。然而，如果这50个产品是转移速度相对比较缓慢的货物，那么，94%的供应比率有可能使顾客感到满意，顾客也许会接受延交订货，甚至愿意对缺货的产品重新订货。显然，企业应该对至关重要的产品加以说明，并应在顾客需求的基础上提高供应比率。因此，企业可以开发供应比率战略来满足顾客期望。

缺货频率和供应比率都取决于顾客订货数量。比如，企业如果为小批量的存货频繁地安排补充订货的话，那么，由于装运的变化性，缺货频率有可能会提高。换句话说，每一次补充订货都有相等的配送延迟机会。因此，随着影响安全储备的订货次数的增多，发生缺货的频率就更高。从另一方面来说，如果企业较少地安排补充订货，那么潜在的缺货频率将会降低，期望的供应比率将会提高。显然，缺货频率和供应比率与订货数量之间呈反向关系。

③订货完成率。订货完成率是衡量企业拥有一个顾客所预订的全部存货时间的指标。假定其他各方面的完成为零缺陷，则订货完成率就为顾客享受完美的订货服务提供了潜在时间。

将上述三种衡量可得性的方法结合在一起，就可以识别一个企业的存货战略满足顾客期望的程度。此外，它们还可以成为评估适当的可得性水平的基础，并与企业营造的服务平台结合。

（2）作业完成。作业完成可以通过速度、一致性、灵活性、故障与恢复等方面来具体说明所期望的完成周期。显然，作业完成涉及物流活动对所期望的完成时间和可接受的变化所承担的义务。

①速度。完成周期的速度是指从一开始订货时起至货物装运实际抵达时止的这段时间。但企业必须以顾客的身份来考察在这方面所承担的义务，因为根据物流系统的设计，完成周期所需的时间会有很大的不同，即使在今天高水平的通信和运输技术条件下，订货周期也可以短至几个小时或长达几个星期。

如何确定完成周期的时间往往与存货需求有着直接关系。一般来说，计划的完成速度越快，顾客所需的存货投资水平就越低。完成周期时间与顾客存货投资之间的这种关系居于以时间为基础的物流安排之首。

②一致性。虽然服务速度至关重要，但大多数物流经理更强调一致性。一致性系指企业在众多的完成周期中按时配送的能力。不要把一致性直接理解为顾客额外需要的安全储备，以防有可能发生的配送延迟。一般说来，可得性与一旦需要就可以进行产品装运的存货能力有关，而完成周期的速度则与持续地按时配送特定订货所必需的作业能力有关。因此，所谓一致性，是指必须随时按照配送承诺加以履行的处理能力。由此看来，一致性的问题是物流作业最基本的问题。

③灵活性。作业灵活性系指处理异常的顾客服务需求的能力。企业的物流能力直接关系到在始料不及的环境下如何妥善处理的问题。需要企业灵活作业的典型事件有：调整基本服务安排，例如，一次性改变装运交付的地点；支持独特的销售和营销方案；新产品引入；产品逐步停产；供给中断；产品回收；特殊市场的定制或顾客的服务层次；在物流系统中履行产品的修订或定制，诸如定价、组合或包装等。

在许多情况下，物流优势的精华就存在于灵活能力之中。一般说来，企业的整体物流能力取决于在适当满足关键顾客的需求时所拥有的"随机应变"的能力。

④故障与恢复。不管企业的物流作业有多么完美，故障总是会发生的，而在已发生故障的作业条件下继续实现服务需求往往是十分困难的，因此，企业应制订一些有关预防或调整特殊情况的方案，以防止故障发生。企业应通过合理的论证来承担这种应付异常情况的义务，而其制订的基本服务方案应保证高水平的服务，实现无故障和无障碍计划，为此，企业要有能力预测服务过程中可能会发生的故障或服务中断，并有适当的应急计划来完成恢复任务。当实际的服务故障发生时，顾客服务方案中的应急计划还应包括对顾客期望恢复的确认以及衡量服务一致性的方法。

（3）可靠性。物流质量与物流服务的可靠性密切相关。物流活动中最基本的质量问题就是如何实现已计划的存货可得性及作业完成能力。除了服务标准外，质量上的一致性涉及能否并且乐意迅速提供有关物流作业和顾客订货状况的精确信息。研究表明，企业有无提供精确信息的能力是衡量其顾客服务能力最重要的方面。顾客们通常讨厌意外事件，如果他们能够事先收到信息的话，就能够对缺货或迟延配送等意外情况做出调整。因此，越来越多的顾客表示，及时获取有关订货内容和时间的事前信息比完美订货的履行更加重要。

除了服务可靠性外，服务质量的一个重要组成部分是持续改善。类似于企业内部的其他经理人员一样，物流经理人员也关心如何尽可能少地发生故障以完成作业目标，而完成作业目标的一个重要方法就是从故障中吸取教训，改善作业系统，以防再次发生故障。

实现物流质量的关键是如何对物流活动进行衡量。在顾客眼里，存货的可得性和作业绩效等是至关重要的，然而，高水准的作业绩效只能通过严格地对物流活动的成败进行精确的衡量才能维持。对服务质量的衡量主要体现在下述三个方面，即衡量变量、衡量单位和衡量基础。

①衡量变量。在基本的物流服务方案中特定的履行活动就是据以评估的衡量项目。表8-1列举了一系列典型的用于衡量物流服务的变量，该表还注明了这些变量是用于特定的时点进行衡量的，还是用于特定的时段进行衡量的。按时点进行衡量的变量通常是指静态变量，静态变量对于评估物流系统当前的准备状况是很有用的。例如，观察所发生的延交订货的状况、缺货的次数、或运输中的存货水平就能较早地为未来潜在的顾客服务问题提出状态预警。按时段进行衡量的变量，称作流动变量，是跨越某个时间，如一周、一月或一季等，来跟踪物流系统的表现。不管用哪一种特定变量来测定为顾客服务的表现，有关的指标都必须予以适当的稽查。例如，在一个特定的时点去衡量已取消的订货并没有多大的意义。

表8-1　　　　　　　　　　　　　服务衡量变量

变量	衡量期
销售量	时段
订货数	时段
回收数	时段
延交订货数	时段/时点
缺货量	时段/时点
已取消的订货数	时段
已取消的产品种类	时段
恢复延交订货数	时段
延交订货年限	时段/时点
装运短缺数	时段
货损赔偿数	时段
畅通无阻的次数	时段

②衡量单位。可靠性衡量的第二个方面是衡量单位的选择。表8-2列举了一些通常用于进行物流跟踪的衡量单位。例如，既可以使用单位数，也可以使用销售金额或存货金额来跟踪和报告缺货情况。尽管这两种衡量都产生于同一种活动，但它们所提供的管理信息却是不同的。当缺货按单位数进行衡量时，是在同等的基础上按产品的价值从高到低对物流履行进行衡量的。另外，按销售金额所作的缺货报告则把重点放在更高价值的库存缺货上。一般来说，高级管理部门通常都是当库存缺货与高额毛利、快速移动或至关重要的产品有关联时才更加重视。由此可见，衡量单位的选择会

对可靠性的衡量产生重大影响。

表 8-2   衡量单位表

箱	货币单位（元或美元）
单位	打
品种	破损箱
重量	重量单位（吨或千克）

③衡量基础。在可靠性衡量方面要考虑的最后一个因素是所选择的衡量基础。衡量基础用于规定如何汇总物流完成报告。表 8-3 汇总了一些可供选择的各层次的衡量基础。该表所列举的衡量基础包括从系统总体到特定的产品完成，它把整个物流系统归类成某种衡量基础，以期在大系统的规模上来概括为顾客服务的表现。这种综合表现相对较易衡量，因为它只需要建立一个有限的物流绩效数据库。然而，由于这种综合衡量方法采用的是平均绩效数据，因而有可能会隐瞒潜在的一些问题。另外，当按特定的产品或顾客层次来衡量物流绩效时，难以概括总体状态，并且难以发现潜在的系统方面的问题。尽管在搜集和维护有关顾客层次或产品明细层次所需的数据方面存在着种种困难，但是，根据这些数据所作的完成报告确实能精确地发现物流存在的具体问题。

表 8-3   服务衡量基础

总系统层次	订货层次
销售领域层次	顾客层次

管理部门在选择最恰当的衡量单位和衡量基础的组合来评估物流活动的可靠性时，必须对各种交易的代价进行评价。显然，对物流活动进行详细衡量有助于及时发现具体问题，但是，搜集、维护和分析物流信息并非易事，需要不少的时间、精力与成本。然而，由于用于数据搜集、维护和分析的信息技术的重大进步，连同其成本大幅度的降低，使企业对顾客服务完成进行专门的评估已愈来愈成为现实。

2）完美的物流服务标准

在许多情况下，完美订货的概念是物流质量的外延。在当今的技术条件下，这种服务绩效是可能实现的，但其代价又是高昂的，因此，很少有企业会向所有的顾客承担这种义务，把零缺陷绩效作为其基本的服务战略。然而，这种高水准的绩效却是一种战略选择，可供企业在比较基础上承担义务。

完美订货的方案通常要涉及各种超出基本服务方案的活动。履行完美订货的承诺通常是建立在各种协议基础上的，旨在发展供应商和首选顾客之间密切的工作关系。需要引起足够重视的是，完美订货的承诺通常是在严密的组织工作中履行的。这些安排随时间展开，往往需要得到有关企业间大量交换信息的支持，以便保持对各种物流需求的深刻了解，一般不会在事先没有提示的情况下就贸然向供应商提出完美订货的要求。

履行完美订货需要在管理上和作业上付出努力、耗费巨资，并且需要精准的信息支持。这种卓越的服务表现必须致力于服务那些能够正确评价并愿意提供购买忠诚，以及对企业的额外表现做出反应的顾客。一旦企业展开完美订货的战略，那么，它就必须充分了解潜在的风险和行情下跌的可能性。零缺陷的服务承诺没有错误的余地。顾客则期望企业做出的约定每一次都能如实兑现。对顾客来说，只有当企业的承诺是真的、可信的，以及一致地实现时，这种物流绩效才能被解释成为效率。完美订货的标志是每一次的零缺陷完成。

8.2 物流服务决策

8.2.1 选择物流服务目标市场

随着消费者需求的多样化及物流服务环境的不断变化，企业在物流服务决策时更应重视对目标市场的选择，即进行市场细分。

市场细分揭示了物流服务战略决策所面临的细分市场的机会，并对这些细分市场进行评估，以确定企业向哪个目标市场提供何种物流服务项目。

1）评估物流细分市场

在评估各种不同的细分市场时，必须考虑三个要素：细分市场的规模和发展趋势、细分市场内部结构的吸引力、企业的经营目标和资源。

（1）细分市场的规模和发展趋势。潜在的细分市场要具有适度规模和规律性的发展特性。"适度规模"是个相对概念，对大型物流企业来讲，它是指服务量较大的细分市场；对小型物流企业而言，则是指不被大型物流企业看重的小的细分市场。因为过大的细分市场需投入较多的资源，并且对大型物流企业也具有较强的吸引力，这样会增大小型物流企业的竞争压力，减少成功的机会。

（2）细分市场内部结构的吸引力。细分市场可能具备理想的规模和发展特征，然而从经营的角度来看，它未必有吸引力。因为有五种力量决定着任何一个细分市场长期的内在吸引力。

进行物流服务战略决策时应对下面五个群体对企业物流服务项目长期盈利状况的影响做出评估。这五个群体是：同行业的竞争服务项目、潜在的新进入者的竞争服务项目、替代服务项目、服务项目购买者和供应商。这五个群体对企业物流服务具有以下五方面的威胁：

①细分市场内激烈竞争的威胁。如果某个细分市场已经有了为数众多的、强大的或竞争意识强烈的竞争者，该细分市场就会失去吸引力。

②新参加的竞争服务产品的威胁。如果某个细分市场可能吸引新的竞争者，他们就会投入大量的资源，增加新的服务能力，并争夺市场占有率，取得这个细分市场就没有吸引力了。如果新的竞争服务进入这个细分市场时感到壁垒森严，并且遭受到细分市场内原有服务产品的强烈报复，他们就很难进入。

③替代服务的威胁。如果某个细分市场现已存在替代服务或者有潜在替代服务，

该细分市场就失去了吸引力。替代服务会限制细分市场内价格和利润的增长。服务决策应密切注意替代服务产品的价格趋向。如果在这些替代服务行业中技术有所发展，或者竞争日趋激烈，这个细分市场的价格和利润就可能会下降。

④购买者议价能力增强构成的威胁。如果某个细分市场中购买者的议价能力很强或正在加强，该细分市场就没有吸引力。购买者会设法压低价格，对产品质量和服务提出更高要求，并且使竞争者互相争斗，所有这些都会使销售商的利润遭受损失。

⑤供应商议价能力增强构成的威胁。如果企业的原材料和设备供应商提高价格或者降低服务产品的质量，或减少供应数量，该企业所在的细分市场就没有吸引力。如果供应商集中或有组织、替代服务少、供应的产品是重要的投入要素、转换成本高，供应商可以向前实行联合，供应商的议价能力就很强。最佳防卫方法是与供应商建立良好的合作关系或者开拓多种供应渠道。

（3）企业的经营目标和资源。即使某个细分市场具有一定规模和发展前景，并且其组织结构也有吸引力，在进行物流服务战略策划时仍需将企业的目标和资源与其所在细分市场的情况结合在一起考虑。某些细分市场虽然有较大吸引力，但不符合长远目标，因此，不得不放弃。这是因为这些细分市场本身可能具有吸引力，但是它们不能推动企业完成自己的目标，甚至会分散企业的精力，使之无法完成主要目标。

即使这个细分市场符合企业的目标，企业也必须考虑本企业是否具备该细分市场获胜所必需的技术和资源。无论哪个细分市场，要在其中取得成功，必须具备某些条件。如果企业在某个细分市场中的某个或某些方面缺乏必要的能力，并且无法获得必要的能力，企业也要放弃这个细分市场。如果企业确定能在该细分市场上取得成功，它也需要发挥其优势，以压倒竞争对手。如果企业无法在市场或细分市场创造某种形式的优势地位，它就不应贸然进入。

2）物流细分市场的进入模式

通过对不同的物流细分市场进行评估，就可以发现一个或几个物流细分市场，下一步就要决定进入哪几个物流细分市场。在通常情况下，一共有5种进入模式可供选择：

（1）密集单一市场。最简单的方式是选择一个细分市场集中提供服务产品。企业可能本来就具备了在该细分市场获胜所必需的条件；这个细分市场可能没有竞争对手；这个细分市场可能会成为促进企业服务延伸的起始点。

（2）有选择的专门化。选择若干个细分市场，其中每个细分市场都具有吸引力，并且符合企业的经营目标和资源状况。但在各细分市场之间联系很少或者根本没有联系，然而在每个细分市场上企业都可能获利。这种多细分市场覆盖优于单细分市场覆盖，可以分散企业的经营风险。即使某个细分市场失去吸引力，企业仍可在其他市场上获利。

（3）产品或服务专门化。企业用此法集中推出一种产品或服务，并向各类顾客提供这种产品或服务。例如，某企业仅进行洗衣粉的小容量包装服务，它可能向超市、便利店或百货店提供这样的流通加工服务，而不提供卖场需要的中等或大容量的包装服务。企业通过这种策略，在某个产品方面树立起很高的声誉。

（4）市场专门化。市场专门化是指企业专门为满足某个顾客群体的各种需要服务。如上例中的企业，如果其仅为超市提供洗衣粉的包装服务，无论产品的容量大小，那么这个企业所提供的就是市场专门化的流通加工服务。企业专门为一个特定的顾客群体服务，获得良好的声誉，并成为这个顾客群体所需各种物流服务的提供者。

（5）完全市场覆盖。完全市场覆盖是指企业想用各种服务产品满足各种顾客群体的需要。像上面提到的那家企业，如果它为各种业态的零售商提供洗衣粉的所有容量的包装服务，那么，它采用的就是完全市场覆盖策略。当然只有大型企业才有财力采用这种策略。

3）物流细分市场的营销策略

物流细分市场的营销策略主要有两种方式，即通过无差异市场营销和差异市场营销来覆盖整个市场。

（1）无差异市场营销。将细分市场之间的差异忽略不计，只提供一种服务（产品）在整个市场上销售。设计一种服务，制订一个营销计划，都是为了要引起最广泛的顾客的兴趣。它采用大规模促销和大规模广告的办法，是为了让该服务在消费者心目中树立起最佳的服务形象。

采用无差异市场营销的理由是规模效益。它是与标准化生产和大规模生产相适应的一种营销方法。经营产品范围窄，可以降低生产、储存和运输成本。无差异广告计划也可以降低广告费用。这种无差异市场营销策略不需要进行细分市场的调研和规划，从而也就降低了企业的经营成本。

但是，由于所提供的服务是相同的，无法满足不同客户的特殊需要，因此，服务的效率和效果不佳。同时，顾客之间得到的服务没有差别，所有客户都认为自己与其他客户没有区别，心理上没有优越感，很难形成对物流服务企业的顾客忠诚。

（2）差异市场营销。差异市场营销是指为大多数细分市场提供不同服务或产品，为每个有明显差异的细分市场精心设计风格不同的营销方案。现在，越来越多的服务策划采用差异市场营销策略。

差异市场营销策略往往比无差异市场营销策略获得更多的总销售额，同时提高了客户对企业的忠诚度。但是差异市场营销往往会增加成本，主要增加的有产品或服务改进成本、产品或服务生产成本、管理成本和促销成本。有的服务策划者发现，市场分得过细、提供的服务过多，上述几项成本的增加速度将会超过利润的增长速度。因此，在应用这一市场策略时，要注意平衡成本与收益，不能仅为追求差异，而使企业负担过高的成本，甚至是亏损。

8.2.2 确定物流服务战略

企业必须在每个细分市场上确定服务战略。企业需要向消费者说明本服务与现有竞争服务以及潜在竞争服务之间有什么区别。战略是勾画服务形象和所提供价值的行为，以此使该细分市场的消费者理解和正确认识本服务有别于其他竞争服务的特征。

1）明确服务战略的目的

如果说品牌即是消费者认知，那么战略就是将服务提供给消费者的过程。这一过程中的信息传递要依靠运用正确的服务战略来完成。服务战略的目的是获取竞争优势。实现这一目的大体上要经历三个阶段：明确潜在竞争优势；选择竞争优势；表现竞争优势。

（1）明确潜在竞争优势。一家企业可通过集中若干竞争优势将自己的服务与竞争者的服务区分开来。竞争优势有两种基本类型：成本优势和产品或服务差别化。

每个企业都是为设计、制造、营销、运输产品等而采取的一系列活动的实体。为了弄清某一企业的成本特性和不同的现有资源及潜在资源，将企业分解为在策略上相互关联的9项活动。这9项活动又分为5项主要活动和4项支持性活动。主要活动是指材料运至企业、进行加工制作、产品运出企业、上市营销和售后服务等项依次进行的活动。支持性活动始终贯穿在这些活动中，是指一般管理、财务、法律及政府有关事务。

服务战略策划就是审核每一项服务活动的成本和经营情况，寻求改进的措施。同时，还应对竞争者的成本和经营情况做出估计，并以此作为本服务的水准基点。只要该服务胜于竞争服务，它就获得了竞争优势。

服务战略还要寻求本服务价值链以外的竞争优势，如探索、研究其供应商、分销商和最终顾客的价值链。因此，服务战略策划可帮助一家大供应商降低成本，从而使本服务产品从此项节约中受益。服务战略策划也可帮助顾客更方便或更廉价地从事购买活动，以此赢得他们的服务忠诚。

（2）选择竞争优势。服务战略策划可以将其4个属性，即技术、成本、质量和服务的名次与主要竞争服务作比较。如果提供物流服务的两个企业的技术力量都得8分（最低分为1分，最高分为10分），则意味着双方的技术条件都很好。而竞争服务在成本方面处于优势（8比6），则服务策划应该设法降低成本或改进服务，以提高与竞争服务相对应的市场吸引力。不过，需要考虑由此产生的下列问题：改善服务产品的某些属性对目标消费者的重要性如何？服务策划是否有足够的资金进行革新？完成这些革新需要多少时间？如果企业进行这样的服务策划，部分对手是否也能改善服务？

上面的做法说明，针对某种属性进行服务策划应采取适当的行动。对服务策划来说，最有意义的是进行投资以改善服务。服务对顾客是至关重要的。服务战略如能尽快投资改善服务，也许竞争对手会一时无法赶上。由此可见，这一推进过程有助于服务策划选择最佳的竞争优势。

（3）表现竞争优势。策划服务必须采取具体步骤建立自己的服务竞争优势，并进行广告宣传，切不可以为竞争优势会自动在市场上显示出来。服务战略要求实际行动，而不是空谈。服务策划必须通过各种手段来表明自己选择的市场定位，必须避免以下3个主要的战略定位错误：

①定位过低。消费者对某服务的定位印象模糊，他们看不出该服务与其他服务有什么不同。

②定位过高。消费者对其服务产品了解甚少，以为与相类似的服务处于一样的高

价位。

③定位混乱。服务在消费者心目中的形象混乱不清。

2）服务战略的种类

服务战略是多种多样的，但常用的主要有以下5种：

（1）加强战略，即在消费者心目中加强自己现在形象的战略。

（2）空当战略，即寻找为许多消费者所重视的、但尚未被占领的细分市场。

（3）比较战略，即通过与竞争服务的客观比较，来确定自己的市场地位的一种战略。运用比较定位策略时一定要客观、公正，否则就会给消费者留下一个言过其实的印象，有时会成为一种诋毁行为，引起法律纠纷，因此，在运用时一定要慎重。

（4）首席战略，即追求服务成为本行业中领导者的市场地位，常见的有市场占有率第一，销售量第一等。在信息爆炸的社会里，广告充斥，消费者会筛选掉大部分信息。据调查，一般消费者只能回想起同类服务中的7个服务，而名列第二的服务的销售量往往只是名列第一的服务的一半，名列第三的服务的销售量往往是名列第二的服务的销售量的一半，名列第一的服务的知名度最高。这就是服务策划拼命争夺首席战略的原因。但是，营业面积、销售量这类"规模"方面的首席战略只有一个服务可以获得。重要的是在某些有价值的属性上取得第一的定位，不必非在"规模"上最大不可。服务策划应能识别并确定服务，使其能令人信服地获得一种重要属性和利益。采用这种战略，服务可深深地印在人们心中。

（5）高级俱乐部战略，即强调自己是某个具有良好声誉的小集团的成员之一。企业如果不能取得第一位和某种独特的属性，采取这种战略就不失为一种良策。

3）物流服务战略的设定

物流服务作为企业经营管理的一个重要方面，能否制定出行之有效的物流服务战略，往往影响到具体的物流服务绩效以及由此带来的顾客满意度，所以，科学、合理地进行物流服务战略分析和策划是物流管理活动中一项十分重要的职能。具体而言，物流服务战略决策主要有以下几个步骤：

（1）物流服务要素的确定。要进行科学的物流服务战略决策，首先必须明确物流服务究竟包括哪些要素以及相应的具体指标，即哪些物流活动构成了服务的主要内容。一般来讲，备货、接受订货的截止时间、进货期、订货单位、信息等要素的明确化是物流服务战略决策的第一步，只有清晰地把握这些要素，才能使以后的决策顺利进行，并加以操作和控制。

（2）向顾客搜集有关物流服务的信息。既然物流服务是顾客服务的一个重要组成部分，就应当了解顾客对物流活动的要求和认识。这种信息资源的搜集可以通过问卷调查、座谈、访问以及委托第三方的专业调查公司来进行。调查的信息主要包括物流服务的重要性、满意度以及与竞争企业的物流服务相比是否具有优势等问题。物流服务信息搜集、分析的具体方法主要有三种形式：

①顾客服务流程分析。这种分析方法的基本思路是，为了正确测定企业与顾客接触时的满意度，就必须明确企业与顾客之间究竟有哪些节点，这些节点以时间序列为

基轴在图中加以标志（见图8-2）。

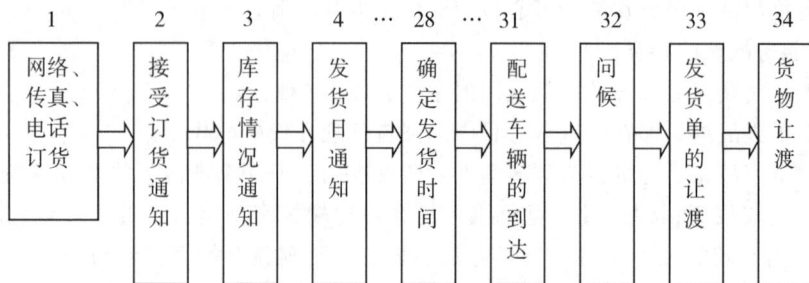

图8-2　顾客服务流程分析实例

②顾客需求分析。这种方法主要着眼于探明顾客需求与本企业所实施的物流服务水平之间有什么差距（见图8-3），据此，明确本企业需要改善或提高的物流服务。这种方法的关键是所提出的问题要尽可能具体、全面，否则，无法真正全面掌握顾客的真实需求和对企业物流服务的愿望。此外，还应当注意的是，顾客需求肯定会有先后顺序，一般位于优先位置的是企业物流服务的核心要素，而且在不同细分市场，服务要素的先后顺序也不尽一致。

注：—— 表示企业服务，---- 表示顾客需求。

图8-3　顾客需求分析实例

③定点超越分析。物流服务的定点超越也是通过与竞争企业或优良企业的服务水平的比较、分析，找出本企业物流服务的不足之处，并加以改善。具体方法主要有服务流程的定点超越和顾客满意度的定点超越两种形式（见图8-4和图8-5）。

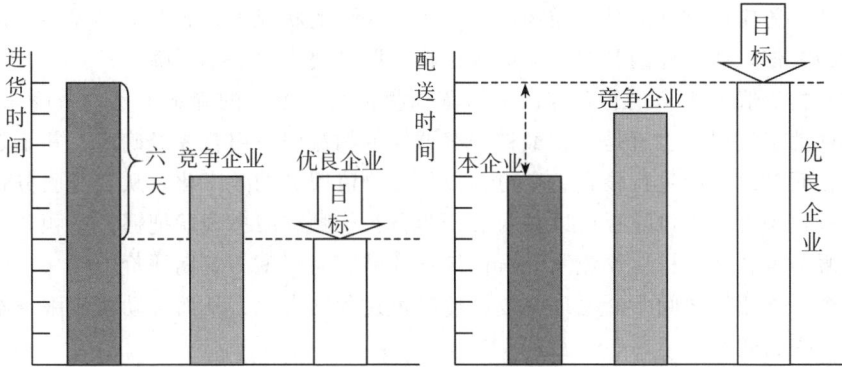

图 8-4   服务流程的定点超越实例

No.	顾客需求	与顾客需求的差距									
		低	1	2	3	4	5	6	7	8	9	10高
1	进货时间短										
2	进货期回复										
3	时间指定										
4	断货的事先通知										
5	配送单位										
...	...										

注：——表示本企业，----表示 A 企业，---- 表示 B 企业。

图 8-5   顾客满意度的定点超越实例

（3）顾客需求的类型化。如前所述，由于不同的细分市场顾客服务的要求不一致，所以，物流服务水平的设定必须从市场特性的分析入手。此外，顾客思维方式以及行动模式的差异也会呈现出多样化的顾客需求，在这种状况下，以什么样的特性为基础来区分顾客群，成为制定物流服务战略、影响核心服务要素的重要问题。另外，应当充分考虑不同顾客群体对本企业的贡献度以及顾客的潜在能力，也就是说，对于本企业重要的顾客群体，应在资源配置、服务等方面予以优先考虑。

（4）根据不同顾客群体制定相应的物流服务组合。对顾客需求进行类型化之后，首先需要做的是针对不同的顾客群体制定出相应的物流服务基本方针，从而在政策上明确对重点顾客群体实现经营资源的优先配置。此后，进入物流服务水平设定的预算分析，特别是商品单位、进货时间、库存服务率、特别附加服务等重要服务要素的变更会对成本产生什么样或多大的影响，这样既能保证企业实现最大程度的物流服务，又能将成本费用控制在企业所能承受或确保竞争优势的范围之内。在预算分析的基础上，结合对竞争企业服务水平的分析，根据不同的顾客群体制定相应的物流服务组合。此外，还应当重视的是，在物流服务水平变更的状况下，企业应事先预测这种变更会给顾客带来什么样的利益，从而确保核心服务要素水平不下降。

（5）物流服务组合的管理与决策流程。物流服务组合的确定不是一个静态行为，而是一种动态过程，也就是说，最初顾客群体的物流服务组合一经确定，并不是一成不变的，而是要定期进行核查、变更，以保证物流服务的效率化。从物流服务管理决策的全过程来看，决策流程可以分为五个步骤：①顾客服务现状把握；②顾客服务评价；③服务组合确定；④物流系统再构筑；⑤顾客满意度的定期评价。

各个步骤相互之间不断循环往复，使决策过程动态化，从而推动物流服务不断深入发展，提高效率。

8.3　物流服务的管理与控制

8.3.1　制定物流服务标准

制定物流服务标准，历来是物流管理中难以处理的问题，但又是必须认真考虑的问题，因为合理可行的物流服务标准是企业进行物流服务管理和控制的依据。本章第1节中介绍了企业物流服务的基本标准及完美标准，这都是企业在制定物流服务标准时需要考虑的要素。在此，我们着重从实践角度来说明企业在制定物流服务标准时应当注意的问题。

（1）制定明确的目标。一些企业在制定物流服务标准时，将目的和目标区分开来。目的的范围较广泛，它概括地指明企业试图达到的总成果。目标是用来达到目的的手段，目标都有一定的最低要求。通常企业要确定一套必要的与目标相符合的要求并予以完善。现以杜邦公司为例说明企业制定的物流服务目的和目标如下：

公司的第一目的是，在选择的竞争市场和其他地区比主要竞争对手提供同等或更好的物流服务水平，为改进物流服务无须或少许改变系统。第二目的（以支持首要目的）是，始终维持足够的库存，保证及时满足顾客的需要；按规定的目标或在顾客指定的日期内将货物可靠地发运并送达；在发生任何偏离服务标准的情况下，迅速通知顾客。

（2）考虑增长的顾客期望。在确定企业的基本服务标准时要考虑的一个重要因素，就是要了解顾客的期望。几乎在每一个行业中，一个或多个企业把物流活动作为核心战略，以获得顾客的忠诚。这些企业投入了各种资源，以实现高水平的基本服务能力，使其竞争对手难以仿效。

这种逐步扩大顾客期望的现象往往可以用所谓的"缩小服务窗口"的概念加以说明。绝大多数行业在传统上都有一种明确的或含蓄的、被普遍接受的、令人满意的或符合要求的服务水平。例如，在20世纪70年代，美国的食品和服装制造商被普遍接受的物流服务绩效是：交付周期为7~10天，存货供应比率为92%。到了80年代初期，该期望值逐步上升至在5~7天的展销期内交付订货，最低限度可接受的供应比率上升至95%。现在，最低限度的交付期期望值已接近3~5天，并且供应比率约为

98%。从图8-6中可以看出，"缩小服务窗口"这一概念清晰地指明了一个朝向更高水准和更快速度的物流绩效趋势。

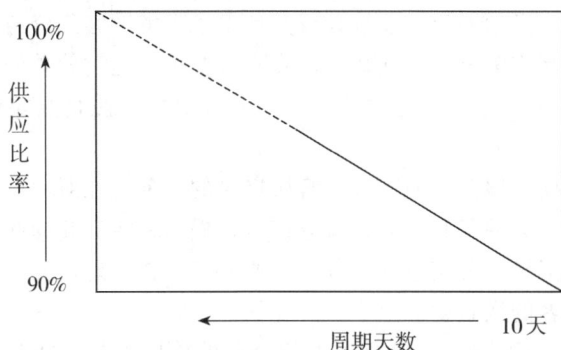

图8-6 缩小服务窗口

（3）订货单传递、分拣和集合。订货单传递是指自顾客发出订货单直到卖方收到订货单这段时间内发生的一系列事件。因为顾客常设想他们一发出订货单，企业就会立即收到，因此，如果在此环节中发生变化或耽搁的时间过长，就会降低顾客满意度。企业应当对不同的订货单传递方式规定相应的时间，提供给顾客参考，由顾客根据需要选择适当的方式进行订货单传递。这样，不仅可以规范订货单传递过程的管理，而且使顾客对这一过程的时间有了比较明确的把握，增加顾客对企业服务的信任与满意。

订单处理的职能之一是填制文件，通知指定仓库将顾客订货集合起来。通常用订单分拣清单表明所要集合的产品项目，送到仓库人员手中。订单分拣和集合职能包括：自仓库接到产品的出库通知直到将该产品装上开往外地的火车这段时间内进行的所有活动。对于订单分拣和集合，应当规定严格的作业时间和准确度，因为它是联结备货、装货直到运输的重要环节，如果此处出现差错，将会给接下来的物流作业造成极大的不便和损失。

（4）退货。物流人员与顾客服务有密切联系，常会遇上涉及退货要求的问题，因此，必须建立相应的程序以便于按规定处理。另外，退回的货物必须由生产部门检查以确定其处理办法，或交回产品库储存，或再加工处理，或作为等外品处理，或进行解体将有用的部件加以利用等。

8.3.2 实施物流客户服务管理

物流服务管理的要点是必须使物流服务中心运作良好，即按照客户的要求，把商品送到客户的手中，满足客户的要求并提高服务水平、降低物流服务成本。为此，必须进行物流客户服务管理。

客户是物流中最关键的因素，只有当物流服务的其他职能相互沟通、共同发展并和谐地服务于客户这个中心，才能使物流服务中心有效地运行。

企业应采取有效的物流服务管理措施，在客户与企业之间建立畅通的信息沟通渠道。同客户直接接触的人员是企业获得客户服务改进信息的重要来源。

（1）做好客户服务的要点。要做好客户服务，必须注意以下几点：

①理解顾客。物流服务企业或物流管理人员首先必须了解自己的行业，知道顾客为什么要来；其次，必须通过行业统计或其他渠道了解顾客的资料、信息。

②发现顾客的真实需要。发现顾客的真实需要可以通过简单的询问，如面谈、电话交谈或函问等形式，也可以通过调查问卷或其他能够使企业知道顾客需要的有效方法。

③提供顾客需要的服务，使顾客理解所提供的服务。在对一些顾客数据、必要的反馈和竞争对手有充分的了解以后，就应该考虑提供顾客需要的服务。

④最大限度地提供顾客满意的服务。企业应当创造性地研究自己的服务，以持续保持并不断提升顾客的满意度。

⑤使顾客成为"回头客"，并使顾客为企业的传播服务。拥有一批固定的顾客是一些企业成功的奥秘。只有顾客一次又一次来消费服务，企业的经营才可能成功。同时，通过提供优质服务，使满意的顾客自愿为企业做广告、宣传，是十分有效的营销策略之一。

（2）把握服务的关键时刻。关键时刻就是客户光顾企业任何一个部门时发生的那一瞬间。服务过程是由一系列的关键时刻组成的，物流经理要指导下属做好物流客户服务过程的关键时刻的管理，以确保整个物流服务的完整，提供给顾客优质服务，即必须确定服务圈与服务过程的关键时刻。

①服务圈。服务圈是客户经历不同关键时刻的模型描述。确定服务的服务圈，应由直接参与提供服务的员工来做出。以客户为中心，按照客户在服务过程中所经历的各个阶段，列出客户与企业相接触的所有关键时刻。图8-7是客户需要物流服务的例子。在该物流服务圈中，对服务企业而言，主要的关键时刻组成一个环形圈。

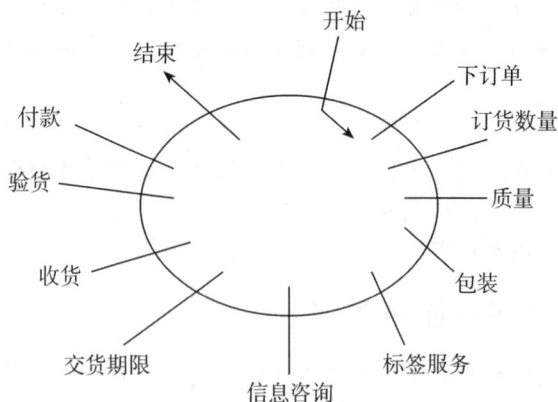

图8-7　服务圈模型

从图8-7中可以看出，客户是如何与服务企业部门发生联系的，这一系列彼此独立而又相互关联的关键时刻影响着客户对服务质量的评价。

②重要的关键时刻。并不是每一个关键时刻对客户关于企业物流服务的评价都起着相同的作用，其中有极少部分的关键时刻非常重要。如果对这部分的管理不当，对企业信誉和服务质量影响很大，可能会最终失去客户。因此，对重要的关键时刻的管

理和控制是客户服务的关键。

　　重要的关键时刻随行业、产品和服务对象的不同而不同。如上例，某些客户可能认为交货期限是重要的关键时刻，如果相同的服务需要的时间很长，服务的关键时刻就有了问题。对另外一些客户而言，可能信息咨询是重要的关键时刻，客户对它们的评价在整个企业服务质量的评价中所占的权重较大。

　　③关键时刻模型。关键时刻的模型见图 8-8，它包含两部分：

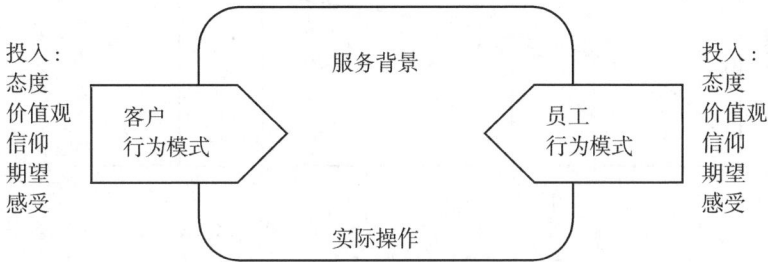

图 8-8　关键时刻模型

　　一是服务背景。在企业中，所有与客户有关的部分都是服务背景，服务背景是在关键时刻发生的所有的社会、身体和心理上的冲撞。

　　二是客户和员工行为模式。客户和员工在关键时刻的思想方法、态度、感受和行为组成的行为模式对关键时刻产生很强的影响。客户和员工的行为模式是由很多投入组成的，包括他们的态度、价值观、信仰、感受和期望。一些投入对客户和员工行为模式的影响可能是一致的，但有时，当双方投入不同时，同样的关键时刻，客户和员工所持的观点会不一致。行为模式在某种程度上还有很大的不确定性，可能会在某一瞬间加以改变。同样，为客户提供产品和服务的员工也是这样，当员工对客户的期望超过实际时，可能影响员工的服务行为，导致服务质量的下降。

　　当服务背景、客户行为模式和员工行为模式三者之间协调一致时，意味着员工和客户对关键时刻服务的看法相同。企业在这些关键时刻就会赢得客户的信任，客户对企业服务质量的评价就会相应地提高。相反，当服务背景、客户行为模式和员工行为模式三者之间不一致时，就可能严重影响关键时刻，导致客户对服务质量的评价降低。

8.3.3　监控物流服务系统

　　如果物流服务运作仅是建立一个系统，并将其投入运行，那事情就相对简单了。遗憾的是，系统并不总能按照它们被认为的方式工作，一些永无止境的潜在问题将显现在企业面前。在这里主要就物流服务成本控制、劳动工时控制、作业监督以及防盗控制等进行介绍。其实，系统的控制应在系统的设计过程就设计好，应把控制机制建立在一个系统中，并不断监督其有效性。

　　1）物流服务成本控制

　　（1）物流服务与物流成本。物流服务应当遵循的原则是以适当的成本实现高水平的客户服务。

一般来讲，物流服务水平与成本是一种此消彼长的关系，两者之间的关系适用于收益递减原则，见图8-9。在服务水平较低的阶段，如果追加X单位的成本，服务水平将提高Y，而在服务水平较高的阶段，同样X单位的成本，提高的服务质量只有Y′（Y′<Y）。

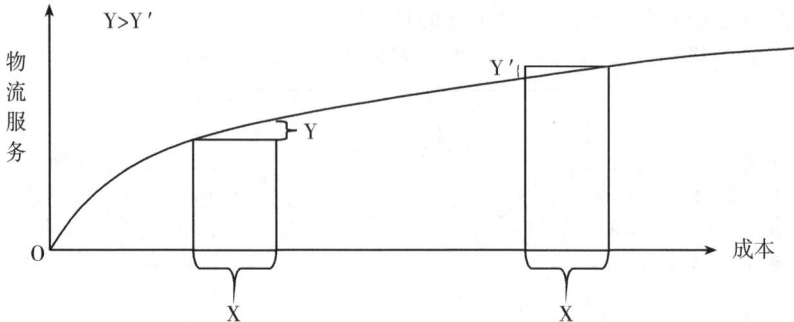

图8-9 物流服务与物流成本的关系

所以，无限度地提高服务水平，成本上升的速度会加快，而服务效率则没有多大提高，甚至下降。

具体说来，物流服务与成本的关系有以下几种：

①在物流服务水平一定的情况下，降低物流成本。在实现既定服务水平的条件下，通过不断降低成本来追求物流系统的改善，见图8-10（1）。

②要提高物流服务水平，不得不牺牲低水平的成本，听任其上升，这是大多数企业认为的服务与成本的关系，见图8-10（2）。

③在物流成本一定的情况下，实现物流服务水平的提高。这种状况是灵活、有效地利用物流成本，追求成本绩效的一种做法，见图8-10（3）。

④在降低物流成本的同时，实现较高的物流服务水平，见图8-10（4）。

（2）物流服务成本的会计控制。将预算作为一种控制方式，这只是它的功能之一。预算作为计划机制，是实现企业目标的一种手段，物流经理汇总上报的预算，确定为实现计划中各项物流任务所需的资金数额。在编制预算时，全部业务活动不仅按照货币单位来表示，而且还要按体积、重量、托盘数、箱数，以及订单或发票项数等实物单位计算。预算被批准后，就成为一种控制机制。会计控制就是通过会计记录对物流服务活动进行监督和考核，使其有效经营，取得最佳经济效益。

这里需要注意的是，很多企业在日常的物流服务管理过程中，对服务成本的控制不够重视或存在认识上的误区。很多人经常指出："服务和成本的平衡是十分重要的"，在提供物流服务时，必须考虑成本，设定适当的服务水平。但是，"适当的服务水平"等条款，很少在交易之前被研究，物流企业大多是原封不动地按顾客的要求来决定物流服务。作为经营决策者，一些人面对这些可能会造成成本增加的因素，往往抱着即使成本上升一点，也可以通过营业额的增加来弥补的想法。这种毫无根据的乐观态度经常会造成过了订货截止时间后的接收订货、少量的紧急配送、无计划的JIT等过度的物流服务现象出现，导致物流成本上升。

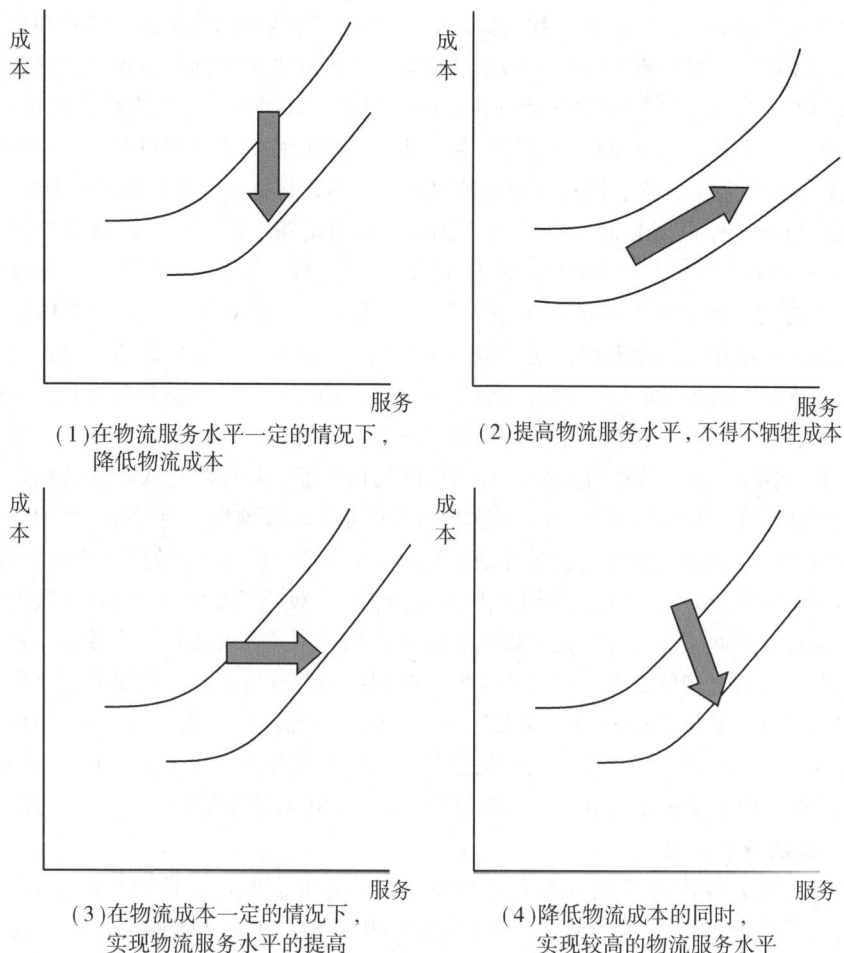

图8-10 物流服务与成本在具体情况下的关系

企业经营中的物流服务成本意识不高,主要是因为营销人员本身就对物流成本不太了解,成本责任的承担也有不明确的地方。乍一看,物流活动的成本应当由物流部门来负责,而事实上,物流服务的成本主要是由确定交易条件的销售部门决定的。但是,对于负责销售工作的人员来说,即使重新考虑顾客服务的内容,也会因没有具体的物流成本数据而无法进行。因此,物流部门必须告知"为了向这个顾客交货,发生了哪些作业,共需要多少成本"的具体数据,应当明确每个顾客的物流服务内容和所花的成本。

2)物流劳动工时控制

鉴于物流劳动工资费用较高,劳动力的有效使用对于以营利为目标的企业经营来说是十分重要的。

(1)工作时间定额控制。通常,通过预先制定工作时间定额,可以使劳动力的有效使用状况得到改善。这里以仓库为例,在一个仓库里,执行每一项任务,如打开一辆卡车车厢,堆放一个托盘,或"拣选"一箱外运货物所需的时间被计划出来。时间分析的精确度以秒为单位。装有货物的托盘在仓库中的放置地点及离地面的高度对作业所需时间来说是有影响的。拣选出库货物所需时间，取决于这些货物的位置、体积和重量。例如，拣选和集装一批具有不同尺寸箱子的待发订货所花费的时间要比拣选和集装一批用相同或相似尺寸箱子的同一批发货所花费的时间多。这些数据有两方面的用途：首先，它们表明仓库中货位的安排应该是把较为常用的或周转快的库存项目放置在存取便利和花时间较少的货位；其次，通过使用计算机程序，为货物拣选人确定最短行走路线。

（2）短期工作进度控制。有一种分析方法称为短期工作进度表，就是检查每名员工在小段时间内的活动。每单位工作分配给一定数量的时间，然后按照"充分利用每名工人的时间，使每名工人的产出最大"这一原则，来安排每个工人的工作进度表。

这种工作安排方法对监督人员十分有用。例如，对于一个仓库来说，可以把工作进度表与送货卡车的出发时间（也可以由计算机排出的进度表来控制）和进货卡车的到达时间联系起来（大客户通常要求供应商的卡车在相当有限的时间段内到达，比如说，30分钟或1个小时，因为这样可减少收货站台的拥挤程度，从而将进入货物的到达时间分布到工作日的各个时刻）。由于整个工作日的各项业务可以预先得到安排，因而管理人员可以按照日程表将实际进度与安排计划相比较。如果在8小时一班的第1个小时结束时，完成的工作量少于1/8，监督人员就应该采取措施，以便在第2个小时内赶上进度或至少不会再落后。短期工作进度表也可以由中层管理部门用来评价监督的有效性。一家美国公司设有一种由直接监督人员近日填写的"时间损失"检查报告。如果直接监督人员未能说明或解释清楚损失的时间，那么这一情况就会公布在该公司题为"不明时间损失"的通报栏中。该栏目的用途是，当中层管理部门对于花在某一项工作上的时间多于分配给它的时间，而直接监督人员又无法解释清楚时，就进行通报批评。

3）物流作业监督

检查与监督技术对企业来说尤为重要，因为企业需要监督接受相同任务的员工，他们的工作技能可能不尽相同，一些员工显然比其他员工更需要接受监督。监督人员的目标应该是改进工作质量。

为了维持和提高生产效率，制定一系列强制性工作守则也是必要的。它们具有多种用途。其中最重要的是，可以防止劳动（或各个成员）在工作方面滑坡。也可以使用物质鼓励手段，有时以奖金的形式发给仓库管理人员，也可以认真地用来鼓励由部分员工组成的作业小组。如果某种工作要素得到改善，比如填制订单准确率有所提高，也可发放奖金。

在制定工作标准时，另一个应该关心的内容是安全。随着工作量或生产量的增加，砸伤工人、砸坏商品或设备的风险事故也会增加。

在对物流人员进行监督时，必须对仓储人员和卡车货运人员区别进行。仓储人员始终在现场主管人员的监督下工作，然而卡车驾驶员则不同，他们一旦到了公路上就脱离了直接监督人员。此外，他们天天与顾客交往，而且在公路上行驶的时候，他们会与众多的其他驾驶员来往。因此，对不同类型的工作人员需要采用不同的监督方式。

当一名仓库员工未能按时完成作业进度计划时，就会立刻被发现，并及时采取纠正措施。监督人员可以从一系列监督技术中选择一种，促使其提高工作效率。但是，一名卡车驾驶员的工作就比较难以评价了。如果他未完成工作进度计划，则可能是因为交通条件或收货人的卸货站台出现瓶颈。最初，管理人员只有接受驾驶员的陈述，不过，有必要采取控制机制，使经常延迟的驾驶员能与其他驾驶员区别开来。

用来辅助控制卡车驾驶员的一种装置是速度图仪。这是一种精密记录仪器，被安装在汽车里面，能产生连续的卡车定时记录、卡车速度记录和卡车发动机转速记录，并打印输出表格。一个在工作中使用过这些表格的人能够很快地讲出卡车和驾驶员的工作效率。如果驾驶员按照常规线路行车，那么重新安排停车站，以避开交通阻塞区域，这也是有可能的。不良的驾驶习惯，如开快车和发动机过度空转等情况能明显地反映出来。万一发生行车事故，速度记录器能提供有价值的资料，报告和说明发生事故前的车辆行车情况。

一家物流服务中心在其送货卡车上使用了这种速度记录器，结果表明，不仅驾驶员的不良行车习惯得到极大的改善，而且节约汽油15%，此外，良好的行车习惯也得到证实，如上坡速度的掌握、减少空转时间、保持平缓速度和刹车，以及速度不超过55km/h等。

4）防偷盗控制

几乎所有企业都经常发生盗窃和偷窃的问题。当然，偷窃是盗窃的一种形式，通常被认为是企业员工偶尔或反复盗窃行为，被窃物资通常是员工为了自己使用而偷窃的。而盗窃通常是外人干的，尽管有时也可能涉及本企业员工。盗窃是有组织地进行的，偷去的货物很可能是为了转手倒卖。一家位于美国东海岸的进出口商是这样区分的："盗窃是指一个包装或所有包装被盗丢失，偷窃是指整个包装被打开，其中一部分被拿走。"

既然偷窃涉及本企业员工，那么控制措施就必须从聘用过程开始，并在工作中继续进行必要的监督。

偷窃行为广泛存在，不可能长期消除。大多数企业发现，容忍少量的偷窃要比对系统"全面控制"合算。全面控制的主要费用发生于经常调换员工工作岗位；许多人不愿意在这种严密的检查和监督下工作。

显然，对于监督人员来说，对付偷窃是一件棘手的事情。有人认为，最好的政策是宣告一切拿走别人财产的行为都是错误的，并以此作为行为准则执行。

团伙盗窃要比员工偷窃发生率高。它是外人对企业处于流通渠道中的商品有组织地进行偷窃。有时，盗窃和偷窃发生在商品托交承运或仓库保管人员保管过程中。此时，承运人或保管人负有责任，但这种事故对于托运人来说可能仍然是不利的。这是因为：①流通渠道中有计划的商品流动受到干扰，可能导致随后的某个阶段发生缺货；②运输人员或仓库人员不可能负责承担货物损失的全部责任；③时间、电话以及文书费用未包括在内；④了解货物运输线路和运输时间的员工可能受到怀疑；⑤被盗产品可能以较低的价格再次出现在市场上，与合法渠道销售的商品相竞争。

值得担心的事项之一是，如果员工受外人引诱，内外勾结，盗窃仓库货物，分散变卖，那将使企业遭受更大的损失，因此，必须引起物流管理部门的高度重视。

8.3.4 评价物流服务

对物流服务部门的评价有许多准则。一般来说，最重要的是识别评价物流服务部门有效性的尺度。当然，这只是第一步，识别了各种效率因素以后，应该给各因素以不同的优先级并开发特定的机制来评价物流服务部门的有效性。也就是说，管理者识别他所希望利用的物流服务部门有效性的一些尺度，并按照一定的规则赋予它们优先级。在评价过程中，使用所有的有效性尺度是不现实的，由于时间和资金的限制，显然不可能搜集并监控所有需要的数据。通常来说，评价一部分可得的尺度已足够了，因为在评估过程的早期，模式和趋势一般都可以显现出来。

在评价物流服务有效性时，所选择的特定的尺度取决于物流服务的特性和要求，也许最困难的就是开发评价效率准则的技术和步骤。评价物流服务部门有效性时，需考虑多种不同的但可以比较的因素，并且建立起评估的标准。最后，还应该与行业内其他物流服务部门进行比较。

1）预先设定评价标准

每一个指标都应该通过预先设定的标准来评价，因此，企业应该建立自己的评价标准。在前面，我们已经介绍过一般企业制定的物流服务管理相关标准。通常认为，企业的标准应该以同行业的其他企业，或者有相同特征的其他行业中的领先企业为基础。这是因为，企业应该深刻了解自身在竞争中的地位，竞争会影响到管理者评估企业有效性的方式。这种方法的一个局限是，每一个竞争者有不同的市场混合策略，还可能定位于不同的目标市场。因此，很重要的一个比较是，与竞争者相比，我们在客户满意度方面做得怎样？

2）成本-销售额比评价

企业常用成本-销售额比来评价物流服务部门的有效性，但是，单独使用这个比率往往并不能确定物流服务部门的工作是否有效。比如，在零售业中，常计算运输成本在销售额中的百分比，但哪怕顾客买到了错误的产品或发生了严重的标低价格的问题，这在运输成本中都不能得到反映，依照运输成本来评价物流服务部门的有效性就不能体现真实情况。而且，问题还往往在于哪些成本应该归到物流活动成本之中，管理者工资、库存运送成本是否都应该包含于其中？还有其他一些常碰到的问题，例如，销售额是用净销售额还是用毛销售额？订货搭配或是服务水平是否有变化？这些问题并没有简单明确的答案。企业在衡量成本效益的时候，所有的物流成本都应该计算在内。由于不同企业的管理者对物流成本的理解不同，计算时的涵盖面也有差异，因此进行企业间成本-销售额比比较的时候，应该对各自的归类方式有清晰的认识。

3）对物流经理的评价

物流服务评价的一项重要内容是对物流管理人员——物流经理的评价，一般他们是根据三点来评估的：

（1）直接管理能力。这一准则考虑的是管理人员对日常运作的管理以及他们达到的生产率、设备利用率及预算等目标的能力。

（2）解决问题能力。这一准则要求管理人员有诊断运作中出现问题的能力，以及寻找对策减少成本、提高客户服务水平和客户满意度的能力。

（3）项目管理能力。这是指管理人员设计并领导项目组来纠正问题、提高生产率并追求更大收益的能力。

4）物流服务政策的评价

以下为物流服务政策评价表，该表运用系统的提问方式，联系企业实际情况，引导企业管理人员进行检查、分析、综合，并可以据此制定本企业相对全面的物流服务政策。物流服务政策评价表为制定物流服务政策提供指导。应当说，销售条件和物流服务政策有相互重叠的部分。物流服务政策的一些要素可能受到法律或商业惯例的影响，在这方面每个企业应根据各自的具体情况来解释和处理。表8-4是物流服务政策评价表的具体内容。

表8-4　　　　　　　　　　　　　　**物流服务政策评价表**

评价项目	评价的具体内容
影响物流服务的信用规定	（1）接受订单之前必须证实顾客的信用 （2）若允许通过往来账户结算，订单的订货金额是否应有限制 （3）往来账户结欠货款应否加以限制 （4）由于顾客信用的原因，在什么情况下订货不予供应 （5）有无专门负责信用的人员经常与顾客联系
决定接受订单的条件	（1）接受订单的方法有无限制条件（如办理订货必须经过销售人员、经纪人等或不接受电话订货） （2）是否要求顾客必须在某一指定接受订单的地点办理订货 （3）订单上要求填写哪些信息 （4）要求哪些许可或根据（如正式采购单、限制电话订货或口头订货） （5）是否接受"货到付款"（COD）订单 （6）有无法定限制（如控制商品、限制进出口产品等规定应办理的许可证或签证等手续） （7）当订购单与销售条件抵触时应采取什么政策
供应短缺的物资	（1）有无适当的配送政策 （2）是否合法 （3）有无专人负责随时与顾客、顾客服务人员和销售人员联系，听取他们的意见
物流服务组织及其人员	（1）对物流服务组织的任务是否有明确规定 （2）经理有无为完成其任务所必要的工具，包括人员、信息系统、通信等 （3）经理是否具有足够的职权 （4）有无正式的人员挑选和培训政策 （5）物流服务报告人员是按用户账号指定，还是按产品类别指派 （6）物流服务经理在同顾客联系中花费大量时间，是否有政策依据 （7）调研和实施中的联合与合并装运规划是否实用、有效 （8）是否规定了订货中止及时间表，并通知物流服务报告人员、销售人员和顾客 （9）是否对顾客展开了以提高可靠性为基础的促销计划 （10）该计划实际上是否更可靠 （11）是否制定了下面几方面的标准时间：订单的输入传送、无例外的订单处理、订单的拣集及装运、填开发票、中转及发货
特殊订货及变更	（1）对于紧急装运是否额外收费 （2）对于电话订货是否额外收费（在一般不采用电话订货的地方） （3）是否制定有管理订单变更的规则？包括根据原始约定的装运日期，要求中止或改变前置时间（提前订货时间，指顾客发出订货，卖方接受订单、备货要车发运，直到收到订货所需全部时间）等 （4）订货回收的条件有哪些 （5）是否有关于订货周期变更的规定？例如，由于额外订货，其订货周期长于原来订货的周期，因此必须变更订货周期 （6）对于取消或减少订货数量，是否规定相应的惩罚条款

评价项目	评价的具体内容
库存缺货及延期交货的处理	（1）在部分或全部缺货情况下，相应采取如下措施： ①保留订单直到库存补充到货后再全部发运 ②部分装运，其余缺货部分待到货后再发运 ③部分装运，其余缺货部分取消订货 ④缺货项目以替代品代用 ⑤取消全部订单 （2）是否建立了订货处理系统的子程序，以根据每一顾客的要求处理缺货及其他例外情况 （3）如果可用替代品，是否制定了有关包装、尺寸、颜色、式样、型号及价格等方面的标准 （4）对于缺货是否规定应采取的有效预防措施 （5）发生缺货是否规定及时通知顾客有关情况
交货时间	（1）是否清楚地规定了关于在买方生产车间工作地点或其他地点按时交货的责任范围，并为顾客所周知 （2）要求顾客的条件是否明确并为顾客所知道（如24小时的电话联系） （3）是否建立关于延期交货顾客有权索取赔偿费的管理规则
索赔、退货及其他要求	（1）关于接受退货是否有明确的规定 （2）对于非运输索赔、延期交货赔偿费及其他要求等事项的处理，是否有相似的规定 （3）有无明文规定以检查顾客服务报告人员同顾客之间的联系（如通过电话或通信方式） （4）经理和其他人员是否与企业内部同等职位工作人员的待遇一致
销售及顾客服务的权限	（1）是否允许销售人员确定装运日期，或是使用标准的前置时间 （2）是否允许销售人员确定装运地点及使用标准的决策规则 （3）销售人员和物流服务人员在参与以下各项活动中是否确定有相应的指导方针：前景调查、运输商赔偿、其他申诉、产品调查、补充订货、商品服务、产品控诉、订单处理、技术支持、交货控诉、订货情况报告、装运追踪、结算问题、内部销售以及个别企业特定的其他权限领域等
投诉程序及投诉的权力	（1）有无管理投诉的标准程序 （2）在一定金额以下的退换货物投诉有无一个自动解决问题的政策 （3）授权基层管理人员解决顾客投诉，是否与良好的商业习惯做法相一致 （4）有无一个标准政策指导企业与顾客保持联系，通知有关提出投诉或索赔的处理进行情况 （5）是否建立当顾客的投诉不能得到满意解决时，需转高层管理当局处理的程序 （6）顾客是否知道他们的投诉权力
最小订货批量及标准订货批量	（1）最小订货批量是按装运单位确定，还是按货币价值确定 （2）如果是按装运单位确定，则所确定的数量是否合理 （3）如果是按货币价值确定，则所确定的数额是否合理 （4）最小订货批量是否足够大以阻止顾客零敲碎打，现要现买，增大企业费用支出，但又不是太大，使顾客望而却步，不来购买 （5）是否有标准订货批量，使顾客便于变换，按整个托盘、卡车或货车计算 （6）当装运的货物超过了一车，但又装不满两车时，对于超过的数量如何处理，有无规定 （7）为了最好地利用运输工具，卖方是否保留选择权，可以增加或减少装运一些"变更项目" （8）对于非标准订货是否规定有惩罚或额外收费条款 （9）顾客服务报告人员是否承担协助顾客提高订货工作质量和利用最经济的订货批量的任务

续表

评价项目	评价的具体内容
订货周期及前置时间	（1）销售人员和物流服务报告人员是否按标准前置时间向顾客开价 （2）根据原料来源可靠程度及企业生产能力确定的前置时间是否符合实际 （3）根据产成品库存情况确定的前置时间是否符合实际 （4）确定的前置时间是否以实现最大运输经济为基础并与竞争要求相一致 （5）在买卖双方之间是否规定了运输索赔的责任 （6）销售公司是否确定有货币限额，在此限额之下企业不予受理有关索赔等争议事项 （7）对于运输商索赔是否也规定了类似的货币限额
顾客使用自备车辆提运订货	（1）是否允许顾客自备车辆提货 （2）为了最大限度减少干扰仓库正常业务，是否有确定前置时间和预先通知仓库的规定 （3）对于提取订货是否确定有最小订货批量 （4）如果允许给予运费折扣，是否合法
产品回收的规定	（1）根据国内外相关安全法的规定，产品的批号标志和管理是否足以保证将不合格产品全部回收处理 （2）相关安全法规定的全部要求是否众所周知 （3）买方是否认知在参与和执行相关安全法回收产品活动中所承担的责任 （4）通信及信息系统执行产品回收是否适当
定制产品	（1）对于定制产品超过或不足生产负荷，是否建立了有关政策 （2）对于取消或变更订货，是否规定了惩罚条款
库存政策	（1）是否以期望的物流服务水平为基础，制定全面的库存政策 （2）是否适当 （3）是否建立了能够覆盖所有可能发生事件的决策规则 （4）有无开发适当的检查及反馈系统以调整必要的生产计划及库存水平 （5）企业是否致力于建立有效的预测系统 （6）企业确定了可接受的缺货水平吗？是按产品项目还是按货币价值确定 （7）对于库存投资需要额及其隐含的利润贡献额是否进行了充分的研究并详细予以说明 （8）对于利用航空运输、业务量小的中心仓库，价值高的库存产品等是否考虑了不同的库存政策
物流服务水平及标准	（1）是否使用公认的市场调查方法对顾客的需求，如服务水平、运输方式等，进行了充分的研究 （2）对于竞争对手的物流服务水平是否同样进行了研究 （3）对于物流服务水平及标准是否予以确定 （4）对于顾客愿意以交货速度换取提高交货可靠性的要求，是否进行了充分的调查研究 （5）对于迅速答复顾客提出的关于订货办理情况及其他询问事项是否制定了标准 （6）是否建立了一个发展的系统，以便根据标准检查物流服务工作情况，并能将信息及时反馈给各有关方面

8.4　物流服务的改善

8.4.1　物流服务改善的基本原则

1）树立全新的物流服务观念

（1）转向市场导向

确定物流服务水平不能从供给方的需求出发，而应该充分考虑需求方的需求，即从产品导向向市场导向转变。产品导向型的物流服务由于是根据供给方自身决定的，一方面，难以真正针对顾客的需求，容易出现服务水平设定失误；另一方面，也无法根据市场环境的变化和竞争格局的变化及时加以调整。市场导向型的物流服务正好相反，它是根据经营部门的信息和竞争企业的服务水平制定的，因此，既避免了过剩服务的出现，又能及时进行控制。在市场导向型物流服务中，通过与顾客面谈、顾客需求调查、第三方调查等，寻求顾客最强烈的需求愿望，这是确定物流服务水平的基本方法。

（2）转向一般消费群体

在决策物流服务要素和服务水平的过程中，需要注意服务的顾客对象应该向一般消费群体转化。例如，企业的物流服务如果只面向批发商输送，库存管理系统显然是不充分的，在流通渠道逐渐多样化、零售力量逐渐增大的过程中，还应该确立面向零售业，特别是大型零售业、连锁店等的服务系统和服务设施，开展符合零售商要求的输送、库存服务（如多频度配送等）。

2）注重物流服务的发展性

由于提供的顾客服务的变化，往往会产生新的物流服务需求，所以在物流服务管理中，应当充分重视研究物流服务的发展方向和趋势。例如，虽然以前就已经开始实施库存、再入货、商品到达时期、断货信息、在途信息、货物追踪等管理活动，但是，随着交易对象如零售业务的简单化、效率化革新，EDI 的导入，账单格式统一，商品入库统计表编制制定等，信息提供服务就成为物流服务的重要因素。

3）重视物流服务与社会系统的协同

物流服务不完全是企业自身的一种经营行为，它必须与整个社会系统相协同。物流服务除了要考虑供应物流、企业内物流、销售物流外，还要认真研究旨在保护环境、节省能源、资源的废弃物回收的物流，所以，物流服务的内容十分广泛，这是企业社会市场营销发展的必然结果，即企业行为的各个方面都必须符合伦理和环境的要求，否则，经济发展的持续性难以实现。除此之外，为了解决交通拥堵、道路建设不足等问题，如何实施有效的物流服务也是物流与社会系统相结合的过程中必须考虑的重要问题。

4）建立能把握市场环境变化的物流服务管理体制

物流服务水平是根据市场形势、竞争企业的状况、商品特性以及季节的变化而变化的，所以，在物流部门建立能把握市场环境变化的物流服务管理体制十分必要。在欧美，由于顾客服务中包含了物流服务，因此，相应的管理责任也是由顾客服务部门承担的。对我国来说，在企业中确立能搜集物流服务的相关信息、提供顾客满意的物流服务，并不断发展提高管理组织与责任体制等方面显得尤为迫切。当然，根据发达国家的实践经验，物流服务的管理仅由物流部门单独进行，往往失败的可能性较大，有效的体制应该是包括生产、销售、物流的综合管理体制。

5）加强物流服务的绩效评价

对物流服务绩效进行评价的目的在于不断适应客户需求的变化，及时制定出最佳的客户服务组合，所以了解客户满意度、改善物流系统是物流服务中的关键要素。因此，对物流服务实施绩效评价应当制度化。此外，在评价时，特别需要关注的是：销售部门或客户是否存在对物流现状的抱怨；所设定的服务水准是否得以实现；在物流成本上应保持多大的合理性等问题。

8.4.2 推进物流服务合理化

1）物流服务合理化

所谓物流合理化，就是使物流设备配置和一切物流活动趋于合理。具体表现为以尽可能低的物流成本，获得尽可能高的服务水平。

物流服务合理化是物流学科产生以来学者们一直关注、探讨的一个问题，也是产业界追求、探索的理想化目标。

物流服务合理化是一个系统的工程，它涉及物流的各个方面，需要考虑企业内部因素，同样也需要考虑外部因素。各种物流模式的选择既要遵循物流设计的原则，也要考虑公司的定位、品牌形象、销售政策以及物流各要素与物流成本和服务质量之间的关系。因此，对某一个具体企业而言，可以选择符合自己企业实际情况的合理化物流模式，但对所有企业而言，不存在统一的合理化物流模式，各企业必须根据自身的实际情况设计符合自己要求的物流模式，形成本企业的核心竞争优势。根据以上物流系统化原则的思想，企业在进行物流系统设计时，应充分考虑物流各要素之间的关系。

2）物流服务合理化的手段

物流服务合理化是依据计划，为了达到物流目的而设计的各机能要素相互统一的合理化。其基本特点如下：①物流服务系统作为整体具有一定的目的；②构成物流服务系统的子系统及单位要素，是为了实现物流服务系统总目的的必要机能；③物流服务系统是作为总系统的子系统进行运转的；④物流服务系统通过信息的传递进行控制。

推进具有上述特色物流服务合理化的方法是：第一，依据现状分析、把握问题，进而根据改善政策建立起物流运营机构，即通过现有资料的搜集分析、听取各关系部门的汇报及实际调查进行现状分析，找出问题。第二，把问题分类整理，按其重要程度进行排列，确定分析范围及目的。第三，对所有改革方案进行研究、评价，最后在物流系统中实施。

企业的经营管理按照计划、实施、评价、改善的循环图进行（见图8-11）。

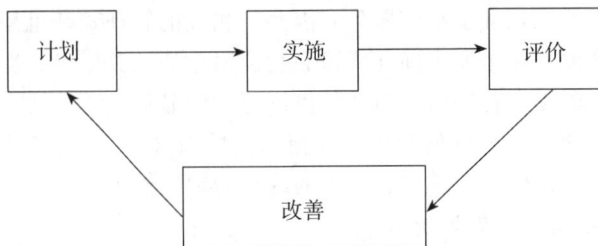

图 8-11　企业经营管理运行图

同样，物流服务管理也按照相同的循环图进行（见图 8-12）。

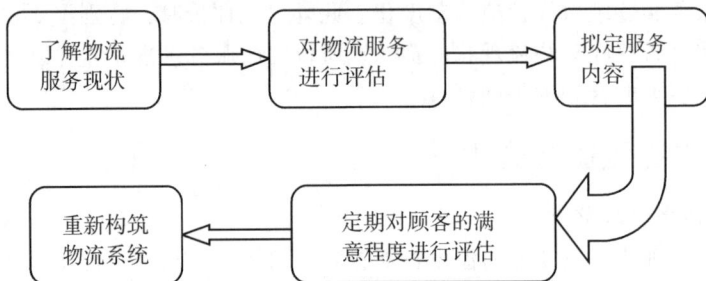

图 8-12　物流服务管理流程图

　　大量化、计划化、简单化、协作化、标准化等是企业物流服务系统化、合理化的基本原则。物流服务系统化、合理化必须遵从以上原则或将几个原则相组合，并加以实施。

　　（1）大量化的物流服务合理化。通过一次性物流的大量化达到物流服务系统合理化的目的。比如，向百货店及超级市场的配送中心供货的批发市场及店铺的系统，以及为了使订货单位尽可能大，企业所采用的最低单位订货制的物流服务规定。

　　（2）计划化的物流服务合理化。通过有计划地实施物流活动，达到物流服务合理化的目的。例如，实现计划运输、配送活动的路线，采用运行图配送等有计划配送的系统。

　　（3）简单化的物流服务合理化。从生产到消费的商品流通过程，一般是经过多个阶段，而依据商、物分离的原则，通过减少物流过程中的中间环节，使其简单地到达客户手中，以实现物流合理化。

　　（4）协作化的物流服务合理化。通过物流业务的协作来推进物流服务合理化。例如，处于某城市中的批发商，为了避免城市的交通混乱而采取共同配送的方式来提高配送效率。

　　（5）标准化的物流服务合理化。通过物流服务活动及相关要素的标准化实现物流服务合理化的目的。例如，采用包装标准化、托盘规格化及一次订货单位量的标准化，提高作业效率，使物流服务趋向合理。

8.4.3　现代物流服务

　　现代物流服务离不开传统的物流服务活动，但现代物流服务在传统物流服务的基础上，通过向两端延伸赋予了新的内涵，是各种新的服务理念的体现。具体来说，现代物流服务主要体现在一体化物流服务、增值物流服务、虚拟物流服务、差异化物流服务和绿色物流服务等方面。现代物流服务的服务内容和服务理念将在实践中逐步完善和拓展。

1）一体化物流服务

一体化物流服务亦称集成式物流服务或综合物流服务。国家标准《物流术语》（GB/T18354-2006）对一体化物流服务的定义是"根据客户需求所提供的多功能、全过程的物流服务"。它是一种集成各种物流功能，为最大限度地方便客户、服务客户而推出的一种服务模式。一体化物流服务不是对物流功能的简单组合，它体现的是"一站式服务"，是以顾客为中心的物流服务理念。客户只需在一个物流服务点办理一次手续，其物流业务就可得到办理。也就是说，客户只需要找一位物流企业的业务员，或进一家物流公司的一个部门，办理一次委托，就可以将其极其繁杂的物流业务交付给物流企业处理，物流企业便可以按客户的要求完成这笔业务。"一站式服务"的最大优点是方便客户。其追求的目标是：让客户找的人越少越好；让客户等的时间越短越好；让客户来企业的次数越少越好……为实现这一目标，要求物流企业全球营销网络中的每一个服务窗口全部接受业务，并完成客户原先需在几个企业或几个部门、几个窗口才能完成的操作手续。这便对现代物流企业的服务能力、服务体系提出了很高的要求。

2）增值物流服务

增值物流服务是随着第三方物流的兴起而逐渐引起人们注意的一个词。国家标准《物流术语》（GB/T18354-2006）对增值物流服务的定义为："在完成物流基本功能的基础上，根据客户需求提供的各种延伸业务活动。"也就是说，物流增值服务是根据客户需要，为客户提供的超出常规服务范围的服务，或者采用超出常规的服务方法提供的服务创新。超出常规，满足客户需要是增值性物流服务的本质特征。它主要包括以下几种类型的服务：

（1）增加便利性的服务。尽可能地简化手续、简化作业，方便客户，让客户满意。推行一条龙、门到门服务，提供完备的操作或作业提示、免培训、免维护、省力设计或安装、代办业务、一张面孔接待客户、24小时营业、自动订货、传递信息和转账（利用 EOS、EDI、EFT）、物流全过程追踪等。

（2）加快反应速度的服务。快速响应是让客户满意的重要服务内容。与传统的单纯追求快速运输的方式不同，现代物流是通过优化物流服务网络系统、配送中心或重新设计流通渠道，以减少物流环节，简化物流过程，提高物流系统的快速响应能力。

（3）降低成本的服务。帮助客户企业发掘第三利润源泉，降低物流成本，如采用比较适用但投资比较少的物流技术和设施设备等。

（4）其他延伸服务。物流企业在为客户提供物流服务的同时，可以向上延伸到市场调查与预测、采购及订单处理，向下延伸到配送与客户服务等，横向延伸到物流咨询与教育培训以及为客户提供物流系统的规划设计服务、代客结算收费等。

3）虚拟物流服务

国家标准《物流术语》（GB/T18354-2006）对虚拟物流的定义是"以计算机网络技术进行物流运作与管理，实现企业间物流资源共享和优化配置的物流方式"。虚拟物流的实现形式从一般意义上讲就是构建虚拟物流组织。通过这种方式将物流企业、承运人、仓库运营商、产品供应商以及配送商等通过计算机网络技术集成到一起，提供"一站式"的物流服务，从而有效改善单个企业在物流市场竞争中的弱势地位。

虚拟物流的技术基础是信息技术，以信息技术为手段为客户提供虚拟物流服务。虚拟物流的组织基础是虚拟物流企业，通过电子商务、信息网络化将分散在各地的分属不同所有者的仓库、车队、码头、路线通过网络系统地连接起来，使之成为"虚拟仓库""虚拟配送中心"，进行统一管理和配套使用。

虚拟物流及其物流服务内容是一个前沿课题，其服务目标就是通过虚拟物流组织提供一体化的物流服务。

4）差异化物流服务

现代物流的差异化服务包括两方面的含义：

一是物流企业根据各类客户的不同要求提供个性化的需求服务。它又可以分两种情况：一种是同行业不同企业的情况有差别，因而其各自所需的物流服务内容与水平要求就有区别；另一种是企业所处的行业不同，其物流服务的需求差别就更大，从而就有了我们现在所细分出的家电物流、医药物流、食品物流、汽车物流、烟草物流、农产品物流等不同的物流服务形式，这就要求我们必须依据各行业的实际情况区别对待。二是物流企业为客户提供某些专营或特种物流服务，如对化工、石油、液化气及其他危险物品、鲜活易腐品、贵重物品等，开展专营或特种的物流服务。与一般的物流服务相比，此类服务对物流企业提出了一些比较特殊的要求，一般需要具备相应的经营资质和实力，否则就难以承担此类服务。

差异化服务是现代物流企业对市场柔性反应的集中体现，也是现代物流企业综合素质和竞争能力的体现，一般情况下，它将为物流企业带来比普通物流服务更高的利润回报。现代物流企业如果能根据市场需求和自身实际开发出更多适销对路的差异化物流服务产品，便可确保获得更多的收入与利润，并在激烈的市场竞争中处于有利地位。

5）绿色物流服务

绿色物流是融入环境可持续发展理念的物流活动，是指在物流过程中抑制物流对环境造成危害的同时，实现对物流环境的净化，使物流资源得到最充分利用，创造更多的价值。具体包括：集约资源、绿色运输、绿色仓储、绿色包装、逆向物流等。

绿色物流的目标之一是以最小能耗和最少的资源投入，创造最大化利润；目标之二是在物流系统优化的同时将物流体系对环境的污染进行控制。现代物流中的绿色服务就是要求企业在给客户提供物流服务时要遵循"绿色化"原则，采用绿色化的作业方式，尽力减少物流过程对环境造成的危害。同时把"效率化"放在首位，尽量降低物流作业成本，力争以最小的能耗和最少的资源投入为客户提供满意的服务，为企业和客户创造出最大化的利润。

6）物流创新服务

现代物流的创新服务就是现代物流服务提供者运用新的物流生产组织方式或采用新的技术，开辟新的物流服务市场或为物流服务需求者提供新的物流服务内容。

创新是现代企业生存与发展的永恒主题，离开了创新，现代企业的发展就无从谈起。

因此，创新服务理念也是现代物流最重要的新理念之一，现代物流企业必须树立这一理念，使自己具备创新服务能力从而提高企业的竞争能力，使企业获得生存与发展的动力。

目前美国的物流业所提供的服务内容已远远超过了仓储、分拨和运送等服务。物流公司提供的维修服务、电子跟踪和其他具有附加值的服务日益增加。物流服务商正在变为客户服务中心、加工和维修中心、信息处理中心和金融中心，根据顾客需要而增加新的服务是一个不断发展的观念。

本章小结

物流服务是指物流企业或企业的物流部门从处理客户订货开始，直至商品送交客户过程中，为满足客户的要求，有效地完成商品供应、减轻客户的物流作业负荷所进行的全部活动。它包含3个要素：拥有顾客所期望的商品（备货保证）；在顾客所期望的时间内传递商品（输送保证）；符合顾客所期望的质量（品质保证）。

物流服务的目的就是要提供更多能满足客户要求的服务，拉大与竞争对手之间的差距，从而通过销售额的增大来获得或增加企业的利润。具体而言，物流服务应该完成这样的任务：一方面是有效地完成商品的供应；另一方面是减轻客户的物流作业负担。

为了对物流服务进行有效的管理与控制，必须制定物流服务标准，实施物流客户服务管理，并对物流服务系统进行监控和评价。其中最为关键的是物流服务标准的制定，它是企业进行物流服务管理和控制的依据。基本的物流服务标准应该符合下列原则，即可得性、作业完成和可靠性。完美的物流服务标准通常是指完美订货观念，即正确地做每一件事，并且一开始就要做正确，它的标志是每一次作业的零缺陷完成。

为了提高物流服务效率，降低物流成本，企业有必要实现物流服务合理化。物流服务合理化就是依据计划，为了达到物流目的而设计的各机能要素相互统一的合理化。实现物流服务的系统化、合理化，应依据以下基本原则，即大量化、计划化、简单化、协作化和标准化等。

科学技术的采用是提高物流服务效率的主要手段，正是采用了先进的科学技术，才使物流服务走向现代化。现代物流服务主要体现在一体化物流服务、增值物流服务、虚拟物流服务、差异化物流服务和绿色物流服务等方面。

本章案例

顺丰企业的物流服务创新

1）顺丰公司简介

顺丰速运（集团）有限公司（以下简称顺丰）由王卫于1993年创立，总部位于广东省深圳市，是一家主要经营国内、国际快递及相关业务的服务性企业。

顺丰拥有38家直属分公司、5家分拨中心、近200个中转场、逾7 800个基层营业网点，覆盖31个省（自治区、直辖市），近300个大、中城市及逾1 900个县级市或者城镇。此外，顺丰在中国香港、澳门、台湾地区、韩国、日本、马来西亚、新加坡及美国都设有网点或开通收派业务。

顺丰有29万多名职员、超过12万台运输车辆、15架自有全货机，2011年营业额逾200亿元人民币，成为唯一可以与EMS抗衡的民营企业。

顺丰以"成就客户，推动经济，发展民族速递业"为自己的使命，积极探索客户需求，不断推出新的服务项目，为客户的产品提供快速、安全的流通渠道。国家邮政局公布的2018年快递服务用户满意度、时限准时率调查结果显示，顺丰在快递企业总体满意度及时限准时率方面均排名第一。

2）顺丰关于物流服务的创新

（1）电子网络服务的创新

①物流企业的创新首要表现在服务的创新上。顺丰尊崇提高客户满意度的原则，积极采用物流网络服务创新模式，运用电子商务技术，加强物流过程中的物流信息网络和物流实际配送网络的建设，为客户提供现代化、个性化、合理化的物流服务。顺丰快递设有专门的网络研究与开发部门，为了防止接收方地址信息泄露，顺丰此前曾在电脑客户端上推广了"虚拟地址"的网络服务，即发货人在填写接收方地址的时候，用一组数字代替详细地址，而这套代码只有顺丰系统能够识别。现如今"虚拟地址"功能也移植到移动客户端上

②顺丰推出了手机客户端应用的升级版，在移动客户端主页可以选择"我要寄件"，填写个人订单信息，通过微信"摇一摇"功能，让收货员知道你目前的地址信息，提交订单后，顺丰将会优先安排快递员上门取件。

（2）加盟方式的创新

①根据市场导向型原则，市场是物流服务的立足之本，物流服务应以市场导向为主。对物流服务进行准的定位，与其他因为快递做得好而改做物流的同行相比，顺丰坚持做快递并且敢于打破加盟制的模式，进行直营；

②顺丰快递的工作人员表示，该公司鼓励内部员工回乡创业，以加盟的形式开设顺丰网店，以这种方式使顺丰向三四线城市布局，这既减少了公司开启分店的消耗，又因为员工对家乡熟悉，同时又是公司的熟练员工而减少了企业风险。

（3）物流服务方式的创新

顺丰仓储配运试行，改进与完善了物流服务模式。正确地分析客户对物流服务的需求，努力为客户提供满意的物流服务。创新推出一站式退换货服务，可以上门对产品进行更换、质量检查，代替商家进行补偿等高品质的逆向物流服务，大大解决了困扰消费者和电商的难题。

（4）冷链运输的创新

①顺丰坚持服务灵活性的原则，在时间、空间以及信息、技术等各方面根据企业经济活动的需要建立快速响应的物流运营系统。为了确保新鲜的味道，顺丰需要最专

业的冷链物流和分销团队。顺丰已经建立了一个完美的仓库系统和完整的分销系统，可以很好地解决储藏运输的高成本和缺乏冷链物流的企业所遇到的问题。

②对物流服务模式的创新需要注意供应链创新模式，适度扩展和强化企业物流运营的功能，在保持物流的传统功能如储运、运输、包装、装卸和加工之外，还可以将物流的范围延伸到供应链中的其他领域，实现与供应链各企业之间的互相协作，形成一个布局合理、高效有序的服务新模式。顺丰在线下布局嘿客零售店，当客户不能及时拿到货时，嘿客门店可以临时存储，从而保证生鲜冷链的完整。客户可以自行到嘿客门店提取，也可以选择顺丰嘿客员工配送。

③顺丰在食品冷链物流再下一筹，推出了"生鲜速配"服务。为了保证生鲜商品的"鲜"，顺丰在内部各环节开设专项绿色通道，提供优先配载、优先派送、专人跟进等一系列增值服务，确保"生鲜速配"快件在承诺时效内送达。

（5）跨界合作的创新

在知识经济时代，仅靠企业自身的资源不可能有效地参与市场竞争，还必须从价值链的角度来考察物流企业，以满足企业利用全社会一切市场资源快速、高效地进行生产经营的需求。中信银行与顺丰的跨界合作，推出共有品牌的"中信顺手付"支付账户、移动客户端和中信顺丰联名卡等多项创新服务。双方的跨界联合以当下互联网金融、网购、海淘的热潮为突破口，共同构建O2O生态圈，实现平台、商户、渠道的整合，为双方客户创造了前所未享的"多、快、好、省"极致体验。

资料来源 李丹. 顺丰企业的物流服务创新与制度创新［J］. 财经，2015（7）.

复习思考题

1.何谓物流服务？其构成要素有哪些？

2.简述物流服务的目的。

3.简述物流服务标准的主要内容。

4.试述物流服务管理与控制的基本内容。

5.简述物流服务合理化的途径。

6.简述现代物流服务的内容。

7.试述物流服务决策的基本内容。

第 9 章

物流组织与人力资源管理

学习目标

通过本章的学习，使读者了解与掌握物流组织的发展演变过程及其主要组织类型、物流组织的设计与创新，以及物流战略联盟等物流组织新动态；了解与掌握物流作业人员和物流管理人员的培训开发与绩效评价等相关内容。

9.1 物流组织的产生、发展与类型

9.1.1 物流组织的产生与发展

物流组织是指专门从事物流经营和管理活动的组织机构。从广义上讲，既包括企业内部的物流管理和运作部门、企业间的物流联盟组织，也包括从事物流及其中介服务的部门、企业以及政府物流管理机构。[①] 物流组织的出现和发展是人们对物流认识不断提高和深化的结果。图 9-1 描述了物流组织发展的过程。

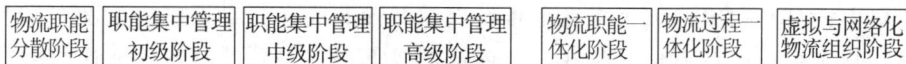

物流职能分散阶段	职能集中管理初级阶段	职能集中管理中级阶段	职能集中管理高级阶段	物流职能一体化阶段	物流过程一体化阶段	虚拟与网络化物流组织阶段

图 9-1 物流组织发展的过程

1) 物流职能分散阶段

在 20 世纪 50 年代以前的企业中，物流管理呈现出完全分散化的状态，物流活动分散在各个管理职能中，分别从属于市场营销部、生产部和财务部等传统的职能部门。这种部门分割的现象表明，在当时的企业中，物流还没有实现专业化，各个职能部门都有物流人员，他们同时兼顾着包括物流在内的多种职责，业务水平较差。另外，由于没有专门的组织统一指挥物流业务流程的各个相关环节，缺乏跨职能的协调，从而导致重复和浪费，信息常常被扭曲或延迟，物流组织效率低下。图 9-2 是物流职能分散阶段典型的组织结构形式，可见这种组织形式淡化了物流功能，使物流功能在各个部门之间的责、权、利模糊不清，同时物流活动的重复也造成了浪费，使企业难以获得物流系统的总体效益。

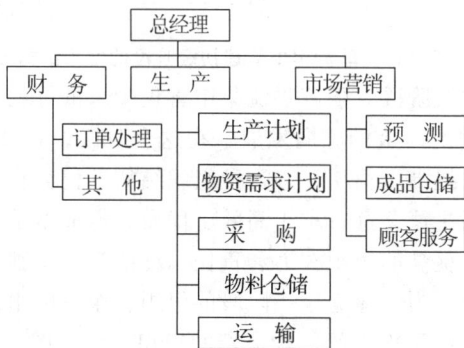

图 9-2 物流职能分散阶段的组织结构形式

2) 物流职能集中管理阶段

20 世纪 50 年代末至 60 年代初期，企业开始了对分散的物流活动进行归类、集中管理的尝试，从此，企业物流组织作为专业化的分工组织开始从企业其他组织

---

① 武云亮. 论物流组织的演进与创新 [J]. 商品储运与养护，2002（6）.

部门中分离出来。这一时期物流组织发展演变的特点是各种专业化的物流职能被不断地集合，逐渐发展成为相对独立的部门。这一阶段可以分为三个小的发展阶段：

（1）集中管理的初级阶段。在这一阶段，企业物流职能围绕着两个集中点展开：一个集中点发生在市场营销领域，该集中点是围绕着如何高效、优质地为客户服务所展开的一系列业务活动，如运输、订单处理、成品仓储等，这些活动被设置在物资配送职能下，目的是突出销售物流，更好地为市场服务。另一个集中点发生在生产部门，该集中点围绕物料的组织供应展开，将物料需求计划、采购、仓储等物流功能设置在物料管理职能下，对组织生产起支持作用。但是，这一阶段的集中还只是初级的，大多数的传统部门并没有改变，组织层次也没有作大的调整，物流组织的专业化只是在企业内部的较低层次得到了实现，但这种集中避免了以往的分散管理，专业分工也被进一步细化了。图9-3说明了这一阶段的典型组织结构。

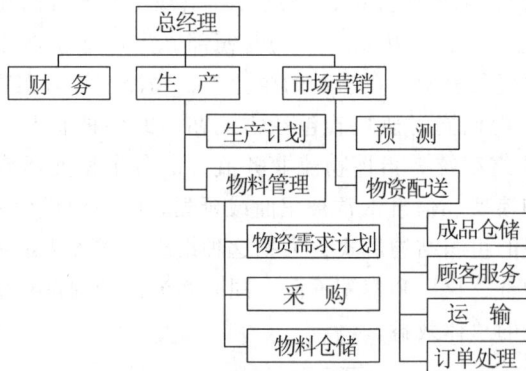

图9-3 物流职能集中管理初级阶段的组织结构形式

（2）集中管理的中级阶段。随着物流集中管理带来的好处渐渐被企业所认识，物流组织的变革便开始向更高级的方向发展。在这个阶段，物资配送职能被独立出来，它的地位有了突破性的提高。很明显，这种组织结构的优势在于负责物资配送的部门经理可以直接参与公司决策，这有利于高效、优质、低成本地为顾客服务。在这个阶段，物流职能开始具备更高的组织权力和责任，逐渐拥有了独立的地位，并开始被作为一种核心能力来处理。为了建立这一阶段的组织，企业的组织结构必须重构，必须重新分派功能，并从更高层次上给予物流新的组织定位。图9-4表明了这个阶段的典型组织结构形式。

（3）集中管理的高级阶段。在这个阶段，企业将所有的物流功能集中在物流经理的管辖之下，物流经理与负责财务、生产、营销等部门的经理们作为总经理的直接下属协同作战，同时又拥有独立开展工作的空间。这时，物流部门将所有的原材料、元件、配件以及产成品的运输、仓储、装卸、库存控制、包装以及配送等物流功能进行战略性管理，这不仅可以使企业在整体上获得物流成本节约所带来的效益，而且为实现企业物流一体化打下了良好的基础。这个阶段的物流经理作为一个完整职能部门的

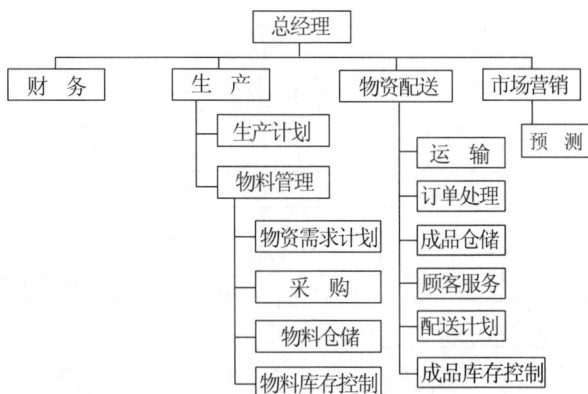

图9-4 物流职能集中管理中级阶段的组织结构形式

经理，权力和责任比前一阶段更为完整，企业的各项物流功能也从最初的分散化演变为完整统一的整体职能。图9-5表明了这个阶段的典型组织结构形式。

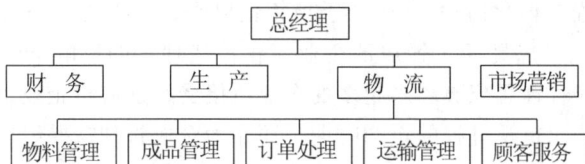

图9-5 物流职能集中管理高级阶段的组织结构形式

3）物流一体化阶段

物流职能集中管理阶段为企业物流的一体化发展打下了良好的基础。20世纪80年代以来，由于物流职能的集中管理为企业带来了巨大的效益，企业开始尝试将所有的物流工作整合到一个组织中去，将可操作的许多物流计划和运作功能归类于一个权力和责任主体之下，目的在于对所有原材料和制成品的运输和储存进行战略管理，以使其对企业产生最大的利益，这个过程就是物流的一体化过程。按照组织发展的时间顺序，这个阶段可以被分为两个小阶段，即以职能管理为重点的物流职能一体化阶段和着眼于过程的物流过程一体化阶段。

（1）物流职能一体化阶段。所谓物流职能一体化组织就是在一个高层物流经理的领导下，统一所有的物流功能和运作，将采购、储运、配送、物料管理等物流的各个领域组合构成一体化运作的组织单元，形成总的企业内部一体化物流框架。图9-6是物流职能一体化的典型组织结构形式。该组织结构将所有的物流功能整合为三个并列的物流部门，即物流支持部门（包装、装卸、仓储、库存控制和运输）、物流运作部门（采购、制造和配送）和物流资源计划部门（预测、订单处理、需求计划和职能计划），强调各个部门之间的协同与利益互换，使整个企业物流系统的运作绩效得到了提升。同时，在组织的最高层次设置了计划和控制部门，从总体上负责企业物流发展的战略定位、物流系统的优化和重组、物流成本和客户服务绩效的控制与衡量等，更好地为企业经营决策提供必要的信息。

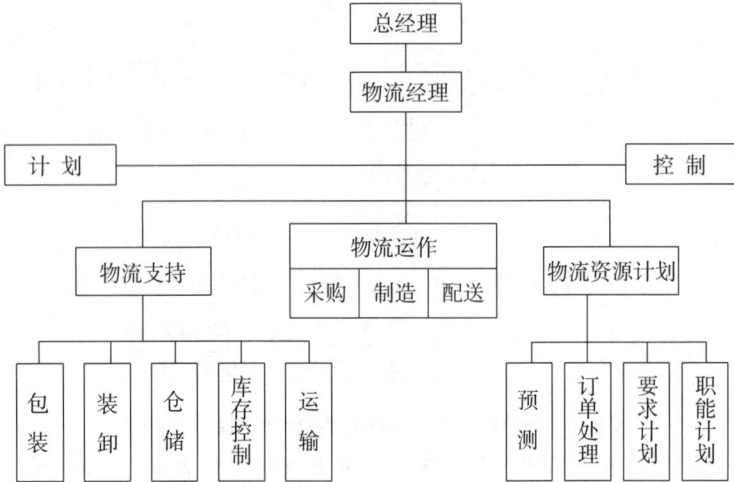

图9-6　物流职能一体化阶段的组织结构形式

（2）物流过程一体化阶段。20世纪90年代以来，在彼得·圣吉的学习型组织理论以及迈克·哈默、詹姆斯·钱皮的企业流程再造理论的影响下，流程再造、扁平化、团队和授权的管理思想被越来越多的企业所接受，这使得企业组织的发展进入了一个由重视职能转向重视过程的重构时期。而作为企业管理重要组成部分的物流管理也开始由重视功能向重视过程转变，通过管理物流过程而不是物流功能来提高物流效率成为企业物流整合的核心，物流组织也由此进入过程一体化阶段。在这一阶段，物流组织不再局限于功能集合或分割的影响，开始由功能一体化的垂直结构向以过程为导向的水平结构转变，由纵向一体化结构向横向一体化结构转换，由内部一体化结构向内外部一体化结构转变。这一阶段比较典型的物流组织结构形式有矩阵型物流组织、团队型物流组织以及联盟型物流组织等。

4）虚拟与网络化物流组织阶段

虚拟物流组织实际上是一种动态的、松散的、暂时性的组织形式，它突破原有物流组织的有形边界，通过整合各成员的资源、技术、顾客等，依靠统一的、协调的物流运作，以最小组织来实现最大的物流效能。网络化物流组织是将单个实体或虚拟物流组织以网络的形式紧密联合在一起，是以联合物流专业化资产、共享物流过程控制和完成共同物流目的为基本特性的组织管理形式。20世纪90年代中期以后信息和网络技术的快速发展，为虚拟与网络化物流组织的产生和发展提供了外部环境。特别是当企业引了供应链管理的思想，物流将从单个企业扩展到供应链上的所有企业，虚拟与网络化物流组织将可能成为更加有效的物流组织运作形式。就目前而言，企业对此类组织形式的应用探索刚刚起步。

9.1.2　物流组织的基本类型

纵观企业物流组织的发展历史，随着IT技术的发展，企业的物流组织形式不断革新，从纵向一体化的物流组织到横向一体化的物流组织，企业物流组织正在呈现出越来越多的类型。为了将企业物流组织的基本类型更好地加以区分，我们下面将物流组织划分为传统物流组织和现代物流组织两大类，其中传统物流组织主要指以职能管理为核心的纵向一体化组织，主要包括职能型组织和事业部型组织；现代物流组织主要指以过程管理为核心的横向一体化组织，主要包括矩阵型组织、网络型结构组织、委员会结构和任务小组结构。

1）传统物流组织

（1）职能型组织。早期的物流管理方式是以职能管理为核心的，在这个阶段，企业将生产、营销、财务和物流等活动划分为企业的不同职能部门，物流部门经理负责企业的物流活动。职能型物流组织的组织结构见图9-7。这种组织形式的主要优点是使各种物流功能集中到一个部门进行管理，避免了以往物流功能分散在不同部门带来的浪费与效率低下，能够发挥专业化的优势，从而从劳动分工中取得效率性。这种组织形式的主要缺点是组织中的各个部门往往缺乏协作，容易产生本位主义，无法按部门进行利益管理，难以实现从生产到营销等各个经营阶段的成本计算与控制，因而也根本无法实现物流成本的控制，无法使企业获得物流系统化带来的经济效益。

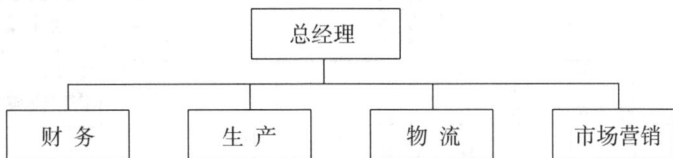

图9-7　职能型物流组织结构

（2）事业部型组织。事业部型组织的主要特点是"集中政策，分散经营"，每一个事业部一般都是独立的，事业部经理拥有充分的战略和运营决策的权力，并对全面绩效负责。事业部组织结构的主要优点是各事业部经理对一种产品负完全责任，管理责任明确并容易实施成本控制，同时也提高了企业的灵活性。但在这种组织结构下，每一个事业部都设有物流部门，这就导致了相同的活动和资源出现了重复配置，无法实现整个企业物流成本的最低。而如果把各个事业部的物流职能整合成一个更高层次的物流部门，则可以避免这种浪费，使物流部门的管理者可以从整个企业着眼进行物流战略规划，实现更高的物流效率，由此形成的就是对传统事业部组织结构进行改革的新事业部制组织结构。这种结构既可以保证企业经营的灵活性，又有利于实现物流战略管理的统一性。但在这种组织形式下，物流总部的设立并不是将所有事业部的物流功能集中到总部进行。物流总部的职能是从企业全局的角度来建立基本的物流体系，决定物流发展战略，并在与现场作业相吻合的条件下不断完善物流管理体系，不断推动其发展。事业部制组织结构见图9-8和图9-9。

2）现代物流组织

（1）矩阵型组织结构。职能型组织具有专业化的优势，事业部组织能够灵活应对市场的变化，并且管理责任分明，但却存在资源重复配置的问题。矩阵型组织则是兼有二者优点并避免了其各自缺陷的一种二维组织结构。企业的物流运作与计划往往贯穿于企业组织结构的各种职能中，市场竞争的加剧、消费者需求的多样化和个性化以及产品生命周期缩短等外部环境的变化，对物流运营提出了更高的要求。要加快企业

```
                        总经理
          ┌──────────────┼──────────────┐
        产品 A          产品 B          产品 C
    ┌──┬──┬──┐      ┌──┬──┬──┐      ┌──┬──┬──┐
   生 营 财 物      生 营 财 物      生 营 财 物
   产 销 务 流      产 销 务 流      产 销 务 流
```

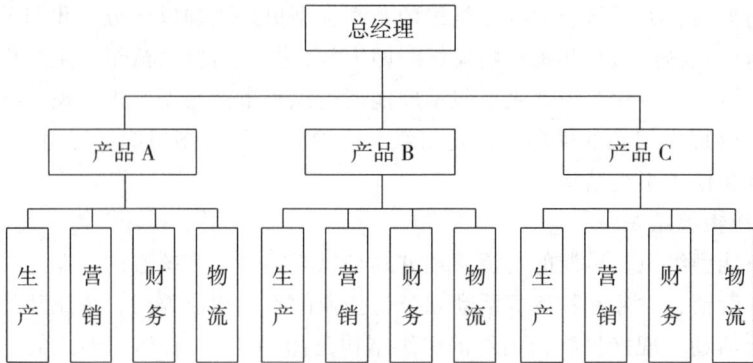

图 9-8 传统事业部制物流组织结构

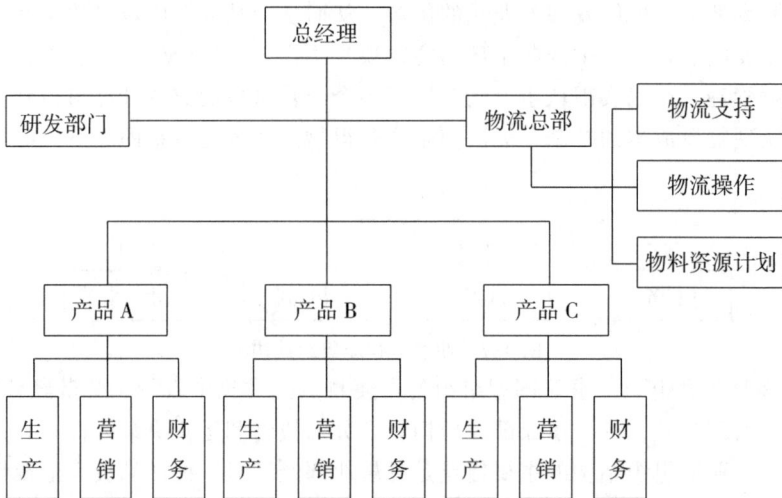

```
                        总经理
     ┌───────────────────┼────────────┐
   研发部门            物流总部 ─── 物流支持
                          │      ─── 物流操作
                          │      ─── 物料资源计划
          ┌──────────────┼──────────────┐
        产品 A          产品 B          产品 C
      ┌──┬──┐        ┌──┬──┐        ┌──┬──┐
     生 营 财        生 营 财        生 营 财
     产 销 务        产 销 务        产 销 务
```

图 9-9 现代事业部制物流组织结构

对市场变化的反应速度，企业就必须使物流与营销、生产等其他职能相结合，将运输、仓储、新产品开发、柔性生产以及客户服务有机整合起来，一些企业就采用了可以实现上述目的的矩阵型物流组织结构（见图 9-10）。在这种组织结构中，物流管理人员参与包括物流与其他相关职能部门相交叉的合作项目，物流经理仍然负责物流系统的运作，但对各个项目组的活动没有直接的管辖权。在矩阵型物流组织结构中，企业的传统职能结构虽然没有改变，但物流经理却能够分享各职能部门的决策权，决策信息能够更好地在部门间横向流动，使各个职能部门能够协调合作以完成特定的物流项目。但值得注意的是，这种组织结构由于放弃了统一指挥的原则，对权力和责任的界定含糊不清，因此有可能造成管理混乱。

（2）网络型组织结构。网络型组织结构是计算机网络技术的产物，它是依靠其他组织以合同为基础进行制造、营销、物流或其他关键业务经营活动的组织结构。这种组织不仅适用于将非核心业务外包的大型企业，也适用于中小企业。它们可以利用网络组织与外界合作，迅速获取所需资源。在网络型组织结构中，企业将物流、制造等职能外包出去，集中资源做自己擅长的事，这就给了企业以高度的灵活性来适应不断

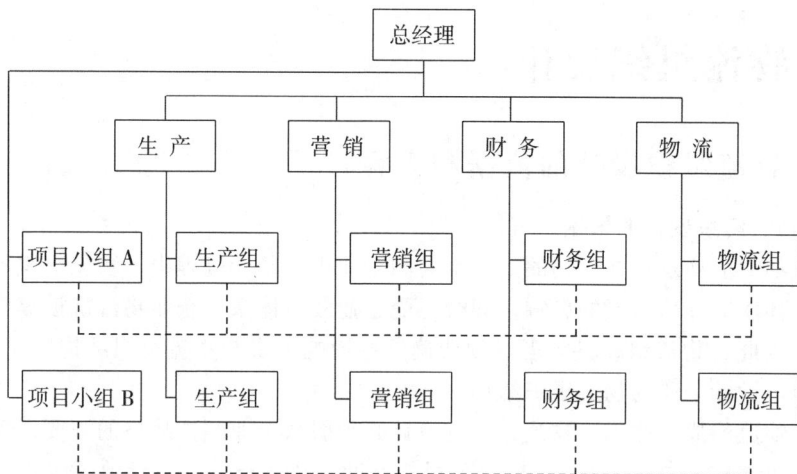

图9-10 矩阵型物流组织结构

变化的市场环境，但这种结构中的管理者往往无法像其他传统组织那样具有对这些外包活动紧密的控制力，所以管理当局需要有更加有效的协调与沟通能力。网络型物流组织结构见图9-11。

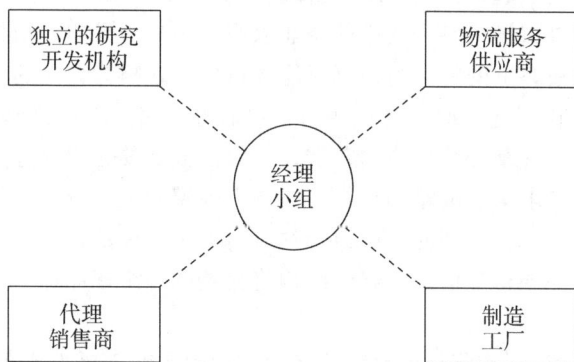

图9-11 网络型物流组织结构

（3）委员会结构和任务小组结构。相对于前述的正式组织结构而言，委员会结构和任务小组结构是一种非正式的组织结构，也可以把它们看成是传统组织结构设计的附加部分。任务小组结构是一种临时性的结构，用来完成某种特定的、明确规定的复杂任务。它涉及许多组织单位的人员，可以被看作临时性矩阵结构的一种简版。委员会结构是可以将多个人的经验和背景结合起来，跨职能界限地处理一些复杂问题的另一种设计选择。委员会结构可以是临时性的，也可以是永久性的。委员会和任务小组都可以解决特定情况下出现的问题，如新的物流设施的选址问题等。这两种组织方式的共同点在于其成员都来自不同的职能部门，有着不同的背景和经验知识，他们之间协作所产生的成果显然要比组织成员各自的技能简单相加要更加有效。但在工作过程中，各成员之间的权力和责任分配难以清晰界定，同时由于成员的知识、背景不同，协调和沟通也是管理上的难题。

9.2　物流组织设计

9.2.1　物流组织设计的依据和内容

1）物流组织设计的依据

企业物流活动发生在广阔的市场空间和企业生产经营过程中，物流组织不仅要受到技术、环境等外部因素的影响，同时还受企业战略体系、企业物流规模等内部因素的影响，因此，物流组织设计者必须明确这些影响因素与物流组织结构之间的关系，从而合理地设计企业的物流组织结构。

（1）物流的战略体系。物流组织的设计必须服从企业整体战略的需要，美国学者钱德勒在《战略与结构》中指出："公司战略的变化先行于并且导致了组织结构的变化。"物流组织的设计一般要遵循三种企业战略：生产、市场和信息。[①]

①生产战略。生产战略的目标是以最大效率将处于原材料状态的货物通过加工过程转化为制成品。与此相适应的物流组织设计关注的重点就是那些产生成本的物流活动，这些战略将被集中起来，进行统一管理。

②市场战略。以市场战略为核心的企业以服务客户为导向，销售与物流活动也要与之相协调。在此战略下的物流组织不可能像以生产战略为导向的企业那样自然而然地将物流活动整合在一起，而是将那些与客户服务直接相关的经营活动集中在一起，其组织结构可能超越各个经营部门的范围，以实现较高的客户服务水平。

③信息战略。追求信息战略的组织一般有大规模的下游分销组织网络，并拥有大量的库存。在这样一个分散的网络中协调物流活动是首要的目标，而信息则是良好物流管理的关键。为确保得到信息，组织结构将会超越各个职能部门、分支机构及经营单位的范围。

（2）物流的规模[②]。物流规模对物流组织结构的影响主要表现在以下两个方面：

①组织结构的差异。物流规模越大，参与物流运作的人员就越多。各成员在专业方向、文化程度和技能以及个人目标、价值观等方面均存在差异，这种差异必然对企业物流专业化水平和部门机构的设置以及它们之间的协调产生影响。同时，物流规模的大小一般与组织空间上的布局也存在联系，物流规模越大，物流空间就越广，组织中的横向和纵向沟通与协调就越困难，从而导致组织结构的差异也较大。

②组织权力分布的差异。物流规模的大小对企业物流部门是采用集权式管理还是分权式管理有着直接的影响。一般而言，物流规模小，集权管理较为合适；反之，物流规模大，分权管理能够使企业的物流活动更为合理化。

（3）物流的技术[③]。企业物流组织的设计受物流技术和生产组织技术两个方面的影响：

　　① BALLOU.企业物流管理：供应链的规划、组织和控制［M］.王晓东，胡瑞娟，译.北京：机械工业出版社，2002：503.
　　② 黄福华.现代物流运作管理精要［M］.广州：广东旅游出版社，2002：58.
　　③ 黄福华.现代物流运作管理精要［M］.广州：广东旅游出版社，2002：58-59.

①物流技术。物流技术是与物流活动的全过程紧密相关的、必需的技术工具、设施与手段，既包括物品流动过程中所需要的各种工具、设施等"硬技术"，也包括为实现物流活动所需要进行的管理、计划与组织等"软技术"。

②生产组织技术。企业的生产组织技术是企业面对消费需求个性化而合理有效地利用资源、适应市场环境变化的技术措施。从成组化技术、柔性制造系统到计算机集成制造系统，从基于虚拟企业的敏捷制造模式到供应链管理，生产组织技术的发展对企业的内外物流活动的组织不断提出新的要求，企业的物流组织结构也必须做出相应的调整。

（4）物流的环境。大量的研究表明，环境是影响组织结构的一个重要力量。汤姆·伯恩斯和斯托克首先提出了外界环境与组织结构的密切关系，他们在《管理之革新》一书中认为，环境可以分为相对稳定的环境和不稳定的环境，而处于不同环境中的组织结构是不同的。处于相对稳定环境中的组织一般采用机械式的组织结构，以保持组织的长期稳定；而处于不稳定环境中的组织一般采用有机式的组织结构，以保持组织对环境的灵活适应性。物流组织也要根据企业所处环境的稳定性而采用不同的组织结构。

2）物流组织设计的内容

物流组织设计的内容包括物流职能设计、物流组织结构设计选择和物流职务设计等方面。

（1）物流职能设计。物流职能设计就是对企业的物流管理业务进行总体设计，确定企业物流管理活动的各项经营管理职能及其结构，并将其分解为各个管理层次、管理部门、管理职务和岗位的业务工作。职能设计的主要作用是使企业的物流战略任务和经营目标在物流管理组织上得到落实，同时为物流组织框架的设计提供依据。

①物流基本职能的设计。先将企业中的全部物流作业归并为由若干个不同的管理岗位承担的工作项目，再将若干工作项目归并为若干基本的职能。企业物流组织的基本职能一般包括采购、输入运输、库存控制、仓储、输出运输、订单处理、生产进度日程安排和客户服务等几项。

②关键职能设计。这是根据企业的物流战略和任务，在众多的物流基本职能中确定对实现企业物流战略至关重要的关键职能，以便在职能结构设计中突出关键职能的作用，将其置于企业物流组织框架的中心，以保证关键职能对实现企业物流战略目标强有力的促进作用。

③物流职能分解。这是将确定的基本职能和关键职能逐步细化为二级职能、三级职能等，从而为各个管理层次、部门、职务以及岗位规定相应的管理职能。企业的各项物流职能都可以通过职能分解，列出各项职能的具体业务内容。

④落实各个职能的职责。这是对各个不同职能应负的职责做出详细的规定，进行全面的落实，以便指导物流组织结构设计中的其他操作。

（2）物流组织结构设计选择。这是企业根据自身的战略导向、物流规模以及所处的物流环境选择适合自身的物流组织结构。一般而言，当外部环境相对稳定时，企业可以选择职能型、事业部制等稳定性较强的物流组织结构；当企业所处的外部环境处于动态变化中时，企业宜选择灵活性较强的矩阵式、委员会结构与任务小组结构等有机式组织结构。

（3）物流职务设计。组织是由成千上万个任务构成的，这些任务的组合便构成了职务。组织设计者应当对企业中的职务进行设计安排，以反映物流组织技术的要求以及物流工作人员的技巧、能力和偏好。物流职务设计涉及职务的专业化、职务轮换、职务的扩大化以及职务的丰富化等内容。同时，要明确各个职务的职权，职权的配备要与该职务所承担的责任相匹配。

9.2.2　物流组织创新[①]

简化组织结构的管理层次，积极开展物流组织创新已经成为现代企业物流组织设计和管理的基本思路。综观物流组织的发展历程，物流组织的创新主要表现出以下六个方面的发展趋势。

1）由分散化向一体化转变

20世纪80年代以来，物流职能的集中管理使企业获得了巨大的经济效益，一些发达国家的企业内出现了物流职能内部一体化的物流组织，彻底改变了以往物流职能分散管理的情况。尽管这种一体化组织存在着机构庞大、组织管理复杂以及组织灵活性低等弊端，但对于涉及部门和环节过多的物流系统而言，则表现出更多的优越性。它有利于统一企业所有的物流资源，发挥物流系统的整体优势，使企业从战略高度系统地规划物流问题，协调物流运作，有利于提高企业物流运作的效率和效益。

由于我国现代物流起步较晚，在企业物流运作上，我国企业还大都停留在传统物流阶段，多数企业还没有建立起适应市场经济的物流组织，仍然保持着计划经济体制下的分散式或直线职能制的物流组织结构，这是造成我国企业物流成本居高不下的主要原因。因此，我国企业的物流组织应尽快从分散化向一体化，进而向更高级的物流组织形式转变，以适应激烈的全球化竞争，但这个转变过程宜渐进进行，切不可操之过急。

2）由职能化向过程化转变

20世纪90年代以来，受企业流程再造和学习型组织等理论的影响，组织扁平化、流程再造、团队管理等思想逐渐被越来越多的企业所接受，企业组织进入了一个重构时代。与此潮流相适应，企业物流管理也开始了由重视功能向重视过程的转变，即通过管理过程而不是功能来提高企业物流运作效率成为整合物流功能的核心内容。在这个转变的过程中，企业物流组织不再局限于物流功能集合或分散的影响，开始由职能一体化结构向以过程为导向的水平结构转变，由内部一体化向内外部一体化发展。

企业将物流作为过程来管理的目标在于以下两个方面：一是企业物流运作所有的努力都必须集中于对客户的增值，一项物流活动必须基于客户的需要；二是将物流作为一个过程来管理能促进将物流活动融入企业的运营过程，并促进该过程运行效率的提高。

---

① 武云亮. 企业物流组织创新的六大趋势［J］. 物流技术，2002（10）.

3）由垂直化向扁平化转变

学习型组织理论和企业流程再造等现代管理理论都提出了建立扁平化企业组织的主张。扁平化组织是相对于传统的科层组织提出的，传统的科层组织之所以机械、僵化和失灵，无法适应复杂多变的市场环境，一个重要的原因就是其拥有庞大的中间管理层，致使信息链和指挥链冗长。扁平化的组织结构就是要压缩企业组织的中间管理层，缩短指挥链和信息沟通渠道，消除机构臃肿、反应迟钝的现象。要实现物流组织由垂直化向扁平化的转变，首先要注重企业物流信息系统建设，以取代原来中层管理人员的上传下达和信息资料的整理功能；同时要构建以物流过程为中心的物流组织，以取代原来以物流职能为中心的组织形式，并同时注重提高物流组织管理人员独立决策和独立工作的能力，为扁平化物流组织的构建打好基础。

4）由刚性化向柔性化转变

美国学者汤姆·伯恩斯和斯托克在《管理之革新》一书中认为，组织结构与外部环境存在着密切的关系。他们认为，所谓相对稳定的环境就是在一个相对较长的时期内，处于相对不变化状态的环境；而不稳定环境就是处于经常性快速变动状态的环境。与相对稳定环境相适应的组织结构具有机械、稳定的特征，而快速变动的环境则要求组织结构具有一定的灵活性和适应性，即具有柔性化的特征。随着全球一体化和计算机网络技术的发展，如今企业所处的环境一直处于不断的变化中。组织柔性化的目的就在于增强企业对复杂多变的环境的适应能力，在多变的环境中获得长远的发展。物流组织的柔性化与企业物流管理的集权和分权度有着较大的关系，在增加物流组织柔性化的过程中，要不断调整企业的权责结构，适当扩大对物流的授权度。另外，物流组织由刚性化向柔性化的转变是一个渐进的过程，企业可以通过在原有稳定的物流组织的基础上引进具有柔性化特征的工作小组结构、物流工作团队等设计，逐渐向柔性物流组织过渡。

5）由实体化向虚拟化转变

虚拟物流组织实际上是指一种非正式的、非固定的、松散的、暂时性的组织形式，它突破原有物流组织的有形边界，通过整合各个成员的资源、技术以及市场机会等要素，依靠统一、协调的物流运作，以最小的组织来实现最大的物流权能。虚拟物流组织具有快速响应市场变化的能力，组织灵活性强，易于分散物流风险，有利于企业充分利用外部资源，将本企业资源专注于物流核心业务，而将非核心业务外包出去，进而提高企业的核心竞争能力。在由实体化组织向虚拟化组织转变的过程中，企业必须专注于两个方面：一是企业必须培养和具备自身的物流核心能力，这是建立虚拟物流组织的一个必要条件；二是要注重企业物流信息系统的建设。虚拟物流组织不再是在一体化的实体组织内部组织物流运作，而是在各个独立的企业之间进行物流运作，因而跨组织的物流信息系统的建设便是虚拟物流组织能否顺利运转的关键。

6）由单体化向网络化转变

将以往分散的物流职能进行归并，从整个企业的角度而不是从物流部门的角度来考虑企业物流运作的优化问题早已经被众多的企业所接受。但在这种改变过程中，企业往往强调的是内部物流职能的整合，通过建立一体化的实体性组织对物流系统实行集权化的管理，而对企业内外部物流资源的利用则很少注意。随着经济全球化、网络化和市场化进程的不断加快，企业逐渐认识到，要对迅速变化的市场环境做出快速反应，提升自身的竞争能力，有效利用企业外部资源是必然的要求，实体物流组织向虚拟物流组织的转变就是这种认识的结果。物流网络组织是将单个实体或虚拟物流组织以网络的形式联合在一起，是以联合物流专业化资产，共享物流过程控制和完成共同物流目标为基本特征的物流组织形式。物流网络组织可以是实体网络组织，也可以是虚拟网络组织；可以是企业或企业集团内部的物流网络组织，也可以是企业外部的物流网络组织。物流网络组织是基于通用计算机网络和企业自身核心能力的一种企业组织网络，它是市场环境迅速变化和市场竞争的产物，有着广阔的发展前景。

9.2.3　物流战略联盟

企业往往通过自己的物流组织来管理全部的物流活动，但有时需要与其他企业共同管理，或者委托第三方物流公司管理。在物流组织虚拟化和网络化的背景下，是否组建物流战略联盟以及如何组建是各大企业必须面对的问题。

1）物流战略联盟的含义与意义

（1）物流战略联盟的含义。物流战略联盟是为了取得比单独从事物流活动更好的效果，企业间形成的相互信任、共担风险、共享收益的物流伙伴关系。企业之间不完全采取导致自身利益最大化的行为，也不完全采取导致共同利益最大化的行为，只是在物流方面通过契约形成优势互补、要素双向或多向流动的中间组织。狭义的物流联盟存在于非物流企业之间，广义的物流联盟包括第三方物流企业。

（2）物流战略联盟与第三方物流供应商。对于物流运作，企业有两种选择，即自营或者外包。多年以来，企业一直在尝试或多或少地将物流业务外包出去的实践活动，企业与其外部物流服务的供应商——第三方物流服务供应商之间的关系则取决于双方合作的程度如何。这种合作关系可能是一次性买卖的交易关系，也可能是长期合作的协议关系，还可能是共享系统的战略联盟。企业物流的外包关系类型如图9-12所示。[①]

图9-12中物流业务外包金字塔图谱由下至上表示合作的复杂性与难度逐渐增加，有代表性的三种外包关系是交易物流、合同物流和物流战略联盟。其中，交易物流是建立在一次交易或者一系列独立交易基础上的物流外包；合同物流是一种以合同为基础，根据企业面临的具体情况而确定的关系，该关系的持续有赖于物流供应商满足委托人特定目标的能力；物流战略联盟是一种有计划的持久性合作关系，合作双方彼此能满足对方需要，并为实现共同的利益具有共同的价值取向、目标和企业战略。[②]

---

① BALLOU.企业物流管理：供应链的规划、组织和控制［M］.王晓东，胡瑞娟，译.北京：机械工业出版社，2002.
② BALLOU.企业物流管理：供应链的规划、组织和控制［M］.王晓东，胡瑞娟，译.北京：机械工业出版社，2002.

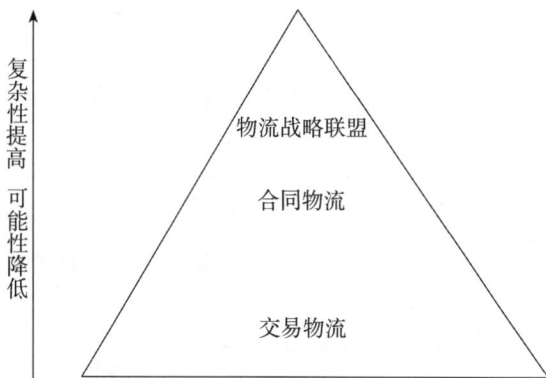

复杂性提高 可能性降低

物流战略联盟

合同物流

交易物流

图9-12 物流业务外包关系图谱

（3）企业物流战略联盟的收益与风险。通过把物流业务外包给专业的第三方物流供应商，或与其他企业结成物流战略联盟，许多企业都已经意识到利用物流合作伙伴可以获得战略上和操作上的优势。[①]这些优势主要包括：降低成本，减少资本投入；使企业得到先进的物流技术和管理经验；有利于提高客户服务质量；通过扩大市场等手段提高企业的竞争优势；获取信息能力的提高，有利于经营规划；减少风险和不确定因素等。企业所获得的这些收益中，最重要的是经营成本的降低和客户服务水平的提高。同时，在与其他企业结成物流战略联盟时，企业也面临着很多风险，其中最主要的风险就是企业可能会对关键的物流活动失去控制，一旦这种风险成为现实，那么企业物流战略联盟的潜在收益就将无法实现。因此，企业是否与其他企业结成战略联盟的决策过程就显得至关重要。

2）物流战略联盟决策

（1）是否组建物流战略联盟。企业采用自营物流还是寻求其他管理方式取决于以下两个因素的平衡：物流对于企业成功的关键程度与企业管理物流的能力。见图9-13，企业所处的位置决定了其应该采用的物流战略。[②]一方面，如果企业对客户的服务要求高，而且物流成本占总成本的比重较大，并且企业内物流管理人员的素质也比较高，那么企业就应该自营物流，而不应该将物流业务外包出去。相反，如果物流业务并不是企业的核心战略，企业内部物流的管理水平也不高，那么将物流业务外包给第三方物流供应商就有利于降低企业的总成本，提高客户的服务水平。另一方面，如果物流是企业战略的核心，但企业物流管理的能力很低，那么寻找物流伙伴将会给企业带来众多的益处。相反，如果企业物流业务对企业来说并不是核心业务，但在企业内部却由专业管理人员在进行管理，企业物流运作能力较强，那么企业就应该主动寻找物流业务合作伙伴，通过共享物流系统提高物流作业量，实现规模经济，降低企业的成本。

（2）组建物流战略联盟的条件。建立物流战略联盟的基础条件包括合作各方的相

---

① BALLOU.企业物流管理：供应链的规划、组织和控制 [M]. 王晓东，胡瑞娟，译. 北京：机械工业出版社，2002：510.
② BALLOU.企业物流管理：供应链的规划、组织和控制 [M]. 王晓东，胡瑞娟，译. 北京：机械工业出版社，2002：511-513.

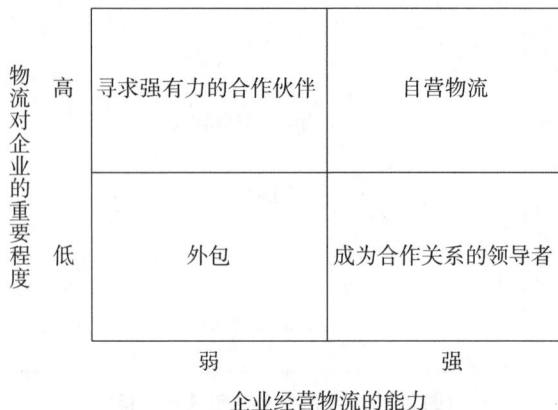

图9-13　企业物流经营形式选择矩阵

互信任、有利于促进物流运作的信息共享、高于各自独立运营时水平的具体目标、合作伙伴共同制定并都要遵守的基本操作章程以及退出联盟的相关规定等。其中，相互信任是物流战略联盟组建的基础和前提，也是保证联盟能够顺利运转的关键；共享的信息是物流联盟的神经网络，没有信息的共享就无法共享彼此的资源和能力；高于各自独立运营的具体目标是联盟各方的共同愿景，指引联盟各方前进的方向；联盟操作的章程以及退出的规定是确保联盟顺利运行的关键要素，使参加联盟的企业在共同的约定下分享彼此的资源和能力，并在退出时最大可能地不影响联盟伙伴的经营绩效。

3）物流战略联盟管理①

尽管许多企业都已经开始认识到物流战略联盟的组建能够增强双方的竞争优势，在联合的价值链中可以创造更多的价值，但企业物流联盟的管理却并非易事，在联盟发展的各个环节都存在着许多阻碍联盟伙伴关系发展的不确定性因素。一般而言，这些关键的环节主要有联盟伙伴的选择、联盟组织治理结构的确立以及创造并保持合作的文化氛围等。

（1）选择合适的联盟伙伴。联盟伙伴的选择是建立企业物流战略联盟的基础和关键环节，选择合适的合作对象是联盟健康发展的前提条件。曾经有学者提出了战略联盟伙伴选择应该坚持"3C"原则，即兼容性、能力和承诺。这一原则，对物流联盟伙伴的选择也同样适用。

①兼容性。企业之间应该在联盟正式组建之前，通过达成协议的方式建立互惠合作关系，使联盟各方在经营战略、经营方式、合作思路以及组织结构和管理方式等方面保持一致。

②能力。企业应当选择那些具有一定物流业务运作能力，并能弥补企业自身薄弱环节的企业作为自己的物流合作伙伴。

③承诺。企业物流战略联盟各成员之间应通过履行各自的承诺，建立稳固的合作关系。这种承诺主要体现在相互承担一定的义务和责任，以弥补联盟各方在物流资源与经营目标等方面的差异。

① 史占中. 企业战略联盟 [M]. 上海：上海财经大学出版社，2001：270-279.

（2）确立联盟的治理结构。在选定企业物流战略联盟的合作伙伴后，合作双方就应该着手确立联盟的组织治理结构，做好联盟的组织工作。从狭义上讲，企业联盟的治理结构就是对联盟组织形式的选择。联盟的组织形式既包括合资企业、直接投资合作协议等股权联盟，也包括以契约联结的各种非股权联盟。企业物流战略联盟治理结构要根据具体情况选择，合理的治理结构要尽可能使合作各方的责、权、利对称，并能够抑制合作过程中的机会主义行为。同时，联盟组织应该保持必要的弹性，拥有广泛而健全的信息反馈网络，并应在联盟协议中加入相关的保护性条款，保护合作方的长期利益。

（3）创造合作的文化氛围。许多联盟失败的案例表明，企业文化的差异是影响联盟顺利运转的关键因素之一，因此，推动物流战略联盟合作伙伴之间企业文化的融合，在合作中创造和谐共通的文化氛围，对推动联盟关系的平稳发展有重要意义。在联盟中创造和谐的文化氛围要致力于塑造共同的价值观和管理模式，在成员之间树立双赢的合作观念，并强调团队文化的塑造。同时，维持和谐的文化氛围，进行经常性的沟通和交流，建立并维持和谐的人际关系也是不可或缺的。

4）物流战略联盟模式①

根据物流企业的发展特点并借鉴近年来国外物流企业联盟的经验，目前我国物流企业战略联盟模式主要有合资式战略联盟、契约式战略联盟和股权式战略联盟。

（1）合资式战略联盟。合资式是我国物流企业战略联盟最常见的一种类型。国外的物流公司进入国内市场时，经常与国内物流企业共同出资，建立合资企业，以弥补自身某些方面的不足；或者国内物流企业出于某种战略考虑，各出一部分资金组成合资企业，通过合资企业将各自不同的资产组合在一起共同生产、共担风险和共享利益。但是，这种合资企业与一般意义上的合资企业相比具有一些新的特征，它更多地体现了联盟企业之间的战略意图，而非仅仅局限于寻求较高的投资回报率。出资双方的核心业务通常是互补的，而且都保持各自的独立性。

（2）契约式战略联盟。当联盟内各成员的核心业务与联盟相同、合作伙伴又无法将其资产从核心业务中剥离出来置于同一企业内时，或者为了实现更加灵活地收缩和扩张、合作伙伴不愿建立独立的合资公司时，契约式战略联盟便出现了。契约式战略联盟以联合研究开发和联合市场行动最为普遍。最常见的形式包括：

①技术性协议。联盟成员间相互交流技术资料，通过"知识"的学习来增强竞争实力。

②研究开发合作协议。分享现成的科研成果，共同使用科研设施，在联盟内注入各种优势，共同开发新产品。

③生产营销协议。通过制定协议，共同生产和销售某一产品，这种协议并不给联盟内各成员带来资产、组织结构和管理方式的变化，仅仅通过协议规定合作项目、完成时间等内容。成员之间仍然保持着各自的独立性，甚至在协议之外仍然相互竞争。

④产业协调协议。建立全面协作与分工的产业联盟体系，多见于高科技产业中。

---

① 胡勇军. 我国物流企业战略联盟模式研究［J］. 商业时代，2011（14）.

（3）股权式战略联盟。股权式战略联盟是由各成员作为股东共同创立的，是拥有独立的资产、人事和管理权限的联盟。股权式战略联盟中一般不包括各成员的核心业务。股权式战略联盟一般被认为是知识转移的沃土，很多公司选择股权式战略联盟的动机之一就是获取合作伙伴的先进知识和技术。

9.3　物流作业人员的能力开发与绩效评价

9.3.1　物流作业人员的基本技能与素质要求

面对激烈的市场竞争，提高物流运作水平已经成为企业获得竞争优势的重要手段，而物流运作水平的提高则借助于物流作业人员的能力和水平，因此选聘高素质的物流作业人员刻不容缓。

1）物流作业人员的基本技能要求[①]

物流作业人员需要具备的基本技能主要有职能技能、管理技能和相互协调技能等。

（1）职能技能。职能技能是物流作业人员必须掌握的各种物流作业技术的能力，它是由作业人员所在的工作岗位决定的。对于企业的物流作业人员来说，这是一项最基本的技能要求，只有掌握了一项或几项过硬的作业技能才能胜任本职工作，适应激烈的市场竞争要求。

（2）管理技能。物流作业人员除了需要具备过硬的职能技能外，还必须具有一定的管理科学知识，并能将其运用到工作实践中去。这些管理技能包括为进行卓有成效的物流运作活动而进行的人力、物力的组织，如何成功地制订自己的物流工作计划，如何从实物和财务方面进行基本的管理活动，如何为实现物流作业目标而卓有成效地工作等。

（3）相互协调技能。物流作业人员不仅需要具备独立工作和管理的基本技能，还必须具备与其他人员进行配合和相互协调的技能。企业物流活动具有复杂性、广泛性与联系性的特点，物流活动贯穿企业生产经营活动的始终，物流作业人员在工作中难免与生产管理人员、营销人员等相互配合，协调工作；同时，不同物流运作环节的作业人员之间的协调与配合则更加频繁。因此，物流作业人员还必须具备与他人沟通和协调的能力，这是保证企业物流运作顺利进行的重要条件。

2）物流作业人员的基本素质要求

物流作业人员除了需要具备上述的几项基本技能外，还应该具备以下几项基本素质：

（1）思想的前瞻性。优秀的物流作业人员在思想上要具有一定的前瞻性，即不受现有的机构、制度和一些既定做法的约束，能够创造合理化的物流条件，并具有组织人员为物流合理化而奋斗的魄力。

---

① 郎会成，蔡连侨. 物流经理业务手册：掌握工作方法与技巧的捷径［M］. 北京：机械工业出版社，2002：51-52.

（2）系统思考能力。企业物流运作是一个系统，各项物流职能相互关联，牵一发而动全身。为构筑良好的物流系统，实现物流运作系统的优化，物流作业人员也需要具有一定的系统思考能力，将自己所从事的物流工作与整个企业的物流系统联系起来，从全局和整体着眼安排和执行自己的工作。

（3）战略性思维。如今企业所面临的是一个不断变化的环境，这不仅要求企业物流运作要保持适应环境变化的灵活性，而且也要求包括企业物流管理人员和全体作业人员在内的企业物流从业人员具有面临环境变化时，从战略高度考虑问题的素养。企业物流从业人员具有战略性思维是保持企业物流运作灵活性、使企业物流运作具有生机和活力的重要保证。

（4）挑战精神。这表现在两个方面：一是物流是一项新鲜事物，物流作业人员需要具有开拓未知领域的先驱者的气概，具有迎难而上、向困难挑战的不屈精神；二是企业的物流运作受其他相关因素制约较多，物流作业人员必须具备向这些制约因素挑战的精神，克服不利条件，实现企业物流系统的正常运行。

9.3.2 物流作业人员的培训与开发

物流作业人员处于企业物流运作活动的第一线，他们所具有的素质和能力直接影响着企业物流运作的效率和质量。而要得到胜任的员工，企业必须对他们进行工作技能等方面的培训，从而为企业物流活动的效率和质量提供保证。

1）物流作业人员培训与开发的内容

物流作业人员培训与开发的完整内容应该是通过各种教导或经验的方式，在知识、技能和态度等方面改进作业人员的行为方式，以期达到期望的标准。

（1）物流作业人员必备的基本知识。通过培训与开发工作应该使物流作业人员具备完成本职工作所必备的基本知识，这些知识包括有关物流的基本知识、物流作业现场的安全生产知识等，同时还应让他们了解物流作业对于企业的重要作用，企业物流经营管理的现状、发展战略、发展目标以及经营方针等方面的情况，便于物流作业人员参与企业的物流运作，增强作业人员的主人翁精神。

（2）物流作业人员必备的基本技能。通过培训与开发工作，使物流作业人员掌握完成本职工作必备的技能，如对物流作业设施和工具的了解和正确使用，突发现场事故的应急处理技能等。同时还要注重对物流作业人员的人际关系与沟通协调技能的开发与培养，增强他们的协作精神和团队精神，为提高物流作业效率提供保障。

（3）企业文化与物流工作态度。对于刚刚进入企业的新员工，让他们了解企业的文化传统、企业的相关规章和制度是十分必要的，这有利于他们尽快地融入企业的工作团队。因此，必须通过培训与开发工作建立起物流作业人员之间以及作业人员与管理人员之间的相互信任，培养员工对企业的忠诚，培养作业人员吃苦耐劳的奉献精神和主人翁责任感。

2）物流作业人员培训与开发的方式和方法

（1）物流作业人员的培训方式。企业物流作业人员的培训方式主要有在职培训、脱产培训、自学和岗位轮换四种。

①在职培训。在职培训主要有平时指导、会议、项目小组、集体活动等几种方式。企业应该根据不同作业人员的实际情况采取符合实际的方法。因为物流部门与企业其他部门联系密切，所以应该定期与有关方面举行会议或前去参观，就有关问题进行沟通和交流。另外，由于物流作业部门是所有物流计划的最终执行者，并直接与企业的客户打交道，因此为切实落实有关的物流计划，各个相关部门每年应该有一次集中进行研讨的机会，这也是促进沟通和协调的好机会。

②脱产培训。脱产培训的主要形式是物流作业人员参加本企业或者其他专业培训机构举行的各种培训班。在培训过程中，要注意尽量与本企业的实际情况相联系，结合本企业的实际组织员工参与讨论，交流心得体会。此外，脱产培训还可以采用组织作业人员参与物流专题讲座或参观其他企业的先进物流设备、设施等形式。

③自学。企业物流部门的高层管理者应当注意创造和弘扬一种学习氛围，使物流作业人员有积极发现问题并通过学习改善、改革物流作业业务，提高工作效率的能力，或者通过与其他企业的物流作业人员进行交流的方式得到启发来改善物流业务。

④岗位轮换。有计划地组织岗位轮换实习是一种有效的培养全面技术人才的途径。企业的物流作业内容因企业部门、物流类别等要素的不同而有所差别，所以应该有计划地用一段时间使物流作业人员在各个环节的岗位上轮换着做一定时期的工作，以使他们全面熟悉物流作业的情况。这种有计划的岗位轮换不仅有利于培养全能型的物流作业人才，而且有利于不同作业环节的作业人员之间的密切配合和协调，有利于培养物流作业人员的团队精神。

（2）物流作业人员培训与开发的主要方法。物流作业人员培训与开发的主要方法有讲授法、操作示范法、实例研究法和视听法等。

①讲授法。这是一种应用最广泛的培训方法，适用于向全体受训人员介绍或传授某单一课题的内容。这种培训方法是一种单向沟通的培训方式，因此，在采用这种培训方法时，特别要考虑如何使受训人员自始至终保持学习的兴趣。采用这种方法的重要技巧是要保留适当的时间进行培训人员与受训人员之间的沟通，用问答或讨论的方式来获取受训人员对讲授内容的反馈信息。这种培训方法的优点是同时可以实施于多数物流作业人员，不必耗费太多的时间和经费；缺点是受训的作业人员不能主动参与培训，只能从讲授者的演讲中被动和有限度地思考。这种方法比较适合于对企业一种新政策或新制度的介绍，或者引进新的物流设备和技术的普及讲座等理论性内容的培训。

②操作示范法。这种培训方法是职前实务训练和企业引进新设备和新技术时被广泛采用的方法。这种方法一般由物流部门经理主持，由技术人员或技术能手担任培训人员，在作业现场向受训人员简单地讲授操作理论与技术规范，然后进行标准化的操作示范表演，接受培训的作业人员则反复模仿练习，经过一段时间的训练，使操作逐渐熟练直至符合规范的程序与要求，达到运用自如的程度。培训人员在作业现场进行指导，随时纠正操作中的错误表现。这种培训方法有时显得有些枯燥，培训人员可以结合其他培训方法与之交替进行，以增强培训效果。

③实例研究法。这种培训方法是选择企业物流运作过程中的代表性实例，并书面

说明各种情况或问题，使参与培训的物流作业人员根据其工作经验和所学习过的相关原理，寻求最佳的解决办法。这种培训方法目的在于鼓励受训人员思考，锻炼他们处理突发事件的能力，而并不着重于如何获得一个适当的解决方案。

④视听法。这种培训方法是以电视机、投影仪、收录机和电影放映机等视听教学设备为主要培训手段进行培训的方法。有条件的企业可以采用这种方法，运用相关工具，选择一定的课题将企业物流的实务操作规范等制作成培训教材用于培训过程，能收到理想的效果。

以上各种培训方法主要是群体培训方法，在对企业物流作业人员的培训中，除了利用上述各种培训方法外，还有一种被广泛应用的培训方法，即采用师傅带徒弟方式的个体培训。这种培训方法是由经验丰富的老职工带年轻的职工，通过向年轻作业人员的言传身教达到培训的目的。

3）物流作业人员培训与开发的作用①

对企业物流作业人员的培训与开发对整个企业的经营活动具有十分重大的意义，它可以使员工的工作水准与服务质量得到提高。具体而言，良好的培训与开发工作可以为企业的物流运作带来如下益处：

（1）无谓的损失与浪费的减少。对物流作业设备的性能与工作程序缺乏了解的员工经常会不经意地损坏物流设备或因为不科学的操作造成货物的浪费，从而对企业的物流活动产生影响。通过有目的的培训与开发工作则可以使上述现象大大减少，提高企业物流运作的质量与效率。

（2）工作方法的改善。通过对物流作业人员的培训与开发工作，可以让作业人员熟练掌握科学的作业方法，把复杂的工作加以简化，不仅可以充实作业工作内容，还可以极大地提高物流作业的工作效率。

（3）员工人际关系的改善。良好的培训与开发工作不仅可以增加员工对自己岗位的了解，还可以使他们进一步认识到各个工作岗位之间的联系，从而有利于促进员工人际关系的改善，增强员工的归属感，降低员工的流失比例。

（4）减轻管理人员的负担。物流作业人员经过培训与能力开发后，对自己的工作将更加熟练，工作水平与效率将得到大幅度提高。因而，管理人员无论在监督还是在工作指导方面都可以相应减轻负担，从而将更多的精力投入到计划与控制工作中去。

（5）提高物流部门的服务质量。通过良好的培训与开发工作，员工的整体素质有望得到提高，从而使物流部门的客户服务水平得到保证和提高，有效改进客户关系。

（6）提高员工士气。员工通过培训学习不仅可以掌握很多专业方面的知识和作业技巧，而且对企业的归属感将更强，这将十分有利于提高员工工作的自信心。

9.3.3　物流作业人员的绩效评价

企业人力资源的绩效管理是一个完整的系统，这个系统由四个相互关联的环节构成，即绩效计划、绩效实施和管理、绩效评价以及绩效反馈面谈。其中，绩效评价是

---

① 郎会成，蔡连侨. 物流经理业务手册：掌握工作方法与技巧的捷径［M］. 北京：机械工业出版社，2002：75-77.

整个绩效管理的核心环节，同时也是人力资源管理的核心内容之一。由于篇幅的限制，本章将重点讨论员工绩效评估及其相关问题，但这并不表明绩效管理的其他环节在实际操作中可以被省略，相反，企业应该逐步从传统的绩效评价走向系统的绩效管理。

1）物流作业人员绩效评价的基本内容

在对物流作业人员的绩效评价中，主要应该围绕其所承担工作结果及工作表现来进行。物流作业人员绩效评价的基本内容包括物流工作能力、从事物流工作的态度以及所担当物流工作的成果三个方面。

（1）物流工作能力。对物流作业人员工作能力的评价包括其具备的物流专业知识情况、物流专业技能如何、从事相关物流工作的经验以及该员工的身体素质等内容。相对于工作业绩来说，物流工作能力是一种隐性要素，因此，需要根据物流作业人员在其工作岗位上表现出来的工作能力，参照企业物流职位说明书的要求，来对其能力高低做出一个客观的评定。

（2）从事物流工作的态度。物流作业人员所从事的是大量现场操作性工作，这种工作的性质决定了其工作态度的好坏对物流运作的效率和质量影响极大，因此，物流作业人员从事物流工作的态度也是其绩效评价的重要内容。态度评价是对物流作业人员本身是否积极、主动、进取，是否具有使命感和责任感等要素进行评价，但要注意的是态度与工作业绩并非简单的正比例关系，还要充分分析外部条件的变化对其工作的影响。

（3）所承担物流工作的成果。这是对物流作业人员进行绩效评价的首要内容，它是对物流作业人员在其现任岗位上所取得的工作成果进行考核和评价，也就是评价其对企业的贡献。这个评价项目的评估内容包括物流作业人员完成的工作量、既定物流作业指标的完成情况、对物流作业目标的贡献度等内容。需要注意的是，物流作业人员对企业的贡献与其所从事的工作岗位有关，因此，不能单纯以其工作业绩的大小来判断其对企业的贡献度，还应该综合考虑其他因素。

2）物流作业人员绩效评价的主要方法

对企业员工进行绩效评价的方法很多，根据企业物流作业人员的工作特点，可以采用如下方法进行绩效评价：

（1）自我评定法。企业物流管理人员及负责绩效评价的人员将评价的内容以问题的形式向物流作业人员提出来，让其写出评价报告。这种方法为员工反思、总结自己过去的工作提供了机会，他们在系统思考以后可以比较容易地发现自己的成绩或不足，甚至可以发现企业物流管理中存在的问题。所以，这种方法在绩效评价中应用比较广泛，并常常与为企业提合理化建议的工作一同进行。

（2）排序法。这种评价方法又称排队法，是在评价过程中，采用被评价人员之间相互比较的方法进行排序。排序的方法可以是简单排序，也可以是交错排序。简单排序就是由最好到最差依次对被评价者排序；交错排序则是先挑选出最好的，再挑出最差的，接着挑出次最好的，再挑出次最差的，直至排完。这种方法比较简便，也被广泛运用。

（3）两两比较法。这种方法是由评价者将每一个被评价者与其他被评价者一一对比，"好于"记"+"，"不如"记"-"，最后比较出每个被评价者的优劣，排出次序，见表9-1。这种评价方法的准确性较高，由于评价者在评价过程中很难判断每个被评价者的最终成绩，因此可以避免评价者的主观影响。

表9-1   两两比较绩效评价法示例表

项目	甲	乙	丙	丁
甲		+	+	-
乙	-		-	-
丙	-	+		-
丁	+	+	-	
对比结果	中	最好	中	差

（4）强制正态分布法。强制正态分布法是将员工绩效分成若干等级，每一个等级强制规定一个类似正态分布的百分比，然后按照每个人的相对优劣程度，列入其中的一定等级。这种评价方法适用于被评价人数众多的情况，但用这种方法对被评价者的等级评定缺乏说服力。强制正态分布法示例表见表9-2。

表9-2   强制正态分布法示例表

等级	优10%	良20%	中40%	较差20%	最差10%
姓名	王×	李×	赵×	张×	…

（5）评级量表法。这是在绩效评价中最普遍采用的方法。其具体做法是先设计等级量表，表中列出有关的绩效评价的项目，如基本能力、业务能力、工作态度等，并说明各个项目的具体含义，然后将每一绩效评价项目分成若干等级并给出分数。评价者根据量表对被评价人员进行打分或评定等级，最后加总得出总的评价结果。这种评价方法对被评价者的定性和定量评价均比较全面，所以被广泛应用。

（6）行为对照表法。这种方法是将被评价者的状况与行为描述表一一对照，选出合适的描述语言，作为被评价者的评语。这种方法简单易行，但行为描述表的设计要科学合理，能够准确描述各种类型员工的行为特点。

9.4　物流管理人员的能力开发与绩效评价

9.4.1　物流管理人员的能力构成

企业的物流活动贯穿于企业生产经营活动的始终，所以企业在对物流活动进行管理和控制时，必须配备高度专业化的物流管理人员来对企业的物流运作进行专业化的管理，才能实现企业物流运作的高效率，为企业生产经营活动的高效运转提供保证。

企业的物流活动是一个综合系统，要求处于不同管理岗位上的物流管理人员具有与其岗位相匹配的技能。

1）基层物流管理人员的能力构成

企业的物流基层管理人员处于企业物流运营系统指挥链条的最底端，直接接触物流运作的现场，一般需要他们具备物流专业技能、处理人际关系能力以及物流业务管理能力。[①]

（1）物流专业技能。由于基层物流管理人员直接与物流作业现场相联系，所以基层物流管理人员必须具备相关的物流专业知识和技能。这些专业知识和技能包括：熟悉各种物流工具和相关物流作业技术，并能够运用相关的物流技术解决物流操作中出现的问题，对物流作业人员提供指导和帮助；了解企业物流运作的章程和程序，并指导物流作业人员按规章操作；具有一定的现场管理能力，能够根据企业的物流作业任务合理调配物流作业人员来开展物流工作；能够将企业物流的短期计划细化到具体的物流操作环节，将短期年度计划分解为更加具体的季度和月度作业计划，使企业的物流计划能够得到及时、准确的实施等。

（2）处理人际关系能力。企业的物流活动具有广泛的联系性和复杂性，并且相当多的物流操作直接与企业的最终顾客相联系，因而良好的人际关系技能也是基层物流管理人员必须具备的基本能力。这些人际关系技能包括能与下属就工作任务、目标等问题进行经常而有效的沟通，了解下属的基本工作情况和对工作的改进意见，并将基层作业人员的工作状况以及有关物流活动改进与完善或者成本管理方面的问题及时形成汇报材料，上报给高层管理者，当好上层管理者与基层作业人员沟通的桥梁；能够与企业的顾客进行及时而有效的沟通，及时解决员工之间、员工与顾客之间的冲突，维护企业在顾客心目中的良好形象，当好客户关系管理的排头兵。

（3）物流业务管理能力。物流业务的管理能力是要求基层物流管理人员能在明确企业物流作业目标和现阶段物流作业任务的情况下，合理利用自己手中的管理权力，对企业当前的物流作业任务做出安排，落实基层物流操作的负责人，保证企业的物流作业目标如期实现；能够对物流作业现场的工作给予适当的指导，协助基层作业负责人员做好工作安排，给予适当的资源分配和人力调配；能够对现场的物流作业实施质量和安全管理，并对物流作业成本进行有效控制，确保企业的物流活动高效率进行。

2）高层物流管理人员的能力构成

高层物流管理者的主要职责是企业物流战略计划的制订与控制、企业物流决策以及企业物流管理体系的架构等。可见，高层物流管理人员的责任更加重大，这就要求企业的高层物流管理者拥有更加广阔的视野和运筹帷幄的能力。

（1）物流决策技能。决策能力是高层管理人员最重要的能力。高层物流管理人员具有企业物流运作的决策权，所以，必须具备对相关的物流管理事务或突发物流事件做出有针对性决策的能力。在市场环境瞬息万变的竞争条件下，果断而正确地决策是企业抢占市场先机、获取竞争优势的重要条件，高层物流管理者必须强化自身的这种

---

① 陈利秋，李培亮. 物流管理操典［M］. 广州：广东经济出版社，2002：84-85.

能力，以确保企业的物流活动连续而有序的进行。

（2）物流战略管理能力。高层物流管理者是企业物流战略规划的制定者，因此，他们必须具备战略性的思维和眼光，能够正确预料到企业在未来将要面临的市场环境，在此基础上为企业的物流发展规划制定一个远大的战略目标。企业的物流战略要能及时抓住市场环境中对企业物流发展有利的机会，充分发挥企业的物流优势，制订正确的中短期计划，确保企业物流战略目标的逐步实现，谋求企业物流的长远发展。

（3）物流创新能力。创新能力基于一个人的创新意识，是优秀的管理者最重要的能力之一。高层物流管理人员的创新能力表现为能够在自己管理的企业物流运作中敏锐察觉现有事物的缺陷，并能准确地捕捉新鲜事物的萌芽，提出大胆而新颖的推测和设想，继而进行周密的调查论证，拿出可行的方案付诸实施，推动企业物流活动的革新，使企业的物流活动保持先进性。

（4）物流财务管理技能。高层物流管理者的财务管理技能主要是要掌握基于活动的 ABC 成本分析和 VCA 价值链分析等战略性的财务工具，因为通过这些工具可以将企业物流的成本分配到各个主要物流活动中去，然后将企业的主要活动和特定的产品或服务联系起来，从而使管理者能够明确企业资源耗费的原因以及每项产品或服务的真正成本，寻找能够降低企业物流成本的机会，有效提高企业资金的利用效率，提高企业经营的绩效。

9.4.2 物流管理人员的培训与开发

1）物流管理人员培训与开发的时机

对物流管理人员的培训与开发要掌握适当的时机，唯有如此，才能使培训与开发工作取得最大的成效。一般来说，对企业物流管理人员的培训与开发应在以下时机进行。

（1）物流管理人员的调入或晋升。管理人员的调入或晋升是对其进行培训的最佳时机。对于新进入企业物流部门任职的管理人员，要通过培训使其尽快了解企业的经营战略、方针、目标和企业内外关系等基本的企业信息，以及企业物流系统的基本情况，物流活动在企业经营活动中的作用，企业物流组织的架构、人员构成情况等物流部门的基本情况，使其能尽快开展工作。本企业或物流部门的管理人员在晋升前也必须经过培训，以使其获得能够胜任新工作岗位的能力。此外，对那些以前未从事物流管理工作的调入或晋升人员，还要进行物流基本知识的培训，使其尽快适应物流部门的工作。

（2）物流经营环境有重大改变。如前所述，企业的物流系统是一个开放的系统，某些外部环境的改变会对企业的物流活动产生重大影响。因此，当企业物流环境发生某些重大改变时，必须对企业的物流管理人员进行培训，使其了解物流环境的变化以及企业的应对措施。如 2001 年年底，我国加入了世界贸易组织，这对众多的国内企业来说都是一件大事。面对这种变化，企业的物流部门必须组织本部门的管理人员，甚至是全体员工了解加入世界贸易组织对本行业和本企业的影响，了解我国物流行业的开放进程表，研究应对措施，做好迎接国际竞争的准备等。

（3）企业物流系统有重大变化。当企业的物流系统发生重大改变时，应该对企业的物流管理人员进行培训，使他们首先了解并适应物流系统运作的新规则，以便尽快开展工作，保证企业物流运作的稳定性。这些调整和改变包括企业物流系统的重构、企业物流战略的改变与修订、物流作业标准与质量的改变、企业相关政策和制度的改变等。

2）物流管理人员培训与开发的内容

对企业物流管理人员培训的重点是引导其合理利用自己的经验以充分发挥自己的才能，帮助其发现和理解企业外部环境和内部条件的变化，以及根据个人情况补充欠缺的相关专门技能。在现代市场竞争条件下，企业物流管理人员除了需要掌握过硬的物流专业知识和技能外，还应该具备专业的经济和管理知识，以及战略性的思维方式和卓越的创新精神。

（1）物流专业知识与技能培训。作为企业的专业物流管理人员，物流专业知识和技能是其必备的基本知识和技能。对于企业的高层物流管理人员而言，除了需要具备最基本的物流专业知识外，还应该对物流系统的构造与运行，物流战略规划的设计与执行、控制等高级物流专业知识有所掌握，同时还应该具有全局观念，能够站在整个企业的角度来审视物流部门的位置和在企业运营过程中的作用和意义。对于处在"兵头将尾"位置的基层物流管理人员来说，由于他们是一线的指挥官和联系上下的纽带，因此，对他们的培训应着重强调两个方面：一是加强对他们专业技能的培训，提高他们的实际操作能力；二是提高他们的领导和指挥能力以及协调人际关系、处理冲突的能力，使他们能够卓有成效地完成基层的作业管理工作。

（2）经济管理知识培训。作为企业运营系统一部分的现代物流系统是一个开放的系统，企业的物流运作不仅受企业经营情况的影响，而且也受各种宏观经济因素的影响。因此，企业的物流管理人员，尤其是高层管理人员，除了需要懂得现代物流运作的规律和程序，以及必备的经营管理知识外，还应该了解宏观经济的运行状况和运行规律，尤其是相关产业经济的运行规律、运行现状与走势。只有这样才能未雨绸缪，紧扣时代脉搏，保证企业物流系统运作的稳定性和先进性。企业的中层和基层物流管理人员也应当注重对经济和管理知识的学习，以保证企业物流管理团队的高素质和管理队伍的连续性。

（3）战略思维与创新精神培训。对企业物流管理人员的培训除了注重对相关专业知识的学习外，还应当注重物流管理人员战略性思维和创新精神的培养和塑造。企业的物流系统具有广泛的联系性和复杂性，牵一发而动全身，因此，企业的物流管理人员必须具有战略性思维和全局观念，用战略的眼光去规划发展企业的物流系统，使物流系统的运作不落后于甚至要领先于企业整体的运营。此外，创新是现代企业的灵魂和生命，管理者的创新能力是其在心智模式和社会、组织等因素相互影响下产生的一种效应。因此，对物流管理人员的培训应该注重这种心智模式的培养，在他们心目中树立牢固的创新观念，将物流管理创新当作立业的根本。

3）物流管理人员培训与开发的方法

企业物流管理人员是企业物流运作计划的制订者，同时也是计划实施情况的控制者，因此，对物流管理人员的培训与开发所采用的方法不同于对物流作业人员所采用的方法。但在一般的培训与开发方法中，适用于物流作业人员的讲授法、操作示范法、案例研究法和视听法等方法也可以用于物流管理人员的培训与开发，但主要用于物流管理人员的培训与开发方法有讨论法、案例研究法、职位扮演法和管理游戏法等。①

（1）讨论法。讨论法是对某一专题进行深入探讨的培训方法，其目的是解决某些复杂的问题，或者通过讨论的形式使众多的受训者就某个主题进行沟通，谋求观念和看法的一致性。采用讨论法进行培训，必须由一名或数名指导训练的人员担任讨论会的主持人，对讨论会的全过程实施策划与控制。讨论会的主持人要善于激发受训者参与讨论的热情，引导他们的想象和自由发挥，增加群体培训的参与性；还要控制好讨论会的气氛，不要使讨论偏离主题；通过分阶段对讨论意见的归纳，逐步引导受训者对讨论结果有较统一的认识。讨论法适用于以研究问题为主的内容，能够培养物流管理人员研究解决问题的能力和团队协作精神。

（2）案例研究法。案例研究法也是一种用集体讨论方式进行培训的方法，它与讨论法不同的特点在于，研究案例不单是为了解决问题，而是侧重于培养受训人员对问题的分析判断和解决能力。在对特定物流案例的分析和辩论中，接受培训的物流管理人员可以集思广益，共享集体的经验和智慧，有助于他们将受训的受益在未来的实际业务中加以思考与运用，建立一个系统的思维模式。同时，在对特定物流管理案例的分析研究过程中，物流管理人员还可以学到有关管理方面的新知识和新规则。为使培训更加有效，培训人员事先要对受训群体的情况做比较深入的了解，确定培训的目的，针对具体的培训目标选择有针对性的案例，并对案例做充分的准备。案例研究法适用的对象是中层以上的物流管理人员，目的是训练他们具有良好的决策能力，帮助他们学习如何在紧急情况下处理各类事件。

（3）职位扮演法。职位扮演法又称角色扮演法，是一种模拟训练的方法。前面所述的案例研究法适用于管理人员在静态下模拟决策与解决问题，使受训者进入静态的模拟角色，而职位扮演法则是由受训人员真正扮演某种训练任务角色，使他们真正体验到所扮演的角色的感受与行为，以发现及改进自己原先职位上的工作态度和行为表现。可见，此种培训方法多用于改善人际关系的训练中，通过职位扮演的训练方法，使管理人员换位思考，更好地改善管理人员之间或管理人员与下属之间的人际关系，提高工作效率。

（4）管理游戏法。这是一种比较新颖的培训方法，适合的培训对象是中高层物流管理人员。与案例研究法相比较，管理游戏法具有更加生动、具体的特征。案例研究法的结果是受训人员在人为设定的理想条件下比较轻松地完成模拟的管理决策；而管理游戏法则会因为游戏的设计使受训人员在决策过程中会面临更多切合实际的管理矛盾，决策成功或失败的可能性都存在，需要受训人员积极地参与训练，运用有关的管理理论与原则、决策力与判断力对游戏中所设置的种种问题进行分析研究，并采取必

① 王垒. 人力资源管理 [M]. 北京：北京大学出版社，2001：287-290.

要的有效办法去解决问题，以争取游戏的胜利。可见，管理游戏法是一种模拟仿真性更强的培训方法，能够全面训练管理人员的决策能力和应变能力，对提高他们的管理决策水平有较大的价值。但这种培训方法要求较高，尤其是对游戏的设计，关系到整个培训的效果，因此，需要做充分的准备方能实施。

9.4.3　物流管理人员的绩效评价

1）物流管理人员绩效评价的内容

物流管理人员属于企业的管理人员，根据我国企业的具体情况，对物流管理人员绩效评价的基本内容包括德、能、勤、绩四个方面。

（1）德。德一般包括思想政治素质、工作作风、社会道德以及职业道德水平等内容。其中，思想政治素质主要是指物流管理人员的政治倾向、理想志向和价值取向等；工作作风是其在处理管理事务时的风格；社会道德是其在处理个人与社会关系方面的倾向性；职业道德是指其在履行职务方面表现出来的道德倾向，如对待客户的态度、是否保守商业秘密以及是否公正对待下属等。古今中外，对德的考核始终是首要因素，企业的物流活动涉及面广，社会联系广泛，因此，更应该注重对物流管理人员"德"的评估。

（2）能。能是管理人员从事管理工作的能力，主要包括体能、学识和智能、技能等内容。对企业物流管理人员的绩效评价应当注重对其物流专业知识水平和物流工作经验，组织、计划、协调、指挥以及控制等管理知识和技能，综合判断、语言表达以及创新能力等方面的考察。能力的考核是对物流管理人员进行绩效评价的重点，同时也是难点。

（3）勤。勤是指物流管理人员的工作积极性在工作过程中的表现，包括出勤、纪律性、干劲、创造性、责任心和主动性等。积极性决定着人的能力的发挥程度，只有将工作积极性与能力结合起来进行考察，才能充分调动和发挥物流管理人员的工作潜力。

（4）绩。绩是管理人员的工作实绩，包括完成工作的数量、质量、经济效益和社会效益等方面。数量多、质量好和效益好是对管理人员实绩的要求。对物流管理人员而言，主要考核内容包括物流业务量的完成情况、物流成本的节约及其对企业整体经营成本降低的贡献、物流业务实现的经济效益等方面。但需要注意的是，无论是对哪个层次的物流管理人员的绩效评价，经济效益都应该处于中心地位，并在考核工作数量和质量的同时，兼顾物流工作的社会价值。

2）物流管理人员绩效评价的主要方法

一些用于物流作业人员绩效评价的方法也适用于物流管理人员，只是在评价表等评估工具的设计时，要着重考虑物流管理人员管理工作的性质和特点。以下评价方法通常被用来评价企业的管理人员，同时也适用于对物流管理人员的绩效评价。

（1）民意测验法。这种方法将评价内容分成若干项，制成评价表，每项后面都有优、良、中、及格和差五个等级。评价前，先由被评价者进行述职，做出自我评价，然后由参加评议的人员填写表格，最后计算每个被评价者的平均得分，借以确定被评价者的绩效档次。参加民意测验的人员一般是被评价者的同事和直接下属，以及与被评价者发生工作联系的其他人员。这种评价方法一般被用来当作综合评价企业物流管理人员的一种辅助或参考的手段。

（2）因素评分法。因素评分法是将一定的分数分配给各个评价项目，使每一个评价项目都有一个评价尺度，然后根据被评价者的实际情况和表现，对各个评价项目进行打分，最后得出总分，作为被评价者的评价结果。用这种方法对物流管理人员进行绩效评价应当综合考虑物流管理工作的特点，而将与此有关的评价项目赋予较大的分数比重，以体现其工作的特点。这种评价方法比较科学合理，并且适合用计算机对大量的评价数据进行处理，大大提高了评价的效率和质量。

（3）关联矩阵法。关联矩阵法与因素评分法相似，其不同之处在于前者引进了权重，对各个评价项目在总体评价中的作用进行了区别对待，这有利于突出各个不同管理岗位上的管理人员的自身特点。可见，这种评价方法通过引进权重，使处于不同管理工作岗位上的管理人员都能够得到比较科学合理的评价，因而具有很强的实用价值。

（4）综合考评法。这种评价方法一般适用于对一般物流管理人员进行绩效评价。在评价时，一般首先由管理人员进行自我评定，总结评价期内的工作情况，向本部门员工汇报，并由大家进行评议，最后部门负责人对被评价者本人和员工的意见进行归纳总结，并对被评价者进行评分。这种评价方法有利于部门内上下级之间的沟通，有利于以后工作的开展。

（5）360度反馈评价法。这种评价方法是一种综合性的方法，其基本思想就是从所有的渠道搜集评价信息——上司、下属、客户、同事以及供应商等，使对管理人员的评价更加综合和合理。物流业务具有联系性强的特点，运用这种方法对物流管理人员进行绩效评价能够体现出物流管理人员的职务特征，因而具有很强的实用性。典型的360度反馈评价法是一年搜集一次评价信息，在一般情况下各个评分表都以匿名的方式搜集，以便于信息提供者能轻松诚实地提供评价信息。然后由人工或计算机分别对不同来源的评价信息进行汇总处理，最后得出被评价者的总体评分。360度反馈评价法的示意图见图9-14。

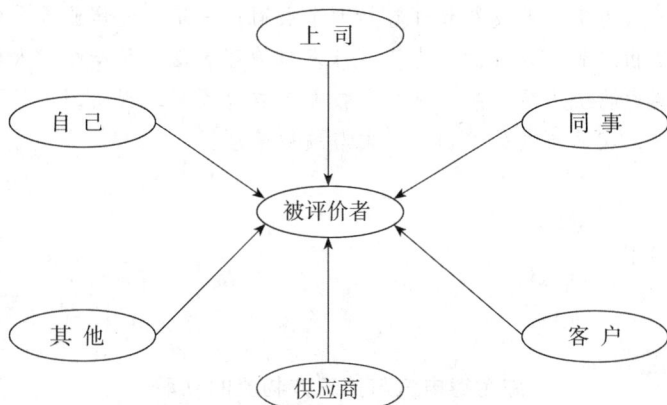

图9-14　360度反馈评价法的示意图

本章小结

物流组织是指专门从事物流经营和管理活动的组织机构，从广义上讲，既包括企业内部的物流管理和运作部门、企业间的物流联盟组织，也包括从事物流及其中介服务的部门、企业以及政府物流管理机构。从企业物流组织的发展历程来看，物流组织大体上经历了四个发展阶段：物流职能分散阶段、物流职能集合阶段、物流一体化阶段及虚拟与网络化阶段。

传统物流组织的基本类型主要有职能型组织和事业部型组织；现代物流组织的基本类型主要包括矩阵型组织、网络结构、委员会结构和任务小组。

在设计现代物流组织时要充分考虑物流的战略体系、物流规模、物流技术、物流环境等影响因素。物流组织设计的内容包括物流职能设计、物流组织结构设计和物流职务设计等。

坚持物流组织创新是现代企业物流组织设计和管理的基本思路。纵观物流组织的发展历程，物流组织的创新主要表现在：由分散化向一体化转变、由职能化向过程化转变、由垂直化向扁平化转变、由刚性化向柔性化转变、由实体化向虚拟化转变、由单体化向网络化转变。

物流战略联盟是为了取得比单独从事物流活动更好的效果，企业间形成的相互信任、共担风险、共享收益的物流伙伴关系。狭义的物流联盟存在于非物流企业之间，广义的物流联盟包括第三方物流企业。在现代物流组织管理中，是否组建物流战略联盟是企业物流战略的重要决策之一。有关物流战略联盟的决策主要有：是否组建战略联盟；组建物流战略联盟的条件。物流战略联盟管理涉及的主要问题有：联盟伙伴的选择，联盟组织治理结构的确立，创造并保持合作的文化氛围。目前我国物流企业战略联盟模式主要有：合资式联盟、契约式联盟和股权式联盟。

企业的物流人力资源开发与管理包括两个层面：一是物流作业人员的人力资源开发与管理；二是物流管理人员的人力资源开发与管理。由于两类物流人员的岗位职责不同，企业对两类物流人员的基本素质与技能要求也不同，因此，应针对两类人员的不同特点与要求，实施不同的培训、开发与绩效管理。

本章案例

施耐德电气与第三方物流的互动

施耐德电气公司早在1979年就已进入中国市场，是最早进入中国的世界500强企业之一。目前，施耐德电气在中国拥有4家分公司、32个地区办事处、20家生产型企业、4个物流中心、500多家代理商。施耐德电气在中国的成功运作与强大的物流网络平台、先进的物流管理模式、丰富的物流管理经验密不可分。在企业发展的过程中，施耐德电气认为，由于竞争压力的加大和经济的全球化和区域化，企业不得不专心于自己的核心业务，专注于自己的成本降低和运营效率的提高，集中于核心竞争力，将非核心的部分外包。对于制造企业价值链而言，物流费用通常仅次于制造过程中的材料费，是成本较高的一项活动，因此降低物流成本在促进企业取得和保持竞争优势方面扮演了重要的角色。

在中国，施耐德电气将国际运输外包给仕嘉、泛亚班拿、德迅三家运输商，将国内公路运输从过去的20多家运输商整合到现在的CEVA、CAAC、大金、京铁快运、中国邮政、嘉里大通、马士基等13家运输商。这些运输外包属于传统外包型物流运作模式。企业外包物流业务，降低了库存，甚至达到"零库存"，节约了物流成本，同时也精简了部门，使企业集中资金、设备于核心业务，提高了企业竞争力。第三方物流企业各自以契约形式与客户形成长期合作关系，保证了自己稳定的业务量，避免了资源闲置。这种模式以生产商或经销商为中心，第三方物流企业几乎不需专门添置设备和业务训练，管理过程简单。订单由产销双方完成，第三方物流只需完成承包服务，不介入企业的生产和销售计划。这种模式最大的缺陷是生产企业与销售企业以及与第三方物流之间缺少沟通的信息平台，会造成生产的盲目和运力的浪费或不足，以及库存结构的不合理。

基于运输外包的经验，施耐德电气在做仓储外包时，采取战略联盟型物流运作模式。这种模式是第三方物流包括运输、仓储、信息经营者等以契约形式结成的战略联盟，内部信息共享和信息交流，相互间协作，形成第三方物流网络系统，联盟可包括多家同地和异地的各类运输企业、场站、仓储经营者，理论上联盟规模越大，可获得的总体效益越大。信息处理这一块，可以共同租用某信息经营商的信息平台，由信息经营商负责搜集处理信息，也可连接联盟内部各成员的共享数据库实现信息共享和信息沟通。

通过与第三方物流企业的长期合作，施耐德电气根据自身的发展经验，认为第三方物流主要有以下优点。

（1）可以使企业专心致志地从事自己所熟悉的业务，将资源配置在核心事业上。由于任何企业的资源都是有限的，很难成为业务上面面俱到的专家。为此，企业应把自己的主要资源集中于自己擅长的主业，而把物流等辅助功能留给物流公司。如施耐德中压厂通过与CAAC的合作，取得了良好的效益。施耐德集中于产品制造，而CAAC管理施耐德的物流事务。产品下线后，由CAAC负责发运到距工厂20分钟的成品仓库，然后根据发运单的要求，组织产品的配送。

（2）灵活运用新技术，实现以信息换库存，降低成本。当科学技术日益进步时，专业的第三方物流能不断地更新信息技术和设备，而普通的单个制造公司通常在第一时间难以更新自己的资源或技能；不同的零售商可能有不同的、不断变化的配送和信息技术需求，此时，第三方物流能以一种更快、更具成本优势的方式满足这些需求，而这些服务通常都是制造商自身难以做到的。同样，第三方物流还可以满足一家企业的潜在顾客需求的能力，从而使企业能够接洽到零售商。

（3）减少固定资产投资，加速资本周转。企业自建物流需要投入大量的资金购买物流设备，建设仓库和信息网络等专业物流设备。这些资源对于缺乏资金的企业特别是中小企业是个沉重的负担。而如果使用第三方物流不仅减少设施的投资，还解放了仓库和车队方面的资金占用，加速了资金周转。

（4）提供灵活多样的顾客服务，为顾客创造更多的价值。通过第三方物流的仓储服务，可以满足客户需求，可以提供多样的服务品种，为顾客带来更多的附加价值，使顾客满意度提高。

然而在与第三方物流的合作过程中，施耐德电气也发现了不少问题，普遍表现为服务能力不足，主要表现在：物流服务机能比较原始和单一；物流运作的效率不高；有效服务网络不足；社会化程度较低等。因此，第三方物流在为企业提供便利的同时，也存在着一些弊端。

首先，企业不能直接控制物流职能，不能保证供货的及时性和准确性，不能保证顾客服务的质量。

其次，第三方物流设计的方案通常都是针对不同的客户量身定制的，不具有广泛适用性。因此第三方物流公司不具有规模经济性，第三方物流公司在为客户减少了配送成本的同时，随之而来管理成本却会上升，因此为货主节约的最终成本非常有限。

最后，传统上，企业可以通过优化库存、利用地区服务代理商和第三方物流公司来满足客户不断增长的需要。但是到现在，客户需要包括电子采购、订单处理能力、虚拟库存管理等。企业发现第三方物流提供商缺乏当前所需要的综合技能、集成技术、战略和全球扩张能力。

施耐德电气认为虽然目前第三方物流仍如火如荼，但是企业在做决策时还应保持清醒的头脑，不要盲目跟风，在不分析自身特性的情况下，一厢情愿地认为第三方物流可以解决所有物流问题。由于物流在不同企业里发挥的作用不尽相同，所采取的物流方式也应有所区别。企业要从自身发展战略出发，分析自己的核心竞争力所在，然后确定企业物流模式，究竟采取第三方物流还是自营物流，以及制定怎样的具体物流决策。这要从保持企业核心竞争力和长远利益角度出发。

资料来源　中国物流与采购网，并经作者修改。

复习思考题

1.简述物流组织的发展演变过程。

2.物流组织的主要类型有哪些？其特点是什么？

3.物流组织设计的依据是什么？

4.物流组织创新主要表现为哪些方面？

5.什么是物流战略联盟？物流战略联盟的管理包括哪些方面？

6.物流作业人员的培训与开发通常采用哪些方式和方法？

7.简述物流作业人员绩效评价的基本内容和方法。

8.简述物流管理人员的能力构成。

9.简述物流管理人员培训与开发的内容和方法。

10.物流管理人员绩效评价的方法有哪些？

第 10 章

供应链管理

学习目标

通过本章的学习，使读者准确理解供应链管理的概念，以及供应链管理与物流管理的区别；了解供应链管理产生的历史背景及现实意义；全面掌握供应链管理的基本内容与原则；熟悉供应链管理的技术方法；了解供应链企业协作的有关问题。

10.1　供应链管理的产生与价值

10.1.1　供应链管理的概念

供应链管理的概念始于 20 世纪 80 年代初，其真正快速发展却是在 90 年代后期。尽管供应链管理概念产生的时间不长，但是由于国际上一些著名的企业如 IBM 公司、惠普公司、戴尔公司等在供应链管理实践中取得了巨大的成绩，从而使人们更加坚信供应链管理是进入 21 世纪后企业适应全球竞争的一种有效途径，因而吸引了众多学者和企业界人士研究并实践供应链管理思想。

（1）国外学者对供应链管理的定义。目前，国际上还没有公认的供应链管理的定义，国内外不同学者有不同的看法。Ellram 认为，供应链是从原料供应到最终交付产品或服务过程中，通过各种流连接的、相互影响的企业构成的网络。[1]Lee 和 Billington 认为，供应链是产品生产和流通过程中所涉及的原材料供应商、生产商、批发商、零售商以及最终消费者组成的网络，即由物料获取、物料加工并将成品送到用户手中这一过程所涉及的企业组成的一个网络。[2]Evens 认为："供应链管理是通过前馈的信息流和反馈的物料流及信息流，将供应商、制造商、分销商、零售商，直到最终用户连成一个整体的管理模式。"[3]Phillip 则认为："供应链管理是一种新的管理策略，它把不同企业集成起来以增加整个供应链的效率，注重企业之间的合作。"[4]总部设于美国俄亥俄州立大学的全球供应链论坛对供应链管理的定义是：供应链管理是包括从最终用户一直到初始供应商的向顾客提供增值的产品、服务和信息的业务流程的一体化。这里的业务流程实际上包括两个相向的流程组合：一是从最终用户到初始供应商的市场需求信息的逆流而上的传导过程；二是从初始供应商向最终用户的顺流而下且不断增值的产品和服务的传递过程。供应链管理就是对这两个核心业务流程实施一体化运作，包括统筹的安排、协同的运行和统一的协调。美国供应链协会认为："供应链管理贯穿于整个渠道，包括管理供应与需求、原材料与零部件采购、制造与装配、仓储与存货跟踪、订单录入与管理、分销以及向顾客交货。"

（2）我国有关机构及学者对供应链管理的定义。香港货物编码协会认为："供应链管理是一种业务战略，它使在供应链中的贸易伙伴共同承担责任，携手合作，使客户实现最低的供应链费用，为客户/消费者带来更大的价值。"我国有的学者认为，供应链管理是对整个供应链系统进行计划、协调、操作、控制和优化的各种活动及过程，其目标是要将顾客所需的正确的产品（right product）在正确的时间（right time）按照正确的数量（right quantity）、正确的质量（right quality）和正确的状态（right

---

①　ELLRAM. Supply Chain Management：The Industrial Organization Perspective［J］. International Journal of Physical Distribution and Logistics Management，1991，21（1）：13-33.
②　LEE，HAU L，BILLINGTON. Managing Supply Chain Inventory：Pitfalls and Opportunities［J］. Sloan Management Review，1992，33（3）：65-73.
③　张成海. 供应链管理技术与方法［M］. 北京：清华大学出版社，2002：2.
④　马士华，等. 供应链管理［M］. 北京：机械工业出版社，2000：46.

status）送到正确的地点（right place）——"6R"，并使总成本最小。①还有学者认为，供应链管理是通过前馈的信息流（需方向供方流动，如订货合同、加工单、采购单等）和反馈的物料流及信息流（供方向需方的物料流及伴随的供给信息流，如提货单、入库单、完工报告等），将供应商、制造商、分销商、零售商直到最终用户连成一个整体的模式。②我国2001年发布实施的《物流术语》国家标准对供应链管理的定义是："利用计算机网络技术全面规划供应链中的商流、物流、信息流、资金流等，并进行计划、组织、协调与控制。"

在本书中我们认为，供应链管理是用系统的观点对供应链中的物流、信息流和资金流进行设计、规划、控制与优化，以寻求建立供、产、销企业以及客户间的战略合作伙伴关系，最大限度地减少内耗与浪费，实现供应链整体效率的最优化并保证供应链成员取得相应的绩效和利益，满足顾客需求的整个管理过程。

10.1.2　供应链管理与传统物流管理的区别

供应链管理与传统物流管理有着明显的区别，主要表现在以下几个方面：

1）供应链管理超越了传统物流管理

传统的物流管理主要涉及实物资源在组织内部的最优化流动，而从供应链管理的角度来看，仅有组织内部的合作是不够的。供应链管理涉及与供应链相连的所有相关企业、部门、人员。从核心企业中上游供应商直到供应链下游分销商，只是供应链的一小段。同传统物流管理相比，现代供应链管理模式更为趋向于整合，将物流活动作为一个统一的整体，在企业管理过程中，采取的战略决策需要结合企业群所依赖的供应链。供应链管理是一种垂直一体化的集成化管理模式，强调核心企业与相关企业的协作关系，通过信息共享、技术扩散、资源优化配置和有效的供应链激励机制等途径实现经营一体化③。因此，供应链管理的概念不仅仅是物流的逻辑延伸，也不是企业自身的内部整合。供应链管理整合演化的过程见图10-1。第一阶段，每个商业功能都是独立的；第二阶段，企业开始认识到要在临近的功能之间进行整合；第三阶段，建立和实施一种"端-端"的计划框架；第四阶段，是真正的供应链整合，与第三阶段相比，将上游延伸至供应商，下游延伸至客户。这就是物流管理与供应链管理的最关键和重要的差别所在。同时，对于库存管理，传统物流管理认为库存是一定的，然而现代供应链管理却认为库存管理并不是必需的，以这个管理理念为出发点，库存管理主要起到平衡的作用，是供应链管理对传统物流管理的超越。

2）供应链管理更注重合作与信任

从本质上讲，物流是设计导向和框架，寻求在一个商业活动中制订单一的产品流和信息流计划。而供应链管理是建立在这一框架基础上，寻求在其组织与供应商和客户之间实现连接和协调。因此，供应链管理是为了使供应链上的所有合作者获得更多的利润，是基于"联系"的管理。供应链管理着眼于合作和信任。

① 陈国权. 供应链管理［J］. 中国软科学，1999（10）：102.
② 马士华，等. 供应链管理对传统制造模式的挑战［J］. 华中理工大学学报：社会科学版，1998（2）：65-68.
③ 贺恒信. 供应链管理：新世纪的管理模式［J］. 兰州商学院学报，2002（5）：49-50.

第一阶段：基础

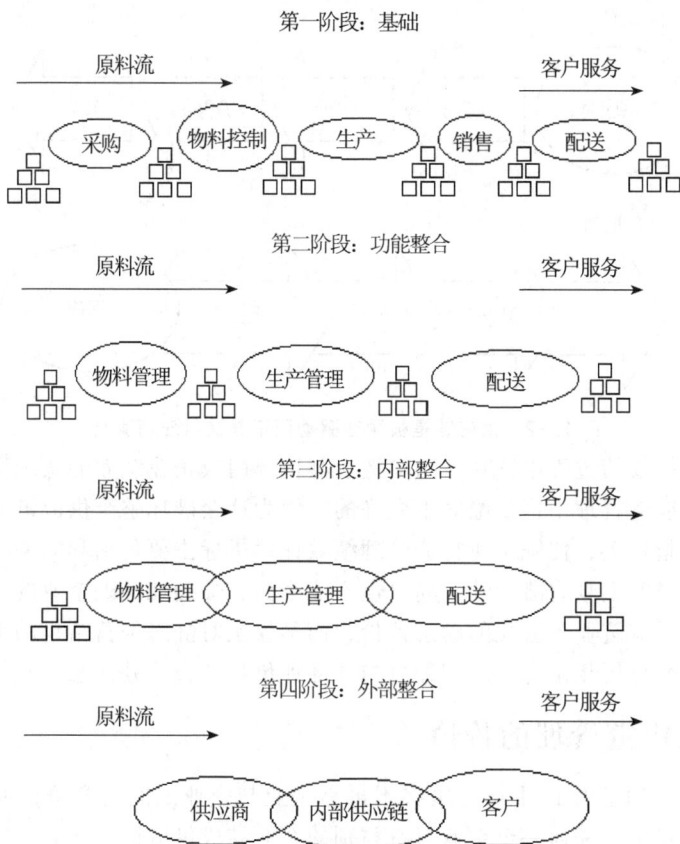

第二阶段：功能整合

第三阶段：内部整合

第四阶段：外部整合

图 10-1 供应链管理整合演化过程图

3）供应链管理与物流管理目标不同

供应链管理的目标在于提高顾客价值。彼得·德鲁克曾说："解答什么是我们的业务时最难回答的一个问题是，顾客认为的价值是什么？顾客购买产品时的需要是什么？"供应链管理与传统物流管理相比，其管理目标不仅仅限于降低交易成本，还在于提高顾客价值。顾客价值是顾客在给定产品或服务中所期望得到的所有利益，包括产品价值、服务价值、人员价值和形象价值。拉动整个供应链的原动力是顾客需求，因此供应链是被顾客驱动的，见图 10-2。通过供应链从下游企业向上游企业传递，只有生产出具有较高顾客价值的产品才能提高整个供应链的竞争力，才能维持供应链的稳定和发展，才能保证物流、信息流、资金流在供应链上的畅通，才能更好地实现供应链管理的信息化、集成化和社会化，才能发挥供应链管理的优势。

4）供应链管理与物流管理绩效评价方法不同

传统物流管理绩效评价仅限于企业内部物流绩效的评价，而供应链管理不仅要对各节点企业的绩效进行评价，还要评价整个供应链的运作绩效。传统物流管理的绩效评价专注于企业各部门各自目标的实现，较少关心本部门目标的达成对其他部门的影响。而在供应链管理中，绩效评价不仅要反映各部门、各节点企业的运营绩效，还要评价各部门、各节点企业绩效目标达成对其他部门、其他节点企业的影响。部门或企

供应商驱动：

顾客驱动：

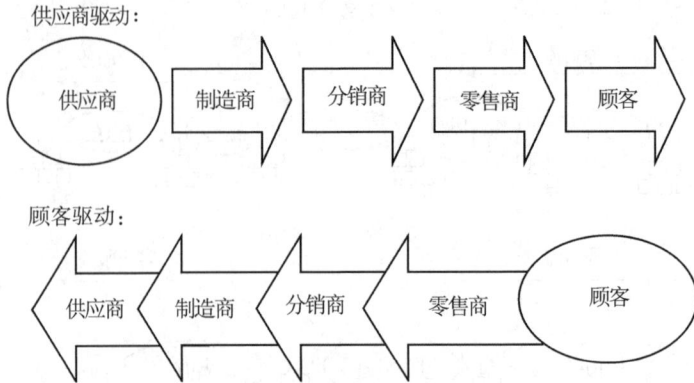

图 10-2　供应链是被顾客驱动而不是被供应商驱动

业在实现自身绩效的过程中存在对供应链上其他部门或企业绩效的实现造成负面影响的行为，在供应链管理中这是绝对不允许的，因为这会破坏整个供应链的稳定性和凝聚力。在评价指标上，传统企业物流管理绩效评价指标主要包括利润率、资产负债率等财务指标，时间上具有滞后性，同时也不能全面、准确地反映企业的真实绩效。供应链管理是对供应链业务流程的动态评价，而不仅是对静态经营结果的考核衡量。它坚持定量和定性分析相结合、内部评价与外部评价相结合，并注意相互间的协调。[①]

10.1.3　供应链管理的价值

有人预言，21世纪的市场竞争将不再是企业与企业之间的竞争，而是供应链与供应链之间的竞争，任何一个企业只有与别的企业结成供应链，才有可能取得竞争的主动权。这已不是竞争的范围问题，而是一个竞争的层次问题。一个新产品研制出来很容易被模仿，但供应链是很难模仿的，智慧加独特，就是一种竞争优势。

实施供应链管理，需要把供应商、制造商、分销商、零售商等在一条链条上的所有环节都联系起来进行优化，使生产资料以最快的速度，通过生产、分销环节变成增值的产品，达到有消费需求的消费者手中。这不仅降低了成本，减少了社会库存，而且使社会资源得到优化配置，更重要的是通过信息网络、组织网络实现了生产与销售的有效链接和物流、信息流、资金流的合理流动。具体而言，实施供应链管理具有以下意义：

1）降低物流费用

美国学者卡特和弗林研究分析了仓储、运输、采购和供应等各要素在内的成本，发现企业合作的确能显著降低物流成本。[②]供应链管理降低物流费用主要是降低库存成本。在传统的业务往来中，供应链上、下游企业之间缺乏交流与合作。供应商不知道分销商的商品销售情况和销售速度，无法获得分销商订货的准确时间，因此，只能凭自己的主观判断来组织生产和准备货源；同样，分销商也不了解供应商的库存情

---

① 贺恒信. 供应链管理：新世纪的管理模式 [J]. 兰州商学院学报，2002（5）：49~50.
② CHRISTIAN B, JAYANTH J. Supply Chain Management: A Strategic Perspective [J]. International Journal of Logistics Management, 1997, 8 (1) .

况，也不知道供应商能否保证供应，不知道供应商什么时候能把货物送到，因此，在确定订货数量时，只能依据以往经验数据和资料。由于信息不能共享，致使渠道的透明度不高，无疑增加了供应渠道的不确定性，加上市场中本已变化多端的顾客需求，使得各个企业面临的经营风险加大。为了应付众多的不确定性因素，各企业都倾向于增加自己的库存，结果既占用了大量资金，又要支付大量的储存费用，对供应链各方都非常不利。[1]

而在有效的供应链管理中，要求对组成供应链的各个环节进行优化，不仅利用现代科技手段，采用最优流通渠道，使信息快速、准确反馈，而且在供应链连接的各企业之间实现了资源共享，用信息代替库存。这样一来，供应链中每个成员便能及时、清楚地掌握整条渠道中原材料、在制品和制成品的流动情况，在途运输或配送的情况，库存状况，商品销售情况以及顾客需求状况，从而使渠道风险和不确定性大为降低。在此基础上，企业就能根据市场需求信息迅速调整生产和配送，无须大量持有库存，从而减少了社会库存量，避免了库存浪费，减少了资金占用，降低了库存成本。

2）降低交易费用

罗纳德·科斯在1937年发表的经典论文《企业的性质》中曾经谈到市场的交易是要付出代价的。因为为了完成一笔交易，当事人必须倾注大量时间和精力，到处去了解产品的质量和相对价格；必须就交易的细节进行谈判、协商、检验和签约，甚至承担违约损失，此外，还要支付信息费用等其他一切开支。所以，科斯认为，既然如此，"通过形成一个组织并让某种权力（企业家）来支配资源，可以节省部分市场费用"。

交易费用理论同样适用于供应链。一般而言，上、下游企业之间的关系是建立在每笔交易的基础之上的，交易结束则企业之间的关系也就到此为止，下次交易还要重新进行谈判、讨价还价，重复发生的交易费用既是企业资源的浪费，也是社会财富的浪费。然而，在有效的供应链管理中，上游企业与下游企业建立的是长期稳定的战略伙伴关系，能在一定程度上减少谈判和履约费用，为企业节省资金。

3）提高物流效率

按照产权经济学家阿尔钦和德姆塞茨的团队生产理论，通过团队生产创造的总产品大于每一参与单位的分产出之和。同样，供应链管理所产生的整体效益远远大于各个供应链成员单独管理物流所得到的效益之和，从而能实现单个企业无法完成的任务。通过上、下游企业的合作建立快速反应系统，实施有效顾客回应、及时配送和持续补货系统，可以大大缩短订货周期，更加迅捷地对市场和顾客需求做出反应，提高整个供应链物流工作的效率。

4）提高服务质量，刺激消费需求

消费者对产品前置时间的要求越来越短，为此，供应链管理通过生产企业内部、外部及流通企业的整体协作，大大缩短了产品的流通周期，加快了物流配送的速度，

---

① 郭冬乐，宋则. 中国商业理论前沿 II ［M］. 北京：社会科学文献出版社，2001：245-246.

并将产品按消费者的需求个性化地生产出来，快速送到消费者手中，更好地满足了顾客的需求。

供应链还使物流服务功能系列化。它在传统的储存、运输、流通加工服务的基础上，增加了市场调查与预测、采购及订单处理、配送、物流咨询、物流解决方案的选择与规划、库存控制的策略建议、货款的回收与结算、教育培训等增值服务。这种快速、高质量的服务，必然会塑造企业的良好形象，提高企业的信誉，提高消费者的满意程度，使产品的市场占有率提高、消费者群大增。

5）形成企业关系能力，提高企业社会资本

关系能力是指由供应链企业之间的合作关系而产生的一种经营或竞争能力。企业关系能力经过长期培养可以成为企业特殊的资源和知识，这些资源和知识通常不能转移为其他企业的专有的竞争优势，可称之为"共栖性专用资产"。此外，企业关系能力具有防止交易对手采取机会主义行为的效应。任何企业都需要获得稳定的交易关系，为了使对方保持与自己的长期交易，传统的办法一般是签订正式的合同、相互信赖以及持有对方股份等，但是这些方法缺乏约束性，也比较僵化，而在供应链中形成的关系能力可以使对方自觉地长期合作和保持连续性交易。企业的关系能力可以通过多种途径获得，比如与其他企业建立战略联盟、组建企业集团等，但是通过供应链形成的关系能力与上述这些途径形成的关系能力有显著的不同。前者以利用对方的独特技术、经验、能力为着眼点，具有相互信赖、开放、风险分担等特点；而供应链中的关系能力是基于业务流程需要而建立的，某企业处在供应链的某个阶段上，供应链自然要吸收该企业参加，企业关系能力是由供应链决定的，不是完全出于战略的选择。此外，战略联盟等形成的企业关系能力是以本企业为出发点的，供应链中的关系能力是服从整个供应链的，离开了供应链，企业的特殊关系能力就失去了价值。[①]供应链管理是企业发展到一定阶段的产物。供应链管理贯穿企业发展全程，涉及各个环节，已经成为现代企业的无形资产。新时期，各大企业均建立了供应链管理系统并取得良好成效，在一定程度上提升了企业的核心竞争力，推动了企业的发展。总而言之，通过实施供应链管理，一方面可以降低成本，另一方面又可以创造新的价值，从而大大增强企业的竞争优势，见表10-1。

表10-1　　　　　　　　　　　**供应链管理创造竞争优势**[②]

成本优势的获取	价值优势的获取
1.降低整个供应链的库存水平	1.缩短订单周期
2.减少仓储、配送费用	2.提高物流作业质量
3.减少在物流设施设备上的投资	3.提高送货的及时性与可靠性
4.减少交易成本	4.提供个性化用户服务
	5.稳定的战略伙伴关系增加企业间的信任感，提高企业核心竞争力

① 郑吉昌.供应链管理：营销渠道的整合与企业管理创新 [J].价值工程，2003（1）：42.
② 郭冬乐，宋则.中国商业理论前沿Ⅱ [M].北京：社会科学文献出版社，2001：248.

10.2 供应链管理的具体内容与基本原则

10.2.1 供应链管理的具体内容

实施企业供应链管理，首先应弄清楚供应链管理的主要内容。在这方面，不同学者根据自己的兴趣和理解分别提出了各自的看法，例如，我国著名的供应链管理专家马士华教授认为，供应链管理主要涉及供应、生产计划、物流（主要指运输和存储）和需求四个领域（见图10-3）。①具体而言，供应链管理应包括以下几方面内容：

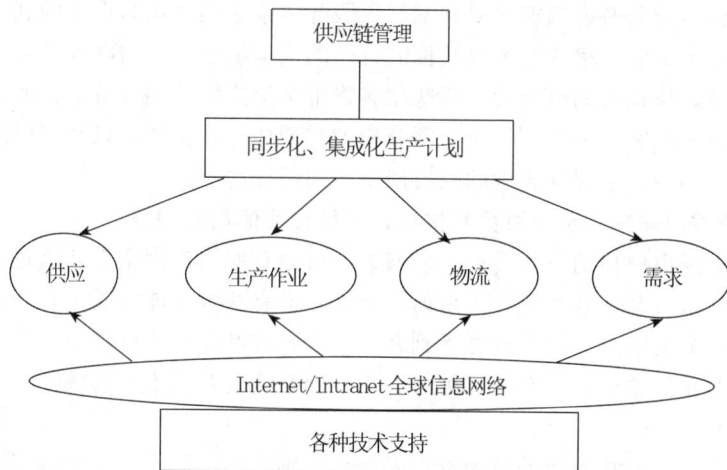

图 10-3 供应链管理领域

（1）供应链网络结构设计（即供应链物理布局的设计），包括供应链合作伙伴选择、供应链物流系统设计。

（2）集成化供应链管理流程设计与重组，具体又分为：①各节点企业内部集成化供应链管理流程设计与重组，主要包括三大核心作业流程的设计与重组：一是客户需求管理流程，如市场需求预测、营销计划管理、客户关系管理；二是客户订单完成管理流程，如生产计划与生产作业管理、新产品研发计划管理、物料采购计划管理、品质管理、运输与配送计划与作业管理、资金管理；三是客户服务管理流程，如产品售前、售中、售后管理，客户退货管理。②外部集成化供应链管理流程设计与重组。供应链核心主导企业的客户订单完成管理流程与其原材料供应商、产成品销售商、物流服务提供商（物流外包商）等合作伙伴管理流程之间的无缝对接。③供应链交互信息管理。市场需求预测信息、库存信息、销售信息、新品研发信息、销售计划与生产计划信息等的交互共享，以及供应链各节点企业间的协同预测、计划与补给的库存管理技术等。

（3）供应链管理机制的建设，包括合作信用机制、协商机制、绩效评价与利益平衡机制、激励与约束机制、监督预警与风险防范机制等。

---

① 曾祥云. 漫谈供应链管理的主要内容［EB/OL］.［2011-03-09］. http://wenku.baidu.com/.

10.2.2　供应链管理的基本原则

1）根据客户服务需求的差异来划分客户群

供应链管理强调企业根据客户的状况和需求，采取有组织的、跨职能的流程开发系列供应链方案，并将面向每个顾客的基本服务与来自系列方案中的、对特定细分群体有较强吸引力的服务结合起来，建立针对细分客户群体的服务体系。企业不应向客户价值不大、勉强有利可图的客户提供更低水平的基本服务。企业虽然有义务按基本服务的承诺为所有顾客服务，但超出基本服务的增值服务是企业的一种额外承诺，可以提高对增值服务的收费。

另外，也不能只考虑顾客需要和偏好，服务体系必须转化为现实的利润。很多企业对可能用来衡量收益率的顾客以及他们自己的成本缺乏足够的财务了解，不知道所服务的哪些顾客是最有利可图的，哪些顾客将带来最高的长期收益率，或者哪些是最应该保持的忠诚顾客。因此，企业必须分析细分群体的收益性，以及可供选择的服务体系的成本和利益，来保证合理的投资回报率与最佳的资源配置。①

2）根据客户需求和企业可获利情况，设计企业的后勤网络

企业一般采取整体的方法设计物流网络，可是有些物流网络设计满足了所有顾客的平均服务需求，却忽视了顾客需求的差异性；而有些设计能够满足某个顾客群个别的偏好和最苛刻的需求，但没有考虑到并非所有顾客都需要代价高的服务。例如，空运对某些顾客是需要的，但在顾客更关心成本而对速度要求不高的条件下，提供此项服务就不适宜了。

在很多行业，安排特定的分销资产来满足个别的物流需求，是那些实际产品没有很大差别的制造商做到差别化的重要来源。一家造纸公司发现两个客户群存在截然不同的服务需求：大型印刷企业允许较长的提前期，而小型的地方印刷企业则要求在24小时内供货。于是，它建立3个大型分销中心和46个紧缺物品快速反应中心来满足以上两类客户的不同需求。事实上，这表明了针对特定细分群体服务的关键性意义。如果考虑到与第三方物流提供商的联盟，物流网络可能会变得更为复杂，但是也比传统网络更加灵活，并使企业在库存管理、成本控制方面变得更有效率。因此，在仓库的任务、数量、地点和所有权构成上的基本变革一般来说是必需的。

3）倾听市场的需求信息，统一整个供应链的需求计划

企业应该执行一个跨职能的销售与作业计划流程，在认识到每一职能团队的需求和目标的同时，将最终作业决策的基础建立在总的利润潜力上。

有效的供应链管理在开发合作预测并保持需求的跨作业的能力中，提倡销售与作业计划应超越企业界限深入到包含供应链的每个环节。渠道范围的销售与作业计划能够及早察觉到隐匿在顾客促销、订货模式、补货体系中的需求预兆信号，并能考虑到供货方和承运人的能力、水平与不足。

这种以需求为基础的计划要达到正常运转需花费一定时间。通常，最初的方案可

---

① 王焰. 一体化的供应链：战略、设计与管理［M］. 北京：中国物资出版社，2002：84.

联络供应链中一些销量大、有经验的合作伙伴开展，在方案正式形成一套计划流程和衡量标准时，再扩大到包括其他渠道伙伴，直到有足够多的成员参与进来，促进制造与物流资产利用的改善和成本绩效的提高。①

4）采取时间延迟策略

由于市场需求剧烈波动，因此距离客户接受最终产品和服务的时间越早，需求预测就越不准确，而企业还不得不维持较大的中间库存。比如，一家洗涤用品公司在实施大批量客户化生产的时候，先在企业内完成产品加工，然后在零售店铺完成最终的包装。因此，供应链管理的一个目标是针对客户的实际需求做出快速反应。

时间延迟的原理是产品的外观、形状或生产、组装、配送应尽可能推迟到接到顾客订单再确定。运用时间延迟技术，可实现最大的柔性而降低库存量，使得流通在产品最终价值增值上发挥积极的作用。

为向顾客迅速交货，时间延迟通常在顾客附近使一个产品最后成形，大大提高了供应链效率。最初的工厂可以生产基础样式的产品，运送到顾客附近的店铺，在那里进行最后的"成形"，并根据对每个顾客订单进行快速反应。这不仅削减了总存货，同时也节约了成本，因为产品基础样式在大量生产时成本是很低的。此外，高价值的成品只是按照顾客订单生产并立即装运，因而它们处于存货的时间短暂，加上顾客能够得到更快的回应，更有可能收到订单要求的所有货物。比如美国 Benetton 制衣公司在生产圆领衫时，首先是生产出不同型号的没有印花的圆领衫，然后在销售过程中，利用速热印花技术，现场将顾客喜爱的图案、文字（甚至顾客本人的照片）印在圆领衫上，最大限度地让顾客满意。再比如，美国惠普公司采用标准组件法设计其台式打印机，但在不同国家根据顾客要求装配成不同风格的产品销售，甚至连打印机电源插头的设计都因国而异。惠普将产品个性化的加工程序从生产车间推进到地区分销中心。例如，它在给中国生产打印机时，是将打印机插头的生产放在深圳，当中国某地需要供货时，打印机和插头分别从美国本土和深圳运往目的地，在目的地零售店内完成最后的组装，使打印机与插头的装配放在最接近客户的地点进行。②

5）与供应商建立战略联盟

供应链战略联盟是企业为共同利益所形成的联合体，利用各方协作能实现任何一方无法单独实现的目标。世界著名的零售商沃尔玛在建立战略联盟方面极为出色。沃尔玛长期以来增长率高达25%，很大程度上要归功于它同5 000多家供应商建立了合作伙伴关系，其中包括著名的通用电气公司、可口可乐公司以及宝洁公司等。沃尔玛依靠先进的电子数据交换系统同供应商协调工作，③该系统使供应商能以战略性长期合作的模式同沃尔玛一起工作，降低了它们的生产和物流成本。供应商回过头又将节省成本获得的收益传递给沃尔玛，给沃尔玛优惠的价格折扣。这就真正实现了共赢，从而使沃尔玛能提出"天天平价"的口号。普通的供需关系与供应链战略联盟的比较见表10-2。

① 王焰. 一体化的供应链：战略、设计与管理［M］. 北京：中国物资出版社，2002：86.
② 张国军，等. 全球视角下的供应链管理［J］. 经济管理·新管理，2003（12）：50.
③ GATTORNA，WALTERS.Managing the Supply Chain［M］. London：Macmillan Press，1996.

表 10-2 普通的供需关系与供应链战略联盟的比较[1]

项目	普通的供需关系	供应链战略联盟
买卖双方的关系	竞争、敌对关系	合作伙伴关系
关系的长短	短期	长期
合同的长短	短期	长期
订货数量	大	小
运输策略	一种商品整车装运	JIM/ECR/QR
质量保证	需要验货	不用验货
同供应商的交流方式	采购单	电子数据交换（EDI）
交流的频率	零星	连续
对库存的影响	是企业资产	是企业负债
供应商的数目	很多，越多越好	少数或只有一个
产品设计过程	先设计，再采购	先征询供应商意见，再设计
生产批量	大批量	小批量
配送计划周期	每月	每周或每天
供应商位置	分布很分散	分布尽可能集中
仓库	大型仓库	小型仓库，灵活性高

6）构建供应链信息技术支撑体系

数据是提高顾客服务的根本。供应链信息系统首先可以捕捉大量的数据，然后对数据进行分析、归类、整理，最后可以支持众多决策管理层以数据为基础进行科学的决策分析。

现代远程通信技术的发展，使企业通过物流信息系统实现全球性的供应链管理成为可能。物流信息系统的职能是将供、产、销各个环节中的信号、数据、消息、情况等通过电子计算机技术进行系统的信息处理，并配合决策支持技术，对供应链中涉及的各部门发出协调指令，从而实现供应链管理和决策的高效率和高质量以及低产品成本的目标。

7）遵从共同的标准和规范

应建立起整个供应链的共同标准和规则，而不应仅仅是局部的个别企业的孤立标准。将这些共同标准和规则应用于原材料、产品、服务、运输单元和位置的标志等各个方面。

---

[1] 郭冬乐，宋则. 中国商业理论前沿 II［M］. 北京：社会科学文献出版社，2001：250.

10.3 供应链管理的方法与程序

10.3.1 供应链管理的方法

近年来，供应链管理发展迅猛，为许多企业所接受，各种各样的供应链管理方法更是层出不穷，其中较为典型的有快速反应系统、有效消费者回应系统、企业资源计划系统和商品品类管理等。虽然由于行业的不同，各种供应链管理方法的侧重点不同，但它们的实施目标都是相同的，即降低供应链的不确定性和风险，从而积极地影响库存水平、生产周期、生产过程，并最终影响对顾客的服务水平。其核心内容是系统优化。常用的供应链管理方法主要有以下几种：

1）快速反应系统（quick response，QR）

（1）QR 的含义及背景。快速反应系统，是指在供应链中为了实现共同的目标，零售商和制造商建立战略伙伴关系，利用 EDI 等信息技术，进行销售时点的信息交换以及订货、补充等其他经营信息的交换，用多频度、小批量配送方式连续补充商品，以缩短交货周期，减少库存，提高客户服务水平和企业竞争力的供应链管理方法。QR 系统最早由连锁零售商沃尔玛、凯马特等为主力开始推动，并逐步推广到整个纺织服装行业。美国的纺织服装行业在应用 QR 系统之后，产业结构趋于合理，产品的产销时程由原来的 125 天锐减至 30 天，大大缩短了产品在制造、分销、零售等供应链各环节上的运转周期，使整体供应链的运营成本得以大幅降低，并大大提高了企业的竞争力。1986 年以后，美国百货公司和连锁企业也开始导入 QR 系统。随着 QR 系统在零售领域的应用日益广泛和深入，QR 系统的功能结构也得到了不断完善和补充。

（2）QR 成功的条件。QR 的成功实施必须具备以下五个条件：[①]

①改变传统的经营方式，革新企业的经营意识和组织结构。改变传统的经营方式和革新企业经营意识与组织结构主要表现在以下五个方面：一是企业必须改变只依靠独立的力量来提高经营效率的传统经营意识，树立通过与供应链各方建立战略合作伙伴关系，从而利用供应链各成员的资源来提高经营效率的现代经营理念；二是零售商在垂直型 QR 系统中起主导作用，零售店铺是垂直型 QR 系统的起始点；三是通过 POS 数据等销售信息和成本信息的相互公开和交换来提高各个供应链成员企业的运作效率；四是明确垂直型 QR 系统内各个企业之间的分工协作范围和形式，消除重复作业及无效作业，建立有效的分工协作框架体系；五是通过利用信息技术实现事务作业的无纸化与自动化。

②开发和应用现代信息技术。这些现代信息技术包括商品条形码技术、物流条形码技术（SCM）、电子订货系统（EOS）、POS 数据读取系统、EDI 系统、预先发货清单技术（ASN）、电子资金转账系统（EFT）、供应商管理库存（VMI）和持续补货系统（CRP）等。

---

① 宋华，胡左浩．现代物流与供应链管理［M］．北京：经济管理出版社，2000：81.

③与供应链上下游成员建立战略伙伴关系。其具体内容包括积极寻找和发现战略合作伙伴并在合作伙伴之间建立分工和协作关系。合作的目标既要削减库存，又要避免缺货现象的发生，还要降低商品风险，避免大幅度降价现象发生，以及减少作业人员和简化事务性作业等。

④改变对企业商业信息保密的传统做法。将销售信息、库存信息、生产信息、成本信息等与合作伙伴交流分享，并在此基础上，要求各方在一起发现问题、分析问题和解决问题。

⑤供应方必须缩短生产周期和商品库存。缩短商品的生产周期；进行多品种、少批量生产和多频度、小批量配送，降低零售商的库存水平，提高为顾客服务的水平；在商品实际需要将要发生时参照 JIT 生产方式组织生产，减少供应商的库存水平。

2）有效消费者回应（efficient customer response，ECR）系统

（1）ECR 背景及含义。在 20 世纪 60 年代和 70 年代，美国日杂百货业的竞争主要是在制造商之间展开。竞争的重点是品牌、商品、经销渠道、广告和促销，在零售商和制造商的交易关系中制造商处于主导地位。但 20 世纪 80 年代末 90 年代初，供应链竞争格局发生了变化，在零售商和制造商的交易关系中，零售商开始逐渐占据主导地位，竞争的重心开始转向流通中心、自有品牌（PB）、供应链效率和 POS 系统。同时在供应链内部，零售商和制造商之间为了获取供应链主控权，为零售商自有品牌（PB）和制造商品牌（NB）占据零售店铺货架空间的份额展开激烈的竞争，这种竞争导致供应链的各个环节间的成本不断转移，供应链整体的成本不断上升，而且很容易牺牲力量较弱一方的利益。

从消费者的角度来看，企业过度竞争的结果往往是消费者的需求被忽视。通常消费者需要的是商品的高质量、新鲜感、优质服务以及在合理价格基础上的多种选择。然而，许多企业往往不是通过努力提高商品质量、提供更好的服务和在合理价格基础上的多种选择来满足消费者，而是通过大量的诱导型广告和广泛的低品位促销活动来吸引消费者转换品牌，同时通过提供大量非实质性变化的商品供消费者选择。这样，消费者得到的往往是高价、不满意的商品。针对这种状况，客观上要求企业从消费者的需求出发，提供能满足消费者需求的商品和服务。

在上述背景下，美国食品市场营销协会（Food Marketing Institute，FMI）联合包括 COCA - COLA，P&G，Safeway Store 等 6 家企业与流通咨询企业 Kurt Salmona Associates 公司一起组成研究小组，对食品业的供应链进行调查、总结、分析，于 1993 年 1 月提出了改进该行业供应链管理的详细报告。在该报告中系统地提出有效消费者回应（ECR）的概念体系。经过美国食品市场营销协会的大力宣传，ECR 概念被零售商和制造商所接纳并被广泛地应用于实践。[①]

ECR 是制造商、批发商和零售商等供应链成员各方相互协调和合作，以更好、更快的服务和更低的成本满足消费者需要为目的的供应链管理系统。其优势在于供应链各方为提高消费者满意这一共同的目标进行合作，分享信息和决策，它是一种把以

---

① 张成海. 供应链管理技术与方法［M］. 北京：清华大学出版社，2002：133.

往处于分散状态的供应链节点有机联系在一起以满足消费者需求的工具。

（2）ECR 的基本原则。应用 ECR 时必须遵守五个基本原则。[①]

①以较低的成本，不断致力于向供应链客户提供更优的产品、更高的质量、更好的分类、更好的库存服务以及更多的便利服务。

②ECR 必须由相关的商业带头人启动。该商业带头人应决心通过代表共同利益的商业联盟取代旧式的贸易关系而达到获利之目的。

③必须利用准确、实时的信息以支持有效的市场、生产及后勤决策。这些信息将以 EDI 的方式在贸易伙伴间自由流动，它将影响以计算机信息为基础的系统信息的有效利用。

④产品必须跟随其不断增值的过程，从生产至包装，直至流动至最终客户的购物篮中，以确保客户能随时获得所需产品。

⑤必须建立共同的成果评价体系。该体系注重整个系统的有效性（即通过降低成本与库存以及更好的资产利用，实现最优价值），清晰地标出潜在的回报（即增加的总值和利润），促进对回报的公平分享。

（3）ECR 的四大要素。有效的产品引进（efficient product introductions）、有效的店铺分类组合（efficient store assortment）、有效的促销（efficient promotion）以及有效的补货（efficient replenishment）被称为 ECR 的四大要素，见表 10-3。

表 10-3　　　　　　　　　　　ECR 四大要素的内容[②]

有效的产品引进	通过采集和分享供应链伙伴间时效性强的更加准确的购买数据，提高新产品的成功率
有效的店铺分类组合	通过有效地利用店铺的空间和店内布局，最大限度地提高商品的盈利能力，如建立空间管理系统、有效的商品品类管理等
有效的促销	通过简化分销商和供应商的贸易关系，以提高贸易和促销的系统效率，如可采取消费者广告（优惠券、货架上标明促销）、贸易促销（远期购买、转移购买）等方式
有效的补货	从生产线到收款台，通过 EDI，以需求为导向的自动连续补货和计算机辅助订货等技术手段，使补货系统的时间和成本最小化，从而降低商品的售价

3）协作计划、预测与补货（collaborative planning, forecasting and replenishment, CPFR）

（1）CPFR 的含义及发展。CPFR 是为了联合供应链上两个及两个以上的成员协同计划促销活动，达成一致的需求预测，并由此决定相应的生产与补货计划。该词在 1995 年被首次用于介绍由美国标准化研究机构 Benchmarking Partners、ERP 软件供应商 SAP、供应链管理软件供应商 Manugistics 协同参与的一项沃尔玛与著名制药企业华纳·兰伯特（Warner-Lambert）间的零供协作解决方案。3 年后即 1998 年，"自愿性

①　刘志学. 现代物流手册［M］. 北京：中国物资出版社，2002：356.
②　张成海. 供应链管理技术与方法［M］. 北京：清华大学出版社，2002：133.

跨行业商业标准委员会"（Voluntary Interindustry Commerce Standards Committee, VICS），一个成立初期致力于推行条形码与EDI的跨行业标准的组织发布了由9个步骤构成的模型，以指导CPFR的实施。这9个步骤依次为制定框架协议–确定协商方案–制订销售预测方案–确认销售预测异常–分解/整合销售预测的异常项目–进行订单预测–确认订单异常项目–分解/整合订单预测的异常项目–订单产生[1]。该模型的发布标志着CPFR实践与理论的基础得以建立。2001年，VICS联合ECR欧洲协会对CPFR模型进行了进一步的修改与完善，经Global Commerce Initiative（GCI）批准作为全球性的标准，为相关软件的开发与零供协作提供指导。据2004年的统计数据显示，超过300家企业参与CPFR项目，削减供应链10%~40%的存货，同时将商品在货架上的可得率提高了2%~8%。参与CPFR实施的先行者中有诸如宝洁、沃尔玛、金伯利、雀巢、惠普等大型企业，它们的实施策略与所取得的绩效都为CPFR的全球推广奠定了基础。

（2）CPFR的最新框架（见图10-4）。2004年VICS发布了最新修订的CPFR模型。该模型为多层次闭环结构。消费者处于模型的最中心，以此强调CPFR实施的最终目的是优化供应链运作效率，以更低的成本为消费者创造更多的价值。最贴近消费者的是零售商，而与零售商合作的供应商处于最外层，并可以继续向外延伸到下一级供应商。零售商与供应商间的环形箭头表示零供间需要完成的具体的协作任务，而这些任务又可以被划分为最外圈的四大领域，分别是：战略与计划、需求与供应管理、执行和分析[2]。

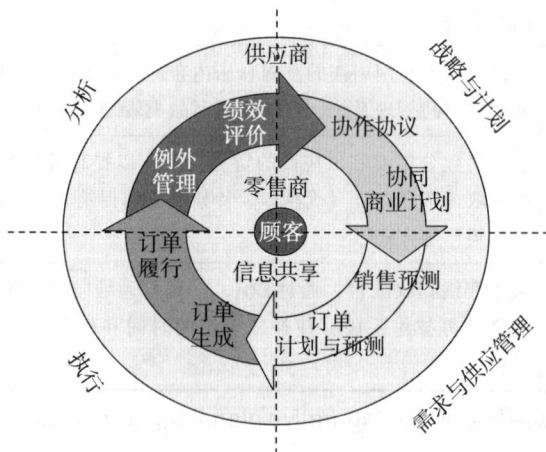

图10-4　CPFR的基本框架

战略与计划：其核心内容是识别诸如促销、库存政策变更、新产品引入等影响双方绩效的计划领域内的关键性决策，协作双方就协作的目标与领域达成一致，并建立协同绩效的评价标准。

需求与供应管理：其核心内容是挖掘分析POS机数据及其他信息，统一用于决策

---

① 杨华龙，刘进平. 供应链管理 [M]. 大连：东北财经大学出版社，2007：103-104.
② 汪旭晖. 零售企业竞争优势 [M]. 北京：中国财政经济出版社，2009：48-50.

的相关数据。零供双方合作建立需求预测，并结合需求预测、库存状态、提前期等联合制订订单计划。最终双方就预测、补货、新产品引入等协同决策的具体内容达成一致。

执行：其核心内容是打破组织的边界，整合零供企业间的冗余流程。如实施 VMI，就可将先前零售商订货与供应商补货两项因组织隔阂所产生的独立流程，整合为一项由供应商承担的单一流程，消除因组织隔阂产生的不必要的流程与成本。双方根据协同决策产生的计划生成具体的订单与相匹配的生产计划，由双方合作保证按时履行订单。

分析：双方协同分析预测、计划与订单履行过程中存在的偏差，共同提出解决方案，并根据协同绩效评价系统的标准，评定双方共同取得的收益，双方间合理分配因成本降低所产生的额外利润。获取较多收益的一方对另一方因协作产生的相关成本与应得利益进行补偿。

4）其他供应链管理方法

（1）准时制生产（JIT）和全面质量管理（TQC）。JIT（just in time）即及时服务，又称及时制。它的目标之一是减少甚至消除从原材料的投入到产成品的产出全过程中的存货，建立起平滑而更有效的生产流程。JIT 已在日本、美国等发达国家得到了广泛应用，被视为那些具有世界领先地位的企业成功之关键。实施 JIT 过程中采用的方法主要是拉动作业，只有下道工序有需求时才开始按需求量生产，不考虑安全库存，采购也是小批量的。TQC 和 JIT 在管理思想上是紧密关联的，JIT 实施的前提就是同时要推行 TQC。TQC 把下道工序视为上道工序的客户，客户满意才是真正的质量标准。这样就把产品的质量与市场关联了起来，变事后验收为事前、事中控制。

（2）精益生产（LP）和敏捷制造（AM）。精益生产是日本丰田汽车公司 JIT（及时制）的延续，它以产、供、销三方紧密协作的一种相对固定的关系为实施背景，是供应链上最基本、最简单的设置。敏捷制造是企业为了更有效、合理地利用外部资源，根据市场需求个性化的发展趋势，把供应及协作组织看成虚拟企业的一部分而形成的一次性或短期的供应链关系。

（3）企业资源计划（ERP）。ERP 是由 MRP Ⅱ（制造资源计划）发展而来的。ERP 是一种基于企业内部供应链的管理思想，它把企业的业务流程看作一个紧密连接的供应链，并将企业划分成几个相互协同作业的支持子系统，如财务、市场营销、生产制造等，可对企业内部供应链上的所有环节如订单、采购、库存、生产制造、质量控制、运输、分销、人力资源等进行有效的管理。

10.3.2　供应链管理的程序

1）分析市场竞争环境，识别市场机会

市场竞争环境分析是为了识别企业所面对的市场特征和市场机会。要完成这一过程，可以根据波特模型提供的原理和方法，通过调查、访问、分析等手段，对供应商、用户、现有竞争者及潜在竞争者进行深入研究，掌握第一手准确的数据、资料。一方面，这项工作取决于企业经营管理人员的素质和对市场的敏感性；另一方面，企

业应该建立一种市场信息采集监控系统，并开发对复杂信息的分析和决策技术。例如，一些企业建立的顾客服务管理系统，就是掌握顾客需要、进一步开拓市场的有力武器。

2）分析顾客价值

根据著名营销大师科特勒的定义，顾客价值是指顾客从给定产品或服务中所期望得到的所有利益，包括产品价值、服务价值、人员价值和形象价值等。一般说来，发现了市场机会并不意味着真正了解某种产品或服务在顾客心中的价值。供应链管理的目标在于不断提高顾客价值，因此，经理人员必须从顾客价值的角度来定义产品或服务的具体特征，只有不断为顾客提供超值的产品，才能满足顾客的需求，而顾客的需求拉动才是驱动整个供应链运作的源头。

3）确定竞争战略

从顾客价值出发找到企业产品或服务定位之后，经理人员要确定相应的竞争战略。竞争战略形式的确定可使企业清楚认识到要选择什么样的合作伙伴以及什么样的合作联盟方式。根据波特的竞争理论，企业获得竞争优势有三种基本战略形式：成本领先战略、差别化战略以及目标集中战略。譬如，当企业确定应用成本领先战略时，往往会与具有相似资源的企业联盟，以形成规模经济；当企业确定应用差别化战略时，它往往选择具有很强的创新能力和应变能力的合作伙伴。商业企业中的连锁经营是成本领先战略的典型事例，它通过采用大规模集中化管理方式，在整个商品流通过程中把生产商、批发商与零售商紧密结合成一个整体。通过商品传送中心、发货中心把商品从生产商手中及时地、完好地运送到各连锁分店，进而提供给消费者。这样的途径减少了流通环节，加快了流通速度与信息反馈速度，从而达到了成本领先的目的。

4）分析本企业的核心竞争力

供应链管理注重的是企业核心竞争力，企业应把内部的能力和资源集中在有核心竞争优势的业务活动上，将剩余的其他业务外包，移交给在该业务上有核心优势的专业公司来弥补自身的不足，从而使整个供应链具有竞争优势。在这一过程中，企业要回答这样几个问题：（1）企业的资源或能力是否有价值？资源和能力是否稀有？一般来说，拥有较多的稀有资源才可以获得暂时竞争优势。（2）这些稀有资源或能力是否易于被复制？竞争对手难以复制的资源和能力才是企业获得持续竞争优势的关键所在。（3）这些资源或能力是否被企业有效地加以利用？在回答了上述问题的基础上，重建企业的业务流程和组织结构。

5）评估、选择合作伙伴

供应链的建立过程实际上是一个合作伙伴的评估、筛选与甄别的过程。选择合适的对象（企业）作为供应链中的合作伙伴，是加强供应链管理的重要基础，如果企业选择合作伙伴不当，不仅会减少企业的利润，还会使企业失去与其他企业合作的机会，从而无形中抑制了企业竞争力的提高。一般来讲，选择合作伙伴时应遵循以下原则：①合作伙伴必须拥有各自可利用的核心竞争力。唯有合作企业拥有各自的核心竞争力，并使各自的核心竞争力相结合，才有可能提高整条供应链的运作效率。②拥有相同的企业文化与价值观。选择合作伙伴时应注意企业文化和价值观的同质性，这是合作伙伴关系能否长期维系的关键因素，若企业文化与价值观差别过大，合作必定以失败告终。③合作伙伴应少而精。若选择合作伙伴的目的性和针对性不强，过于泛滥的合作可能导致过多的资源、机会与成本的浪费。

评估、选择合作伙伴的方法很多，企业在具体运作过程中，往往灵活地采用一种方法或多种方法相结合。例如，直观判断法常用于选择企业非主要原材料的合作伙伴；鲁德霍夫（Roodhooft）和科林斯（Jozef Konings）提出的 ABC 成本法认为，企业将选择总成本最低的合作伙伴；人工神经网络法（ANN）认为，通过对给定样本模式的学习，获取评价专家的知识、经验、主观判断及对目标重要性的倾向，当对合作伙伴做出综合评价时，该方法可再现评价专家的经验、知识和知觉思维，从而实现定性分析和定量分析的有效结合，可以较好地保证合作伙伴综合评价的客观性。

6）供应链企业运作

供应链企业运作的实质是以物流、服务流、信息流、资金流为媒介，实现供应链的不断增值。具体而言，要注重生产计划与控制、库存管理、物流管理与采购、信息技术支撑体系这4个方面的优化与建设。

供应链管理环境下较为成熟的生产计划与控制模型是马士华教授提出的集成生产计划与控制总体模型，该模型首次在 MRP Ⅱ 系统中提出了基于业务外包和资源外用的生产决策策略和算法模型，使生产计划与控制系统更能适应以顾客需求为导向的多变的市场环境的需要，而且该模型把成本分析纳入了生产作业计划决策中，体现了以成本为核心的生产经营思想。生产控制模式的特色：一是订货决策与订单分解控制；二是分布式、面向对象的协调生产作业控制模式。[①]

供应链库存管理策略主要是 VMI（vendor managed inventory）管理系统。VMI 是一种以用户和供应商双方都获得最低成本为目的的，在一个共同的协议下由供应商管理库存，并不断监督协议执行情况和修正协议内容，使库存管理得到持续改进的合作性策略。VMI 的主要思想是供应商在用户的允许下设立库存，确定库存水平和补给策略，行使对库存的控制权。精心设计与开发的 VMI 系统，不仅可以降低供应链的库存水平，而且可以使用户获得高水平的服务，改进资金流，与供应商共享需求变化的透明性和获得更好的用户信任。

供应链管理环境下的物流管理与采购策略，包括第三方物流系统、延迟化策略、战略渠道设计以及准时采购策略（JIT）等。

供应链管理环境下的信息技术支撑体系包括电子商务、电子数据交换、条码与扫描技术、数据仓库、因特网技术、Extranet/Intranet 技术、决策支持系统、卫星通信技术、可视技术、专家系统、并行系统、神经网络、增值网络、信息高速公路、多媒体技术和跨组织信息系统等。

7）绩效评估

供应链节点企业必须建立一系列评估指标体系和度量方法。反映整个供应链运营

---

① 马士华. 供应链管理［M］. 北京：机械工业出版社，2002：212-214.

绩效的评估指标主要有产销率指标、平均产销绝对偏差指标、产需率指标、供应链总运营成本指标、产品质量指标等。反映供应链相邻节点企业关系的绩效评价指标可采用满意度指标，表达式为：满意度 $C_{ij}=\alpha_j\times$供应商 j 准时交货率$+\beta_j\times$供应商 j 成本利润率$+\lambda_j\times$供应商 j 产品质量合格率（i 为上层供应商，j 为下层供应商，α_j、β_j、λ_j 为权数且 $(\alpha_j+\beta_j+\lambda_j)/3=1$）。[①]

在绩效评估过程中还需要注意的一点是企业在供应链中所处的上下游位置不同，对绩效的要求也是不一样的。[②]供应链伙伴中供应商可能更注重质量；地区分销商更注重产品种类和价格；当地分销商更注重产品送货和服务水平。图 10-5 给出处于不同位置的企业对绩效的不同认可程度。[③]

图 10-5　供应链不同环节对绩效的要求

8）反馈和学习

信息反馈和学习对供应链节点企业非常重要。相互信任和学习，从失败中汲取经验教训，通过反馈的信息修正供应链并寻找新的市场机会成为每个节点企业的职责。

因此，企业必须建立一定的信息反馈渠道，且逐渐从根本上使企业演变为自觉的学习型组织。

实施供应链管理的程序图见图 10-6。

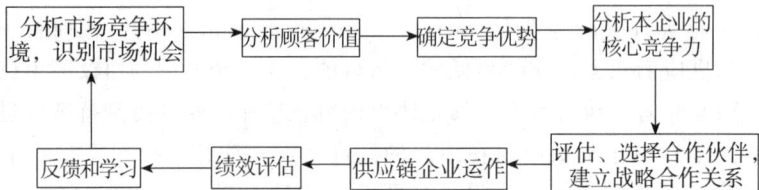

图 10-6　实施供应链管理的程序图

10.4　供应链企业协作

10.4.1　供应链协作关系

供应链管理能够为企业带来巨大的收益，许多取得成功的供应链企业，不仅应用了先进的供应链管理技术与方法，而且在供应链管理中特别重视企业与企业之间的协作关系。供应链管理的关键是企业与企业之间要建立起战略伙伴关系，供应链集成的

① 代小春. 企业供应链管理的过程框架［J］. 经济管理·新管理，2001（6）：46.
② HARLAND C M. Supply Chain Management: Relationship, Chains and Networks［J］. British Journal of Management, 1996（3）.
③ 李华焰. 供应链整体绩效驱动及其平衡分析［J］. 管理科学，2002，15（5）：13-18.

最高层次就是企业间的战略协作。当企业以动态联盟的形式加入供应链时，即展开了与其他企业合作的过程，企业之间通过一种协商机制，谋求实现"双赢"的目标。

1）供应链协作关系的定义

供应链协作关系，可以定义为在一定时期内，供应链上有相互联系的企业之间，通过共享信息、共担风险、共享收益而建立起来的一种契约关系。它可以表现为供应商-制造商、制造商-分销商、制造商-客户之间的关系。[①]这样一种战略合作关系形成于供应链中为了特定目标和利益的企业之间。合作的目的通常是降低供应链的总成本、降低企业的库存水平、增强信息共享、改善相互之间的交流、产生更大的竞争优势，以实现供应链节点企业的财务状况、质量、产量、交货期、用户满意度和业绩的显著改善和提高。从本质上来说，供应链协作关系是基于不同企业之间的一种关联能力。而关联能力则存在于企业的各个方面，包括购买、营销、外协等。

2）供应链协作关系问题的研究

目前，关于供应链企业之间协作的研究还是比较少的。我国的许多企业仍然没有建立起新的"合作-竞争"观念，这也成为制约我国企业实施供应链管理的潜在障碍。因此，开展供应链企业间的合作与协调机制的研究具有非常重要的理论和实际意义，它可以为企业走向"强强联合"、达到"共赢"目标提供一定的指导，实现供应链整体的优化。本节将试图从供应链企业协作角度，探讨供应链优化的途径。

10.4.2　供应链企业协作的理论基础——委托代理关系

1）供应链企业间委托代理关系的界定

根据供应链管理的概念，供应链的活动是不同企业的采购、制造、装配、分销、零售、物流等部门将原材料转换成产品到达最终用户的过程，它是一个包括供应商、制造商、批发商、零售商、物流服务提供商以及最终用户的大范围、系统化的概念。上游企业向下游企业提供产品（这里的产品可能是原材料、半成品、零部件或产成品、服务等），下游企业再向它的下游企业提供产品，由此构成了以物流为中心的一条供应链。在供应链中，位于上游的提供产品（或零部件）的企业叫作供应商，位于下游的购买产品（或零部件）的企业叫作采购商。根据波特的竞争战略理论，企业与其供应商和采购商存在着竞争关系，为了在谈判中获得优势，企业往往会保留私有信息，如原料或产品的成本、产品质量、企业的生产能力等信息。供应链企业间的信息不对称会引发委托代理问题，即由于信息的不对称，委托人往往处于一个比代理人更不利的位置，在整个供应链管理环境中，企业往往会通过增加信息的不对称，从合作伙伴那儿得到最大的收益。

我们从供应商与采购商的供求关系出发，将委托代理问题分为两类：一是由于事前信息不对称引起的逆向选择问题；二是由于事后隐藏行动引起的道德风险问题。

所谓逆向选择是指在供应链上的企业（我们以供应商与采购商的关系来做一简化说明），供应商与采购商多数并不直接接触，采购商无法掌握的相关信息大量增加，

---

① 孙永军，等. 基于委托-代理机制的供应链合作关系模型 [J]. 高技术通讯，2002（10）：54.

造成了交易双方的信息不对称，而关于产品以及服务质量的信息成了供应商的私人信息。在交易契约签订前，部分供应商可能故意隐瞒关于自身机会主义倾向和服务质量的信息，而采购商则由于较难获取这些信息而陷入逆向选择之中。具有机会主义倾向的供应商就有可能利用采购商不能有效地将他们与诚实良好的供应商相区别这一点，采取"非价格竞争"手段，通过误导、欺骗来为自己牟私利，而不是通过提升顾客的消费价值、提高企业的运营效率来赢得市场，最终导致市场的"劣币驱逐良币"现象的发生。

道德风险是指由于事后的信息和行动不对称，委托人无法观察到代理人的行为，代理人可能做出有损委托人利益的行动。道德风险问题在供应链企业间也是存在的，当供应商按自身利益行动时，有时会给采购商带来损失，如供应商采用低劣的原材料以获得成本降低的好处。特别是产品存在经验属性，产品的质量在短期内难以辨别时供应商更有可能采取这种方式；供应商不愿意加班而采取延迟交货，因为加班可能增加额外的成本；在供不应求时供应商故意隐藏其技术和质量水平，不愿意为改进质量做出努力。

2）供应链企业间委托代理问题的特征

由于供应链的一些特有的性质，供应链企业间的委托代理问题具有以下特征[1]：

（1）供应链企业间的委托代理关系表现为一种竞合关系。供应链的本质是强调处于供应链上的企业间的协调运作，强调企业集中资源发展自身的核心竞争力，而将非核心业务剥离出去，通过外包与其他企业协作来完成。供应链的思想与传统企业模式的根本区别在于，它改变了对供应链上的其他企业的看法，供应链企业不再把它们看作竞争对手而是当作战略合作伙伴，为实现最终顾客满意的目标而进行协同运作、协同生产，生产活动按整个供应链实行优化而不是像过去那样仅仅考虑单独一个企业的利益。但是，供应链企业间虽然强调协作，利益冲突也是难以避免的，企业之间会为分配合作产生的利益而展开竞争。因此，供应链企业的基础和目标是合作，但是它们由于利益主体的不同也存在竞争，确切地说，供应链企业之间的关系表现为一种竞合关系。

（2）供应链企业间的委托代理关系是长期、动态的协作关系。供应链企业间的协作，强调建立一种长期稳定的战略伙伴关系，这与传统的委托代理模型截然不同。在商品交换市场上，买者和卖者构成一对委托代理关系。一般而言，卖者对商品的信息掌握得比买者多，买者是委托人，卖者是代理人。买卖交换关系是一次性的、暂时的，是一次性的博弈。买卖双方会采用各种手段来实现自己的效用最大化，比如说卖方可能以次充好或抬高价格，来获取一次性的最大收益。而在供应链企业间，企业需要长期进行交易，因为是长期的重复性博弈，道德风险问题相对而言没有那么严重。企业或许可以从短期的欺骗中获得好处，但是从长期看，对企业是没有好处的，因为短期的欺骗会使合作关系随之终止。而维持长期的战略合作伙伴关系所带来的收益的贴现值会远远大于短期利益。但是同时，供应链企业间的合作关系也未必就是一成不

① 马士华. 供应链企业间的委托代理关系研究 [J]. 计算机集成制造系统. 2001（1）：7.

变的，随着市场环境的变化以及供应链企业自身能力的变化，供应链企业间的依存度也会发生变化，这也使供应链企业间的委托代理关系在长期内呈现动态性。正因为供应链企业间的委托代理问题是长期的、动态的，制度安排和激励问题才显得更为重要。

（3）供应链企业间的委托代理是多任务委托代理。传统的企业间的购买策略是展开以价格为基础的竞争，企业通过众多供应商之间的价格竞争来获得最低价格的产品。但是，随着竞争全球化趋势的加快以及技术创新速度的加快，市场对产品质量、服务、交货期的要求越来越高，企业不可能再凭借单一的价格获得竞争优势。同样，供应链企业间的供应商不仅仅是提供价格低廉的产品，而且还要在技术创新、质量改进、缩短产品交货期、提供服务等方面做出积极的响应。供应商在采取行动时可能会产生冲突，如降低成本与质量改进、提高服务之间的冲突。因此，在有限的经济资源和时间资源约束下，供应商需要在多目标间做出权衡。而采购商的评价和报酬标准则是供应商决策的依据。例如，如果采购商把价格作为最重要的决策因素，那么供应商将会在技术创新和改进质量等方面缺乏积极性，因此，采购商对供应商的绩效评价和报酬激励应该具有综合性。

10.4.3 供应链协作需要解决的关键问题

1）供应链利益协调机制

如果供应链成员利益分配不均衡，某一方的利益没有增加甚至受损，就需要建立某种机制来协调各个成员的利益，这种协调其实也是一种激励的过程。这些机制的运用应能产生一种效应，使利益受损的成员觉得自己的利益可以通过其他渠道得到补偿，愿意使合作关系继续保持下去，使各企业的长期利益能够得到实现。假设供应商与采购商都是完全理性的，那么在非对称信息条件下，最优的利益协调机制应是一方面能对供应商产生激励，另一方面又能分担采购商的风险。下面介绍几种主要的利益协调机制：

（1）直接的利益协调机制。它是指通过改变一个成员可以控制的与产品流动有关的因素来平衡其他成员的利益，影响其行为，以使整个供应链达到最优的机制。比如通过调整由卖方控制的价格，可以起到直接平衡的效果。举例来看，如果采购商同意每次订购a个单位，它每年的成本会增加b元，而供应商的成本会降低c元（c>b）。如果供应商能将所得利益以价格折扣的形式转移给采购商，使采购商的全年成本降低至少b元的话，理性的采购商就会愿意按照对整个供应链最佳的批量来订购。

（2）间接的利益协调机制。它是指为了确保供应链成员间的合作，通过非常规的因素来影响相关成员决策的机制。两个最主要的间接利益协调机制是运用控制力和信任，通常认为二者可以彼此替代。

①运用控制力实现合作。控制力通常由某一成员针对在合作中处于劣势的另一方施加。一方可能具有绝对的控制力，以至于其他成员被迫听命而采取某种行为来实现整体的利益。比如说，如果卖方是唯一的一个供应商，它可能会迫使买方按照较高的数量订货。其他的控制力运用形式还包括承诺未来优先、给予专家式帮助和给予某种

授权等。承诺未来优先是指将买方视为未来优先交易客户，保证足量、及时交货，这样就降低了买方交易的不确定性；给予专家式帮助是指某成员可以运用专家力量，如采购商可以通过向供应商提供培训、信息或帮助解决问题，来促使供应商与之合作；给予某种授权是指当供应商品牌影响力很大时，它可以授权采购商在广告中使用，这对采购商是一种间接利益，会促使采购商同意参与供应链协作。

②通过信任实现合作。信任是指一方对另一方的可靠性有信心。培养企业间的相互信任可以减少合作中所需的激励成本与监督成本。此外，信任还意味着超越合同之上的灵活性，即合作双方准备交换商业信息、承诺非正式的理解、准备在任何时候就合同条款进行新的谈判等。这种灵活性将减少企业在应付突发事件中的相互推诿，随之减少了企业在处理未预见的偶然事件中的人力、物力、财力与精力。我们应该如何发展信任关系呢？ Korczynski（美国 Loughborough University Business School 的一位教授，2000）认为，建立信任关系有4种途径：公平、个人关系、对其他企业的了解、协会。①公平包括利益分配公平以及整条供应链的程序公平；个人关系是利用私人关系建立信任基础；对其他企业的了解是对对方产生信任感的源泉；协会是指一旦企业加入了一些广受推崇的协会，将在很大程度上帮助企业赢得伙伴的信任。

需要特别说明的是信任关系与合同关系之间的矛盾。冗长、详细的合同与建立信任的合作关系是不相容的。信任关系必须具有弹性并且是非正式的，而合同一般都是明确固定而缺乏弹性的。合同体现了企业间的竞争，只会妨碍合作关系的发展。基于信任的合作关系需要尽可能少地签订合同，或者完全废除合同。也许有的企业会担心合同的废除会使得机会主义泛滥，但在强调合作以及信息传播快速的今天，防止机会主义已不再是最重要的，最重要的是要获取合作所带来的巨大收益。现在很多企业正在逐渐取消合同。例如，日本的大部分批发商已经不再使用合同了，它们之间的协议可以在90天之内没有任何理由终止，维持它们关系的不是法律的强制力，而是共同的义务和机会。马狮公司则把它与供应商的关系看成道德上的约束，而不需要法律合同。实际情况表明，马狮公司的供应商几乎没有变动，其中一些供应商和马狮公司的合作已经有100多年了。这些例子表明，用道德（非合同形式）来替代法律（合同），是当代企业和供应链中的伙伴发展信任关系的一大趋势。

2）供应链企业信息共享

所谓信息共享（information sharing）就是供应链中合作伙伴之间共同拥有知识或行动，使供应链成员之间的供需信息可以无缝（seam less）、流畅地在供应链中传递，从而令整个供应链能与顾客的需求步调一致，形成更为合理的供应关系，适应复杂多变的市场环境要求。一般而言，共享的信息至少应包括库存信息、可供销售量信息、订单信息、能力信息、计划信息、最终顾客的需求信息和货物运输状态信息7类。库存信息是供应链伙伴间最愿意共享的数据。为了保证物流畅通，供应链成员都特别强调仓库管理。供应链企业拥有一个总的库存空间，共享库存信息能够在保证企业间不产生安全库存重复或货物脱销的情况下降低供应链总体库存水平，减少库存成本。另

① MAREK K.The Political Economy of Trust［J］. Journal of Management Studies，2000，（1）37：1.

外，供应链上游企业如果能共享和跟踪下游企业的库存信息，就可以根据下游企业的库存变动及时调整自己的采购或制造计划，进而控制库存情况，防止反应迟钝或反应过激。各个环节的可供销售量是缓解突发需求的有效资源，可供销售信息的共享，能真正反映最终顾客的真实需求，防止需求放大导致的供应链上游企业与市场需求的脱节，并有助于供应链各个成员企业对突发需求做出正确的应对。订单信息共享，有助于合作伙伴查询订单的执行状态，便于对延期的订单及早采取措施，保证供应链的服务水平，缩短付款周期，而且便于发现货物究竟是在哪一个节点被耽误，从而有助于提出针对性较强的改善措施。能力信息包括供应商供货能力信息、制造商生产能力信息、分销商运输能力信息、零售商销售能力信息等，这些能力信息都将直接影响供应链的前置期。能力信息共享有利于减缓潜在的短缺博弈行为，使供应链伙伴能够配合并共同减缓可能的匮乏，共渡市场需求变化的高峰或低谷。计划信息共享确保了供应链成员之间供需关系的平衡以及生产、发货计划的协调一致。最终顾客的需求信息是供应链反应源，供应链的每个成员都需要将最终顾客的需求转化为自己计划的依据，与其他成员协调，共同做出预测并分担风险，最终顾客的需求信息的共享有助于供应链成员实现供应链整体目标。货物运输状态信息的共享，减少了物流活动不确定性的消极影响。图 10-7 描述了实现信息共享的供应链。

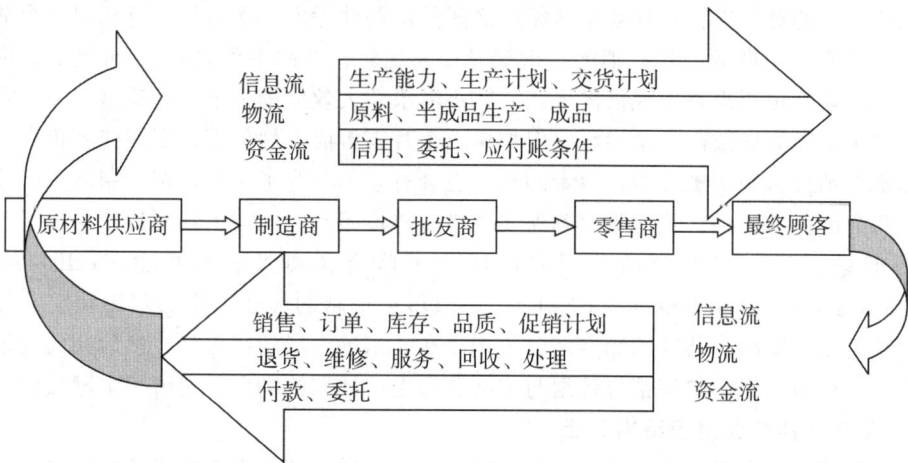

图 10-7　实现信息共享的供应链

一般来说，供应链企业信息共享系统有以下 3 种模式：

（1）信息传递模式。这种模式起源于 EDI 的交易方式，将 EDI 向供应链的上下游扩展，就可以在供应链中分享信息，如 POS 和库存数据等信息。目前，此模式在 UPS、SEJ、VMI 和 QF 中已得到了广泛应用。

（2）第三方模式。该模式是由供应链中合作伙伴企业以外的第三方企业搜集信息、保存信息，为整个供应链上的企业提供信息服务，以及为整个交易过程提供服务的模式。比如 Instill（www.instill.com），它是食物服务提供商和食物分销商的电子界面。供应链上的成员（食物服务提供商）可以浏览 Instill 系统的目录，并在系统上订购，然后 Instill 就将此信息传给分销商。第三方企业管理着整个商业循环过程，还提供诸如会计、销售信息服务分析、订单追踪、折扣追踪、特别销售提示和促销活动等数据，用来分析并确定它们的库存水平，管理控制它们的生产企业[①]。

（3）信息中心模式。该模式主要通过一个虚拟信息系统平台，使供应链合作伙伴实现信息的共享。与第三方信息共享方式相比，信息中心提供全方位的信息服务，包括会计、库存平衡、支付、目录管理、信用评定等服务。

企业借助现代信息技术，通过以上3种模式，实现信息的最大共享，可以有效规避信息风险，减少委托代理问题，实现供应链企业间的有效合作，使整条供应链的效率最大。

3）供应链企业的同步决策

同步决策（decision synchronization）可以被定义为供应链成员为实现供应链利润的优化而在计划与运营等方面的联合决策[②]，在选择目标市场、产品组合、顾客服务水平、促销和预测等长期计划上的联合决策，以及协同物流配送、联合库存管理和自动补货等。以联合库存管理为例，这是一种基于协调中心的联合库存管理模式。从纯粹的供应链整合理论来看，在把产品从制造商运送到零售商的过程中，库存环节越少越好。如果把制造商库存和分销商库存结合成为产销联合库存，对其进行统一管理，将大大减少库存。联合库存管理强调各个节点企业同时参与，共同制订库存计划，使供应链上的每个库存管理者都从相互之间的协调性考虑，保持供应链相邻两个节点的库存对需求预期的一致，消除需求变异放大现象，抑制牛鞭效应[③]。再比如，供应链成员的联合预测也是实现供需平衡、减小需求放大效应的一个重要策略。一般零售商的促销活动会导致需求量大增，但如果下个月零售商不做促销，则即使零售商与制造商都有销售量的历史数据，两者的预测也会有差异。为了实现协调，制造商必须了解零售商的促销计划，关键是要确保整条供应链按照共同的需求预测运营。为了解决这一问题，沃尔玛和宝洁公司共同成立了联合预测及补给协会（collaborative forecasting and replenishments，CFAR），并取得了卓越的成效。由沃尔玛和宝洁公司管理层组成的团队，共同预测宝洁公司产品在沃尔玛商场的销售量，然后共同规划补给策略，从而确保沃尔玛销售计划与宝洁公司生产计划的吻合，缓解了牛鞭效应。

4）供应链企业组织结构变迁

传统的企业组织结构是依据职能来区分的，这样在获得专业化优势的同时，也必然造成本位主义和信息传递的失真问题。正如前面曾分析过的，传统的企业组织模式已成为供应链协作的一大障碍。在渠道竞争日趋激烈的市场环境下，企业必须更快速地响应上下游客户的需要，有效整合各职能部门的营运，以程序式的操作系统来运作。只有通过程序化的整合，供应链协作体系才能得到完善，整个供应链体系才能得以发展，物流产业才能配合其他企业商流发展的需要，不断开发出创新的增值性服务

① 杨红芬，等. 供应链管理中的信息风险及对策分析 [J]. 商贸经济，2002（6）：19-20.
② SIMATUPANG，SRIDHARAN.The Collaborative Supply Chain：A Scheme for Information Sharing and Incentive Alignment [J]. International Journal of Logistics Management，2002，13（2）：15-30.
③ 所谓牛鞭效应（bullwhip effect），是指需求信息从供应链下游向上游传递的过程中呈现变动程度逐渐增大的现象，也就是说，当供应链上每一级节点的企业只根据相邻节点企业的需求信息确定自己的采购计划和库存并进行生产时，需求信息的不真实性会沿着供应链逆流而上，产生逐级放大的现象。结果，到达最源头的原材料供应商时，其获得的需求信息和实际消费市场中最终顾客的需求信息发生了很大的偏差，供应链两端需求信息总体偏差的量级要比其间相邻两级节点的偏差量级大得多。

项目，形成更专业化的物流服务能力。[①]

10.5 互联网背景下供应链的优化与发展

10.5.1 大数据及人工智能在供应链管理中的应用

1）大数据的内涵及特点

大数据又被称为巨量数据，是指无法在一定时间范围内使用常规软件工具进行捕捉、管理和处理的数据集合，是需要新处理模式才能具有更强的决策力、洞察发现力和流程优化能力的海量、高增长率和多样化的信息资产。

大数据具有以下几方面的特点：

（1）数据量庞大。大数据，顾名思义就是包含大量数字信息的系统集合，信息量越大，其中包含的有用信息越多，即背后的价值越高。

（2）应用广泛性。大数据的使用范围几乎没有限制，不限于某一单一行业，各行各业都在使用大数据做信息分析。

（3）效率高。在信息爆炸式增长的时代，大数据能够高效地分析海量数据，并得出数据背后的重要信息，提高供应链管理运作效率，推动企业发展。

（4）时代性强。大数据是时代发展的产物。在大时代背景下，数据呈现出变化多端、形态多样的特征，大数据则随着时代的变化而不断发展完善。

2）供应链管理与大数据融合

大数据分析的应用贯穿于供应链从原料来源到售后服务的全过程。目前为我们所熟知的应用集中在市场开发方面，处于领先地位的应用表现在市场开发的智能应用方面。同时，在物流配送领域，大数据分析一直应用于常规的运输管理与车辆调度方面；在供应链的运营方面，从库存和劳动力配置着手，应用大数据优化整个供应链的运作。虽然在物流和运营方面的大数据分析应用落后于市场开发中的应用，但也处于高速发展中。积极运用新一代的运算方法推动数据分析向复杂化和深入化发展，可以充分挖掘大数据尚未开发的潜能。大数据应用分析也越来越多地应用于供应商划分、运营风险评估与信息来源协商等工作流程中，并且被认为是未来几年最有前途的应用领域，[②]如图10-8所示。

由此可见，企业的发展与大数据的运用存在着密切的内在联系。以大数据为核心驱动力的供应链管理模式，在供应链上从需求、采购、生产、配送、销售各环节到对供应商、生产商、分销商、零售商以及最终消费者各成员通过对大数据的运用进行监控、分析、反馈，对供应链全局进行掌控，以提升供应链运营的有效性，有效减少供应链成本，并实现从历史数据决策向即时数据决策的推进。大数据在供应链的应用并不是简单地将企业状态、交易过程、资源运用等数据可视化，而是通过有效的数据配置和管理，对数据资源深入发掘，并充分运用到企业经营决策与实施中，通过获取有

① 薛凯. 浅析传统物流管理向现代供应链管理模式转变［J］. 商场现代化，2017（4）：68-69.
② 官志华. 大数据分析在供应链管理中的应用［J］. 物流技术，2017，36（9）：132-135.

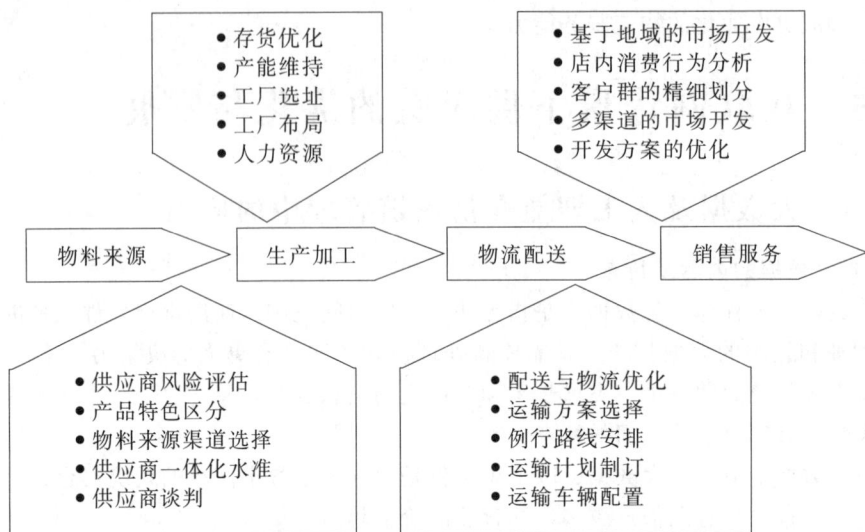

图 10-8　大数据在供应链管理中应用领域

价值的数据加快供应链上各环节的运营节奏，提高供应链整体的响应速度，以推动供应链成为企业发展的核心竞争力，并提升供应链自身价值，形成智慧型供应链。[①]

3）大数据运用对供应链管理的价值提升

随着互联网的发展和云时代的到来以及对数据资源不断地发掘与利用，大数据已经不再被单纯地理解为数据量的庞大，而是被更广泛地定义为在规模数据基础上对数据的深层次利用。企业通过对海量数据的分析，深度挖掘数据的信息价值，发挥大数据在企业经营管理、交易模式创新方面的优势，为企业提供科学的决策支持。大数据的应用已经成为引领现代企业科学管理和经营的"指南针"。电子化供应链管理推进了供应链与网络一体化发展的进程，但是，随着供应链之间业务环节和内容的复杂化程度不断加深，企业对供应链管理在信息处理质量、市场业务开拓、合作伙伴选择、商业运作模式上提出更高的要求，将大数据引入供应链管理，从供应链上游到下游全程协同数据，运用云计算对数据进行获取、跟踪、预测、分析，形成低成本、高质量的可靠信息，发挥数据的最大价值。

（1）协同企业核心业务，紧密整合供应链。供应链管理的能力是企业降低成本的新利润源泉，将大数据分析应用于供应链中各成员企业的核心业务环节，从研发环节的新产品设计与开发，供应环节的供应商选择与原材料采购，生产环节的产品制造与流程管理，销售环节的市场细分与定位选择，物流环节的仓储管理与运输调配，客户管理环节的客户信息反馈与跟踪等节点，通过大数据推升效率，进行诸如信息采集、生产组织、物流调控、客户跟踪等业务活动，达到敏捷反应，提升协同效应，实现对供应链各环节的紧密整合。

（2）有效控制成本，改进决策。依据供应链管理关注技术和流程的集成，重视高效利用供应链的各种资源、技术、工具，实现综合效益，而不仅仅是获得单项效益。

---

① 巩家婧，宁云才，张公鹏. 大数据时代物流企业供应链管理运作模式与优化路径［J］. 企业经济，2019（5）：80-84.

通过对大数据的分析，关注全局数据源，保持市场同步性，达到降低经营成本的目的。供应链的大数据应用以低成本对企业内部及外部大量数据进行搜集，作为分析基础，挖掘数据隐蔽价值，为企业拓展业务机遇，实现企业经营决策由历史数据简单预测向即时数据理性分析的转变。同时，实现供应链整体数据资源可视化、需求计划同步化、风险管理可控化的效益回报。①

（3）合理部署资源，驱动智慧供应链。供应链管理的繁复程度不断加深，带来了越发庞大的数据量，企业需要整合并优化在供应、生产、销售、物流等一系列环节的信息，改善供应链上下游关系，以获得竞争优势。运用大数据技术、互联网技术、智能化技术进一步抓取、加工、处理、分析复杂数据中的关键信息，突出供应链管理的差异化，在资源获取、需求预测、产品设计、库存控制、渠道规划、客户分析、风险预警等方面，形成智慧数据，合理部署资源，推动数据融合，打造智慧型供应链，发挥大数据的核心价值。在数据加速运转的当下，大数据在供应链管理中蕴藏着巨大的潜力，对大数据合理的挖掘、分析、管理、应用，有利于创建个性化市场、优化企业流程、打造智能产品，实现供应链整体价值，巩固供应链的核心网链地位，锁定企业竞争优势的战略高地。供应链管理有效协同大数据技术，将进一步拓展未来企业价值空间。②

4）人工智能概述

人工智能是研究、开发用于模拟、延伸和扩展人的智能的理论、方法、技术及应用系统的一门新的技术科学，是计算机科学的一个分支，它试图了解智能的实质，并生产出一种新的能以人类智能相似的方式做出反应的智能机器。该领域的研究包括机器人、语言识别、图像识别、自然语言处理和专家系统等。人工智能从诞生以来，理论和技术日益成熟，应用领域也不断扩大。未来人工智能带来的科技产品，将是人类智慧的"容器"。人工智能可以对人的意识、思维的信息过程进行模拟。人工智能虽然不是人的智能，但能像人那样思考，也可能超过人的智能。③

5）人工智能在供应链管理中的应用

（1）流程化工作将被人工智能取代。供应链中的订单监控、付款等流程化工作甚至询比价、招投标都将被人工智能取代。采购员将从烦琐的事务性工作中解放出来，采购管理效率将大幅提高。

（2）生产运作将更加智能。通过深度学习和物联网信息的获得，生产运作将智能化，任何一个环节的计划调整将迅速传递到整个信息化系统，并进行相应调整。整个企业运作情况可以做到一目了然，配合"机器换人"工程，生产运作中人的参与度将下降甚至达到"黑匣子"的境界，一个指令，产品自动被生产出来，智能化将应用到生产的各个环节。④

（3）人工智能引领智慧供应链创新。供应链融入人工智能的一系列技术使之转化为现代供应链，进而为智慧供应链创新提供技术支持。人工智能技术应用过程相对透

① 成栋，陈思洁. 供应链管理中的大数据运用［J］. 现代管理科学，2017（8）：9-11.
② 王娟. 大数据应用对供应链管理价值提升的分析与研究［J］. 物流科技，2016，39（2）：131-132.
③ 张宏涛. 人工智能、大数据和云计算的融合［J］. 电脑知识与技术，2018，14（8）：180-181.
④ 田盛丰. 人工智能原理与应用［M］. 北京：北京理工大学出版社，1994.

明，只有需要且必须了解人工智能技术工作过程的相关工作人员才可进行查看。人工智能在历史数据支撑下形成，因此相对于传统的数据处理，此种技术使数据的覆盖面更广，所分析出来的结果更加符合实际且更加全面。将人工智能的决策机制应用于智慧供应链中，即表明在智慧供应链各个环节借助人工智能技术进行数据的搜集、模拟以及决策。使用人工智能技术有利于智慧供应链的构建及创新，使智慧供应链各环节达到实时进行选择和控制的管理水平。

10.5.2　云计算及物联网下的供应链管理

1）云计算概述

从 IT 的角度来看，云计算就是一个 IT 平台，体现了一种全新的业务管理模式，提供以互联网为基础的软件服务，其最重要、最核心的理念是用户不需要使用自己电脑里的软件，而是利用包含移动互联网在内的网络系统，通过电脑浏览器或手机 APP 客户端，访问存储在外部机器上的软件，完成所需要的工作。云计算的体系结构包括硬件平台、云平台和云服务三个层次，除了应用软件层，还包含硬件、系统软件等。

2）物联网概述

互联网的飞速发展，为物联网的产生奠定了基础，在广义范围上实现实时通信和数据共享。物联网的技术架构可以分为感知层、网络层和应用层。物联网通过给物体和产品安装标签，并将其充分接入互联网系统，以实现追踪产品运动轨迹、搜集各类型数据、处理数据信息获得更丰富信息知识的目的。物联网系统不仅可以将人类与机器智能相连接，帮助我们理解事物之间的运动意义，辨识和预测各种因果关系，还能在无人工监督的情况下自动运行甚至通过改变基础算法，提升智能水平。[①]

3）云计算及物联网对供应链管理的价值

供应链管理在经济全球化和信息技术革命的推动下始终保持着变化和发展的态势，云计算技术不仅可以低成本、高质量地搜集多种海量信息，促进商业运营模式和管理方法的创新，还以其简单、快捷、高效的本质改变了供应链的服务方式，提高了供应链管理的灵活性，使企业能够及时对供应链整体规划进行预测和分析，提升物流周转速度，使库存水平趋于合理化，提高客户满意度等。

物联网技术产生后，迅速与企业供应链管理融合起来，高效、快捷地帮助供应链管理人员准确地对在供应链中流动的任何一件物品进行追踪和定位，极大程度上实现了供应链管理的透明性。同时，物联网技术还主要应用在产品的生产制造、库存管理、产品分销等不同环节，并对这些环节进行优化，大大降低了企业在人力、库存、运输等环节的成本和费用，使企业得以缩短决策时间，提高决策的合理性和供应链的整体效率，从而提升企业的市场竞争力。

4）云计算及物联网在供应链管理中的应用

供应链管理中使用物联网技术主要起到对产品进行实时跟踪，提高处理效率的作用；云计算技术则主要对物联网技术使用过程中搜集到的海量信息进行存储和处理。

---

① 王伟. 供应链信息化建设的发展趋势［J］. 现代国企研究，2017（9）：157.

在生产制造环节，云计算和物联网技术的广泛应用，使半成品、零部件、原材料等物资从供应链的生产环节开始，都会被贴上 RFID 标签，而每个 RFID 标签都有其唯一的 EPC 编码，这样就可以使每个 EPC 编码所携带的产品信息存储在云端的数据库内，通过查找产品数据库，就能够确定产品各个零件的来源、生产加工过程，既可以高效追溯不合格产品，还能有效预防虚假产品的流通，加强对产品质量的监督和控制。在计划采购环节，公共云的使用能够增加供应链的共享数据，通过直接搜集数据的方式，更科学、准确、清晰地对用户进行需求分析，及时、迅速地满足客户的个性化需求，从而对产品需求做出相应预测，在有效降低供应链管理中常见的"牛鞭效应"影响的同时，加强生产厂家和销售商在制订销售计划、补货计划时的供应链协调性及整体性。在运输配送环节，根据产品 RFID 标签选择相应的运输车辆，车辆离开配送中心时，会经过阅读器读取和确认车辆上的货物信息，根据货物标签显示的地域编码，确定配送距离的远近，并统筹规划、合理安排车辆的行驶路线；车辆行驶在途时，可以采用 GPS 或路线关键点上安装的 RFID 接收转发装置进行定位，确认货物的位置，所有货物的流向信息，将通过网络实时上传至信息中心，以此预测运达时间。在库存管理环节，通过适时补货可以改进零售商的库存管理，对运输和库存进行有效跟踪，贴有标签的商品所包含的产品信息及流动信息在自动识别系统识别后将被自动搜集。消费者可以利用商品识别标签了解商品生产的全过程。企业可以对消费者的使用情况进行跟踪，尤其对使用时产生的问题进行追溯，发现产生问题的根源并及时改进，以此提高客户服务水平，进一步占领销售市场。在供应链信息传递方面，供应链运行过程中的所有信息及时通过信息共享平台、RFID、GPS 等技术的应用，实现自动采集和共享，有效提升供应链信息的透明性、完整性。供应链中涉及的所有企业能够通过信息共享平台查询自身所需要的信息，最终用户也可以随时查询所需的产品信息，提高信息传递的流畅性。[①]

10.6　区块链技术在供应链中的应用

10.6.1　区块链技术概述

1）区块链技术的定义

区块链最初产生于比特币交易系统，是一种把区块以链的方式组合在一起的数据结构。每一个数据块中包含一次网络交易信息，用于验证其信息的有效性（防伪）和生成下一个区块。区块链技术是将加密算法、P2P 文件传输等多种现有技术整合，通过去中心化和去信任的方式集体维护一个数据库，实现数据信息的分布式记录与分布式存储。

2）区块链技术的分类

根据适用范围和节点权限，区块链可分为三类：

（1）公有区块链。这是最早的也是目前应用最广泛的区块链，任何人都可以参与其共识过程，比特币正是基于该区块链。

（2）私有区块链。仅使用区块链的总账技术记账，可以是一个公司，也可以是个人，独享该区块链的写入权限。

（3）联盟区块链。由某个群体内部指定多个预选的节点为记账人，其他接入节点可以参与交易，但不过问记账过程。目前，保险业对联盟区块链关注度最高。

3）区块链技术的特点

区块链技术具有去中心化、不可篡改、共识机制和安全可信等特点，其应用已从单一的金融领域应用拓展到经济社会的各领域。区块链技术的特点如下：

（1）去中心化。区块链数据的存储、验证和记账等过程均采用可信任的具有分布式存储功能的系统结构，这样可以省去中介结构造成的大量的成本消耗。同时，区块链技术并不是由中心机构建立节点间的信任关系，而是以数学方法为基础进行计算的方式，以此便形成了可信任的系统结构。

（2）不可篡改。区块链技术为数据增添了时间维度，区块链中的数据区块是以时间顺序进行存储的，构成不可篡改的数据链条，具有极强的可追溯及可验证性，所有交易行为都因"时间戳"的存在而贴上了一套不可篡改的真实数据。

（3）共识机制。区块链基于特定的共识算法来使分布式系统中各节点均可验证区块数据，从而解决节点间的信任关系，这既提升了认证的准确性，也提升了数据的透明公开性。[①]

（4）安全可信。区块链技术采用非对称加密技术对原始数据进行加密处理，其参与节点账户的身份信息是经过加密处理的，能够实现对个人用户隐私的保护，既实现了数据的透明公开性，也对用户信息的安全做出了保证。[②]

10.6.2　传统供应链在信息管理过程中存在的瓶颈

1）核心企业的管理跨度大，沟通信息不对称且有延迟，技术风险大

供应链物流涉及企业众多，管理跨度较大，存在第三方不能或者不愿意及时全面地和上下游分享信息的情况，由此信息不对称造成信息孤岛现象，相关企业无法实时掌控物流货物的流通情况，给供应链的信息整合增加了难度。而且，随着市场不断细分，供应商遍布全球，其数量在不断增加，产品的生产和供应流程也变得更加复杂，信息不对称会增加供应链物流各环节的时间成本和管理成本，导致整个供应链市场的效率降低。由此，供应链物流行业需要一种新兴技术来解决主体间信息不对称的问题。

2）供应链缺少价值认证体系，信息追根溯源能力弱

由于供应链物流各环节作业流程愈发复杂，企业之间又缺少透明度，因此买卖双方缺少一种有效可靠的方法去验证交易商品的真正价值及优劣。这说明商品的标价其实并不能真实地反映商品的价值，信息不对称造成买方只能成为价格的被动接受者。

① 鲁维维. 区块链技术在供应链管理中的应用研究［J］. 当代经济, 2017（29）: 98-99.
② 黄成成, 叶春森, 王雪轩, 等. 智慧供应链体系构建研究［J］. 价值工程, 2018, 37（23）: 121-123.

而目前的供应链物流无法追踪假冒伪劣商品、偷工减料、洗钱等非法活动的源头并落实到供应链具体环节，信息的追根溯源能力比较弱，无法为客户鉴定商品的真正价值。由此，区块链技术的可追溯性和防伪功能在供应链物流中具有广阔的应用前景。

3）供应链信息数据割裂，获取信息难度大

传统的供应链物流中各主体的信息是分散的，采购、生产、销售、物流等数据信息也是割裂的，没有一个平台来对这些信息进行系统的存储、处理、共享和分析，既浪费了丰富的数据资源，又使大量的信息处于无法搜集或访问的状态，同时也导致这些信息数据安全性无法得到保障，供应链全链条上涉及的所有信息包括客户隐私均存在安全隐患。由此，供应链物流领域需要利用区块链技术来保障链条上的信息安全性。①

10.6.3　区块链技术在供应链优化发展中的应用

区块链技术从本质上说是一种去中心化、难篡改、可追溯、多方共同维护的分布式数据库技术。其核心在于通过计算机技术手段，创造一种多方信任机制，形成可靠的组织关系。行业普遍认同区块链适用于具有多方参与、共同协作的应用场景，促进跨机构、跨个体、跨地域系统的运作，降低维护成本。着眼于供应链管理，从整体来看，供应链是一个具有整体性功能的网链式结构，但从个体而言，供应链却是一个松散型、开放性的组织，包含了相互独立、具有独立决策能力的多类成员。因此，本质上供应链是一种具有复杂业务逻辑的、多方参与、共同协作的组织结构，区块链与供应链的结合势必为现有供应链管理提供新的可行方案。②

1）整合并实时反映信息动态，多方参与，共同维护

无论是以核心企业为主体的供应链或以经销商为主体的供应链，任何供应链模式都需要多种角色共同参与，共同维护。区块链可以搭建一个包含供应商、制造商、分销商、零售商、物流等所有供应链环节的平台，在这个平台上所有企业结成联盟，将物流、信息流、资金流都记录在链条上，实时跟踪、监管供应链所有动态，并实现协同化工作。这样，核心企业就可以穿透性地掌握所有供应链的生产、质量、物流等信息情况，使得整个供应链达到透明化、可视化，遇到突发事件可以快速定位并做出回应。以联盟链形式为例，不再单独由核心企业作为供应链发起者，而是由一个联盟共同发起，联盟成员作为区块链网络的创世者，通过投票、选举等方式动态管理成员并分配对应权限。联盟成员共同参与、互相监督，避免了供应链的单方控制，在提高联盟凝聚力的同时降低了核心企业单方的维护成本。利用区块链去中心化的特点，在供应链系统中，每一个参与者都是独立的个体，对应到区块链中的独立节点，共同维护区块链（供应链）网络。在供应链信息透明化后，企业的采购成本和库存成本可随之降低，财账审计也更加简洁。结合物联网技术，区块链还可以实现强大的物流信息共享，协调物流活动，如共享仓库闲置空间信息，安排集装箱装运和优化车队运输调度。制造商和零售商也能显著提高需求预测的准确性和库存的补给能力。

---

① 张盟，李成玉，朱明桐. 区块链技术在供应链管理的应用［J］. 中国储运，2019（7）：103-104.
② 王微，闫国东. 区块链在供应链物流中的应用分析［J］. 物流科技，2018，41（12）：122-128.

2）共享账本，增强产品防伪溯源能力，保障产品品质

区块链转变了信息拥有模式，从单一所有者拥有信息转变为所有参与者共享交易的整个生命周期的账本信息，它是基于信息的状态而不是信息的传递通信，过去模糊的信息现在都清晰可见。同时，区块链是分类账公开发行，具有分散式的结构特点，任何一方都不拥有分类账的所有权，也不能按自己的意愿来随意操控数据。交易加密进行并具有不可改变性决定了区块链基本上是无法破解、篡改的，这样便能将产品追溯到所用原料的任一阶段。另外，区块链也加快了对突发事件的应对速度。错综复杂的供应链网络，让供应链监管成为难题，不法分子有机可乘，"毒奶粉""毒疫苗"事件为供应链管理敲响了警钟。区块链是按照时间戳先后顺序排列的链式结构，区块之间相互联系、相互校验，一旦写入无法更改。将区块链技术与供应链中的物联网技术相结合，减少流通环节中的人工参与，将信息通过物联网设备直接记录于链上，一旦问题发生，区块链就可以对商品生产的全过程进行溯源，几分钟内便能确定在哪个环节出现问题，从而做出是否召回的决策，为产品溯源、问题追责提供了便捷。同时，在工业品的召回过程中，区块链的共享账本特性可以具体找出出现问题的具体批次，避免大范围地全面召回。

3）打通数据孤岛，数据透明，管理高效

数据采集是供应链管理至关重要的环节，高效的管理方案需要建立在全链条数据完整获取的基础之上。但供应链中数据不公开，数据受单方控制，信息不对称等现象普遍存在。由于区块链具有开放透明、去中心化、不可篡改、可追溯等特点，适合多方参与搭建信息共享平台，帮助实现供应链信息数据的公开化、民主化，将分散割裂的数据库连成网络，还能通过加密算法来保护供应链上各企业的隐私信息。使用区块链技术，让所有参与者的操作直接记录于链上，在权限范围内，链上数据相互共享、公开透明。数据的共享让供应链管理更加透明，有利于全链条信息资源整合，对市场行情产生真实的反映，杜绝虚假信息传递，提升企业公信力。此外，由于区块链打破了各家企业的数据孤岛，因此基于供应链的大数据将会有更多的数据源，这大大提高了数据的存量和质量，使得大数据可以更好地发挥作用。同时，区块链数据的不可篡改性也提升了数据的可信性，使得企业以数据征信成为可能，由此推动大数据交易市场的建立和繁荣。①

4）构建智能合约，提高物流效率

区块链技术可编程的智能合约可以实现合约的自动填写并自动执行，无须人工介入，而且区块链的分布式"记账原理"也可以保障合约的公正透明。因此，区块链技术可以实现交付款合约在订单或交易完成后自动执行，避免了客户由于各种原因拖付款的现象。基于此原理，供应链物流的一系列需要合约保障的环节都可以用到智能合约，在最终端的客户收货行为产生的同时，供货商和中间商都可以同步获得交易信息，并实现相关合同的自动填写，如退换货智能合约、折扣积分智能合约、保险智能合约、税收智能合约、商品质检智能合约等。由此，供应链上的所有主体都能同步获

---

① 陈艺文. 基于区块链的供应链管理系统设计与实现 [J]. 现代计算机：专业版，2019（3）：86-90.

得信息，从而及时进行相应的处理并进行下一步的活动，大量节省了时间成本和管理成本，提高了物流效率。

本章小结

供应链管理是用系统的观点通过对供应链中的物流、信息流和资金流进行设计、规划、控制与优化，以寻求建立供、产、销企业以及客户间的战略合作伙伴关系，最大限度地减少内耗与浪费，实现供应链整体效率的最优化并保证供应链成员取得相应的绩效和利益，来满足顾客需求的整个管理过程。

供应链管理与传统物流管理的区别，主要表现在以下方面：供应链管理超越了传统物流管理；供应链管理更注重合作与信任；供应链管理与物流管理目标不同；供应链管理与物流管理绩效评价方法不同。实施供应链管理的意义包括：降低物流费用；降低交易费用；提高物流效率；提高服务质量，刺激消费需求；形成企业关系能力，提高企业社会资本。

供应链管理的基本原则包括：根据客户服务需求的差异来划分客户群；根据客户需求和企业可获利情况，设计企业的后勤网络；倾听市场的需求信息，统一整个供应链的需求计划；采取时间延迟策略；与供应商建立战略联盟；构建供应链信息技术支撑体系；遵从共同的标准和规范。

供应链管理的方法包括快速反应系统、有效消费者回应系统和企业资源计划系统等。供应链管理的程序包括：分析市场竞争环境，识别市场机会；分析顾客价值；确定竞争战略；分析本企业的核心竞争力；评估、选择合作伙伴；供应链企业运作；绩效评估；反馈和学习。

供应链协作关系是指在一定时期内，供应链上有相互联系的企业之间，通过共享信息、共担风险、共享收益而建立起来的一种契约关系。这种协作关系也表现为一种委托代理关系。供应链协作需要解决的关键问题包括供应链利益协调机制、供应链企业信息共享、供应链企业的同步决策以及供应链企业组织结构变迁。

互联网背景下供应链的优化与发展是指大数据、人工智能、云计算及物联网等现代信息技术在供应链升级优化方面的应用。随着大数据、人工智能、云计算及物联网等新技术的发展和应用，供应链信息化建设进入一个崭新时代，利用现代信息技术构建智慧供应链是供应链的发展趋势。信息化建设发展趋势为信息网、物联网的两网融合，大数据的深度挖掘、人工智能的广泛应用。信息化已经深入到供应链管理的方方面面，信息化水平也成为衡量供应链管理能力的重要方面。大数据、人工智能、物联网等新技术、新思路的提出，影响企业管理的转变，也为供应链信息化建设提供了新的方向和维度。

区块链技术从本质上说是一种去中心化、不可篡改、可追溯、多方共同维护的分布式数据库技术。其核心在于通过计算机技术手段，创造一种多方信任机制，形成可靠的组织关系。区块链适用多方参与、共同协作的应用场景，促进跨机构、跨个体、跨地域系统的运作，降低维护成本。着眼于供应链管理，从整体来看，供应链是一个具有整体性功能的网链式结构，但从个体而言，供应链却是一个松散型、开放性的组织，包含了相互独立、具有独立决策能力的多类成员。因此，本质上供应链是一种具有复杂业务逻辑的、多方参与、共同协作的组织结构，区块链与供应链的结合势必为现有供应链管理提供新的可行方案。

本章案例

华为供应链管理细则：每一招都为活下去

1) 华为公司概述

华为技术有限公司（简称华为）是一家生产、销售通信设备的民营通信科技公司，于1987年正式注册成立，总部位于中国广东省深圳市龙岗区坂田华为基地。华为是全球领先的信息与通信技术（ICT）解决方案供应商，坚持稳健经营、持续创新、开放合作，在电信运营商、企业、终端和云计算等领域构筑了端到端的解决方案优势，为运营商客户、企业客户和消费者提供有竞争力的ICT解决方案、产品和服务，并致力于构建更美好的全联接世界。

2) 华为公司供应链管理细则

华为《2018年可持续发展报告》中披露了华为可持续发展管理体系，以及聚焦数字包容、安全可信、绿色环保、和谐生态四大可持续发展战略，此外，还有华为在"供应商管理"及"业务连续性"方面的政策与方案。

（1）供应商管理

华为将可持续发展作为采购质量优先战略的重要组成部分，提升可持续发展在供应商认证、绩效评估和采购决策等环节的权重，深化与客户、供应商和行业组织的合作，通过采购业务牵引供应商可持续发展，组织供应商同行对标学习，提升可持续发展管理能力，降低供应风险，提升客户满意度和供应链竞争力。华为对所有新供应商进行可持续发展体系认证，评估供应商遵守法律法规和可持续发展协议的能力和水平，可持续发展体系认证不通过的供应商无法成为合格供应商。对占采购金额90%以上的供应商进行年度关注度分级，划分为高、中、低三个等级，确定年度审核供应商清单。2018年，华为对1 183家供应商进行关注度分级，对194家高、中关注度供应商进行现场审核，其中130家供应商由第三方审核机构完成。对于现场审核发现的问题，指导供应商采取CRCPE（Check、Root cause、Correct、Prevent、Evaluate）五步法，通过举一反三识别共性问题，追溯根因，采取有针对性的纠正和预防措施，对标"三化一稳定"持续评估和改善。这些问题将被纳入供应商改善行动要求系统。

华为每年开展供应商可持续发展绩效评估，作为供应商综合绩效的组成部分。2018年，华为将二级供应商列入一级供应商进行可持续发展绩效考核，推动一级供应商参照IPC-1401标准，逐步建立社会责任管理体系，例行评估二级供应商可持续发展表现。供应商绩效分为A、B、C和D四个等级，分别代表优秀、良好、合格和不合格。2018年，华为对1 321家供应商进行了可持续发展绩效评估。华为将供应商可持续发展绩效结果与商务挂钩，在供应商选择、招标和组合管理等阶段使用，可持续发展绩效在综合绩效中的占比为5%～15%。对于绩效好的供应商，在同等条件下提高采购份额，优先提供业务合作机会；对于绩效差的供应商，要求限期整改，减少采购份额或业务合作机会甚至取消合作关系。定期开展供应商培训和辅导，将可持续发展纳入业务战略，降低业务风险，提升运作效率。经过多年的探索，华为提出了一种低成本、高效率的同行对标学习模式：倡导供应商在对标中学习，在竞争中学习，在学习中竞争，提高自身能力。此外，华为还与专业机构合作实施了供应商环境保护、消防安全、职业健康专项提升项目，累计96家供应商受益。供应商通过这些项目，充分识别潜在风险，完善内部管理机制，大幅提升了在环保、消防安全和职业健康领域的专业管理能力。华为将可持续发展视为基本要求，全面融入采购业务战略和流程，提升供应链透明度。华为与客户在供应商管理方面紧密合作，邀请客户现场考察，客户联合开展供应商审核、员工调研和供应商能力提升项目，提升供应链可持续发展管理水平。

（2）在采购、制造等领域建立业务连续性管理体系

在当今高度国际化社会分工的背景下，华为的采购、制造、物流及全球技术服务等业务都不可避免地依赖于与第三方厂商或专业机构的广泛合作，它们的业务中断将直接或间接地对华为的业务和运营结果造成不利影响。经过多年的持续建设，华为已在采购、制造、物流及全球技术服务等领域建立了从供应商到华为、从华为到客户的业务连续性管理（BCM）体系，并通过建立管理组织、流程和搭建IT平台，制订业务连续性计划及突发事件应急预案，开展员工BCM培训及演练，提升各组织BCM意识和应对突发事件的能力，确保对日常业务风险的有效管理。

（3）研发和采购阶段的关键举措

①多元化方案：在新产品设计阶段，从原材料级、单板级、产品级支持多供应方案，避免独家供应或单一地区供应风险，保障产品的可供应性。

②分场景储备：在量产阶段，为应对需求波动和供应行情变化，建立从原材料、半成品到成品的合理安全库存。

③供需能力可视：与供应商深度协同，通过IT系统实现需求预测、采购订单、供应商库存的可视，确保需求的快速传递和供应能力的快速反应。

④战略伙伴关系：建立与核心供应商的战略伙伴关系，优先保障华为供应；与关键供应商签订长期供应保障协议，锁定产能和供应能力，保障瓶颈物料的供应安全。推动供应商建立BCM管理体系，并组织专项审核与改进。

（4）制造、物流、备件方面的关键举措

①制造能力备份：与多家电子制造服务商建立战略伙伴关系，华为和EMS、各EMS之间可相互备份单板制造供应能力；在全球建立了深圳供应中心、欧洲供应中心、拉美供应中心、迪拜供应中心，4个供应中心之间均可相互备份整机制造供应

能力。

②物流运输能力备份：与全球多家主流物流供应商合作，通过设计多样化的运输路线，建立了覆盖全球交付业务的物流运输网络，确保突发事件下可启用备份运输路线，保障物流运输业务的连续性。

③全生命周期备件储备：在产品停产之前，按照市场需求与历史用量滚动进行备件储备；在产品停产之后，按全生命周期预测一次性做足备件储备，确保客户现网设备运行的连续性。

资料来源　无锡采购与供应链管理协会. 华为供应链管理细则：每一招都为活下去［EB/OL］. ［2019-07-14］. http://www.sohu.com/a/326799793_818836.

复习思考题

1.什么是供应链管理？供应链管理与物流管理的区别是什么？

2.简述供应链管理的产生背景与重要价值。

3.供应链管理的主要内容与基本原则是什么？

4.试述供应链管理的主要方法。

5.简要说明供应链管理的基本程序。

6.试析我国供应链企业协作需要解决的关键问题。

7.试析互联网背景下供应链如何优化发展。

8.什么是区块链？区块链有什么特点？

9.试析区块链在供应链管理中的应用。

模拟试卷

一、名词解释（每题3分，共15分）

1.物流管理

2.流通加工

3.物流成本

4.物流战略联盟

5.供应链管理

二、单项选择题（每题1分，共10分）

1.（   ）是指企业主要从事内部物流业务的仓库。

A.自用仓库　　　　B.公共仓库　　　　C.营业仓库　　　　D.保税仓库

2.主要适用于物流管理人员培训与开发的方法是（   ）。

A.讲授法　　　　　B.视听法　　　　　C.操作示范法　　　　D.案例研究法

3.用来衡量缺货的程度或其影响大小的物流服务指标是（   ）。

A.缺货频率　　　　B.缺货比率　　　　C.供应比率　　　　D.供应频率

4.由收缩包装发展而来的包装技术是（   ）。

A.防锈包装　　　　B.拉伸包装　　　　C.充气包装　　　　D.防霉包装

5.MRP的全称是（   ）。

A.物料需求计划　　　　　　　　　B.配送需求计划

C.配送资源计划　　　　　　　　　D.制造资源计划

6.货物从销地或中转地向产地或起运地回流的一种运输现象是（   ）。

A.重复运输　　　　B.迂回运输　　　　C.倒流运输　　　　D.对流运输

7.物流战略是指导企业物流走向未来的行动纲领，以下选项中不是物流战略特征的是（   ）。

A.全局性　　　　　B.长远性　　　　　C.纲领性　　　　　D.基础性

8.世界上最早提出物流概念的国家是（   ）。

A.美国　　　　　　B.日本　　　　　　C.德国　　　　　　D.中国

9.下列选项中不属于装卸搬运工具的是（   ）。

A.叉车　　　　　　B.机械手　　　　　C.起重机　　　　　D.卡车

10.下列物流组织形式中，属于传统物流组织形式的是（   ）。

A.矩阵式组织　　　　　　　　　　B.职能型组织

C.网络组织　　　　　　　　　　　D.任务小组

三、多项选择题（每题2分，共10分）

1.按照物流的空间范围分类，物流可以被分为（   ）。

A.国际物流　　　　　　　B.国内物流　　　　　　　C.区域物流

D.城市物流　　　　　　　E.企业物流

2.物流战略管理由（   ）等阶段构成。

A.物流战略制定　　　　　B.物流战略实施　　　　　C.物流战略控制

D.物流战略组织　　　　　E.物流环境诊断

3.就运输的组织运作而言，（   ）因素对运输来讲是十分重要的。

A.成本　　　　　　　　　B.速度　　　　　　　　　C.一致性

D.安全　　　　　　　　　E.时间

4.从企业物流组织的发展历程来看，企业物流组织大体上经历的发展阶段是（   ）。

A.物流职能分散阶段　　　B.物流职能集合阶段　　　C.物流一体化阶段

D.物流职能分解阶段　　　E.物流组织联盟阶段

5.一般来说，物流成本由（   ）构成。

A.人事费用　　　　　　　B.作业消耗　　　　　　　C.物品损耗

D.利息支出　　　　　　　E.管理费用

四、判断题（每题1分，共10分）

1.所谓物流，实际上就是传统的物资流通的简称。　　　　　　　　　　（　　）

2.任务小组结构是一种传统的物流组织结构。　　　　　　　　　　　　（　　）

3.流通仓库也可称为流通中心。　　　　　　　　　　　　　　　　　　（　　）

4.供应链管理实际上就是传统营销渠道管理的延伸。　　　　　　　　　（　　）

5.物流信息系统是形成企业核心能力的关键。　　　　　　　　　　　　（　　）

6.按照包装在流通中所发挥的作用不同，可以将其划分为工业包装和运输包装。　　　　　　　　　　　　　　　　　　　　　　　　　　　　　　　（　　）

7.物流人力资源的管理主要针对的是物流管理人员。　　　　　　　　　（　　）

8.ABC分类法是一种物流成本管理方法。　　　　　　　　　　　　　　（　　）

9.ERP是企业资源计划的简称。　　　　　　　　　　　　　　　　　　（　　）

10.配送与运输是一回事，都是把货物运送并交付给收货人。　　　　　（　　）

五、简答题（每题4分，共20分）

1.简述传统物流与现代物流的区别。

2.一般来讲，配送中心都具备哪些物流功能？

3.简述降低物流成本的途径。

4.简述物流组织创新的基本内容。

5.简述储存合理化的途径。

六、论述题（每题10分，共20分）

1.论述物流管理的基本内容。

2.试分析我国供应链企业协作的主要障碍及需要解决的关键问题。

七、案例分析题（共15分）

阅读下面的案例资料，然后回答问题。

"大众包餐"是一家提供全方位包餐服务的公司，由上海某大饭店的下岗工人李杨夫妇于1994年创办，如今已经发展成为苏锡常和杭嘉湖地区小有名气的餐饮服务企业之一。"大众包餐"的服务分成两类：递送盒饭和套餐服务。盒饭主要由荤菜、素菜、卤菜、大众汤和普通水果组成。可供顾客选择的菜单为：荤菜6种、素菜10种、卤菜4种、大众汤3种和普通水果3种，还可以定做饮料佐餐。尽管菜单的变化不大，但从年度报表上来看，这项服务的总体需求水平相当稳定，老顾客通常每天会打电话来订购。但由于设施设备的缘故，"大众包餐"会要求顾客们在上午10点前电话预订，以便确保当天递送到位。在套餐服务方面，该公司的核心能力是为企事业单位提供冷餐会、大型聚会，以及一般家庭的家宴和喜庆宴会上所需的各种菜肴和服务。客户所需的各种菜肴和服务可以事先预约，但由于这项服务的季节性很强，又与节假日相关，需求量忽高忽低，有旺季和淡季之分，因此要求顾客提前几周甚至1个月前来预订。大众包餐公司内的设施布局类似于加工车间，有5个工作区域：热制食品工作区、冷菜工作区、卤菜准备区、汤类与水果准备区，以及配餐工作区，此外，还有3间小冷库，供储存冷冻食品，1间大型干货间，供储藏不易变质的物料。设施设备的限制以及食品变质的风险制约了大众包餐公司的发展规模。虽然饮料和水果可以外购，有些店家愿意送货上门，但总体上限制了大众包餐公司提供柔性化服务。李杨夫妇聘用了10名员工：两名厨师和8名食品准备工，旺季时另外雇用一些兼职服务员。包餐行业的竞争是十分激烈的，高质量的食品、可靠的递送、灵活的服务以及低成本的运营等都是求生存、谋发展的根本。近来，大众包餐公司已经开始感觉到来自越来越挑剔的顾客和新进入市场的专业包餐商的竞争压力。顾客们越来越需要菜单的多样化、服务的柔性化，以及响应的及时化。

李杨夫妇最近参加现代物流知识培训班，对准时化运作和第三方物流服务的概念印象很深，认为这些理念正是大众包餐公司要保持其竞争能力所需要的东西。但是他们也感到疑惑，大众包餐公司能否借助第三方的物流服务？

资料来源　佚名. 物流案例分析［EB/OL］.［2010-08-01］. https://wenku.baidu.com/view/88ce7660ddccda38376bafeb.html.

问题：

（1）大众包餐公司的经营活动可否引入第三方物流服务？请说明理由。

（2）大众包餐公司实施准时化服务有无困难？

（3）在引入第三方物流服务时你会向大众包餐公司提出什么建议？

模拟试卷参考答案

一、名词解释

1.物流管理：物流管理是指为以最低的物流成本达到用户所满意的服务水平，对物流活动进行的计划、组织、协调与控制。

2.流通加工：流通加工是物品在从生产领域向消费领域流动的过程中，根据需要对其施加的包装、分割、计量、分拣、组装、价格贴附、标签贴附、商品检验等简单作业的总称。

3.物流成本：物流成本是指为组织、实施、管理物流活动所发生的各种费用及其物资消耗的货币表现，也就是物品在包装、装卸、运输、储存、流通加工、配送等实体流动过程中所支出的人力、财力和物力的总和。

4.物流战略联盟：物流战略联盟是为了取得比单独从事物流活动更好的效果，企业间形成的相互信任、共担风险、共享收益的物流伙伴关系。

5.供应链管理：供应链管理是用系统的观点通过对供应链中的物流、信息流和资金流进行设计、规划、控制与优化，以寻求建立供、产、销企业以及客户间的战略合作伙伴关系，最大限度地减少内耗与浪费，实现供应链整体效率的最优化并保证供应链成员取得相应的绩效和利益，来满足顾客需求的整个管理过程。

二、单项选择题

1.A 2.D 3.C 4.B 5.A 6.C 7.D 8.A 9.D 10.B

三、多项选择题

1.ABCDE 2.ABC 3.ABC 4.ABC 5.ABCDE

四、判断题

1.× 2.× 3.√ 4.× 5.√ 6.× 7.× 8.× 9.× 10.×

五、简答题

1.简述传统物流与现代物流的区别。

答案要点：（1）传统物流强调物流是由运输、储存、包装、装卸、流通加工、配送、物流信息等要素构成的系统，因此，其重要目标是谋求物流构成要素的系统最佳；现代物流不仅强调物流系统本身的最佳，而且更强调物流系统与生产、销售等整个经营系统的协调与最佳。（2）传统物流更强调销售物流与生产物流；而现代物流则进一步强化了"大物流"的理念。（3）传统物流概念强调的是效率与成本观念；而现代物流概念则强调的是效率、成本与效益的均衡。（4）传统物流认为物流是"内部事务"，其服务对象是组织内部的生产或销售部门；现代物流认为物流是"外部事务"，其服务对象是组织体外的顾客。（5）传统物流认为物流是企业等组织体的"后勤"，因此，如何组织物流是节约成本的"手段"与"策略"；现代物流则认为物流是企业等组织体的"先锋"，因此，如何组织物流不仅是节约成本的"手段"与"策略"，更是扩大销售、增加利润的"战略"。

2.一般来讲，配送中心都具备哪些物流功能？

答案要点：（1）服务功能；（2）集货功能；（3）加工功能；（4）储存功能；（5）分拣功能；（6）装卸功能；（7）送货功能；（8）信息功能。

3.简述降低物流成本的途径。

答案要点：（1）从供应链的视角来降低物流成本；（2）通过优化物流服务来降低物流成本；（3）通过构建高效率的物流系统降低物流成本；（4）通过建立专业化物流子公司或业务外包降低物流成本；（5）通过应用现代信息技术降低物流成本；（6）通过标准化降低物流成本。

4.简述物流组织创新的基本内容。

答案要点：（1）由分散化向一体化转变；（2）由职能化向过程化转变；（3）由垂直化向扁平化转变；（4）由刚性化向柔性化转变；（5）由实体化向虚拟化转变；（6）由单体化向网络化转变。

5.简述储存合理化的途径。

答案要点：（1）实行 ABC 管理；（2）适当集中储存；（3）加快周转速度；（4）实行"先进先出"；（5）提高仓容利用率；（6）采用储存定位系统；（7）采用有效的监测清点方式；（8）采用现代仓储保养技术；（9）采用集装箱、集装袋、托盘等运储装备一体化方式。

六、论述题

1.论述物流管理的基本内容。

答案要点：由于物流活动是由各种基础要素（人、财、物）和活动要素（运输、储存、包装、装卸、流通加工、配送、信息）构成的系统，因此，所谓物流管理也就是对各种物流构成要素进行的系统管理。具体来说，物流管理的基本内容主要包括物流作业管理、物流成本管理、物流战略管理、物流组织与人力资源管理、物流服务管理和供应链管理等。

2.试分析我国供应链企业协作的主要障碍及需要解决的关键问题。

答案要点：（1）市场环境障碍；（2）产业环境障碍；（3）企业组织模式障碍；（4）技术障碍；（5）其他障碍。

七、案例分析题

答案要点：略。

主要参考文献

［1］卡特 R J.仓库管理［M］.陈无忌，译.上海：上海翻译出版公司，1985.

［2］BENJAMIN S B, Logistics Engineering and Management ［M］. New Jersey: Prentice-Hall Inc., 1987.

［3］JOHN J C, EDWARD J B, JOHN C L. The Management of Business Logistics: A Supply Chain Perspective ［M］. St.Paul: West Publishing Company, 1988.

［4］缪瑟. 系统布置设计［M］.柳惠庆，周室屏，译.北京：机械工业出版社，1988.

［5］南川利雄. 仓库经营管理［M］.罗洪群，译.北京：人民交通出版社，1991.

［6］阿保荣司. Logistics ［M］. 东京：中央经济社，1992.

［7］HUTCHINSON N E. Integrated Approach to Logistics Management ［M］. New Jersey: Prentice-Hall Inc., 1992.

［8］NICHOLAS A G, DONALD R H, ROBERT M I.Business Logistics ［M］. New York: Harcourt Brace Jovanovich, 1992.

［9］日经流通新闻. 流通现代史［M］.东京：日本经济新闻社，1993.

［10］JAMES F R, WILLIAM C C.The Logistics Handbook ［M］. New York: The Free Press, 1994.

［11］金若楠，张文杰. 现代综合物流管理［M］.北京：中国铁道出版社，1994.

［12］张军. 现代产权经济学［M］.上海：上海三联书店，1994.

［13］王之泰. 现代物流学［M］.北京：中国物资出版社，1995.

［14］魏大鹏. 丰田生产方式研究：准时化生产方式的技术支撑体系［M］.天津：天津科学技术出版社，1996.

［15］吴清一. 物流学［M］.北京：中国建材工业出版社，1996.

［16］曾祥云. 漫谈供应链管理的主要内容［EB/OL］.［2011-03-09］. http://wenku.baidu.com/.

［17］GATTORNA J L, WALTERS D W.Managing the Supply Chain ［M］. New York: Macmillan Press, 1996.

［18］HARLAND C M. Supply Chain Management: Relationship, Chains and Networks ［J］. British Journal of Management, 1996（3）.

［19］菊池康也. 物流管理论［M］.东京：税务经理协会，1997.

［20］CHRISTIAN B, JAYANTH J. Supply Chain Management: A Strategic Perspective ［J］. International Journal of Logistics Management, 1997, 1（7）.

［21］吴培良，郑明身，王凤彬．组织理论与设计［M］．北京：中国人民大学出版社，1998．

［22］马士华．供应链管理对传统制造模式的挑战［J］．华中理工大学学报：社会科学版，1998（2）．

［23］刘庆元．商业连锁经营和配送中心发展问题研究［M］．大连：东北财经大学出版社，1999．

［24］鲍尔索克斯，克劳斯．物流管理：供应链过程的一体化［M］．林国龙，宋柏，沙梅，译．北京：机械工业出版社，1999．

［25］菊池康也．物流管理［M］．丁立言，译．北京：清华大学出版社，1999．

［26］佩帕德 J，罗兰 P．业务流程再造［M］．高俊山，译．北京：中信出版社，1999．

［27］芮明杰．管理学：现代的观点［M］．上海：上海人民出版社，1999．

［28］戴良铁，伍爱．人力资源管理学［M］．广州：暨南大学出版社，1999．

［29］张一驰．人力资源管理教程［M］．北京：北京大学出版社，1999．

［30］陈国权．供应链管理［J］．中国软科学，1999（10）．

［31］王玲，罗泽涛．现代企业后勤学［M］．北京：经济科学出版社，2000．

［32］宋华，胡左浩．现代物流与供应链管理［M］．北京：经济管理出版社，2000．

［33］谷本谷一．物流：Logistics 的理论与实态［M］．东京：白桃书房，2000．

［34］丁立言，张铎．物流系统工程［M］．北京：清华大学出版社，2000．

［35］张铎．电子商务与物流［M］．北京：清华大学出版社，2000．

［36］利维．供应链设计与管理：概念、战略与案例研究［M］．季建华，邵晓峰，王丰，译．上海：上海远东出版社，2000．

［37］宋远方．供应链管理与信息技术［M］．北京：经济科学出版社，2000．

［38］丁立言，张铎．物流基础［M］．北京：清华大学出版社，2000．

［39］李新春．企业联盟与网络［M］．广州：广东人民出版社，2000．

［40］丁立言，张铎．物流企业管理［M］．北京：清华大学出版社，2000．

［41］廖泉文．人力资源考评系统［M］．济南：山东人民出版社，2000．

［42］史若玲，金延平．工商企业人力资源管理［M］．大连：东北财经大学出版社，2000．

［43］巴克沃．绩效管理［M］．陈舟平，译．北京：中国标准出版社，2000．

［44］胡斌．西方企业物流组织的演变与启示［J］．中国物资流通，2000（4）．

［45］庞美荣．世界企业物流组织的实践与发展［J］．武汉工业学院学报，2000（3）．

［46］马士华．供应链管理［M］．北京：机械工业出版社，2000．

［47］MAREK K.The Political Economy of Trust［J］．Journal of Management Studies，2000，37（1）．

［48］米歇尔．采购与供应管理［M］．张杰，张群，译．北京：机械工业出版

社，2001.

[49] 郝渊晓. 现代物流管理学 [M]. 广州：中山大学出版社，2001.

[50] 朱道立，龚国华，罗齐. 物流和供应链管理 [M]. 上海：复旦大学出版社，2001.

[51] 刘志学. 现代物流手册 [M]. 北京：中国物资出版社，2001.

[52] 苏士哲. 英汉物流管理辞典 [M]. 北京：清华大学出版社，2001.

[53] 胡怀邦，郝晓渊. 现代物流管理学 [M]. 广州：中山大学出版社，2001.

[54] 宋华. 现代物流与供应链管理 [M]. 北京：经济管理出版社，2001.

[55] 齐二石. 物流工程 [M]. 天津：天津大学出版社，2001.

[56] 中田信哉，桥本雅隆. 物流入门 [M]. 陶庭义，译. 深圳：海天出版社，2001.

[57] 王成. 现代物流管理实务与案例 [M]. 北京：企业管理出版社，2001.

[58] 史占中. 企业战略联盟 [M]. 上海：上海财经大学出版社，2001.

[59] 王垒. 人力资源管理 [M]. 北京：北京大学出版社，2001.

[60] 武欣. 绩效管理实务手册 [M]. 北京：机械工业出版社，2001.

[61] 张艳阳. 企业物流组织变革探析 [J]. 中国煤炭经济学院学报，2001（12）.

[62] 郭冬乐，宋则. 中国商业理论前沿 II [M]. 北京：社会科学文献出版社，2001.

[63] 代小春. 企业供应链管理的过程框架 [J]. 经济管理：新管理，2001（6）.

[64] 夏春玉. 流通概论 [M]. 北京：中央广播电视大学出版社，2002.

[65] 丁俊发. 中国物流 [M]. 北京：中国物资出版社，2002.

[66] 金真，唐浩. 现代物流 [M]. 北京：中国物资出版社，2002.

[67] 国务院发展研究中心. 现代物流发展的国际趋势 [EB/OL]. [2002-09-09]. http：//www.drcnet.com.cn.

[68] 黄福华. 现代物流运作管理精要 [M]. 广州：广东旅游出版社，2002.

[69] 国领英雄. 现代物流概论 [M]. 东京：成山堂书店，2002.

[70] 王槐林，刘明菲. 物流管理学 [M]. 武汉：武汉大学出版社，2002.

[71] 李令德. 企业战略管理新编 [M]. 上海：华东理工大学出版社，2002.

[72] 现代物流管理课题组. 运输与配送管理 [M]. 广州：广东经济出版社，2002.

[73] 骆温平. 物流与供应链管理 [M]. 北京：电子工业出版社，2002.

[74] 现代物流管理课题组. 保管与装卸管理 [M]. 广州：广东经济出版社，2002.

[75] 郎会成，蔡连侨. 物流经理业务手册：掌握工作方法与技巧的捷径 [M]. 北京：机械工业出版社，2002.

[76] 王淑云. 现代物流 [M]. 北京：人民交通出版社，2002.

[77] 崔介何. 企业物流 [M]. 北京：中国物资出版社，2002.

[78] 陈利秋，李培亮. 物流管理操典 [M]. 广州：广东经济出版社，2002.

[79] 蔡淑琴. 物流信息系统 [M]. 北京：中国物资出版社，2002.

[80] 王焰. 一体化的供应链：战略、设计与管理 [M]. 北京：中国物资出版社，2002.

［81］张铎，林自葵. 电子商务与现代物流［M］. 北京：北京大学出版社，2002.

［82］李建成. 现代物流概论［M］. 北京：中国财政经济出版社，2002.

［83］丁俊发. 中国物流［M］. 北京：中国物资出版社，2002.

［84］王自勤. 现代物流管理［M］. 北京：电子工业出版社，2002.

［85］现代物流管理课题组. 物流服务管理［M］. 广州：广东经济出版社，2002.

［86］花房陵. 物流构造［M］. 聂永有，译. 上海：文汇出版社，2002.

［87］汤浅和夫. 物流管理［M］. 张鸿，译. 上海：文汇出版社，2002.

［88］BALLOU R H.企业物流管理：供应链的规划、组织和控制［M］. 王晓东，胡瑞娟，等，译. 北京：机械工业出版社，2002.

［89］徐文静. 物流战略规划与模式［M］. 北京：机械工业出版社，2002.

［90］达夫特 理查德 L.组织理论与设计［M］. 宋继红，薛清海，孙晓梅，译. 大连：东北财经大学出版社，2002.

［91］夏晓东. 企业物流管理［M］. 成都：四川人民出版社，2002.

［92］湛新民. 新人力资源管理［M］. 北京：中央编译出版社，2002.

［93］武云亮. 论物流组织的演进与创新［J］. 商品储运与养护，2002（6）.

［94］武云亮. 企业物流组织创新的六大趋势［J］. 物流技术，2002（10）.

［95］晏宗新. 论转轨时期我国物流组织创新［J］. 江汉石油学院学报：社科版，2002（12）.

［96］张成海. 供应链管理技术与方法［M］. 北京：清华大学出版社，2002.

［97］刘伟. 供应链管理［M］. 成都：四川人民出版社，2002.

［98］贺恒信. 供应链管理：新世纪的管理模式［J］. 兰州商学院学报，2002（5）.

［99］覃汉松. 供应链中信任关系的建立和发展［J］. 经济管理，2002（16）.

［100］杨红芬. 供应链管理中的信息风险及对策分析［J］. 商贸经济，2002（6）.

［101］孙永军. 基于委托–代理机制的供应链合作关系模型［J］. 高技术通讯，2002（10）.

［102］王斌义. 现代物流实务［M］. 北京：对外经济贸易大学出版社，2003.

［103］陈文安，胡焕绩. 新编物流管理［M］. 上海：立信会计出版社，2003.

［104］薛凯. 浅析传统物流管理向现代供应链管理模式转变［J］. 商场现代化，2017（4）.

［105］徐云侠. 供应链管理对提升企业核心竞争力的研究分析［J］. 中国商论，2019（2）.

［106］官志华. 大数据分析在供应链管理中的应用［J］. 物流技术，2017，36（9）.

［107］巩家婧，宁云才，张公鹏. 大数据时代物流企业供应链管理运作模式与优化路径［J］. 企业经济，2019（5）.

［108］成栋，陈思洁. 供应链管理中的大数据运用［J］. 现代管理科学，2017（8）.

［109］王娟. 大数据应用对供应链管理价值提升的分析与研究［J］. 物流科技，

2016, 39 (2).

[110] 张宏涛. 人工智能、大数据和云计算的融合 [J]. 电脑知识与技术, 2018, 14 (8).

[111] 田盛丰, 等. 人工智能原理与应用 [M]. 北京: 北京理工大学出版社, 1994.

[112] 王伟. 供应链信息化建设的发展趋势 [J]. 现代国企研究, 2017 (10).

[113] 陈微. 云计算及物联网下的供应链管理应用探讨 [J]. 管理观察, 2019 (20).

[114] 鲁维维. 区块链技术在供应链管理中的应用研究 [J]. 当代经济, 2017 (29).

[115] 黄成成, 叶春森, 王雪轩, 等. 智慧供应链体系构建研究 [J]. 价值工程, 2018, 37 (23).

[116] 张盟, 李成玉, 朱明桐. 区块链技术在供应链管理的应用 [J]. 中国储运, 2019 (7).

[117] 王微, 闫国东. 区块链在供应链物流中的应用分析 [J]. 物流科技, 2018, 41 (12).

[118] 陈艺文. 基于区块链的供应链管理系统设计与实现 [J]. 现代计算机: 专业版, 2019 (3).

[119] 罗珉, 李永强, 饶健. 公司战略管理理论与实务 [M]. 成都: 西南财经大学出版社, 2003.

[120] 方仲民. 物流系统规划与设计 [M]. 北京: 机械工业出版社, 2003.

[121] 朱隆亮. 物流运输组织管理 [M]. 北京: 机械工业出版社, 2003.

[122] 真虹, 张婕妹. 物流企业仓储管理与实务 [M]. 北京: 中国物资出版社, 2003.

[123] 王明智. 物流管理案例与实训 [M]. 北京: 机械工业出版社, 2003.

[124] 孟初阳. 物流设施与设备 [M]. 北京: 机械工业出版社, 2003.

[125] 苏恩一. 轻小型搬运车辆现状及发展 [J]. 物流技术与应用, 2003 (3).

[126] 朱伟生, 张洪革. 物流成本管理 [M]. 北京: 机械工业出版社, 2003.

[127] 郑吉昌. 供应链管理: 营销渠道的整合与企业管理创新 [J]. 价值工程, 2003 (1).

[128] 李建标, 武立东. 现代供应链联盟问题研究 [J]. 山西财经大学学报, 2003 (2).

[129] 张国军. 全球视角下的供应链管理 [J]. 经济管理·新管理, 2003 (12).

[130] 夏春玉. 现代物流概论 [M]. 北京: 首都经济贸易大学出版社, 2004.

[131] 傅桂林. 物流成本管理 [M]. 北京: 中国物资出版社, 2004.

[132] 冯耕中. 物流成本管理 [M]. 北京: 中国人民大学出版社, 2014.

[133] 中国物流网 www.chinalogisticsnet.com.

[134] 中国物流资源网 www.chinalogisticsource.com.

[135] 全国物流信息网 www.chinawuliu.com.